Joachim Burghardt

Rund um München

Vom Dachauer Land bis ins Alpenvorland

60 ausgewählte Wanderungen

ROTHER
BERGVERLAG

Vorwort

Wandern rund um München – lohnt sich das denn? Natürlich! Flüsse, Bäche und Seen, urtümliche Auwälder und ausgedehnte Forstgebiete, Wiesen und Felder, Niedermoore und Steilhänge, weite Ebenen und sanfte Hügel warten darauf, entdeckt zu werden; zudem laden Kleinstädte und Bauerndörfer, Wallfahrtskirchen, Klöster und Schlösser zu einem Besuch. Dieser Wanderführer zeigt Ihnen, wie Sie all das zu Fuß kennenlernen können.
Angesprochen fühlen dürfen sich Wanderer, die das ganze Jahr hindurch unterwegs sein möchten, Freunde von stadtnahen Feierabendrunden und ausgedehnten Spaziergängen durch die heimische Kulturlandschaft, Senioren und Familien auf der Suche nach unschwierigen Touren ohne viele Höhenmeter, Nordic Walker und Trailrunner, Naturliebhaber und Ausflügler, Stadtmüde und Erholungssuchende. Aber auch all diejenigen, die angesichts von Verkehrsstau und überfüllten Hütten über Alternativen zu einer Bergtour nachdenken und sich auf einer 25-km-Runde mal tüchtig die Beine vertreten wollen, sind hier richtig. Für mich persönlich war die Arbeit an diesem Wanderführer ein begeisterndes und lehrreiches Unterfangen, das mir auf weit über tausend Gehkilometern unzählige schöne Momente beschert hat – gute Gedanken beim Gehen, Begegnungen mit Hasen, Rehen und Wildschweinen, Sonnenuntergänge, Seeblicke, Bergpanoramen und vieles mehr.
Im stetig wachsenden, pulsierenden Großraum München mit seinen über 3 Millionen hochmobilen Einwohnern kann man sich, von wenigen Ausnahmen abgesehen, zwar keine unberührte, menschenleere Wildnis mehr erwarten. Dennoch dürfen Sie sich mit diesem Buch überraschen lassen, wie viel Natur, wie viel Stille, wie viel Weite vor den Toren der großen Stadt noch immer erfahrbar, nein: erwanderbar ist. Die Freiheit, als Wanderer das Land zu durchstreifen, ist unerhört und großartig. Wandern ist ein Einspruch gegen das Diktat der Uhren und der Motoren. Es stärkt den Körper, schärft die Sinne, erfrischt den Geist und erfreut das Herz. Ich kann nur raten: Machen Sie sich auf den Weg und gewinnen Sie zu Fuß neue Freiräume!

Dachau, im Frühjahr 2021 — Joachim Burghardt

Liebe Leserinnen und Leser,

infolge der Corona-Krise können sich Änderungen ergeben haben, die bei Redaktionsschluss noch nicht absehbar waren. Soweit möglich werden wir aktuelle Hinweise unter www.rother.de (beim Buch) zur Verfügung stellen. Bitte informieren Sie sich vor der Wanderung zusätzlich über die derzeitigen Gegebenheiten.
Sollten Sie geänderte Gegebenheiten vor Ort feststellen, freuen wir uns über Korrekturhinweise per E-Mail an leserzuschrift@rother.de.

Inhaltsverzeichnis

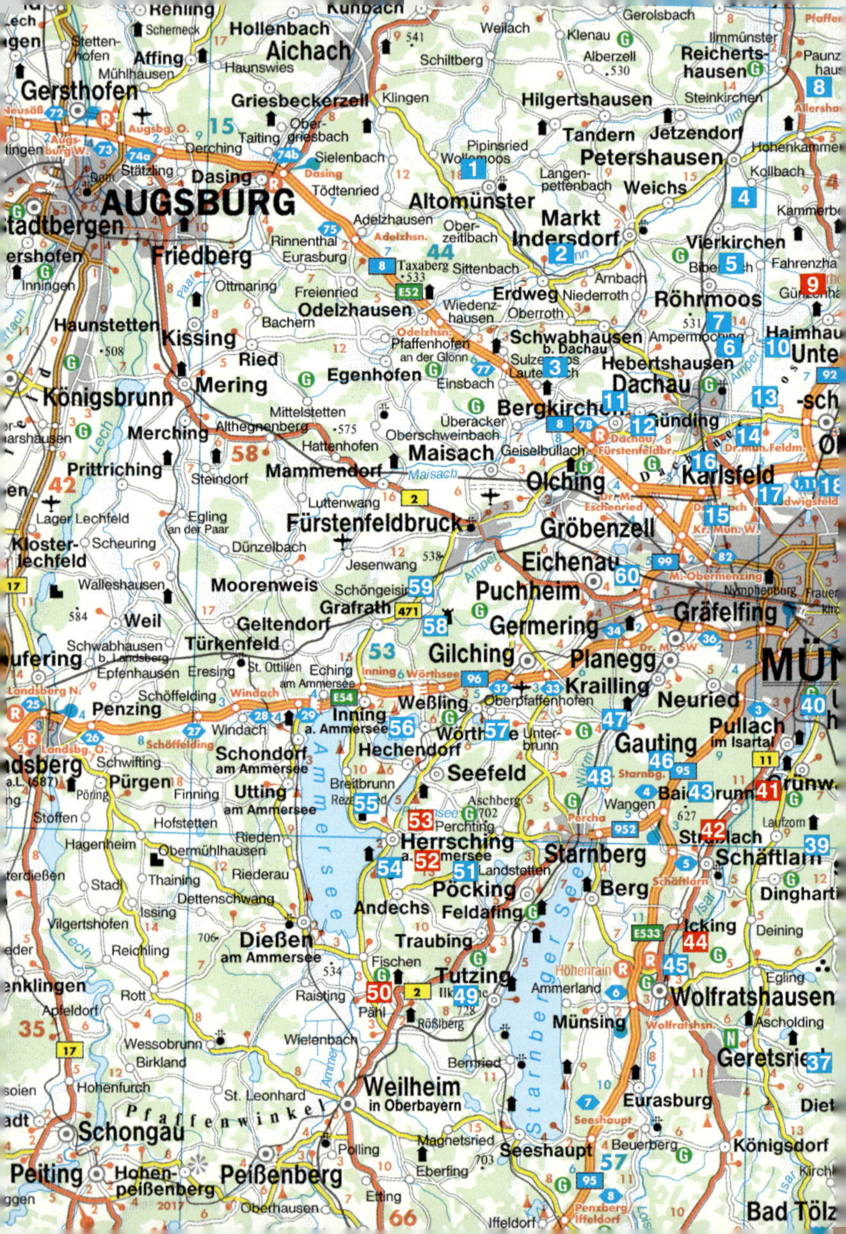

Gersthofen
Hollenbach
Aichach
Affing
Hausweis
Griesbeckerzell
Klingen
Schiltberg
Weilach
Klenau
Gerolsbach
Alberzell
Ilmmünster
Reichertshausen
Hilgertshausen
Steinkirchen
Tandern
Jetzendorf
Petershausen
Kollbach
Weichs
Pipinsried
Wollomoos
Langenpettenbach
Altomünster
Markt Indersdorf
Vierkirchen
Fahrenzhausen
AUGSBURG
Stadtbergen
Dasing
Sielenbach
Tödtenried
Adelzhausen
Oberzeitlbach
Friedberg
Rinnenthal
Eurasburg
Taxaberg
Sittenbach
Ottmaring
Freienried
Odelzhausen
Erdweg
Niederroth
Ambach
Röhrmoos
Haimhausen
Haunstetten
Bachern
Wiedenzhausen
Oberroth
Kissing
Pfaffenhofen an der Glonn
Schwabhausen b. Dachau
Ampermoching
Ried
Egenhofen
Sulzemoos
Hebertshausen
Mering
Einsbach
Dachau
Königsbrunn
Bergkirchen
Mittelstetten
Überacker
Günding
Merching
Althegnenberg
Oberschweinbach
Maisach
Geiselbullach
Karlsfeld
Prittriching
Hattenhofen
Mammendorf
Olching
Steindorf
Luttenwang
Lager Lechfeld
Egling an der Paar
Fürstenfeldbruck
Gröbenzell
Klosterlechfeld
Scheuring
Dünzelbach
Jesenwang
Eichenau
Walleshausen
Moorenweis
Schöngeising
Puchheim
Grafrath
Weil
Geltendorf
Germering
Gräfelfing
Schwabhausen b. Landsberg
Türkenfeld
Gilching
Planegg
Epfenhausen
Eresing
St. Ottilien
Eching am Ammersee
Krailling
Schöffelding
Oberpfaffenhofen
Neuried
Penzing
Inning a. Ammersee
Weßling
Windach
Wörthsee
Unterbrunn
Gauting
Pullach im Isartal
Schondorf am Ammersee
Hechendorf
Seefeld
Schwifting
Pürgen
Finning
Utting am Ammersee
Breitbrunn
Aschberg
Wangen
Grünwald
Stoffen
Hofstetten
Perchting
Herrsching a. Ammersee
Starnberg
Straßlach
Hagenheim
Obermühlhausen
Rieden
Schäftlarn
Stadl
Thaining
Riederau
Landstetten
Berg
Dettenschwang
Pöcking
Dinghartin
Issing
Andechs
Feldafing
Icking
Deining
Vilgertshofen
Dießen am Ammersee
Traubing
Reichling
Fischen
Tutzing
Höhenrain
Egling
Ammerland
Wolfratshausen
Raisting
Pähl
Rott
Rößlberg
Münsing
Ascholding
Apfeldorf
Wessobrunn
Wielenbach
Geretsried
Birkland
Bernried
Hohenfurch
St. Leonhard
Weilheim in Oberbayern
Eurasburg
Schongau
Pfaffenwinkel
Seeshaupt
Polling
Magnetsried
Beuerberg
Königsdorf
Peiting
Hohenpeißenberg
Peißenberg
Eberfing
Etting
Oberhausen
Iffeldorf
Penzberg
Bad Tölz
Ammersee
Starnberger See

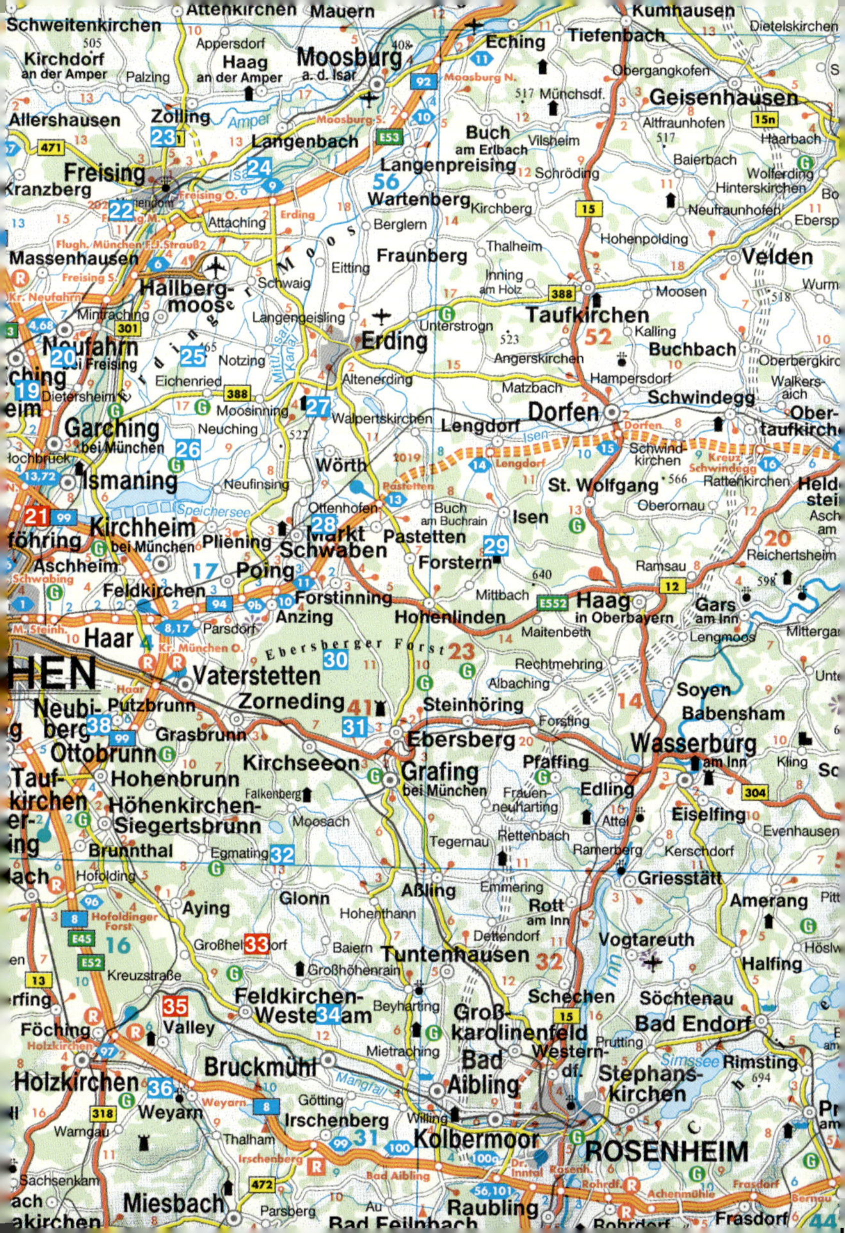
Attenkirchen
Mauern
Kumhausen
Dietelskirchen
Schweitenkirchen
Appersdorf
Moosburg a. d. Isar
Eching
Tiefenbach
Kirchdorf an der Amper
Haag an der Amper
Palzing
Moosburg N.
Münchsdf.
Obergangkofen
Geisenhausen
Allershausen
Zolling
Amper
Moosburg S.
Buch am Erlbach
Vilsheim
Altfraunhofen
Haarbach
Langenbach
Langenpreising
Schröding
Baierbach
Wolferding
Freising
Kranzberg
Hinterskirchen
Wartenberg
Kirchberg
Neufraunhofen
Freising O.
Erding
Attaching
Berglern
Hohenpolding
Flugh. München F.J. Strauß
Fraunberg
Thalheim
Velden
Massenhausen
Eitting
Inning am Holz
Moosen
Freising S.
Hallbergmoos
Schwaig
Taufkirchen
Kr. Neufahrn
Mintraching
Langengeisling
Unterstrogn
Kalling
Neufahrn bei Freising
Erding
Buchbach
Notzing
Angerskirchen
Oberbergkirchen
Eching
Eichenried
Altenerding
Hampersdorf
Walkersaich
Dietersheim
Matzbach
Schwindegg
Moosinning
Walpertskirchen
Dorfen
Obertaufkirchen
Garching bei München
Neuching
Lengdorf
Isen
Dorfen
Hochbrück
Wörth
Lengdorf
Schwindkirchen
Kreuz Schwindegg
Ismaning
Neufinsing
Pastetten
St. Wolfgang
Rattenkirchen
Ottenhofen
Buch am Buchrain
Oberornau
Speichersee
Isen
Kirchheim bei München
Pliening
Markt Schwaben
Pastetten
Reichertsheim
Föhring
Aschheim
Forstern
Poing
Ramsau
Feldkirchen
Mittbach
Forstinning
Haag in Oberbayern
Gars am Inn
Anzing
Hohenlinden
Maitenbeth
Mittergars
Parsdorf
Lengmoos
Haar
Kr. München O.
Ebersberger Forst
Rechtmehring
Vaterstetten
Albaching
Soyen
Neubiberg
Putzbrunn
Zorneding
Steinhöring
Babensham
Forsting
Grasbrunn
Ebersberg
Wasserburg am Inn
Kling
Ottobrunn
Pfaffing
Kirchseeon
Grafing bei München
Taufkirchen
Hohenbrunn
Falkenberg
Frauenneuharting
Edling
Eiselfing
Höhenkirchen-Siegertsbrunn
Moosach
Attel
Evenhausen
Rettenbach
Tegernau
Ramerberg
Kerschdorf
Brunnthal
Egmating
Hofolding
Griesstätt
Emmering
Aßling
Glonn
Amerang
Aying
Rott am Inn
Hohenthann
Hofoldinger Forst
Deittendorf
Vogtareuth
Großhelfendorf
Baiern
Tuntenhausen
Halfing
Kreuzstraße
Großhöhenrain
Schechen
Söchtenau
Feldkirchen-Westerham
Beyharting
Groß-karolinenfeld
Föching
Valley
Bad Endorf
Prutting
Holzkirchen
Bruckmühl
Mietraching
Bad Aibling
Westerndf.
Simssee
Rimsting
Stephanskirchen
Mangfall
Weyarn
Götting
Irschenberg
Willing
Kolbermoor
Warngau
Thalham
Rosenheim
Irschenberg
Bad Aibling
Dr. Inntal
Rosenh.
Rohrdf.
Frasdorf
Sachsenkam
Miesbach
Parsberg
Au
Raubling
Achenmühle
Bad Feilnbach
Rohrdorf
Frasdorf
Bernau
Inn
Isar

Allgemeine Hinweise

Tourenauswahl

Bei der Auswahl der Touren habe ich selbstverständlich einige beliebte und schon oft beschriebene »Klassiker« berücksichtigt. Ein Großteil der Wanderungen stellt hingegen das Ergebnis eigener Recherchen dar und wurde – oftmals im Laufe mehrerer Begehungen – individuell erarbeitet. Dabei habe ich mich, wo immer möglich, am »klassischen Wanderer« orientiert, der naturbelassene Wegstrecken und schmale Pfade schätzt und die Nähe viel befahrener Straßen möglichst meidet. Bei nur einer einzigen Tour ist der Rückweg mit dem Hinweg identisch, alle anderen sind Rundwanderungen oder Streckenwanderungen von A nach B. Viel Wert wurde zudem auf die Erreichbarkeit der Touren mit öffentlichen Verkehrsmitteln gelegt: Beinahe alle Wanderungen lassen sich auch ohne Auto durchführen.

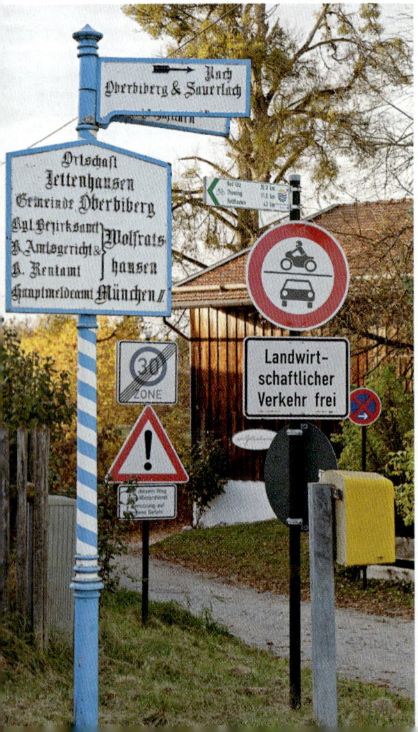

Strecke, Höhendifferenz und Gehzeit

Hauptkriterium bei den Anforderungen einer Tour im Münchner Umland ist die Strecke, die zurückgelegt werden muss. Dieser Wanderführer enthält 15 kurze Wanderungen bis einschließlich 10 km Länge, 22 Wanderungen von 10 bis 15 km Länge, 15 Wanderungen von 15 bis 20 km Länge und acht ausgedehnte Wanderungen mit über 20 km Länge. Bitte beachten Sie auch die Varianten, die bei vielen Touren angegeben sind: Durch sie ist oftmals eine Verkürzung oder Verlängerung einer Route möglich.

Die insgesamt zu überwindenden Höhenunterschiede im Aufstieg wie auch im Abstieg sind bei jeder Tour angegeben. Das Maximum der zu bewältigenden Aufstiegs- und Abstiegshöhenmeter bei einer Tour liegt bei rund 360 Höhenmetern (Tour 35).

13 Schilder auf einen Blick.

Symbole und Abkürzungen

[Bus]	mit Bahn/Bus erreichbar	†	Wegkreuz, Bildstock
[Besteck]	Einkehrmöglichkeit	[Burg]	Burg, Schloss, Ruine
[Kinder]	für Kinder geeignet	)(	Brücke
[Ort]	Ort mit Einkehrmöglichkeit	[Tisch]	Picknickplatz
[Haus]	Einkehrmöglichkeit unterwegs	[Aussicht] [Turm]	Aussichtsplatz/Aussichtsturm
[Bus] [Bahn]	Bus- bzw. Bahnanschluss	[Windrad]	Windrad
[Schiff]	Schiffsanlegestelle	[Wasserfall]	Wasserfall
P	eingerichteter Parkplatz	[Quelle]	Quelle, Brunnen
[Kirche]	Kirche, Kapelle, Kloster	WP	Wegpunkt

Die angegebene Gehzeit ist als reine Gehzeit zu verstehen, die allenfalls kurze Schau- oder Orientierungsstopps beinhaltet, nicht aber ausgedehntere Pausen. Sie entspricht einer Gehgeschwindigkeit von rund 4 km/h auf breiten, flachen Wegen und etwas weniger auf verschlungenen oder steilen Pfaden. Um den tatsächlich benötigten Zeitaufwand vom Ausgangs- bis zum Zielpunkt zu ermitteln, ist daher in der Regel ein individuell unterschiedlicher Betrag von ca. 10 bis 50 % (mit Kindern und bei langen Pausen auch mehr) zur angegebenen Zeit dazuzurechnen. Bei etwas flotterem Tempo oder ohne Pausen kann die angegebene Zeit aber auch eingehalten oder unterboten werden.

Wegfindung und Orientierung

Nur wenige Wanderrouten dieses Buchs sind vor Ort deutlich markiert und/oder ausgeschildert. Bei den meisten Touren kann man sich nicht darauf verlassen, vor Ort »geführt« zu werden, sondern muss sich mithilfe der Wegbeschreibung und einer Wanderkarte (plus gegebenenfalls eines GPS-Geräts) selbst orientieren. Wer vom Wandern in den Alpen gewohnt ist, im Gelände immer nur dem deutlichen Pfad, den zahlreichen Farbmarkierungen und an Verzweigungen den Wanderschildern folgen zu müssen, ohne während der Wanderung die Routenbeschreibung zu lesen, wird sich also umgewöhnen müssen. Denn in der vom Menschen fast vollständig erschlossenen, geformten und bebauten Kulturlandschaft ist der Wanderer inmitten unzähliger Wege, Straßen, Abzweigungen, Schilder aller Art und Gebäude unterwegs und kann den »richtigen« Wegverlauf meist nicht aus der Landschaft heraus ersehen; Markierungen und Wanderschilder sind, sofern überhaupt vorhanden, oft schwer zu finden.

Das hat immerhin auch einen Vorteil: Oft gibt es nicht nur eine einzige mögliche Route – mit der Karte lassen sich unterwegs auch Varianten zur beschriebenen Tour finden. Wer sich mit der Orientierung schwertut, kann über die Verwendung eines GPS-Geräts nachdenken, denn mithilfe der herunterladbaren GPS-Tracks kann jede Tour dieses Buchs nachgewandert werden. Aber auch ohne GPS-Gerät helfen die GPS-Tracks dabei, die Tour am Computer vorzubereiten und sich vorab ein Bild vom Routenverlauf zu machen. Mein Tipp: Laden Sie sich die GPS-Tracks herunter, speichern Sie sie auf Ihrem Rechner und lassen Sie sie online im »Bayernatlas« anzeigen (kostenlos und ohne Installation eines Programms unter www.bayernatlas.de, dort im Menü unter »Erweiterte Werkzeuge« → »KML/GPX Import«). Nun sehen Sie den GPS-Track der gewünschten Tour als farbige Linie in der amtlichen Karte, können sogar zwischen verschiedenen Maßstäben und auch der Luftbild-Ansicht hin und her wechseln und erhalten so eine gute Vorstellung vom Verlauf der Tour.

Wanderkarten

Es ist empfehlenswert, den Routenverlauf nicht erst am Ausgangspunkt einer Wanderung, sondern bereits bei der Vorbereitung zu Hause mit Wegbeschreibung, dem Kartenausschnitt im Buch und einer detaillierten topografischen Karte zu studieren. Die besten (wenn auch nicht immer exakten und aktuellen) Karten sind die amtlichen topografischen Karten des Bayerischen Landesamts für Digitalisierung, Breitband und Vermessung (www.ldbv.bayern.de).

Raus aus der Stadt! Im Umland gibt es viel zu entdecken.

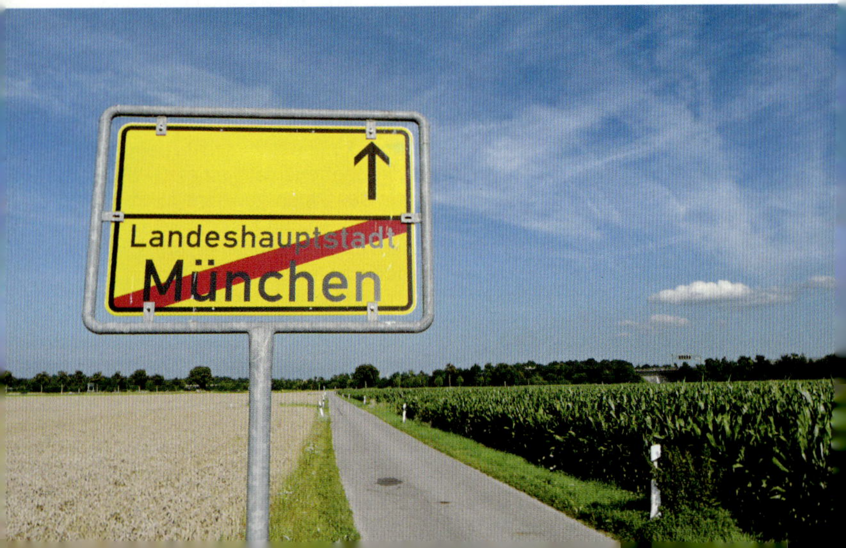

GPS-Tracks und Koordinaten der Ausgangspunkte

Zu diesem Wanderführer stehen auf der Internetseite des Bergverlag Rother (www.rother.de) GPS-Daten und die Koordinaten der Ausgangspunkte zum kostenlosen Download bereit.
3. Auflage, Passwort: **447103zPk**
Sämtliche GPS-Daten wurden vom Autor mittels GPS-Gerät oder digitalen Karten erfasst. Verlag und Autor haben die Tracks und Wegpunkte nach bestem Wissen und Gewissen überprüft. Dennoch können wir Fehler oder Abweichungen nicht ausschließen, außerdem können sich die Gegebenheiten vor Ort zwischenzeitlich verändert haben. GPS-Daten sind zwar eine hervorragende Planungs- und Navigationshilfe, erfordern aber nach wie vor sorgfältige Vorbereitung, eigene Orientierungsfähigkeit sowie Sachverstand in der Beurteilung der jeweiligen (Gelände-)Situation. Man sollte sich für die Orientierung auch niemals ausschließlich auf GPS-Gerät und -Daten verlassen.

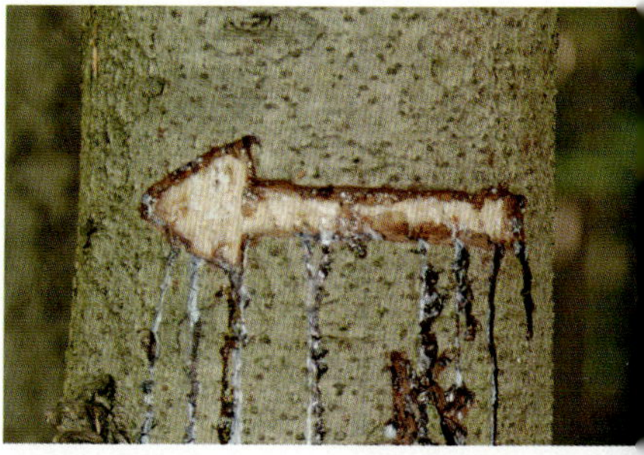

»Wegweiser« auf dem Peretshofer Rundweg (Tour 37).

Die Karten der Reihe UK50 (Umgebungskarte im Maßstab 1:50.000) decken jeweils ein großes Gebiet ab und bieten eine gute Übersicht; Details und kleinere Wege sind aufgrund des Maßstabs jedoch nur teilweise verzeichnet. Die Karten der Reihe ATK25 (Amtliche Topografische Karte im Maßstab 1:25.000) bieten ein deutlich genaueres Kartenbild und sind zur Orientierung unterwegs sehr gut geeignet, decken jedoch jeweils nur einen kleinen Ausschnitt des Wandergebiets rund um München ab. Welche Kartenblätter verwendet werden können, ist im Kartenverzeichnis auf den Seiten 12 und 13 nachzulesen.
Aber auch in der kostenlosen Online-Version (www.bayernatlas.de) in den Maßstäben 1:50.000, 1:25.000 und 1:10.000 leisten die amtlichen Karten wertvolle Dienste. Ergänzend dazu kann die Verwendung des Online-Kartenwerks OpenStreetMap (www.openstreetmap.de/karte.html) sinnvoll sein, das zwar keine gute Geländedarstellung bietet, jedoch einige Pfade beinhaltet, die in der amtlichen Karte nicht verzeichnet sind. Sie können diese kostenlosen Online-Karten mit einem Smartphone natürlich auch unterwegs nutzen. Demgegenüber bieten klassische Papierkarten den Vorteil einer großräumigen Übersicht und sind nicht auf Stromversorgung und Netzempfang angewiesen.

Kartenverzeichnis

Im Folgenden sind alle Kartenblätter mit der Angabe aufgelistet, für welche Touren sie verwendet werden können.

Umgebungskarten 1:50.000:

- UK50-40 München Nord und West: Touren 1–7, 9–26, 47 (teils), 58, 59, 60
- UK50-34 Pfaffenhofen a. d. Ilm – Neuburg-Schrobenhausen: Tour 8
- UK50-42 München Ost: Touren 20, 21 (teils), 25–33, 38
- UK50-41 Ammersee – Starnberger See: Touren 35–46, 47 (teils), 48–57
- UK50-53 Mangfallgebirge: Touren 34–36

Amtliche Topografische Karten 1:25.000:

- ATK25-M10 Markt Indersdorf: Touren 1, 2
- ATK25-M11 Petershausen: Touren 4, 5, 8, 9
- ATK25-M12 Freising: Touren 22–24, 25 (teils)
- ATK25-N10 Fürstenfeldbruck: Touren 3, 11, 59 (teils), 60
- ATK25-N11 München-Nord: Touren 6, 7, 10, 12–21, 47 (teils)
- ATK25-N12 Garching b. München: 20, 21, 25 (teils), 26, 28, 30 (teils)
- ATK25-N13 Erding: Touren 27, 29
- ATK25-O9 Ammersee: Tour 55

Eine gute Wanderkarte ist das A und O der Orientierung.

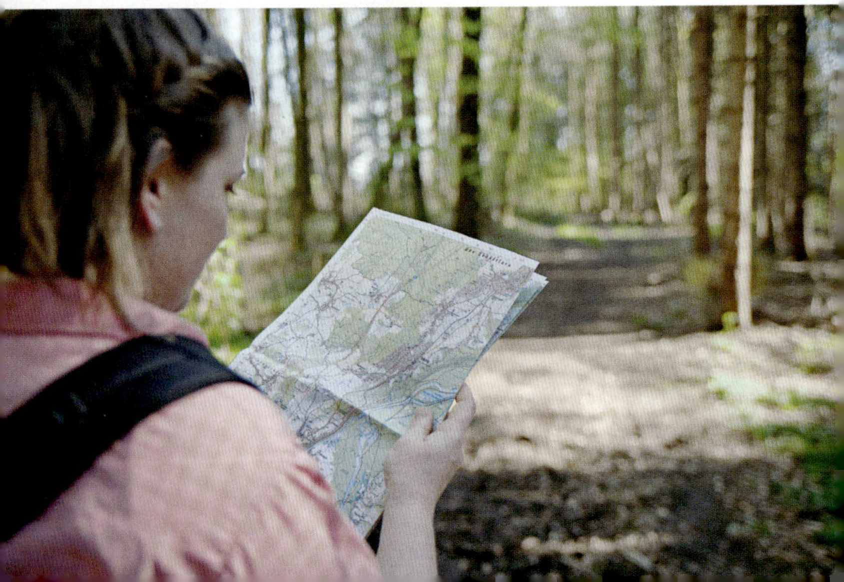

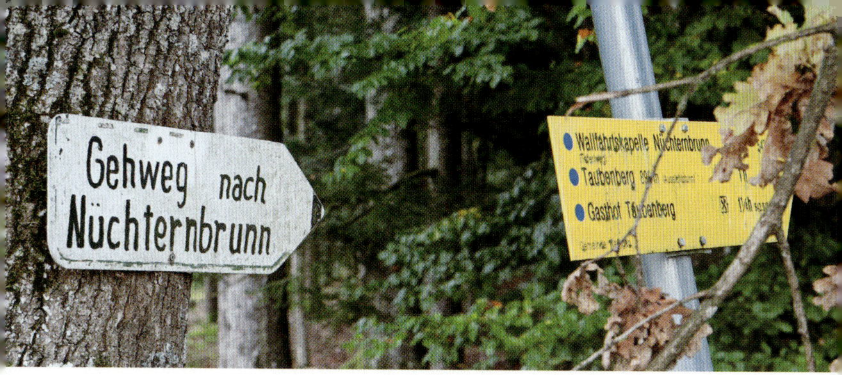

- ATK25-O10 Starnberg: 46 (teils), 47 (teils), 48, 51–54, 56–58, 59 (teils)
- ATK25-O11 München-Süd: Touren 39–43, 46 (teils), 47 (teils)
- ATK25-O12 Vaterstetten: Touren 32, 38
- ATK25-O13 Ebersberg: Touren 30 (teils), 31
- ATK25-P10 Starnberger See: Touren 49, 50
- ATK25-P11 Wolfratshausen: Touren 37, 44, 45
- ATK25-P12 Holzkirchen: Touren 33, 35, 36
- ATK25-P13 Rosenheim: Tour 34

Technische Schwierigkeit

Eine eher geringe Rolle spielt im meist flachen Umfeld Münchens die technische Schwierigkeit einer Wanderung, also die Steilheit, Ausgesetztheit oder Unwegsamkeit des Wegverlaufs. Die Touren dieses Wanderführers sind in zwei Schwierigkeitsstufen eingeteilt: leicht (blau) und mittelschwer (rot). Schwierige Touren (schwarz) sind in diesem Buch nicht enthalten.

Leicht Keine nennenswerten technischen Schwierigkeiten. Die Tour verläuft durchgehend auf einfach begehbaren Wegen, die aber unter Umständen schmal und teilweise undeutlich sowie von Wurzeln überwachsen sein können.

Mittel Die Tour beinhaltet auch besonders steile, rutschige, ausgesetzte oder unwegsame Stellen, die für normal sportliche und bewegliche Wanderer problemlos zu bewältigen sind, aber für ängstliche, gehbehinderte oder sehr ungeübte Personen sowie für Kleinkinder ein Hindernis darstellen können. Nässe, Schnee oder Eis können die Schwierigkeiten der betreffenden Passage deutlich erhöhen. Konzentration und vorsichtiges Gehen sind erforderlich. Weist eine Tour auch nur einen kurzen derartigen Abschnitt auf, wird sie als mittelschwer bewertet. Die meisten mittelschweren Touren dieses Buchs würden in einem Umfeld mit generell höheren Anforderungen, z. B. in vielen Bergwanderführern, noch als leicht gelten.

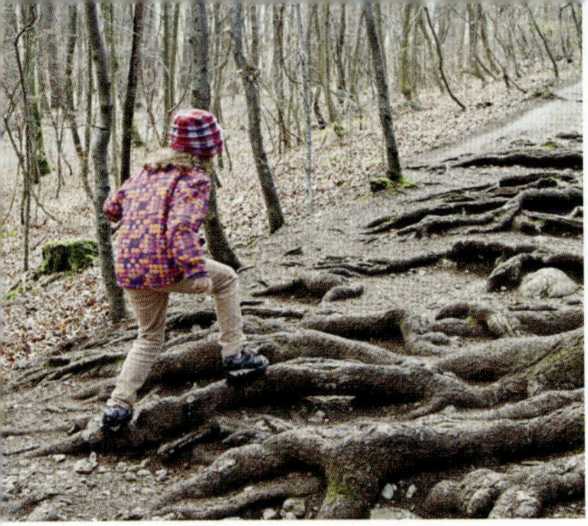

Wurzelweg bei Andechs (Tour 54).

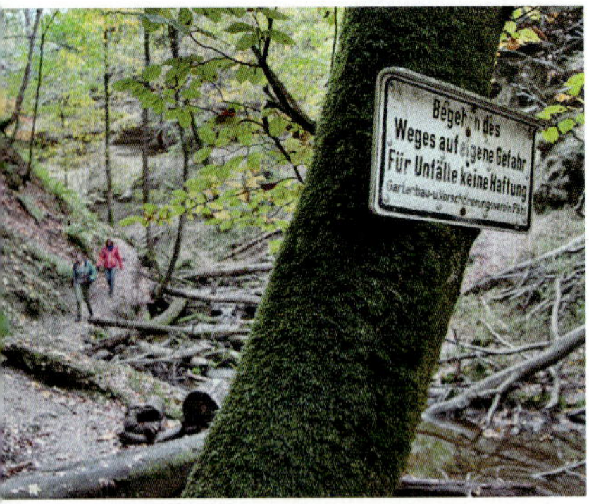

Wilder Pfad in der Pähler Schlucht (T. 50).

Gefahren und Widrigkeiten

Beim Wandern rund um München sind kaum natürliche Gefahren zu beachten. Kreuzottern (die einzige giftige Schlangenart in Bayern) und Wildschweine ziehen sich in der Regel sofort zurück, wenn sich Wanderer nähern, und stellen keine Gefahr dar, solange man ihnen nicht gezielt nachstellt oder sie an versteckten Orten aufstöbert. Die Kuh- bzw. Stierweide auf Tour 36 ist vorsichtig und am besten ohne Hund zu überqueren; wie bei den Wildschweinen gilt auch hier: von den Jungtieren unbedingt fernhalten!

Bei starkem Wind können herabfallende Äste gefährlich werden, bei einem Gewitter sollte man sich nicht auf freiem Feld oder unter einzeln stehenden Bäumen aufhalten, und nach Starkregen ist das Baden in Flüssen gefährlicher und unhygienischer als sonst.

Weiters ist die Borreliose- und FSME-Infektionsgefahr durch Zeckenbisse zu nennen; das Absuchen der Haut nach Touren mit viel Pflanzenkontakt ist empfehlenswert. (Anmerkung: Nur der Landkreis Fürstenfeldbruck sowie das Stadtgebiet München zählen – Stand: April 2021 – nicht zu den FSME-Risikogebieten, alle anderen Landkreise im Tourengebiet dieses Führers hingegen schon.)

Auch wenn keine nennenswerte Absturzgefahr besteht, ist auf schmalen und wurzelreichen Pfaden konzentriertes Gehen geboten, denn auch kleinere Ausrutscher oder Stolperer können zu ernsthaften Verletzungen führen. Die Hauptgefahr beim Wandern im Umlands Münchens aber dürfte der Straßenverkehr sein. Besonders bei schlechten Licht- und Sichtverhältnissen sollten Sie auf Straßen hohe Vorsicht walten lassen.

Zu den weiteren möglichen Unannehmlichkeiten zählen Orientierungsprobleme, die meist nur Zeit kosten, im Extremfall aber auch zur Gefahr werden können: Einmal sind mein Tourenpartner und ich an einer undeutlichen Stelle versehentlich auf einen Trampelpfad abgebogen, der uns mitten in ein

überschwemmtes Moorgebiet führte. Die Sonne ging gerade unter – und wenn wir nicht rechtzeitig den Entschluss zur Umkehr getroffen hätten, hätten wir wenig später bei Dunkelheit in einem Sumpf festsitzen können. Falls in so einer Situation keine Lampe im Rucksack und der Handyakku leer ist, wird es mindestens ungemütlich. Daher: Wenn man sich wirklich einmal verläuft, bitte weder in Panik verfallen noch sich stur durchs Unterholz kämpfen, sondern zum letzten bekannten Punkt zurückgehen und neu orientieren!
Des Weiteren ist mit folgenden Eventualitäten zu rechnen: starker Verwuchs von Pfaden (z. B. mit Brennnesseln und nassem Gras), Auto-, Traktoren- oder Fluglärm, matschige oder überschwemmte Wege, Wegsperrungen wegen Baumfäll- oder Bauarbeiten, Bremsenattacken und Mückenschwärme, Jauchegeruch, Funklöcher ohne Handyempfang – und irgendjemand wurde auch schon mal von einem fliegenden Golfball getroffen ... Keine Sorge, das muss alles nicht so schlimm kommen – es geht nur darum, zu verstehen: Eine Wanderung im Umfeld Münchens ist trotz aller »Harmlosigkeit« immerhin eine Nummer größer als ein Spaziergang durch den Englischen Garten.

Ausrüstung und Kleidung

Wanderungen rund um München erfordern keine spezielle Ausrüstung. Je nach Länge der Tour, Wegbeschaffenheit, Einkehrmöglichkeiten und Wettervorhersage wird man allerdings die Kleidung und das Marschgepäck etwas variieren. Vor allem bei längeren Touren sollten mit dabei sein: ausreichend Getränke und etwas zu essen, eine dem Wetter angepasste, bequeme

Ein Gewitter zieht über Bergkirchen herauf (Tour 11).

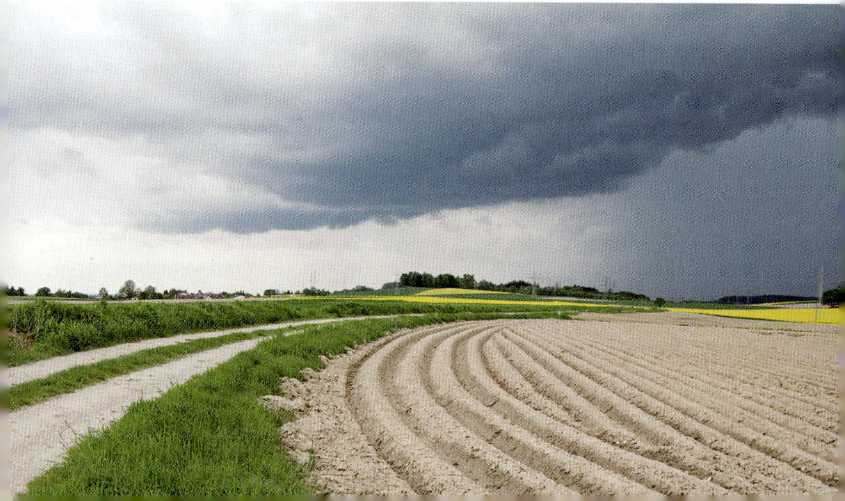

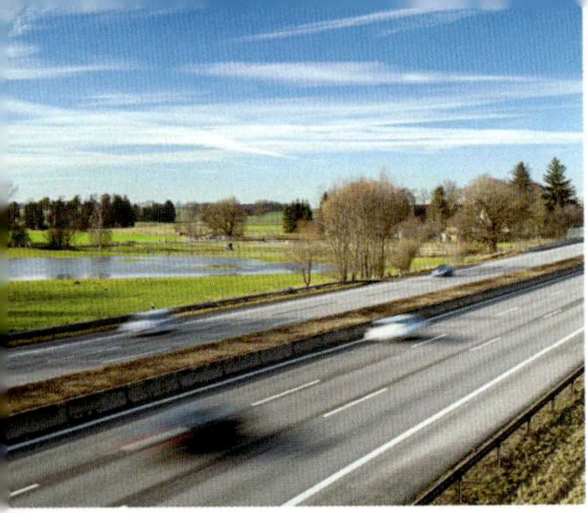

Zu Fuß über die A 8 bei Palsweis (Tour 3).

Kleidung, je nach Jahreszeit und Wetter Sonnenschutz (Hut, Creme, Brille) und/oder Schutz gegen Kälte und Wind (Handschuhe, Mütze), ein aufgeladenes Mobiltelefon, eine gute Wanderkarte und dieser Wanderführer. Alles Weitere hängt von Ihren individuellen Bedürfnissen und Gewohnheiten ab: eine zusätzliche leichte Jacke, Wechselwäsche, GPS-Gerät, Kompass, Stirnlampe, Wanderstöcke, Sitzkissen, Fotoausrüstung, Tier- und Pflanzenbestimmungsführer, Fernglas, Regen- oder Sonnenschirm, Gamaschen, Grödel/Spikes (bei Vereisung), Erste-Hilfe-Set mit Blasenpflastern, Deodorant ...
Beim Schuhwerk ist von der Trekkingsandale bis zum Bergstiefel alles möglich – je nach Wetter, Wegbeschaffenheit und persönlicher Vorliebe. Fast alle Touren dieses Buchs habe ich mit Multifunktions-Outdoor-Halbschuhen durchgeführt, die fester als Laufschuhe, aber leichter als Wanderstiefel sind.

Ausgangspunkt und Anfahrt

Jede Tour beginnt entweder an einer Haltestelle, die mit S-Bahn, Bus, U-Bahn, Regionalbahn oder Straßenbahn erreichbar ist, oder, wenn es gute Gründe für eine Anreise mit dem Auto gibt, an einem Parkplatz. Auch bei den Touren, die an einer Haltestelle beginnen, können Sie natürlich mit dem Auto anreisen, allerdings werden hier keine Informationen zu Parkmöglichkeiten gegeben, denn in fast allen Fällen ist es in der Regel problemlos möglich, in der Nähe der Haltestelle einen Parkplatz zu finden. Bei Streckenwanderungen von A nach B spielen die öffentlichen Verkehrsmittel ihre ganze Stärke aus, da man vom Zielpunkt einfach mit einer anderen Linie wieder nach Hause fahren kann, ohne wegen des geparkten Autos auf die Rückkehr zum Ausgangspunkt angewiesen zu sein. Rundwanderungen, deren Ausgangs- und Zielpunkt identisch sind, können selbstverständlich auch an einem anderen als dem angegebenen Punkt begonnen und beendet werden – je nachdem, von wo aus und wie Sie anreisen. Bei der Anfahrt mit dem Auto ist zu beachten, dass auf den Straßen rund um München vor allem im Berufsverkehr, zu Ferienbeginn und -ende sowie bei schönem Wetter am Wochenende hohes Verkehrsaufkommen herrscht. Um Stress und Stau zu vermeiden, ist es meist empfehlenswert, die Anfahrt mit öffentlichen Verkehrsmitteln zu wählen.
Auskünfte über Fahrpläne und Preise finden sich im Internet unter www.mvv-muenchen.de oder (bei den Touren außerhalb des MVV) www.bahn.de.

Einkehr

Bei jeder Tour sind, soweit vorhanden, ausgewählte Einkehrmöglichkeiten, in Einzelfällen auch etwas abseits der Route, genannt. Öffnungstage und -zeiten können saisonal und wetterbedingt variieren und sind daher nicht angegeben – bitte vorab selbst informieren! Mithilfe der Telefonnummer und Internetadresse des Lokals können Sie mit Ihrem Mobiltelefon auch von unterwegs Kontakt aufnehmen und einen Tisch reservieren.

Mein Tipp: Viele Gasthäuser bieten auch Übernachtungsmöglichkeiten – warum also nicht mal eine Wanderung mit einem gemütlichen Abend inklusive Übernachtung in einer gutbürgerlichen Traditionsgaststätte ausklingen lassen? So wird die Tagestour zum genussvollen Kurzurlaub, und die historischen Zentren von Orten wie Altomünster, Dachau, Freising oder Wolfratshausen schaut man sich auch beim Spaziergang am nächsten Morgen gern nochmal an.

Da ist die Welt noch in Ordnung: Maibaum und Wirtshaus in Humbach (Tour 37).

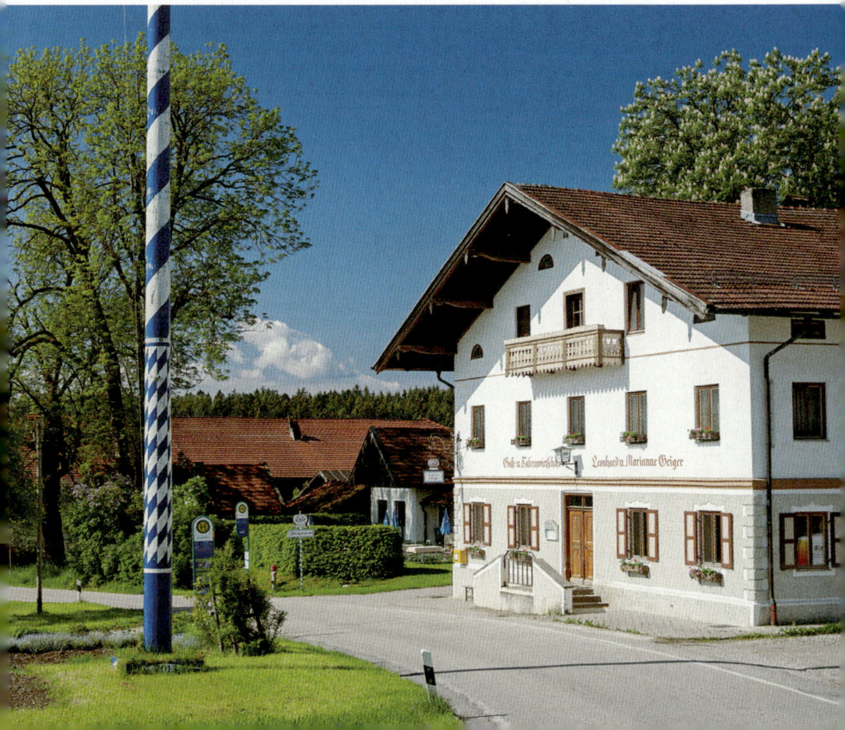

Top-Touren rund um München

Eine objektive Auswahl der schönsten Touren zu treffen, ist außerordentlich schwierig, wenn nicht unmöglich – hängt doch das Wandererlebnis stark von persönlichen Faktoren, dem Wetter und vielen weiteren Variablen ab. Die folgende Tourensammlung ist daher weniger als eine Bestenliste, sondern eher als kleine »Anthologie« zu verstehen.

Mariabrunn

Wundertätige Quelle, Wallfahrtskirche, Waldbiergarten – dieser verwunschene Ort im Dachauer Land hat schon viele Besucher begeistert. (Touren 5–7, 3.30–4.30 Std.)

Ilmtal-Glonntal-Runde

Wir schnuppern im »hohen Norden« in die Randbereiche der Hallertau hinein und erleben in den Tälern der Ilm und der Glonn einen langen Wandertag. (Tour 8, 6.30 Std.)

Moos & Heide im Münchner Norden

Keinesfalls zu versäumen ist eine Bekanntschaft mit den weiten, flachen Moos- und Heidelandschaften im Norden Münchens. Welche der Touren 10, 13, 14, 18, 19, 20 und 22 wohl die schönste ist?

Marzlinger Au und Hummler Au

Der Geheimtipp weit draußen im nordöstlichen Outback: ein kilometerlanger Pfad an der Isar und die Fernsicht vom Naturfreundehaus bei Hangenham. (Tour 24, 4.30 Std.)

Von Poing zum Flughafen

Man durchwandert weite, dünn besiedelte Ebenen und umrundet den Flughafen, bis man nach 31 km zwischen Terminal 1 und 2 »landet« und sich unter Businessmen und Fernreisende mischt. Bizarr! (Tour 25, 7.45 Std.)

Morgenstimmung im Wald bei Peretshofen (Tour 37).

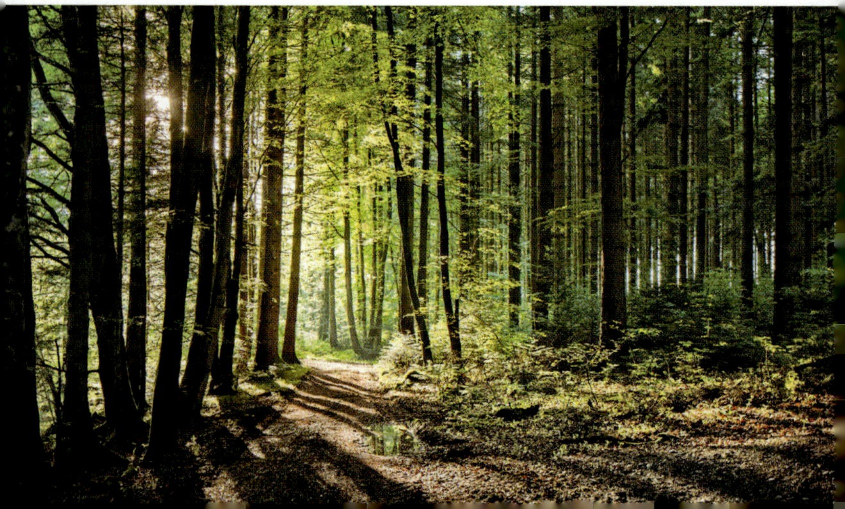

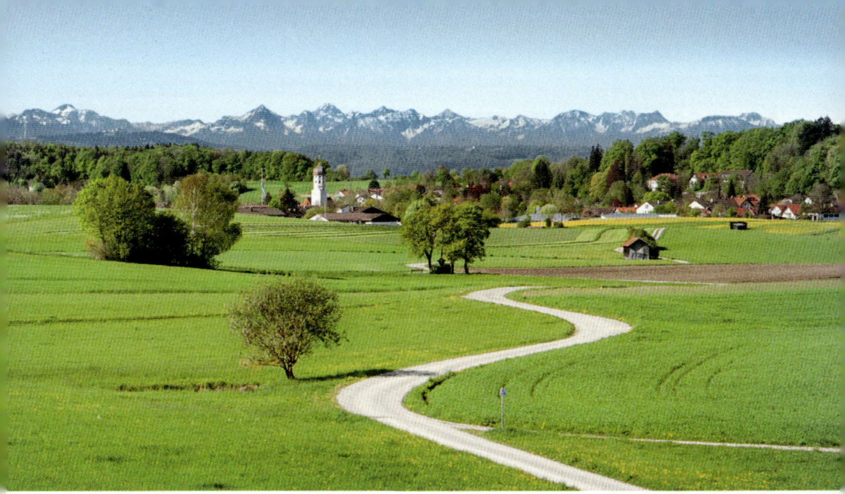

Wie ein Gemälde, in das man hineinwandert: kurz vor Andechs (Tour 52).

Teufelsgraben und Mangfalltal

Urtümliche Täler mit Steilwänden und glasklarem Flusswasser, herrliche Pfade, viele Höhenmeter und zahlreiche Einkehrmöglichkeiten – das ist einfach grandios. (Tour 35, 4.45 Std.)

Von Peretshofen nach Dietramszell

Ein schöner Rundweg im Oberland, der mit Bergpanoramen, Bauerndörfern, Kirchen und Gasthäusern begeistert. (Tour 37, 3.30 Std.)

Pupplinger Au, Eisweiher und Weiße Wand

Auf schmalen Auwald-Pfaden zur Mündung der Loisach in die Isar, hinauf zum Aussichtspunkt der Weißen Wand und zurück in die Altstadt von Wolfratshausen. (Tour 44, 4.00 Std.)

Würmtal-Runde bei Mühlthal

Wege am Fluss, Buchenwälder, Alpenblick, ein Biergarten und ein geheimnisvoller Burghügel – eine tolle Sache für Groß und Klein! (Tour 48, 2.00 Std.)

Ilkahöhe und Deixlfurter See

Von Tutzing geht es hinauf zur Ilkahöhe, einem der schönsten Aussichtspunkte des Alpenvorlands. Dort sieht man sich satt und spaziert dann zum Deixlfurter See und in die Waldschmidtschlucht. (Tour 49, 3.00 Std.)

Andechs

Wenn es eine Art »Pflicht-Wanderziel« gibt, das man als Münchner Wanderer besucht haben muss, dann ist es wohl dieses: Andechs – Heiliger Berg, Klosterberg, Wallfahrtsberg, Bräustüberlberg, Aussichtsberg, Gletschermoränenberg, Berg der Berge im Münchner Umland. Viele Wege führen dort hinauf, einer schöner als der andere. (Touren 51–54, 2.30–4.30 Std.)

Am Weßlinger See

Diese kurze und abwechslungsreiche Wald-Wiesen-See-Runde bei Weßling ist genau das Richtige für Spaziergänger und Familien – etwas Orientierungssinn ist aber gefragt. (Tour 57, 2.15 Std.)

Kleiner Tourenratgeber

Vom richtigen Zeitpunkt ...

Wanderungen rund um München sind fast immer möglich: zu allen Jahres- und Tageszeiten, bei Kälte und bei Hitze, ja sogar bei Nieselregen, Nebel oder leichtem Schneefall – nur nicht bei starkem Regen oder Sturm. Besonders schön ist das Wandern freilich dann, wenn nicht nur angenehme Temperaturen herrschen, sondern auch das bunte Farbenspiel der Natur das Auge erfreut – das ist oft im Mai, im September und im Oktober der Fall.

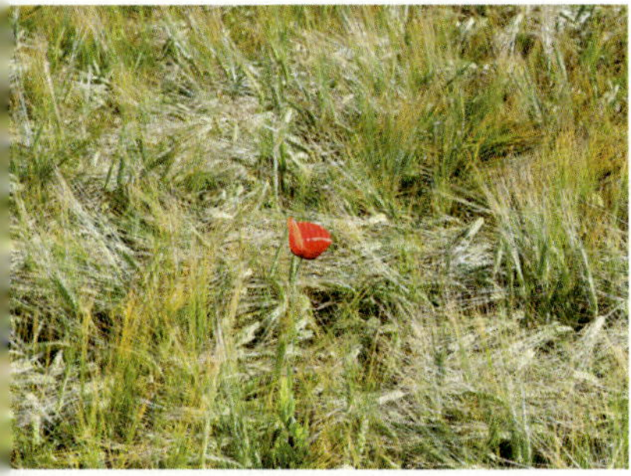

Mohn und Gerste: Es wird Sommer!

Wenn die Sonne tief steht, also morgens, abends sowie im Winterhalbjahr den ganzen Tag über, ist das Licht warm, plastisch, angenehm und schafft gute Bedingungen zum Fotografieren. In der sommerlichen Mittags- und Nachmittagshitze kann das Wandern insbesondere in der schattenlosen Ebene sehr unangenehm sein, andererseits entfalten Badeseen und manche Einkehrziele wie der Waldbiergarten in Maria-brunn dann erst ihren ganzen Reiz. Wichtig zu wissen: An beliebten Ausflugszielen wie Andechs, Maria-brunn, der Pähler Schlucht, der Ilkahöhe, dem Deininger Weiher, Kleinhöhenrain und an fast allen Seen ist an Schönwetterwochenenden und Feiertagen sehr viel los. Wer dem Trubel aus dem Weg gehen will, sollte antizyklisch, also zu früher Stunde, werktags oder auch mal bei »schlechtem« Wetter unterwegs sein.

... und der tieferen Dimension des Wanderns

Für den Erfolg und den Erlebniswert einer Wanderung sind oftmals weniger die Rahmenbedingungen wie Zeitpunkt und Wetter ausschlaggebend, sondern eher Faktoren wie die innere Einstellung, Stimmung und Erwartungshaltung, das Harmonieren mit den Wanderpartnern, ein reibungsloser Ablauf, glückliche Begegnungen und Fügungen oder Missgeschicke und (mitgenommene) Konflikte. Nicht selten trifft man Ausflügler, die zwar bei bestem Wetter unterwegs sind, aber doch nur mit ihren Problemen beschäftigt zu sein scheinen und ihre Umgebung kaum wahrnehmen. Tatsächlich kann eine Wanderung der geeignete Rahmen sein, um beim Gehen etwas »in Bewegung zu bringen«, was einem keine Ruhe lässt, ein wichtiges Gespräch zu führen, sich über eine Sache klar zu werden. Andererseits bietet sich beim Wandern auch die Chance, für ein paar Stunden gerade eben nicht mit den Problemen des Alltags konfrontiert zu sein: Man darf zur Ruhe kommen, muss nicht pausenlos auf Uhr und Telefon schauen und kann sich für die vielen schönen Impressionen des Wegs öffnen.

Ob man nun mit natur- oder heimatkundlichem Interesse auf Wandertour geht, ob man das Wandern unter sportlichen, gesundheitlichen, kulinarischen, spirituellen oder religiösen Aspekten betrachtet oder einfach nur aus Spaß an der Freud' drauflos marschiert – das bleibt natürlich jedem selbst überlassen, und keine Art ist per se besser als die andere. Es braucht jedenfalls keinen Hang zur Esoterik, um zu erkennen, dass das Wandern mehr ist als nur eine Fortbewegungsart. Der große bayerische Pädagoge, Essayist und Weitwanderer Josef Hofmiller (1872–1933) hat das mit folgendem Satz angedeutet: »Wandern ist eine Tätigkeit der Beine und ein Zustand der Seele.«

Touren mit Kindern

Es kann keine pauschale Regel aufgestellt werden, ab wann Kinder zum Wandern in der Lage sind und wie weit sie in welchem Alter gehen können. Das hängt immer davon ab, wie abwechslungsreich die Tour ist und wie wandererfahren, motiviert und gut gelaunt die Kinder sind. Bereits ein Vier-

Kinder spielen und wandern besonders gern im Wald.

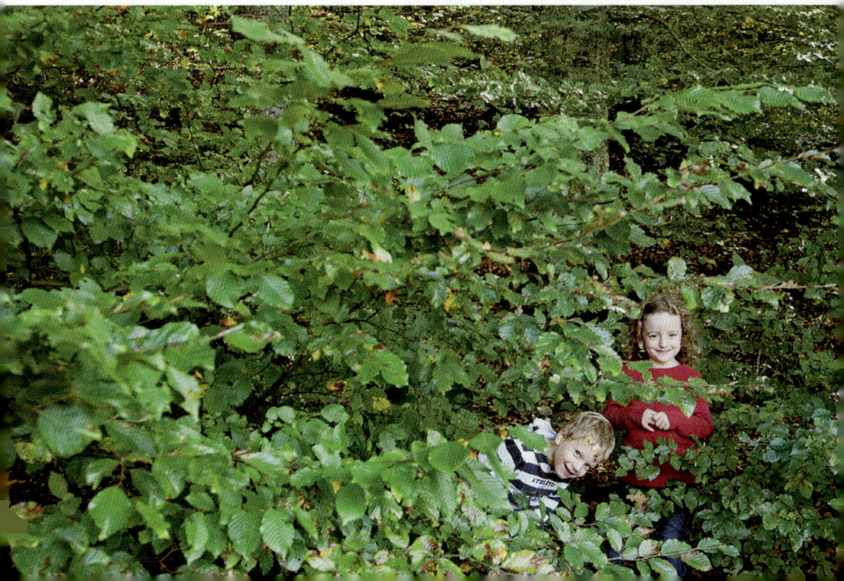

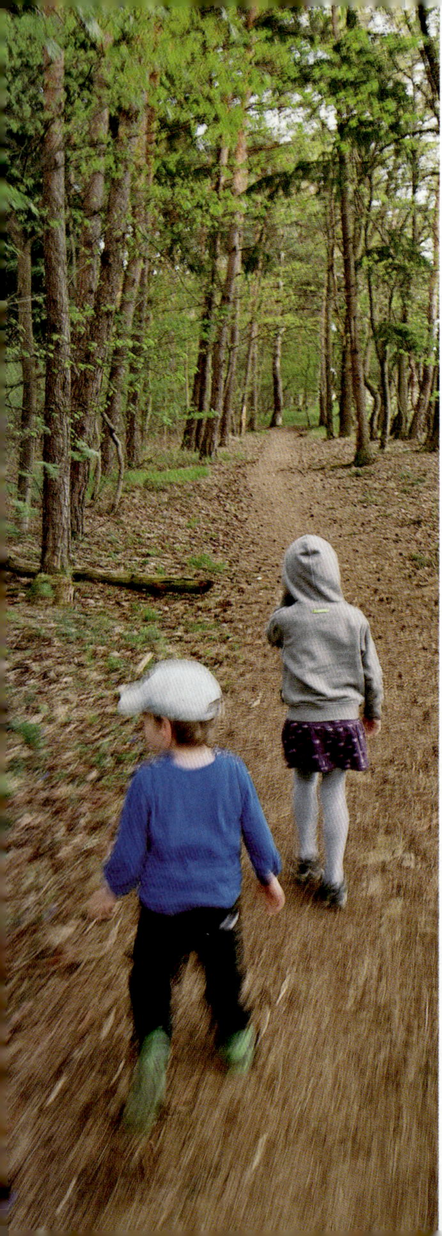

jähriger kann, wenn er »einen guten Tag erwischt«, sich genügend Zeit lassen darf und sich nicht langweilt, eine Strecke von 10 km zurücklegen.
Kurz und abwechslungsreich sind z. B. die Touren 12, 20, 21, 28, 33, 34, 38, 41, 42, 48, 49, 50, 54, 57. Viele Touren lassen sich natürlich auch mit dem Kinderwagen meistern, wobei manchmal eine Änderung der Route nötig ist, um eine schwierige Passage zu umgehen. Es würde den Rahmen dieses Buchs sprengen, bei allen Wanderungen detaillierte Hinweise und Alternativrouten für die Befahrung mit Kinderwagen zu geben, zumal manch eine(r) kein Problem mit einer kurzen Tragepassage hat, während andere nur breite, völlig hindernisfreie Wege als kinderwagengerecht erachten. Definitiv nicht geeignet zur Befahrung mit Kinderwagen sind die Touren 9, 12, 17, 21, 31, 33, 35, 36, 41, 42, 44, 45, 48, 50, 52–55. Je nach Alter können Sie Ihr Kind auch mit dem Laufrad oder dem Fahrrad mitfahren lassen, während Sie wandern, oder es in der Kraxe mittragen – einfach mal ausprobieren!

Touren mit Hunden

In vielen geschützten Gebieten besteht Leinenpflicht, teilweise gibt es auch generelle Hundeverbote wie z. B. im Erholungs-

Gern gehen die Kinder voraus und kundschaften den Weg aus.

gebiet Oberndorf am Wörthsee zwischen 15.05. und 15.09. oder in der Garchinger Heide. Örtliche Hinweis- und Verbotsschilder sind zu beachten. Vom Betreten einer Kuh- bzw. Stierweide (z. B. bei Tour 36) mit Hund ist abzuraten, da Kühe beim Anblick von Hunden aggressiv werden können. Hundekot sollte mitgenommen und selbst entsorgt werden. Viele Wanderer und insbesondere Kinder empfinden es übrigens als unangenehm oder sogar furchteinflößend, unangeleinten Hunden zu begegnen, die u. U. auf sie zustürmen und sie beschnuppern. Um Konflikte zu vermeiden, sollte man Hunde daher im Zweifelsfall immer an der Leine führen.

Schlechtwettertouren

Bei weniger gutem Wetter eignen sich kurze Touren am Wasser oder im Wald, deren Reiz nicht in der Fernsicht liegt. Paradebeispiele hierfür sind die Amperauen bei Günding (Tour 12), Wanderungen im Isartal (Touren 40–42), die Pähler Schlucht (Tour 50) und der Weßlinger See (Tour 57). Aber auch andere Touren können trotz schlechtem Wetter ein schönes Wandererlebnis bieten: Bei Nebel oder Nieselregen ist kaum jemand unterwegs, und die Landschaft wirkt besonders still und geheimnisvoll.

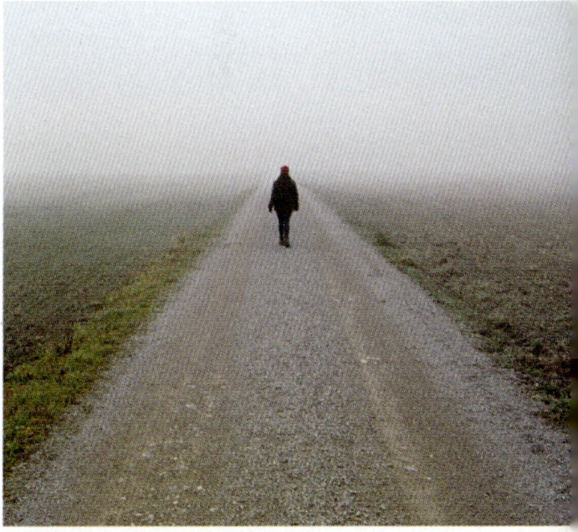

Hat auch seinen Reiz: Wandern im Nebel.

Touren mit Fernsicht

Besonders schöne Aussichtspunkte vor allem bei Föhnwetter sind die Höhenzüge bei Deutenhausen (Tour 3) und südlich von Mariabrunn (Tour 6), der Friedhof in Bergkirchen (Tour 11), der Dachauer Schlossberg (Tour 12), der Fröttmaninger Berg (Tour 18), die Höhenzüge bei Hohenbachern und der Weihenstephaner Berg (Tour 22), das Isarhochufer bei Hangenham (Tour 24), der Höhenzug bei Lichtenweg (Tour 29), die Ludwigshöhe bei Ebersberg (Touren 30, 31), die »Schöne Aussicht« in Kleinhöhenrain (Tour 34), der Taubenberg (Tour 36), die Peretshofer Höhe und das Dorf Großeglsee (Tour 37), die Ludwigshöhe in Kleindingharting (Tour 39), der Perlacher Muggl (Tour 40), der Friedhof in Hohenschäftlarn (Touren 42, 43), die Weiße Wand (Tour 44), die Dorfner Höhe (Tour 45), mehrere Anhöhen bei Leutstetten (Touren 46, 48), die Ilkahöhe (Tour 49) und der Andechser Berg (Touren 51–54).

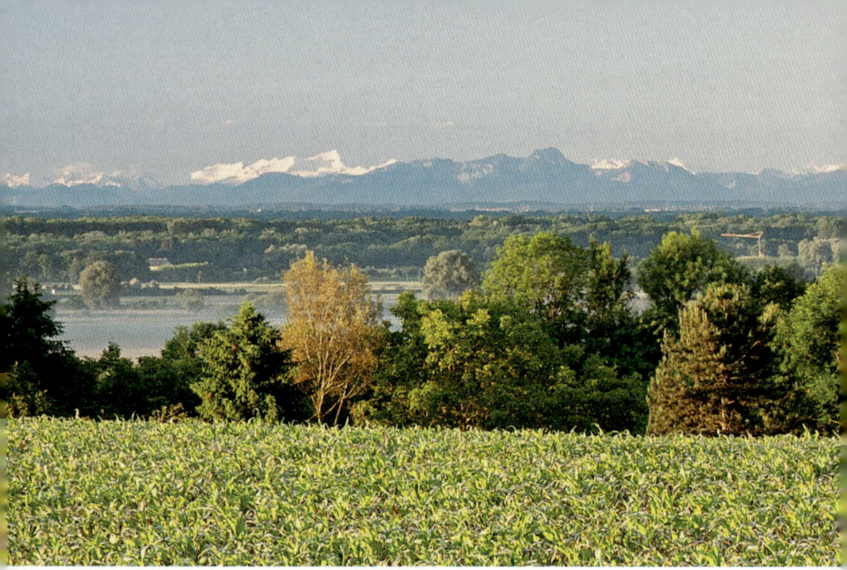

Junimorgen: Links der Bildmitte leuchtet weiß der Großvenediger (Tour 22).

Lange oder kombinierte Touren

Wer ausgedehnte, tagfüllende Wanderungen schätzt, findet in diesem Buch vier Touren mit einer Strecke von mehr als 25 km: die Streckenwanderungen von Poing zum Flughafen (Tour 25; 31 km) sowie entlang der Würm (Tour 47; 27 km) und die beiden Glonntal-Rundwanderungen (Touren 4 und 8) mit jeweils gut 25 km. Wem das nicht genügt, der kann selbstverständlich auch mehrere benachbarte Wanderungen kombinieren. Sinnvolle Kombinationen sind z. B. die Touren 9 + 10, 14 + 17, 26 + 27, 26 + 25, 30 + 31, 35 + 36, 42 + 43, 44 + 45, 51 bis 54. Besonderer Tipp: von München über Starnberg nach Andechs (Touren 46 + 51), 33,5 km.

Waldwanderungen

Alle 60 Touren dieses Buchs führen (zumindest kurzzeitig) durch Wald! Bei einigen Wanderungen ist der Wald auf längeren Strecken die bestimmende Landschaftsform, so zum Beispiel im Ebersberger Forst (Tour 30), zwischen Kirchseeon und Aying (Tour 32), im Forstenrieder Park (Touren 43, 46) und im Bernrieder Wald (Tour 58). Auch fast alle Flusswanderungen verlaufen auf weiten Strecken durch Au- oder Hangwälder. Interessante Überbleibsel des früheren Lohwaldgürtels im Münchner Norden sind noch mit dem Lochholz und der Angerlohe (Tour 15), dem Allacher Forst (Touren 15, 16) und der Echinger Lohe (Touren 19, 20) vorhanden.

Wanderungen am Wasser, Badeseen

Zahlreiche Touren folgen dem Lauf von Bächen und Flüssen wie der Amper (Touren 6, 9, 10, 12, 59), der Glonn (Tour 8), der Maisach (Tour 11), der Isar (Touren 21, 24, 41, 42, 44, 45), der Sempt (Tour 27), dem Kupferbach (Tour 33), der Mangfall (Tour 35), der Loisach (Touren 44, 45), der Würm (Touren 47, 48), dem Maisinger Bach (Tour 51) oder dem Kienbach (Touren 52, 53, 54). See-Blicke und oft auch Bademöglichkeiten gibt es u. a. an folgenden Seen: Regattaparksee, Mückensee (Tour 15), Lerchenauer See, Fasaneriesee, Feldmochinger See (Tour 18), Echinger See, Mallertshofer See (Tour 20), Steinsee (Tour 32), Lauser Weiher (Tour 33), Deininger Weiher (Tour 39), Starnberger See (Touren 46, 47, 49), Deixlfurter See (Tour 49), Ammersee (Tour 55), Wörthsee (Tour 56), Weßlinger See (Tour 57).

Dezembermorgen: Aufgeregtes Geflatter am Starnberger See (Tour 47).

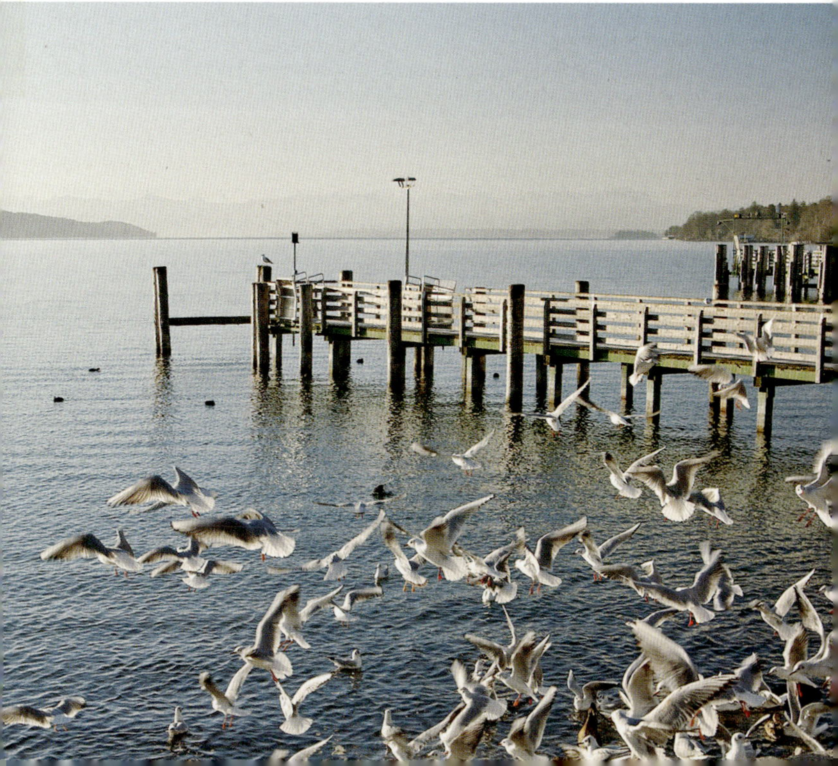

Der Naturraum rund um München

Die Münchner Umgebung lässt sich grob in drei Großlandschaften einteilen:

- 1. das Tertiärhügelland im Norden
- 2. das Seen- und Moränenland im Süden, Südwesten und Südosten
- 3. die Münchner Schotterebene im Zentrum.

Tertiärhügelland

Die Hügellandschaften nördlich von München sind Teil des Tertiärhügellands, das sich von Bayern bis Oberösterreich erstreckt. Dieses entstand gegen Ende des Tertiärs vor ca. 5 bis 2,5 Mio. Jahren und war während der Eiszeiten weder vereist noch von den Schmelzwässern überströmt. Im Dachauer und Freisinger Land präsentiert sich das Tertiärhügelland mit weiten Tälern, sanft gewellten Höhenzügen, lehmigen Böden, ausgedehnten Ackerflächen sowie kleineren Waldgebieten; hingegen bleiben Felsen, Steilhänge, Schluchten und Seen seltene Ausnahmeerscheinungen. Die Landschaft bietet kaum Spektakuläres, ihre Schönheiten sind eher lieblicher oder hintergründiger Natur, und vielerorts hat sie sich bis heute einen ruhigen, gemütlichen, bäuerlichen Charakter bewahrt.

Seen- und Moränenland

Im Zeitalter des Quartärs, d. h. im Laufe der vergangenen zwei Millionen Jahre, stießen eiszeitliche Gletscher mehrfach bis westlich, südlich und östlich von München vor, zuletzt während der Würm-Kaltzeit, die vor gut 20.000 Jah-

Blick von Mariabrunn am Rand des Tertiärhügellandes über die flache Münchner Schotterebene bis zu den Alpen (Tour 6).

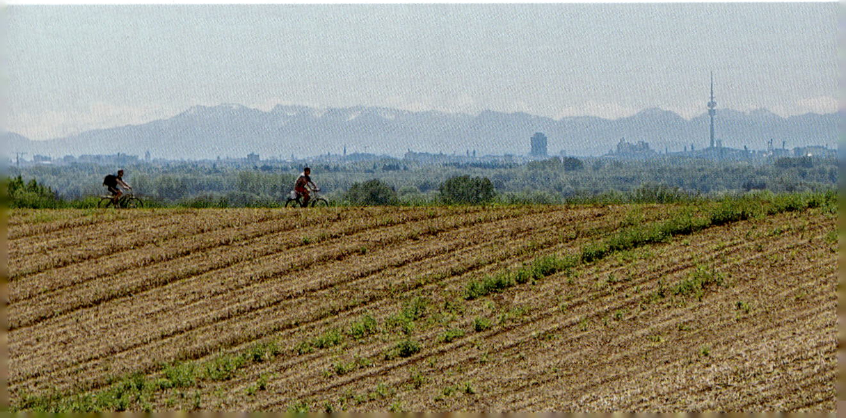

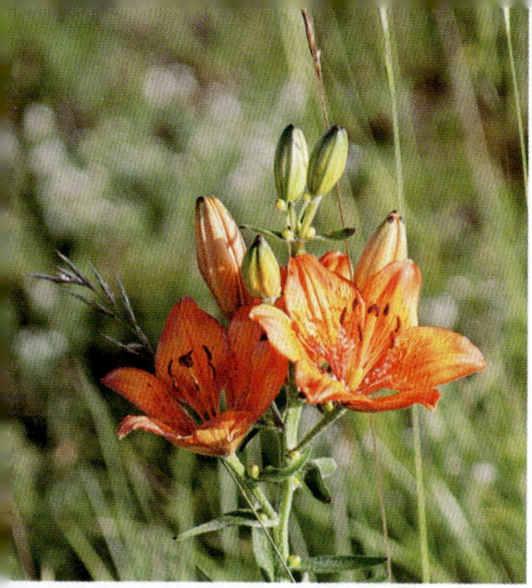

Feuerlilie in der Garchinger Heide.

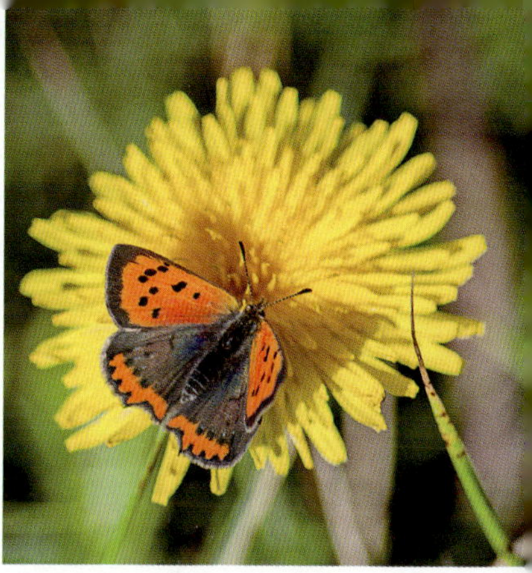

Frühlingsgefühle im Glonntal am 31. Okt.

ren ihren Höhepunkt erreichte. Der aus den Zentralalpen kommende große Inn-Gletscher teilte sich dabei in mehrere Eisströme auf: Der Isar-Loisach-Gletscher zweigte über den Fernpass sowie über den Seefelder Sattel in zwei großen Eisströmen nordwärts ab, fächerte sich in weitere Einzelzungen auf und reichte in seiner maximalen Ausdehnung im Westen bis vor Fürstenfeldbruck, während er nach Osten hin entlang einer Linie über Leutstetten, Hohenschäftlarn, Endlhausen und Großhartpenning immer weiter zurückblieb. Der Hauptstrom des Inn-Gletschers hingegen verließ durchs Inntal die Alpen und gelangte im Osten Münchens bis Ebersberg. Die Gletscherzungen schürften weite Becken aus, z. B. die Becken des Ammersees und des Starnberger Sees sowie das verlandete Wolfratshausener Becken. Aber auch zahlreiche kleinere Seen und Moore, Flussläufe und Trockentäler (wie der Teufelsgraben, das Gleißental oder das Grub-Harthausener Trockental) zeigen noch den Verlauf von ehemaligen Eis- oder Schmelzwasserströmen an. Viele Flüsse, darunter auch die Isar, die Loisach und die Mangfall, änderten während der eiszeitlichen Geschehnisse ihren Lauf und haben ihr heutiges Aussehen erst seit wenigen Jahrtausenden.

Die von den Gletschern aufgeschütteten Geröllmassen (Moränen) formten die Hügellandschaften westlich, südlich und östlich der Münchner Schotterebene, zu ihnen zählen die Anhöhen von Andechs (711 m), Hohenschäftlarn (698 m), der Ilkahöhe (726 m) und der Ludwigshöhe (618 m) bei Ebersberg, nicht jedoch der Taubenberg (896 m), der bereits im Tertiär entstand und während der Eiszeiten aus den umliegenden Eismassen herausragte. Im Gesamtbild der Flusstäler, Seen, Moore und Hügel präsentiert sich das südliche Alpenvorland mit den Bergen im Hintergrund als der wohl attraktivste und vielfältigste Teil des Münchner Umlands.

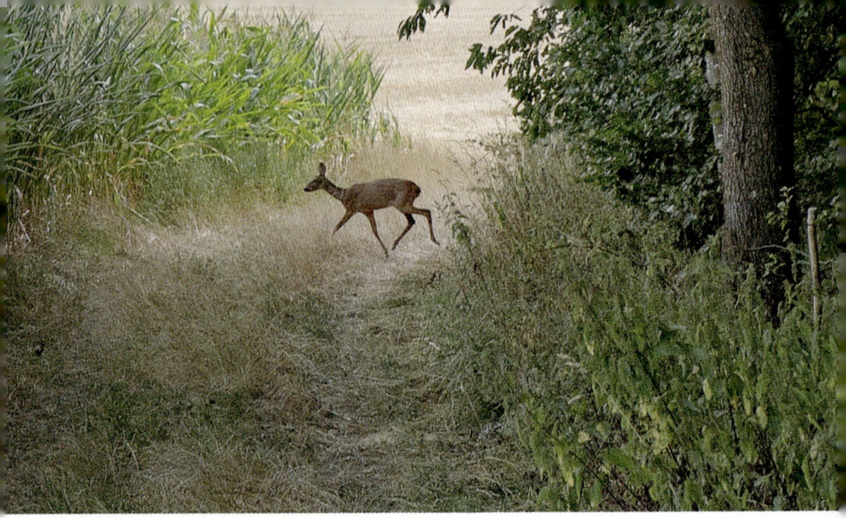

Ein scheues Reh kreuzt den Weg.

Münchner Schotterebene

Die Schmelzwässer des Isar-Loisach-Gletschers – die man sich insbesondere bei sommerlicher Sonneneinstrahlung als gewaltige, das gesamte Flachland überschwemmende Flut von ungeheuren Ausmaßen vorstellen muss – flossen gegen Norden ab, wo sie die heutige flache Münchner Schotterebene schufen, mitgeführtes Geröll nach und nach ablagerten und sich noch weiter nordöstlich, im heutigen unteren Isartal bei Moosburg, wie in einem großen Abflusstrichter sammelten. Die Geröllschicht der Schotterebene wird von Süden nach Norden immer dünner und geht schließlich in Moorgebiete wie das Dachauer, das Freisinger und das Erdinger Moos mit einem Grundwasserspiegel nur noch knapp unter der Oberfläche über. Diese Moorlandschaften werden im Bairischen »Moos« genannt. Neben dem großen Ismaninger Speichersee sind auch die vielen kleinen Seen im nördlichen Teil der Schotterebene künstlichen Ursprungs. Im Münchner Süden bilden ausgedehnte Waldgebiete (vorwiegend Fichtenforste) einen natürlichen Grüngürtel, der von den Rodungsinseln der einzelnen Dörfer »durchlöchert« ist. Im Verlauf der letzten Jahrtausende haben sich einige Flüsse tief in die Geröllschicht eingegraben und markante Hangkanten sowie Schuttterrassen geschaffen, so zum Beispiel die Isar südlich von München. Aufgrund ihrer Konturlosigkeit und Kargheit wirken die Landstriche in der Münchner Schotterebene mal öde und monoton, mal beruhigend und tundrenartig schön – Letzteres vor allem in den Heideflächen mit ihren Kalkmagerrasen und Kiefernwäldern im Münchner Norden.

Relief

Den größten Reliefunterschied der näheren Münchner Umgebung findet man südöstlich von München am Taubenberg, der mehr als 250 Höhenmeter über dem Mangfalltal aufragt. Zwischen dem Ammersee und Andechs liegen 178 Meter Differenz; weitere Höhenunterschiede bis 170 m gibt es am Starnberger See und im Isartal. Das Tertiärhügelland weist nur selten Höhenunterschiede von mehr als 70 m auf, so zum Beispiel im unteren Ampertal bei Kranzberg oder Wippenhausen. Die Münchner Schotterebene tritt – von wenigen Ausnahmen wie der Aubinger Lohe oder dem tief eingeschnittenen Isartal abgesehen – als völlig flache Landschaft in Erscheinung.

Die höchstgelegenen Punkte, die im Zuge von Wanderungen dieses Buchs besucht werden, befinden sich am Taubenberg (828 m, Variante bis 896 m zuzüglich 30 m Aussichtsturm); des Weiteren stellen auch das Dorf Großeglsee auf 737 m, die Peretshofer Höhe mit 731 m und die Ilkahöhe mit 728 m markante Anhöhen dar. Die tiefsten Punkte werden an der Isar in der Hummler Au (424 m) sowie an der Amper bei Erlau (427 m) erreicht.

Klima und Wetter

Das Münchner Umland ist von einem kühlgemäßigten Klima geprägt und sowohl maritimen als auch kontinentalen Wettereinflüssen ausgesetzt. Generell ist das Wetter wechselhaft; die Niederschlagsmenge, aber auch die Zahl der Sonnenstunden ist im Raum München höher als in den meisten anderen Großstadtregionen Deutschlands. Im Sommer ist mit Temperaturmaxima in der Regel bis +35° C zu rechnen, im Winter sinkt die Temperatur tagsüber nur selten unter –12° C. Die stabilsten Schönwetterphasen sind im Herbst zu erwarten, wobei oft Nebel und Hochnebel den eigentlich wolkenlosen Himmel eintrüben. In den Niederungen der Moorlandschaften nördlich von München kommt es öfter zu Nebelbildung, dafür dauert der Winter im südlichen Alpenvorland aufgrund der bis zu 300 Meter höheren Lage etwas länger. In tieferen Lagen kann es in milden und niederschlagsarmen Wintern passieren, dass der Schnee nur ein bis zwei Wochen lang liegen bleibt. Alle paar Jahre ist mit einem schweren Sturm zu rechnen, wodurch zahlreiche Waldwege auf Wochen oder Monate hinaus aufgrund umgestürzter Bäume unpassierbar werden.

Beinahe jedes Jahr kommt es auch zu ungewöhnlichen Wetterlagen, die nicht dem erwarteten Schema entsprechen: So konnte man in der Münchner Umgebung in den vergangenen Jahren beispielsweise einen Ja-

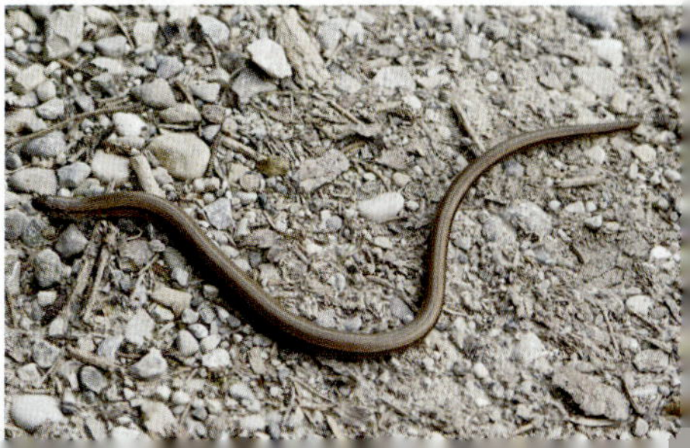

Blindschleiche im Forstenrieder Park.

nuar ohne Sonne, einen April ohne Niederschlag, einen 26. April mit Schneetreiben auf unter 500 m Höhe, wochenlangen Regen im Juni und +20° C an Heiligabend erleben. Und dann gibt es noch den Alpenföhn, der besonders im Winter und Frühjahr als warmer, trockener Wind von Süden übers Alpenvorland weht und für glasklare Fernsicht sorgt. Bei so vielen Wetterkapriolen kann es also über die nächsten Tage hinaus kaum Sicherheit über das Wetter geben – man darf sich andererseits aber jederzeit auch angenehm überraschen lassen. So kam es schon vor, dass man Ende Dezember auf der Ilkahöhe (728 m) ohne Jacke beim Picknick in der Wiese sitzen und den Sonnenschein genießen konnte.

Tierwelt

Bei den Recherchetouren zu diesem Buch habe ich – Wirbellose und Fische einmal außen vor gelassen – folgende Tiere angetroffen: Amphibien wie Kröten und Frösche; Reptilien wie Blindschleichen und Eidechsen; Vögel aller Art, darunter Singvögel, Spechte, Fasane, Enten, Schwäne, Greifvögel und Silberreiher; schließlich Säugetiere wie Mäuse, Eichhörnchen, Hasen, Kaninchen, Rehe, Hirsche und Wildschweine. Zu sehen sind natürlich auch allerlei domestizierte Tiere wie Kühe, Pferde, Esel, Maultiere, Hühner, Ziegen und Schafe, aber auch Lamas und sogar Kamele (an der Grubmühle im Mangfalltal).

Scheue, nachtaktive oder generell seltenere Tiere wie Igel, Marder, Wiesel, Füchse, Dachse, Bisamratten, Biber, Maulwürfe, Fledermäuse, verschiedene Schlangenarten, Sumpfschildkröten und Eulen bis hin zu Waschbären sind ebenfalls vorhanden, zeigen sich dem tagsüber vorbeimarschierenden Wanderer jedoch nur in Ausnahmefällen.

Die Natur im Gang der Jahreszeiten

Das Wanderjahr beginnt spätestens im März, wenn der morgendliche Raureif in der Sonne taut, die Äcker dampfen und die Haselnusssträucher blühen. Im Frühling bilden früh austreibende Baumarten wie Ahorn, Kastanien, später auch die Buchen ihre Blätter aus, während die Magnolien in den Gärten schon wieder verwelkt sind. Spechte und Kuckucke lassen im Wald ihren Ruf ertönen, das frisch geschlagene Holz duftet. Im Mai weht der Wind in manchen Jahren gelbe Pollenwolken aus den Fichtenwäldern, das erste Heu wird gemäht, Rapsfelder und Hahnenfußwiesen prägen das Landschaftsbild mit ihren satten Gelbtönen. Die ersten heißen Tage und meist auch die ersten Gewitter kommen.

Im Juni ist der Raps verblüht, das Heu duftet, die Grillen zirpen, roter Mohn steht am Rand des Gerstenfelds, Wolkenberge türmen sich auf, die Erdbeeren reifen, und immer öfter drückt die schwüle Luft, es gibt Gewitter, viel Hitze, viel Regen. Ende Juni sind die Tage am längsten, erst um 21:18 Uhr geht die Sonne unter, um 5:12 Uhr ist sie schon wieder da. Gelbe, trockene, abgeerntete Getreidefelder sind im Juli zu sehen; der Mais hingegen steht hoch und behindert die Sicht, aber bietet einen guten Schallschutz. Und noch ein Monat mit Höchsttemperaturen, Blitz und Donner folgt: der August, in dem der Himmel allmählich klarer und die Tage kürzer werden, bis es schließlich in der kühlen, taunassen Morgenstunde erstmals leicht zu »herbsteln« beginnt.

Der Herbst – von September bis November, manchmal auch noch bis in den Dezember hinein – ist farbenfroh, golden und sonnig, dann wieder neblig und kühl, er bietet die ganze Bandbreite von sehr warmen, spätsommerlichen bis hin zu düsteren, nasskalten, windigen Regentagen. Das bunte Laub erfreut über Wochen das Auge – bis der erste Sturm die Bäume kahl fegt. Dann kommt die Winterzeit mit ihren kurzen Tagen, nachmittags um halb vier beginnt es schon zu dämmern, die leere Landschaft liegt braun oder weiß da, der Himmel zeigt sich oft trüb, und jeder Sonnentag ist ein Geschenk.

Das Kaleidoskop der Jahreszeiten.

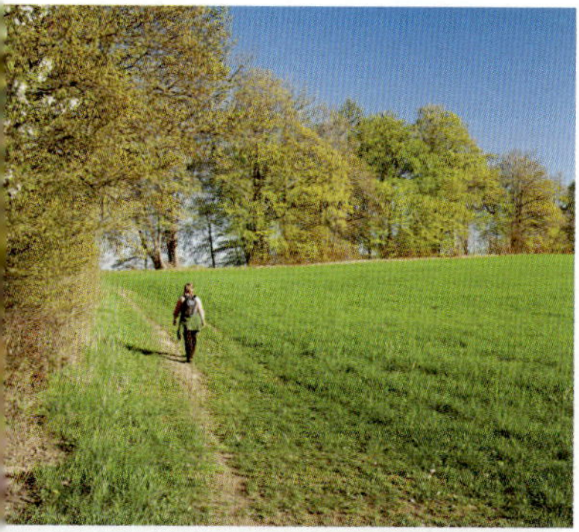

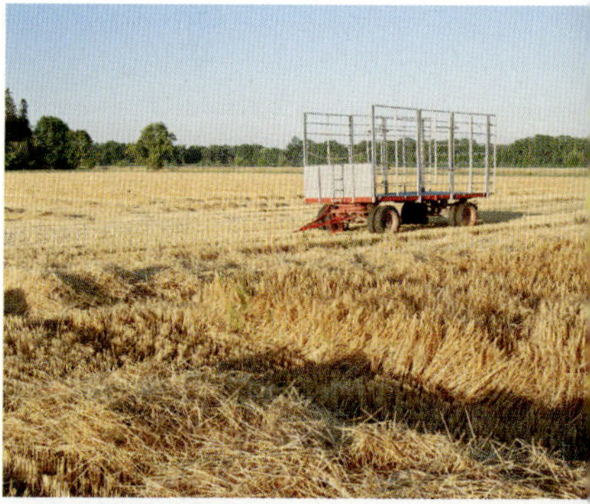

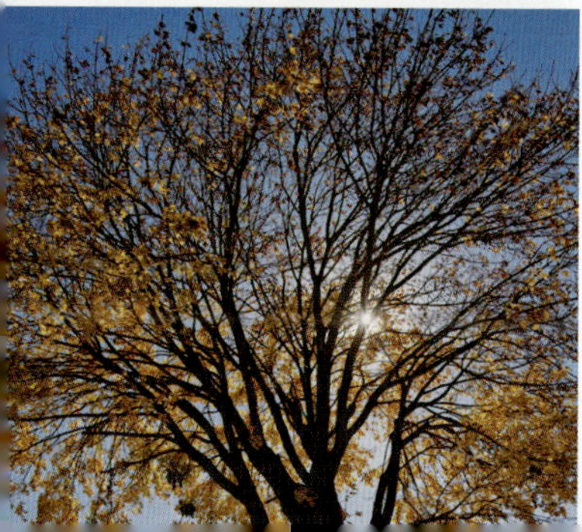

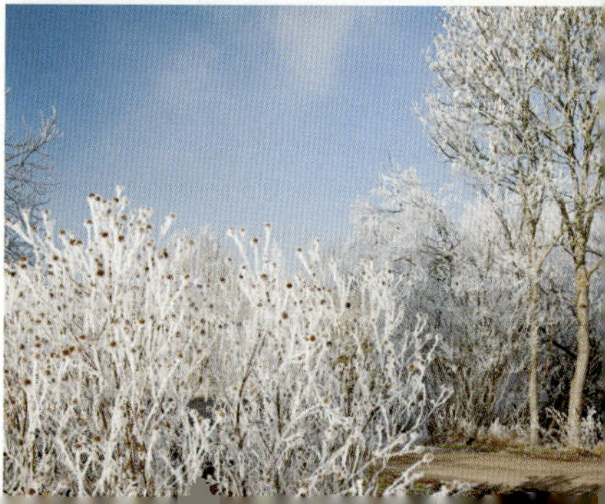

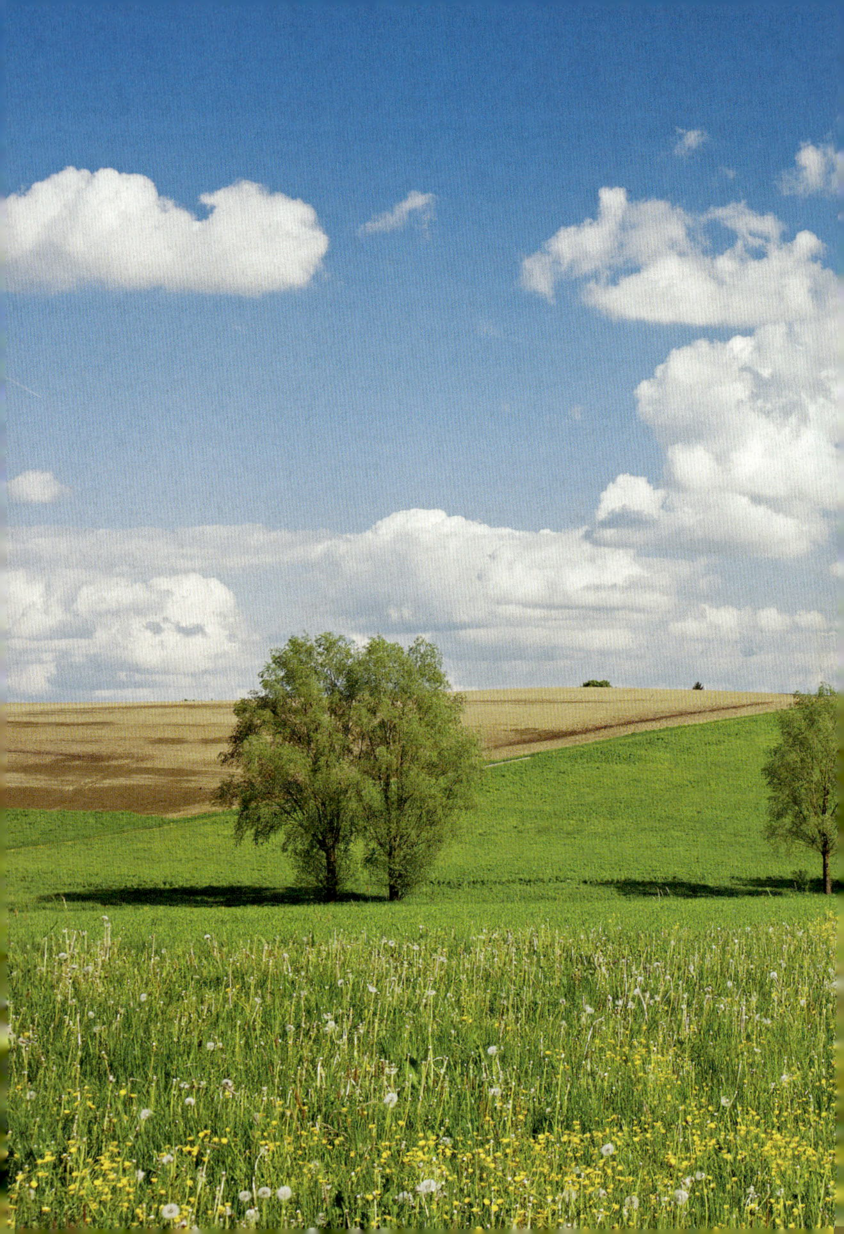

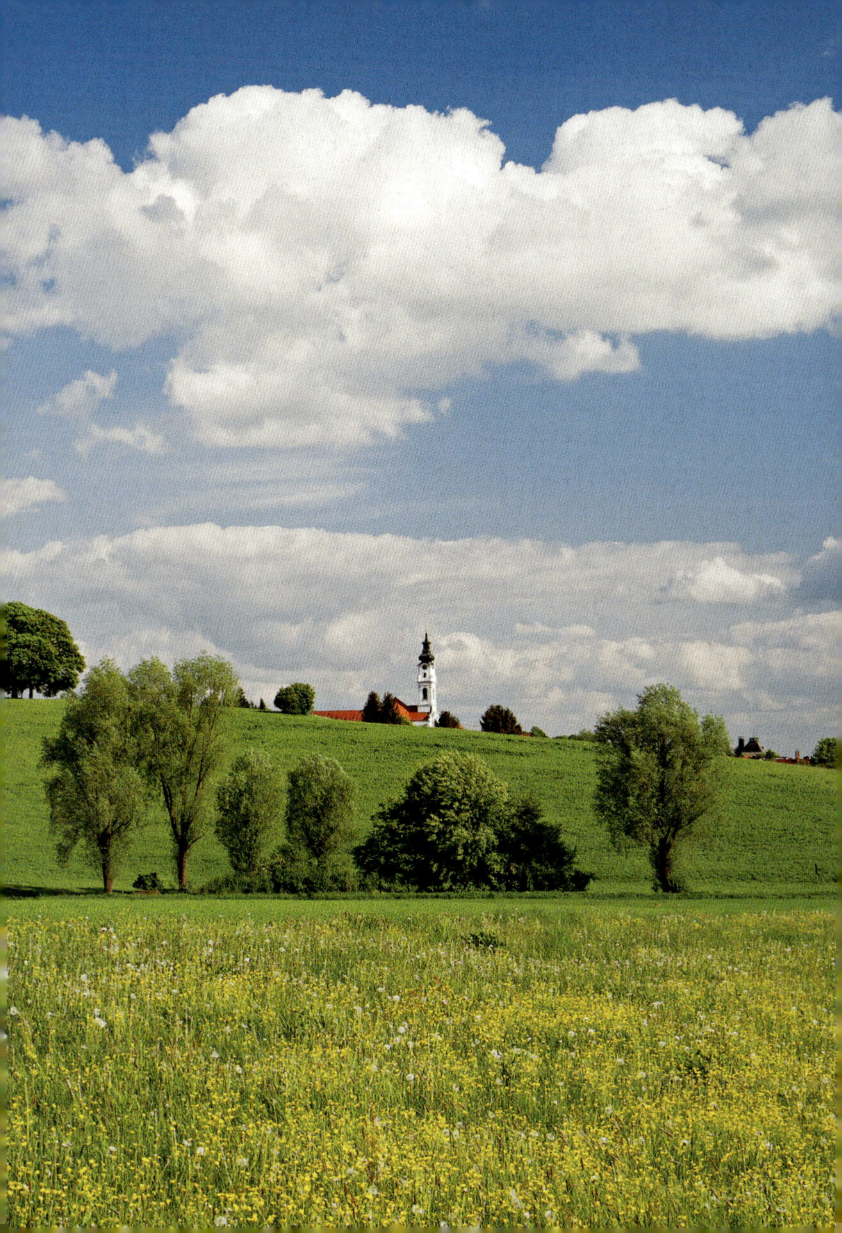

1 Von Altomünster zum Altobrunnen

2.30 Std.

Durch die Hügellandschaft zu einer Quelle im Wald

Altomünster ist eine Perle! Der pittoreske Ort im Dachauer Hinterland ragt landschaftlich, geschichtlich und gastronomisch ebenso aus der nördlichen Münchner Peripherie heraus, wie es Andechs auf der Südseite tut. Eingebettet ins hügelige Dreieck zwischen Augsburg, Pfaffenhofen und Dachau, steht Altomünster einerseits für ländliche Abgeschiedenheit, ist aber andererseits mit der S-Bahn noch als äußerster Vorposten an den Wirkungskreis der Millionenstadt München angeschlossen. Sehenswert sind im schmucken Dorfzentrum vor allem die Klosterkirche St. Alto und St. Birgitta, der Marktplatz und die beiden Brauereigasthöfe, doch auch die Umgebung hat viel Schönes zu bieten. Einiges davon lässt sich auf einer erweiterten Variante des St.-Alto-Wegs erleben, der zur Altoquelle (auch Altobrunnen genannt) in den Wald führt.

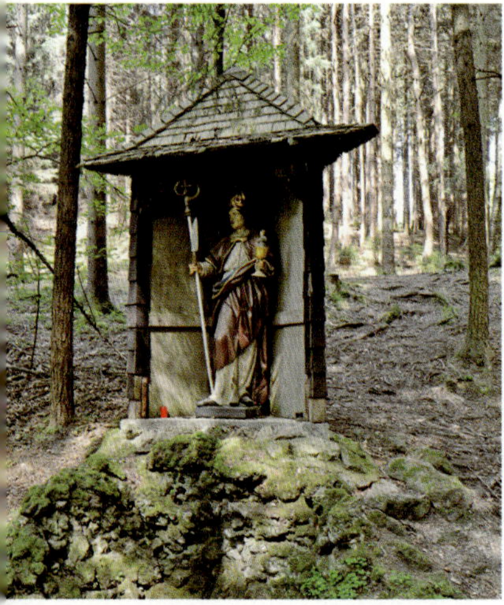

Die Altoquelle mit der Heiligenfigur.

Ausgangspunkt: Bahnhof Altomünster (S 2), 494 m.
Strecke: 9,9 km.
Höhenunterschied: 160 m.
Anforderungen: Im Altowald zwischen den Wegpunkten 4 und 5 nicht ganz offensichtlicher Wegverlauf. Bei der Altoquelle wurzeliger Pfad, ansonsten breite Wege.
Einkehr: Am Marktplatz in Altomünster: Brauereigasthof Maierbräu, Tel. +49 8254 1279, http://maierbraeu.de; Brauereigasthof Kapplerbräu, Tel. +49 8254 777, http://kapplerbraeu.de.
Variante: Nicht die Runde über Humersberg und Halmsried, sondern nur den durchwegs ausgeschilderten St.-Alto-Weg begehen, wodurch sich die Wegstrecke etwa halbiert.

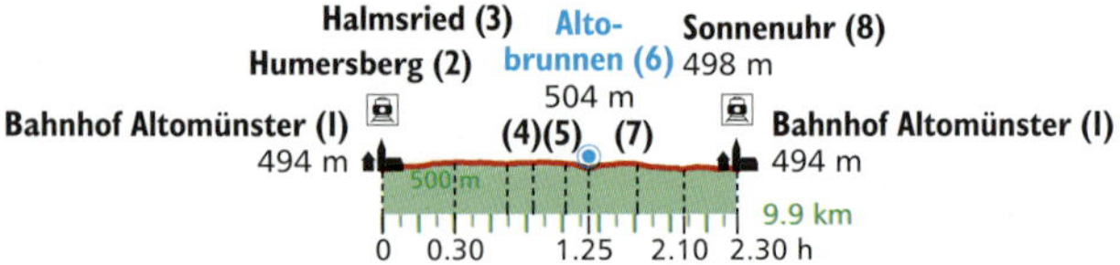

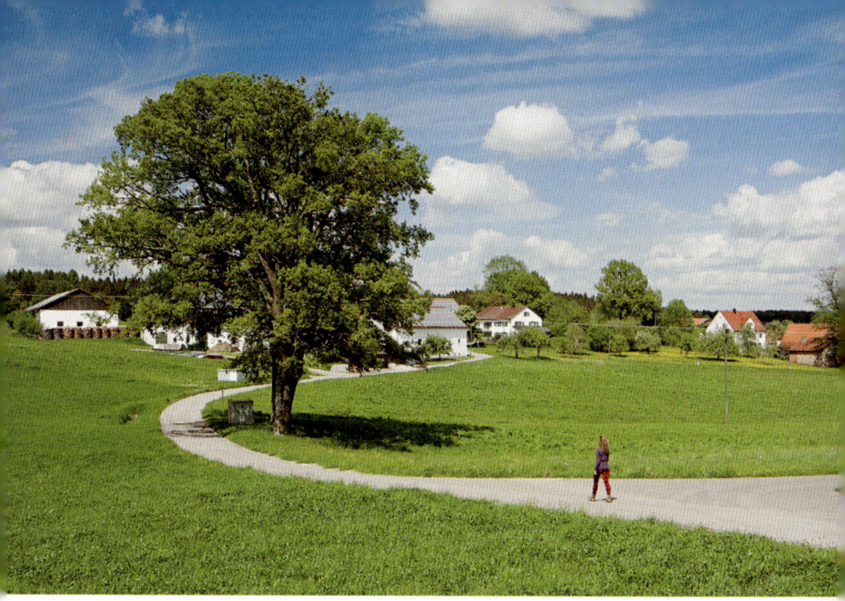

Kurz vor Halmsried.

Wir beginnen unsere Wanderung am Bahnhof **Altomünster (1)**, überqueren die Hauptstraße bei einem Zebrastreifen und gehen schräg links in die Halmsrieder Straße. Bereits hier sehen wir Schilder und Markierungen des St.-Alto-Wegs, denen wir jedoch nur folgen, falls wir uns für die kurze Variante entschieden haben; andernfalls biegen wir aus der Halmsrieder Straße gleich links in den Hochweg ab, der sich gleich wieder nach links hinauf fortsetzt.

Nun geht es knapp 2 km geradeaus: zunächst durch Wohngebiete, dann aus dem Ort hinaus und auf einem aussichtsreichen Höhenweg zum Wei-

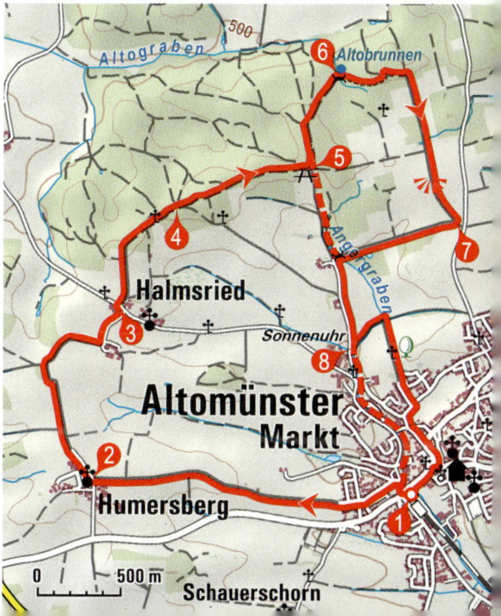

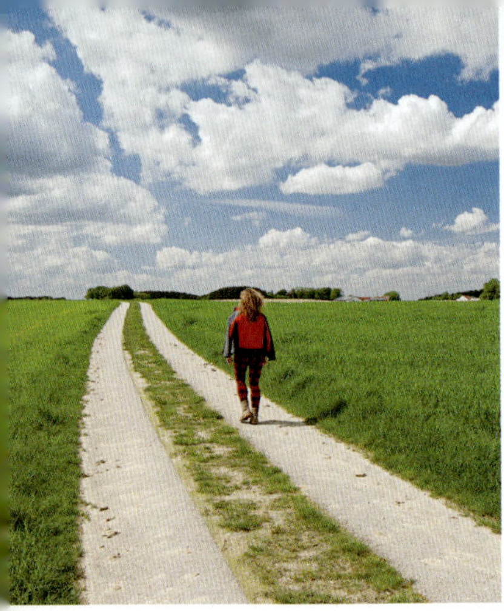

Auf dem Weg nach Humersberg.

ler **Humersberg (2)**. Dort zweigen wir rechts ab und folgen der kaum befahrenen Asphaltstraße hinüber nach **Halmsried**. In die von Altomünster kommende Straße biegen wir nach links ein und verlassen sie gleich wieder nach rechts auf einen nordwärts zum Wald führenden Feldweg **(3)**. Nach Betreten des Waldes schwenkt der Weg etwas nach rechts. Auf den nächsten 1,2 km bis zu Wegpunkt 5 gilt nun: immer die Richtung beibehalten (Ostnordost) und dabei immer auf dem Höhenrücken bleiben, ohne zur Seite hin mit Gefälle abzuzweigen! Das bedeutet, dass wir kurz nach einem Bildstock bei einer **Verzweigung (4)** geradeaus (auf dem rechten Straßenast) weitergehen und gleich danach abermals geradeaus (hier nicht rechts!) einem schwächer ausgeprägten Fahrweg folgen. Bald mündet von rechts eine deutliche Forststraße ein; wir gehen auch hier geradeaus weiter und erreichen nach weiteren 600 m eine Kreuzung **(5)** und damit den von rechts kommenden St.-Alto-Weg, dessen Markierungen uns ab jetzt durchgehend begleiten werden.

Wir folgen der Beschilderung nach links und gelangen in 10 Min. zur **Altoquelle (6)** mit einer Statue des heiligen Alto und einer Rastbank. Idyllisch mäandert hier das kleine Rinnsal durch ein Grabensystem, aus dem wir auf einem schönen Pfad wieder aufwärtssteigen, bis wir eine Forststraße erreichen. Wenig später verlassen wir den Wald in südlicher Richtung wieder und wandern bis kurz vor die Verbindungsstraße Altomünster–Asbach; hier biegen wir rechts ab **(7)**.

Im Wald, der den folgenden Wegabschnitt auf der linken Seite säumt, sind zahlreiche unterschiedliche Baumarten vertreten, die mit Infotafeln erläutert werden. Bei einem Wohnhaus schwenken wir wieder in südliche Richtung ein und nähern uns Altomünster, von dem eine Zeitlang nur der Kirchturm sichtbar ist. Bei der »begeh- und besitzbaren« **Sonnenuhr (8)** biegen wir links ab und kurz darauf rechts, um auf einem schönen Fußweg eine Anhöhe mit zwei markanten Bäumen zu überschreiten. Zuletzt spazieren wir über die Straßen Schmelchenberg, Brunnenwiesenweg und Talangerstraße wieder ins Ortszentrum von **Altomünster** und zurück zum **Bahnhof (1)**.

Der Turm der Klosterkirche zeigt unverkennbar das Ziel der Wanderung an.

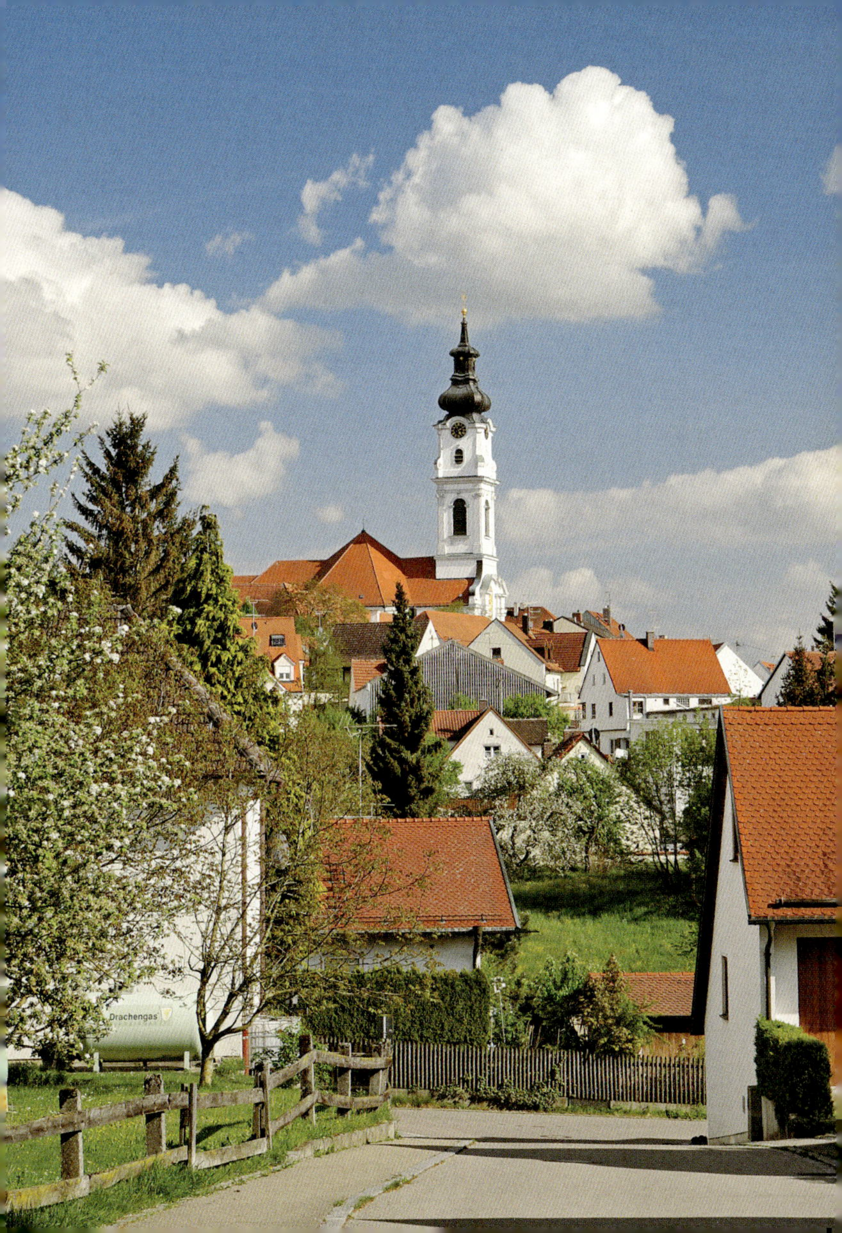
Drachengas

2 Von Erdweg nach Langenpettenbach

5.00 Std.

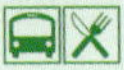

Bauerndörfer und stille Wege im Dachauer Hinterland

Auf dem Weg von Erdweg über Eichhofen nach Langenpettenbach wandern wir durch eine abgelegene Landschaft, in der des Öfteren Rehe, Fasane und Greifvögel anzutreffen sind. Ein besonders liebenswertes Stück Altbayern lernen wir nach der Hälfte der Wegstrecke mit dem über 1250 Jahre alten Dorf Langenpettenbach kennen. Sein Name lautet in der örtlichen bairischen Mundart »Bembo«, die Bewohner sind die »Bembegga«. Kurios auch die dortige Michaelskirche: Im Jahr 1922 wurde quer durch die bestehende spätgotische Kirche eine neue Kirche gebaut, wodurch sich ein kreuzförmiges Gesamtgebäude ergibt. Bevor wir wieder aufbrechen, können wir uns im urigen Landgasthof oder dessen hauseigener Metzgerei mit Speis und Trank stärken. Den Kontrapunkt zu diesen deftigen Genüssen bildet zum Abschluss der Tour die Basilika auf dem Petersberg, wo in der strengen Schlichtheit eines der bedeutendsten romanischen Bauwerke weit und breit der Geist schnell wieder klar wird.

Morgenstimmung im Glonntal.

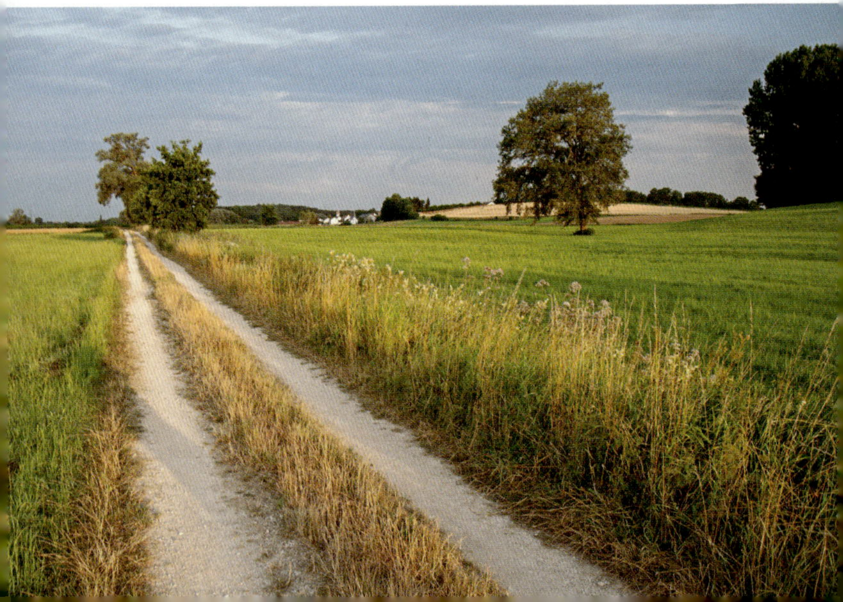

Ausgangspunkt: Bahnhof Erdweg (S 2), 474 m.
Strecke: 20,3 km.
Höhenunterschied: Rund 220 m.
Anforderungen: Überwiegend Wald- und Feldwege, verkehrsarme asphaltierte Straßen. Gute Orientierungsfähigkeit ist von Vorteil.
Einkehr: Landgasthof Gschwendtner in Langenpettenbach, Tel. +49 8136 7988, www.metzgerei-gschwendtner.de; Wirtshaus am Erdweg (in Erdweg), Tel. +49 8138 6684242, www.wirtshaus-am-erdweg.de.
Varianten: 1. Kürzere Runde: Am Ortsanfang von Eichhofen nicht in den Ort, sondern zweimal nach links und der Route ab WP 12 weiter folgen (insg. ca. 12,5 km/3 Std.). – 2. Tourende in Langenpettenbach und mit Bus (nur werktags) z. B. zum Bahnhof in Markt Indersdorf (insg. ca. 10 km/2.30 Std.).
Info: www.kirchenundkapellen.de, www.der-petersberg.de.

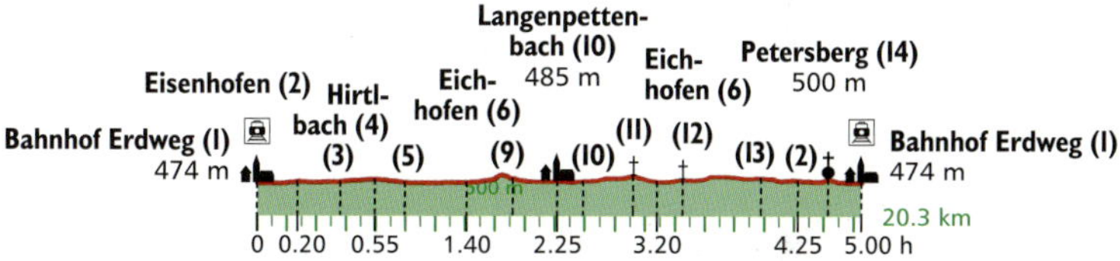

Ausgangspunkt ist die Hans-Wölfl-Straße auf der Ostseite des **Erdweger Bahnhofs (1)**. Wir gehen entlang der Gleise in Fahrtrichtung Altomünster über die **Glonn** und schwenken dann nach rechts. Der Weg führt uns nach **Eisenhofen**, wo wir uns in der Unteren Dorfstraße rechts halten. Nach gut 250 m biegen wir rechts ab **(2)** und gelangen direkt neben der Straße »Am Sandberg« (Sackgassenschild) auf einen etwas versteckten, abwärtsführenden Feldweg, der uns aus Eisenhofen hinaus- und leicht erhöht über dem flachen Grund des Glonntals ostwärts entlangführt. An seinem Ende rechts abbiegend und an einem Wegkreuz vorbei nähern wir uns der Glonn und wandern noch davor (kurzer Abstecher zur Brücke möglich) links nach **Hörgenbach (3)** hinauf.
Den Ort Hörgenbach verlassen wir gleich wieder nach rechts und wandern außerhalb des Orts links einen Feldweg hinauf, auf dem wir nach **Hirtlbach (4)** gelangen. Dort leicht rechts versetzt geradeaus auf einer asphaltierten Straße weiter nordwärts und rund 150 m nach dem Ende des Asphaltbelags rechts auf einen Feldweg ab (auch die Straße führt direkt, aber weniger schön zum nächsten Zwischenziel Eichhofen). Nach 400 m zweigen wir links auf einen unscheinbaren Fahrweg **(5)** ab, der uns in nördlicher Richtung durch ein Waldstück und anschließend flach durch Felder nach **Eichhofen** führt.
Dort biegen wir rechts in die Straße ein (der spätere Rückweg sowie die Variante führen von hier nach links) und spazieren durchs Dorf. An der Hauptstraße halten wir uns kurz rechts und zweigen gleich wieder links auf die **Arnzeller Straße (6)** ab, die wir nach den letzten Gebäuden nach rechts auf einen Feldweg verlassen. Nun geht es zum Waldrand und – den Wald zur

Rechten, das letzte Feld zur Linken – auf undeutlicherer Fahrspur weiter, bis sich die Straße in der Ecke zwischen zwei Waldrändern endgültig verliert **(7)**. Wir betreten geradeaus den Wald und folgen nach wenigen Metern einem schwachen Pfad nach links aufwärts; in nördlicher Richtung geht es nun parallel zum Waldrand bis zum umzäunten **Hochbehälter Oberainried (8)**. An diesem wandern wir links vorbei und weiter geradeaus auf eine Forststraße, die uns durch den Wald abwärtsführt. Kurz bevor auf der rechten Seite der Wald endet, biegen wir rechts auf einen Fahrweg ab **(9)**, verlassen den

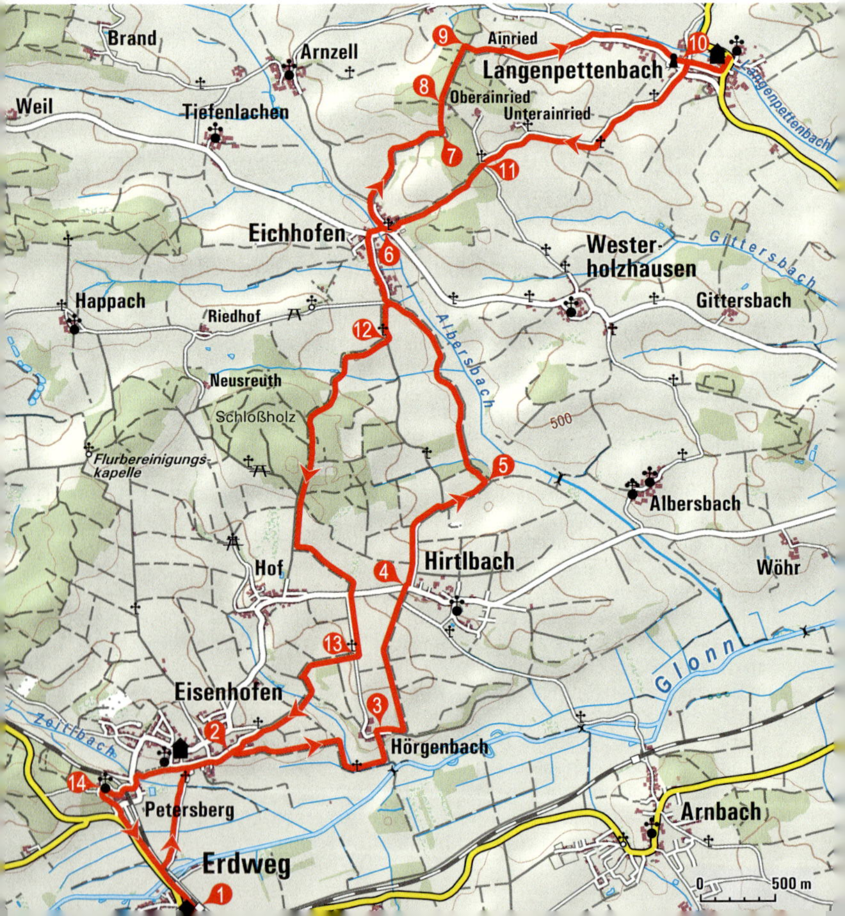

Wald, gelangen nach **Ainried** und nach **Langenpettenbach**. Wir folgen der Hauptstraße durch das Straßendorf Langenpettenbach mit seinen mannigfaltigen Impressionen vom mitten im Ort gelegenen Bauernhof über schöne Gärten und Vorhöfe bis hin zu modernen Wohnhäusern. Wer beim **Kriegerdenkmal (10)** links auf der Unteren Straße weitergeht, erreicht die Schrobenhausener Straße, die links nach 100 m über den namensgebenden Langenpettenbach hinweg zum Gasthof und zur Kirche führt. Wieder zurück beim Kriegerdenkmal, nehmen wir die kleine, südlich hinaufführende Ainrieder Straße und folgen dem asphaltierten Straßenverlauf, auf dem Scheitelpunkt des Hügelzugs rechts abbiegend, vorbei am Gehöft **Unterainried** bis zum Waldrand **(11)**. Dort setzen wir unseren Weg leicht links versetzt geradeaus auf einer schmalen Forststraße fort und gelangen so wieder nach **Eichhofen (6)**.

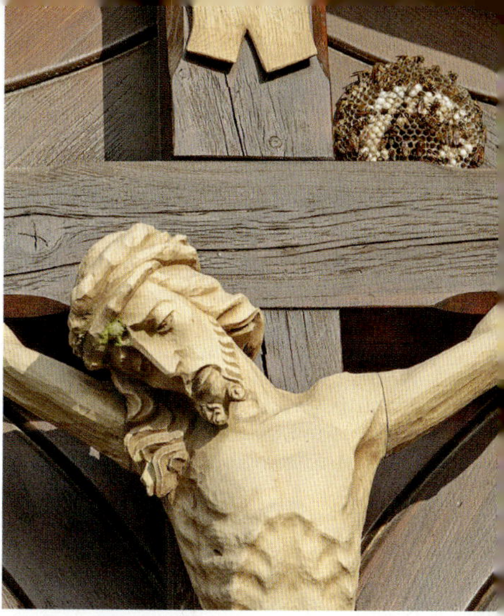

Kruzifix mit Wespennest.

Den Ort durchqueren wir nun wieder auf der vom Hinweg bekannten Straße südwärts, biegen am Ortsende nun aber nicht wieder auf den ersten Feldweg links ein, sondern 50 m weiter auf die unasphaltierte Straße nach Hirtlbach. Kurz darauf zweigen wir bei einem Wegkreuz rechts ab **(12)** und gelangen so ins **Schloßholz**, wo wir kurz nach Betreten des Waldes nicht scharf rechts abbiegen, sondern dem Wegverlauf kontinuierlich in südlicher Richtung folgen. Zwischen Feldern geht es geradewegs auf **Hof** zu, doch bereits vor dem Ort zweigen wir nach links auf einen Feldweg ab, überqueren die Straße Hirtlbach–Hof und gehen 375 m weit entlang einer Baumreihe südwärts in Richtung Hörgenbach weiter.

Dann biegen wir rechts ab **(13)**, halten uns nach gut 400 m links und der Beschilderung nach Erdweg folgend gleich wieder rechts nach **Eisenhofen**. Wir durchqueren den Ort auf der vom Hinweg bekannten Unteren Dorfstraße **(2)** bis zur Kirche, gehen auf einem Fußweg geradeaus in Richtung Petersberg weiter, überqueren den **Zeitlbach** und steigen dann rechts über die Bahnlinie hinweg zur Kirche auf den **Petersberg (14)** hinauf. Von der anderen Seite der Kirche führt ein steiler Waldweg links wieder zur Straße hinab, an der entlang wir nach **Erdweg (1)** zurückspazieren.

3 Von Gernlinden nach Erdweg

5.30 Std.

Durchs Fußbergmoos ins Dachauer Hügelland

Im Münchner Nordwesten ermöglichen die S-Bahnlinien S 3 und S 2 eine wunderbare Streckenwanderung von Süd nach Nord, auf der man stille, weitläufige Landschaften – zuerst flach, dann hügelig – kennenlernt: Beginnend in Gernlinden durchwandern wir das Fußbergmoos, ein großes Niedermoor, in dem Ur-Rinder weiden und seltene Tier- und Pflanzenarten heimisch sind. Anschließend überqueren wir mit der Autobahn A 8 zugleich auch die Grenze zum Tertiärhügelland, genießen von den Anhöhen bei Deutenhausen herrliche Alpenblicke und erreichen kurz darauf den höchsten Punkt des Landkreises Dachau. Es folgen noch rund zehn Kilometer Gehstrecke durch abgeschiedene Wälder und Felder, bevor es zum Ziel der Wanderung ins Glonntal hinabgeht.

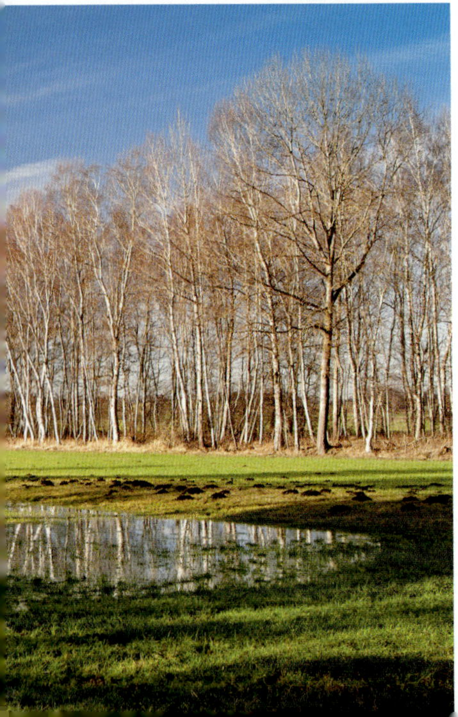

Ausgangspunkt: Bahnhof Gernlinden (S 3), 508 m.
Endpunkt: Bahnhof Erdweg (S 2), 476 m.
Strecke: 21,0 km.
Höhenunterschied: Rund 170 m Aufstieg, 200 m Abstieg.
Anforderungen: Breite Feld- und Waldwege sowie Asphalt.
Einkehr: In Erdweg: Wirtshaus am Erdweg, Tel. +49 8138 6684242, www.wirtshaus-am-erdweg.de.
Varianten: 1. Zwischen Machtenstein und Walkertshofen sind diverse Varianten möglich. Aufgrund der Verirrungsgefahr im Wald (u. a. wegen fehlerhafter Wegverläufe in gedruckten Karten) sollte man dabei aber generell nur sehr deutlich ausgeprägten Wald- und Feldwegen folgen.
2. Verlängerung der Tour zur Basilika St. Peter und Paul auf dem Petersberg, einer der bedeutendsten romanischen Kirchen Altbayerns: Von Erdweg entlang der Hauptstraße nordwestwärts weiter und auf einem Fußweg zum Petersberg (hin und zurück jeweils gut 1 km).

Im Fußbergmoos.

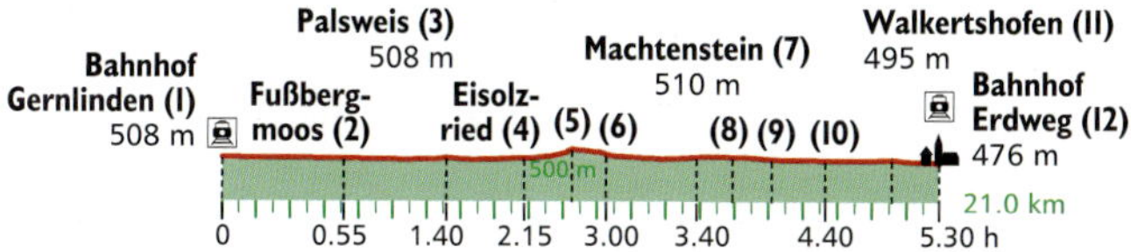

Am **Bahnsteig in Gernlinden (1)** nehmen wir den Treppenaufgang zur Fußgängerbrücke, gehen nach rechts auf die Nordseite der Gleise und folgen der Hugo-Brunninger-Straße. Wo sie in die querende Ganghoferstraße einmündet, überqueren wir diese, gehen leicht rechts versetzt in der Verlängerung der Hugo-Brunninger-Straße zu einem Spielplatz weiter und dort nach rechts zur Josef-Poxleitner-Allee am Ortsrand. Entlang dieser verlassen wir Gernlinden nach links (nordwärts) und erreichen kurz darauf die **Sportanlage**. Von dort geht es auf einem hinter den Fußballplätzen verlaufenden Feldweg weiter; diesen erreichen wir, indem wir den linken Fußballplatz auf der Straße links herum umgehen, aber in der Regel ist auch ein direkter Durchgang am Sportheim vorbei möglich.

Auf dem Feldweg wandern wir in östlicher Richtung zur asphaltierten Moosalmstraße; ihr folgen wir nach links (nordwärts) zur Siedlung **Fußbergmoos** und weiter, nunmehr unasphaltiert, ins **Landschaftsschutzgebiet Fußbergmoos** mit seinen charakteristischen Birkenwäldern. Bei einer Kreuzung aus vier Fahrwegen **(2)** biegen wir rechts ab, überqueren nach 350 m einen kleinen Wasserlauf und halten uns unmittelbar dahinter links. Der Fahrweg führt uns nun nordwärts durch schöne Wald- und Wiesenlandschaften, wobei der Kirchturm von Bergkirchen (in gut 4 km Entfernung) und die nahe **Autobahn A 8** die optische und akustische Kulisse bestimmen.

Wir wandern aus dem Fußbergmoos hinaus und schwenken mit dem Weg nach rechts auf **Palsweis** und die Autobahn zu. Bei einer T-Kreuzung kurz vor der Autobahn biegen wir rechts ab, schwenken kurz darauf in die Asphaltstraße nach links ein, überqueren auf ihr die A 8 und gehen in den Ort Palsweis mit der auffallend gedrungenen Kirche St. Urban. Etwas weiter oben im Ort zweigen wir rechts in die Taxerstraße **(3)** ab und verlassen Palsweis geradeaus nordwärts auf einem Feldweg. Wir biegen rechts ab, wandern unter der Überlandleitung hindurch bis zu einem Waldstück, an ihm entlang und auf einem Feldweg zur Straße zwischen Priel und Eisolzried hinauf. An dieser müssen wir nun nach rechts gut 300 m entlanggehen, bis wir am Ortsanfang von **Eisolzried (4)** links auf einen gepflasterten Fahrweg abbiegen können.

Dieser führt uns entlang einer Baumreihe den Hügelzug hinauf, immer geradeaus am rechts liegenden Ort **Deutenhausen** vorbei und auf den Wald zu. Bereits beim anfänglichen Aufstieg von Eisolzried wird, wenn wir uns umdrehen, nach und nach ein schöner Blick nach München und zu den Alpen frei;

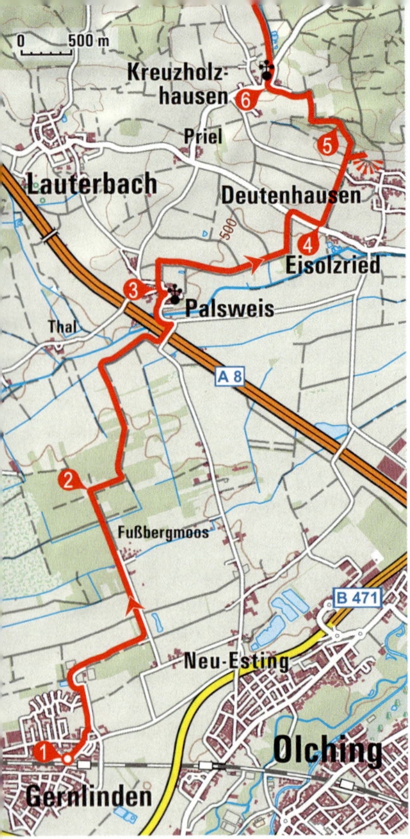

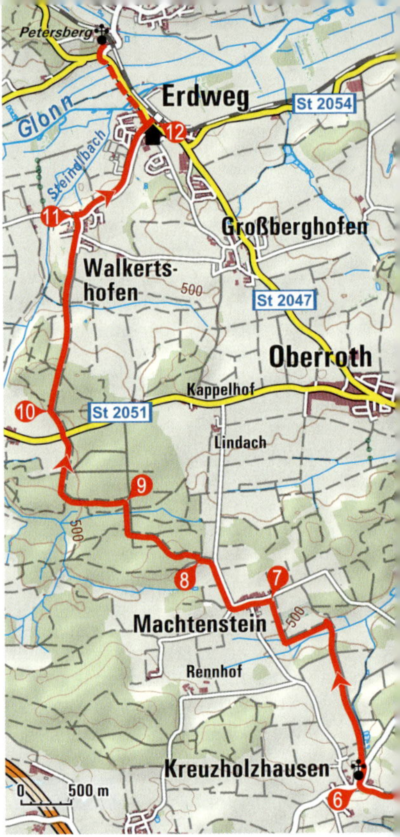

eine noch bessere Aussicht genießen wir, wenn wir unmittelbar vor Betreten des Waldes rechts den steilen Wiesenhang bis zu seinem höchsten Punkt am Waldrand hinaufsteigen. Im Wald folgen wir dem Fahrweg und dann einem rechts abgehenden schönen Pfad in Nordwestrichtung steil bergauf zum **Wasserbehälter (5)**, dem mit 559 m Höhe wohl höchsten Punkt im Landkreis Dachau.

Dort links in gerader Westrichtung weiter, an einer rechter Hand liegenden Wiese und einem weiteren Waldstück entlang und dahinter rechts auf einem Feldweg hinab und nach **Kreuzholzhausen**. Dort biegen wir rechts zur Kirche hin ab **(6)**, gehen an ihr vorbei zur querenden »Ortsstraße«, der Hauptstraße des Orts, und über diese hinweg geradeaus weiter. Nun wandern wir immer geradeaus, bei Verzweigungen nicht rechts abbiegend, auf das schräg links vor uns liegende Machtenstein zu. Nach Überqueren des **Südlichen Rothbachs** entweder geradeaus und am Waldrand weiter oder gleich links auf einen Fahrweg ab; beide Wege führen nach **Machtenstein (7)**, das wir auf der Straße durchqueren. Am westlichen Ortsrand schwenkt die Straße rechts herum; wir folgen ihr noch genau 500 m weit nach Norden und biegen dann links auf einen Feldweg ab, der sich nach gut 100 m am Waldrand verzweigt. Wir bleiben nun nicht auf dem nach links schwenkenden Hauptweg, sondern gehen rechts weiter **(8)** (alte Schranke, Stand: Januar 2018).

Gleich darauf kommt die nächste Verzweigung – dort nach links! Der Forstweg führt uns nun leicht absteigend durch schöne Waldgebiete zu einer Kreuzung mit alter Hütte, wo wir rechts (nordwärts) abbiegen und erst absteigend, dann aufsteigend noch 350 m weit weitergehen, bis wir links auf einen deutlich ausgeprägten Forstweg abbiegen können **(9)**. Auf diesem gelangen wir bei Verzweigungen zweimal rechts haltend zum Waldrand, an dem wir nordwärts entlangspazieren und dabei die Straße zwischen Altstetten und Kappelhof überqueren. Nach weiteren 250 m am Waldrand entlang betreten wir ein letztes Mal Wald, halten uns rechts aufwärts **(10)**, wandern bei einer Forstwegkreuzung geradeaus weiter und gelangen dann, nun absteigend, zuletzt noch einmal aufsteigend, durch Felder in den Ort **Walkertshofen**. Vorbei an stattlichen Bauernhöfen erreichen wir die Bergstraße **(11)**, an der entlang wir nach rechts nach **Erdweg** hinabgehen. Dort wenden wir uns an der Hauptstraße nach links zum Wirtshaus (oder weiter zur Glonn und zum Petersberg, siehe Variante) oder gehen gleich rechts herum durch zum Bahnhof **(12)**.

Der obere Ortsteil von Palsweis an einem Januartag.

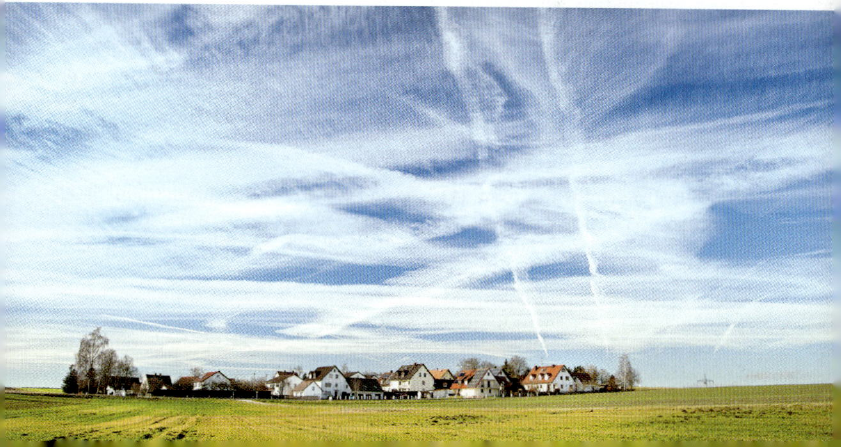

4 Im Bauernland zwischen Glonn und Amper

6.30 Std.

»Weitwandern dahoam« im Hügelland

Diese großzügige Runde gibt einen Einblick in die weitläufige Feld- und Ackerlandschaft an der Grenze der Landkreise Dachau und Freising. Den Wanderer erwarten hier keine spektakulären Sehenswürdigkeiten, sondern ein weites, sanft gewelltes Land, das von Landwirtschaft und Viehhaltung, von Dörfern und Einödhöfen geprägt ist. Hier steht fernab von bekannten Touristenzielen die schlichte Faszination des Wanderns im Mittelpunkt: Man geht, schaut, lässt die Gedanken schweifen, unterhält sich und erholt sich, während man die meiste Zeit über auf Feldwegen oder für den öffentlichen Verkehr gesperrten Straßen unterwegs ist und den Autos fernbleibt. Wem dieses »Weitwandern dahoam« gefällt, der lässt sich vielleicht von den Jakobsweg-Schildern bei Vierkirchen zu einer noch viel längeren Wanderung inspirieren.

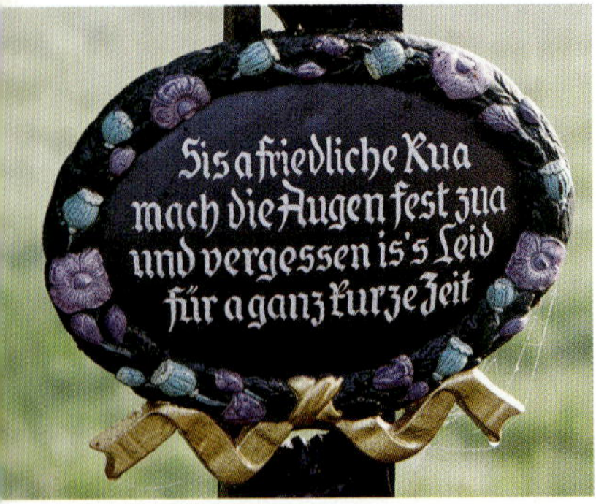

Beim Berghanerl-Hof.

Ausgangspunkt: Bahnhof Petershausen (S 2, Regionalbahn), 469 m.
Strecke: 25,9 km.
Höhenunterschied: Rund 230 m.
Anforderungen: Breite Feld- und Waldwege sowie asphaltierte Straßen, nur am Anfang ein kurzes Stück schmaler Waldpfad.
Einkehr: Restaurant Achillion Zum Bräu in Vierkirchen, Tel. +49 8139 932332; weitere in Petershausen, z. B. Café Kloiber am Pertrichplatz, Tel. +49 8137 5287, www.baeckerei-kloiber.de.
Variante: In Vierkirchen der Indersdorfer Straße geradeaus folgen, durch die Bahnhofstraße zum Bahnhof und Tour dort beenden; insgesamt ca. 19 km/ 4.45 Std.

Vom **Bahnhof Petershausen (1)** spazieren wir die Bahnhofstraße hinab zum Kreisverkehr und gehen rechts weiter ins Ortszentrum am Pertrichplatz; dort zweigen wir nach links in Richtung Kollbach ab (Münchner Straße). Nach dem Überqueren der **Glonn** biegen wir links in die Freisinger Straße (Richtung Hohenkammer) ein und nach 70 m rechts in den Wendelsteinweg **(2)**. An seinem oberen Ende gehen wir geradeaus weiter und links am einzeln stehenden Haus vorbei. Auf einem schönen Waldpfad geht es nun nahe dem Waldrand durchs **Kreutholz** und auf breiter Forststraße am Sendemast

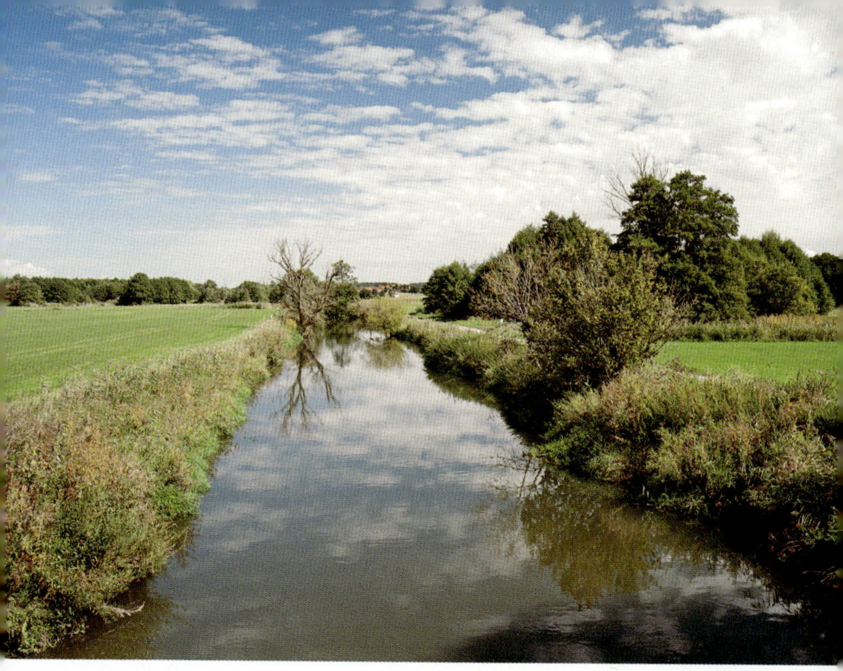

Die Glonn zwischen Jedenhofen und Ebersbach.

und am Wasserwerk vorbei. Ein links abzweigender Forstweg bleibt unbeachtet, ebenso seitliche Abzweiger bei einem weiteren umzäunten Gebäude; stattdessen gehen wir bis zum Waldrand auf dem Hauptweg weiter, halten uns dann links und erreichen absteigend eine Asphaltstraße. Nächstes Ziel ist das rechts oberhalb gelegene Gehöft **Berghanerl (3)**, zu dem wir rechts herum auf der Straße hinaufsteigen (interessantes Wegkreuz kurz vor dem Hof).

Nun geht's zum **Weißlinger Holz**, an dessen Rand wir zunächst ostwärts, dann südwärts entlangwandern. Kurz vor dem Ende des Walds biegen wir links in einen Forstweg ein **(4)**, der uns zunächst innerhalb des Waldes ab-

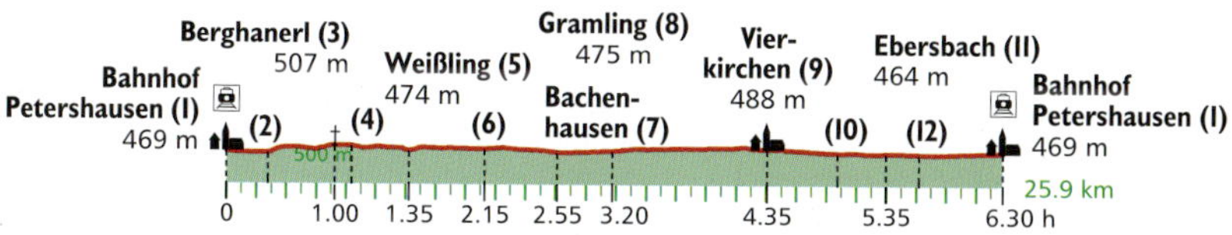

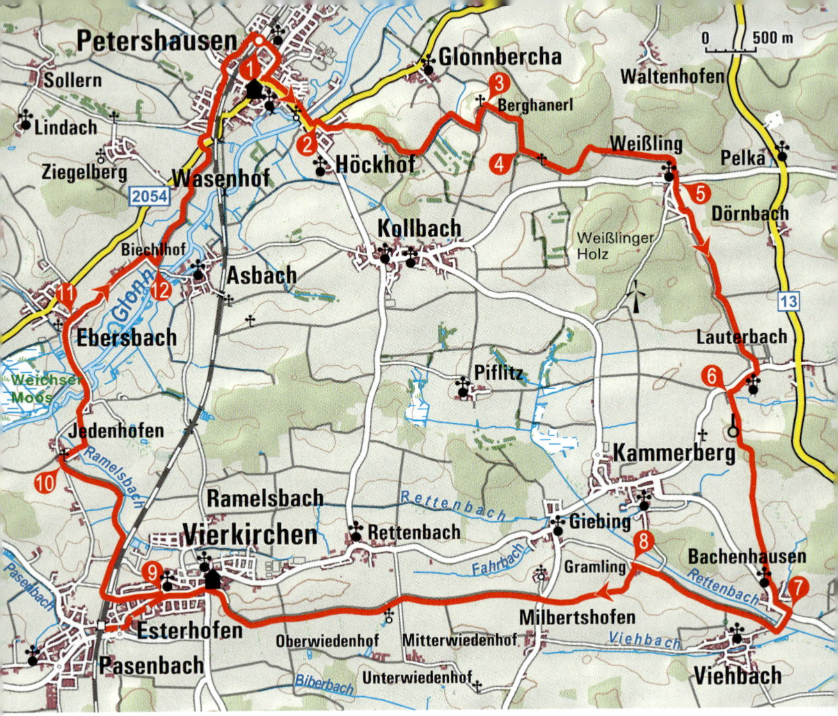

steigend, dann auf gleicher Höhe am Waldrand, schließlich durch ein kurzes Waldstück ansteigend südlich um das Weißlinger Holz herumführt; rechts haltend gelangen wir über einen Feldweg nach **Weißling (5)**.

Dort überqueren wir die Hauptstraße und wandern über die Straßen »Unterer Hang«, »Mittlerer Hang« und »Oberer Hang« ansteigend in Richtung Lauterbach aus dem Dorf hinaus. Die nun nicht mehr asphaltierte Straße bringt uns in südsüdöstlicher Richtung nach **Lauterbach**, wo wir nach rechts an der Straße entlanggehen und am Ortsende **(6)** nach links abbiegen. Nun geht es am Wasserturm vorbei, durch ein kurzes Waldstück und gerade südlich nach **Bachenhausen**, wo wir der Hauptstraße durch den Ort folgen und dann nach rechts in Richtung Viehbach abbiegen **(7)**. Gleich nach dem Überqueren des **Rettenbachs**, noch vor Viehbach, schwenken wir rechts auf einen Feldweg ein, der uns entlang einer Baumreihe bis zum Gehöft **Gramling (8)** bringt.

Dort biegen wir bei der zweiten Straße (beim Ortsschild) links ein und zweigen unmittelbar vor dem ersten Haus nach rechts auf einen Feldweg ab. In westlicher Richtung gehen wir zur Landstraße zwischen Milbertshofen und

Giebing, überqueren diese und setzen unsere Wanderung jenseits auf einer für den öffentlichen Verkehr gesperrten Straße, anfangs mit Asphaltbelag, fort. Immer in Westrichtung wandern wir auf Vierkirchen zu und bewegen uns dabei zuletzt auf dem Jakobsweg, der in entgegengesetzter Richtung von Scheyern nach Dachau führt. Vorbei am Wasserturm spazieren wir nach **Vierkirchen** hinein, überqueren die Hauptstraße und wandern westwärts durch die Indersdorfer Straße weiter, bis wir nach 450 m rechts in die Wallnstraße und gleich wieder links in die Ganghofer Straße **(9)** abbiegen.
Diese führt uns über die Bahngleise hinweg und anschließend nach Norden (rechts) abbiegend aus dem Ort hinaus. Zunächst entlang der Gleise, schwenkt der Weg am **Ramelsbach** nach links und setzt sich bis nach **Jedenhofen (10)** fort, das wir bei der ersten Möglichkeit wieder nach rechts (auf der Straße »An der Furch«) verlassen. Bei der folgenden T-Kreuzung gehen wir links und stoßen am separaten nördlichen Ortsteil von Jedenhofen auf die Asphaltstraße. Auf ihr überqueren wir die Glonn und erreichen **Ebersbach (11)**, wo wir in die erste Straße rechts abbiegen. Bei der auf den **Biechlhof** folgenden T-Kreuzung halten wir uns rechts und schwenken kurz darauf nach links in einen Feldweg **(12)** ein, der uns direkt nach **Petershausen** bringt; linksseitig entlang der Gleise (oder unter ihnen hindurch und durchs Ortszentrum mit den Geschäften und Einkehrmöglichkeiten) gelangen wir zurück zum **Bahnhof (1)**.

Kuhweide beim Berghanerl-Hof an einem nebligen Septembermorgen.

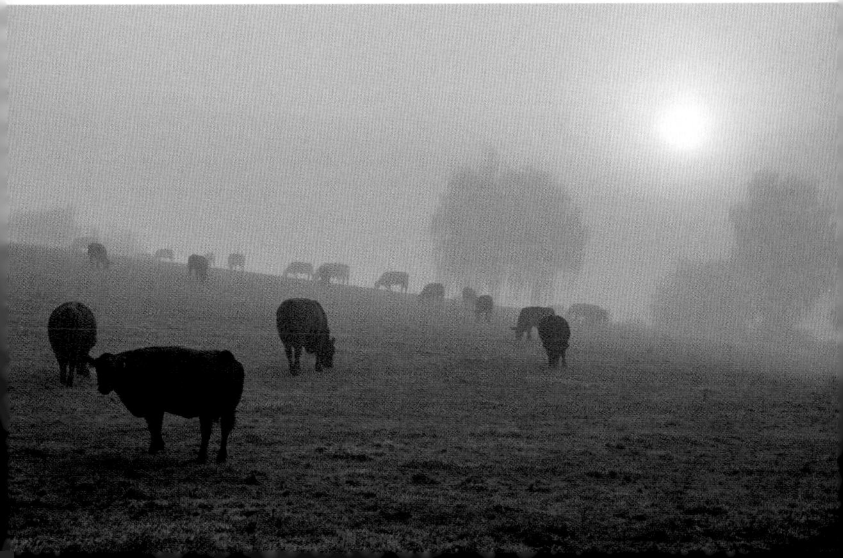

5 Über die Wiedenhöfe nach Mariabrunn

4.30 Std.

Rundtour auf Wald- und Feldwegen durchs Dachauer Land

Mariabrunn und Schönbrunn heißen die beiden überregional bekannten Orte der Gemeinde Röhrmoos – Ersteres wird gern besucht in seiner Funktion als Wallfahrtsort und Ausflugsziel mit Biergarten (siehe auch die Touren 6 und 7), der Name des Zweiteren ist mit dem Franziskuswerk Schönbrunn verbunden, einer großen Einrichtung für Menschen mit geistiger Behinderung. Deutlich weniger im Fokus des öffentlichen Interesses steht hingegen die sanft gewellte Hügellandschaft ringsherum, die ganz von der Landwirtschaft geprägt und mit ihrer bunten Mischung aus Wiesen, Feldern, Wäldern und kleinen Ortschaften für das Dachauer Land typisch ist. Wer an einem Tag mit Fernsicht unterwegs ist, kann von den Wiedenhöfen aus sogar die Alpen bestaunen.

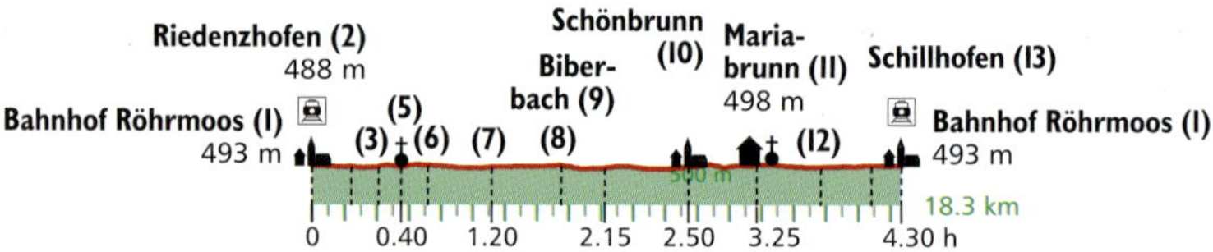

Ausgangspunkt: Bahnhof Röhrmoos (S 2), 493 m.
Strecke: 18,3 km.
Höhenunterschied: Rund 200 m.
Anforderungen: Zwei schmale Waldpfade, ansonsten überwiegend breite Feld- und Waldwege, etwas Asphalt. Im Schloßholz kann man sich leicht verlaufen, daher genau auf die Wegbeschreibung achten; gefährliche Straßenüberquerung.
Einkehr: Klosterwirt Schönbrunn, Tel. +49 8139 932639, www.klosterwirt-schoenbrunn.de; Schlosswirtschaft Mariabrunn, Tel. +49 8139 8661, www.schlosswirtschaft-mariabrunn.de.
Variante: Kurzwanderung von Röhrmoos direkt nach Mariabrunn (= der letzte Teil dieser Tour in umgekehrter Richtung): Vom Bahnhof rechts der Gleise südwärts nach Schillhofen, links ab, unter den Gleisen hindurch und zur Unterweilbacher Straße, auf ihr nach rechts, nach Überquerung des Lotzbachs links ab zu großen Gebäuden, schließlich rechts hinauf in den Wald nach Mariabrunn. Einfache Strecke 4,5 km/1 Std.

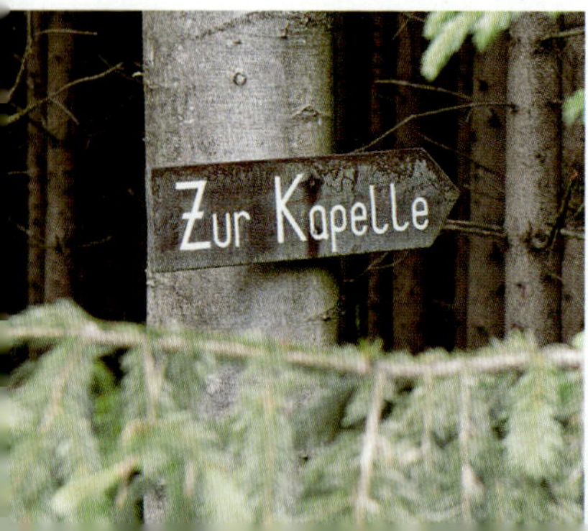

Kurz vor der Waldkapelle.

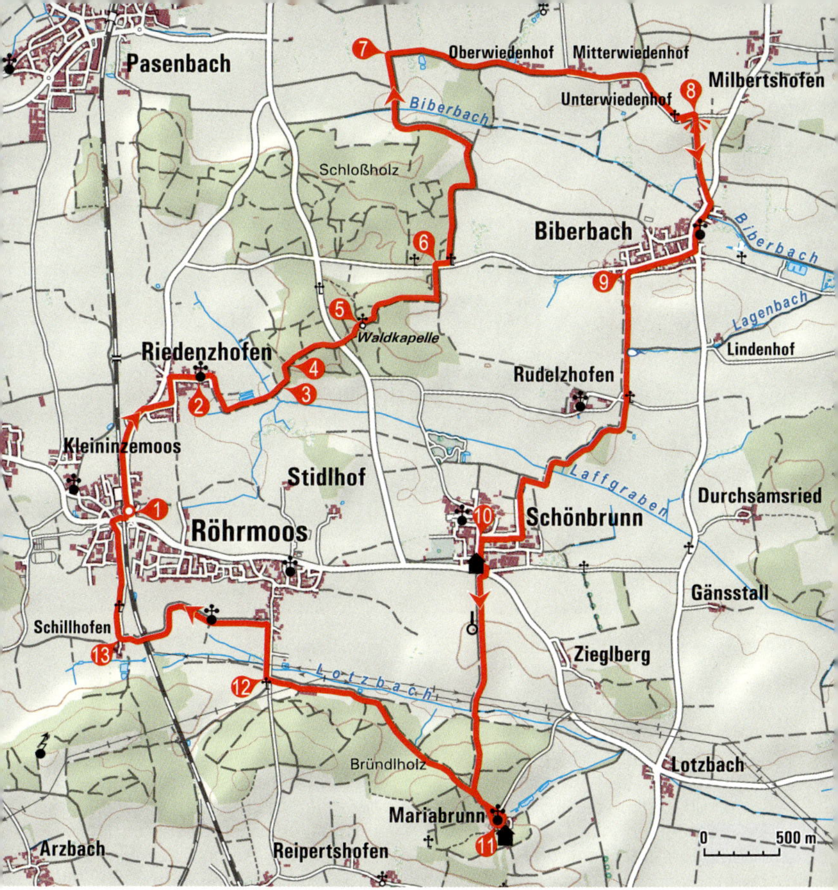

Los geht's auf der Ostseite des **Bahnhofs Röhrmoos (1)**, wo wir der Straße nach Riedenzhofen nordwärts folgen. Nach rund 500 m ist **Riedenzhofen** erreicht; wir biegen in die Eichenstraße ein, gehen nach links in die Eschenstraße und rechts in die Riedstraße. Nachdem wir die **Kirche (2)** passiert haben, zweigen wir rechts ab und verlassen den Ort südwärts auf einem Feldweg. Ihm folgen wir, eine Abzweigung gleich nach Ortsende ignorierend, links herum bis zum Rand des nahe gelegenen **Schloßholzes**. Wir gehen bergauf in den Wald, bei einer Verzweigung darauf **(3)** links und bei einer weiteren Verzweigung **(4)** nach 75 m rechts. Auf dem anfangs mit Gras bewachsenen Forstweg bleiben wir geradeaus bis zur Straße zwischen Vier-

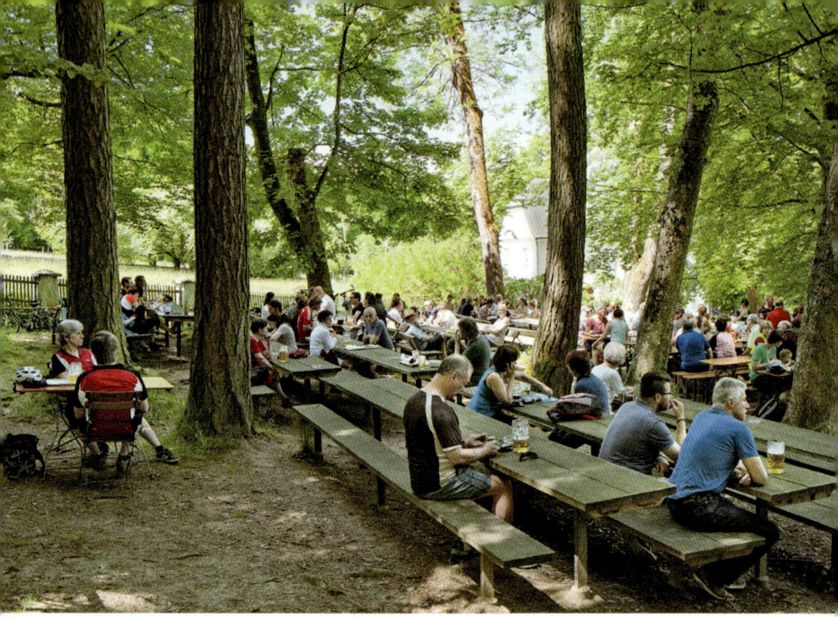

Ein herrlicher Platz zum Rasten: der Waldbiergarten Mariabrunn.

kirchen und Schönbrunn und überschreiten diese vorsichtig. Auf der anderen Seite geht es bei einem Schild, das auf die Kapelle hinweist, über den Graben und auf einem schönen Waldpfad in nordöstlicher Richtung zur **Waldkapelle (5)**. Auf der dahinter vorbeiführenden Forststraße gehen wir gute 100 m nach rechts, dann biegen wir bei einer Verzweigung links ab und befinden uns nun auf dem Jakobsweg von Scheyern nach Dachau, dem wir in umgekehrter Richtung knapp 3 km weit folgen: Am Waldrand entlang und dann links abbiegend gelangen wir zur Straße Riedenzhofen–Biberbach **(6)**, auf ihr kurz nach rechts, bevor es gleich wieder links (nördlich) am Waldrand weitergeht. Bei der nächsten Verzweigung nach einer Rechtskurve gehen wir links und nach 300 m der Beschilderung nach Vierkirchen folgend wieder links. Nun durchstreifen wir eine schöne, entlegene Wald- und Wiesenlandschaft und wandern nach einer Rechtsbiegung leicht bergauf. Bei nächster Gelegenheit biegen wir rechts ab **(7)** und verlassen somit den Jakobsweg wieder.
Ostwärts gehen wir nun an allen drei **Wiedenhöfen** vorbei und bleiben so lange auf der Straße, bis wir rechts auf einen Feldweg **(8)** abbiegen, der uns geradewegs auf das vor uns im Tal liegende Biberbach zuführt. Hier bietet sich ein schöner Blick auf das malerische Dorf Biberbach, bei klarer Sicht

sogar mit Alpenpanorama (siehe Titelfoto des Buchs). In **Biberbach** gehen wir auf der Hauptstraße an der Kirche vorbei und biegen dann rechts in die Dorfstraße ein. Durch sie spazieren wir, bis kurz vor dem Ortsende links die schmale Straße »Am Kreuzberg« **(9)** hinaufführt. Auf dieser gelangen wir südwärts ansteigend aus dem Dorf und absteigend nach **Rudelzhofen**, wo wir uns auf der Hauptstraße wenige Meter links halten und dann rechts auf einen Feldweg abbiegen. Dieser führt uns an einem Waldstück rechts vorbei, unter der Stromleitung hindurch und am zweiten Waldstück ebenfalls rechts vorbei. Auf einem kleinen Brückchen geht's über den **Laffgraben** und nach **Schönbrunn**, wo wir auf die Ortsmitte zuhalten und auf der Viktoria-von-Butler-Straße **(10)** in der Nähe der auffälligen Kirchtürme wieder auf den Jakobsweg einschwenken. Wer mag, nimmt sich hier Zeit und besichtigt die Kirchen, informiert sich über das Franziskuswerk Schönbrunn, kauft im Laden ein oder kehrt beim Klosterwirt ein.
Anschließend verlassen wir Schönbrunn in direkter südlicher Fortsetzung der Viktoria-von-Butler-Straße (Straßenüberquerung nicht ganz ungefährlich, links eine Unterführung), wandern bergauf zu einem Wasserturm und wieder bergab unter der Überlandleitung hindurch zum **Lotzbach**, wo der Feldweg zum schmalen Fußweg wird. Landschaftlich sehr schön wandern wir nun immer südwärts weiter durch den Wald, bis wir das Schlossgut **Mariabrunn (11)** erreichen, wo sich ein Besuch im Biergarten, in der Wallfahrtskirche und im kleinen Laden lohnt. Die letzte Etappe führt uns zunächst auf derselben Route zurück; wir biegen also am Brunnen beim Parkplatz links ein und nehmen die rechte der beiden in den Wald führenden Forststraßen. Nach 250 m zweigen wir dann nicht rechts ab, sondern gehen auf der Forststraße geradeaus (nordwestwärts) weiter. In abwechslungsreichem Auf und Ab geht's durchs **Bründlholz** und schließlich an der Überlandleitung entlang zur Straße Reipertshofen–Röhrmoos **(12)**, in die wir rechts einbiegen.
Damit ist **Röhrmoos** erreicht, wo wir entweder im Ort links haltend zur Hauptstraße und an ihr links entlang zum Bahnhof gelangen (schnellster Weg) oder (schöner) gleich am Ortsanfang vorm Reindlhof links auf einen Feldweg abbiegen, rechts an der kleinen Kapelle vorbeiwandern, in einem Linksschwenk zur Bahntrasse und unter ihr hindurch nach **Schillhofen (13)** gelangen; dort nach rechts und entlang der Gleise zum **Bahnhof Röhrmoos (1)**.

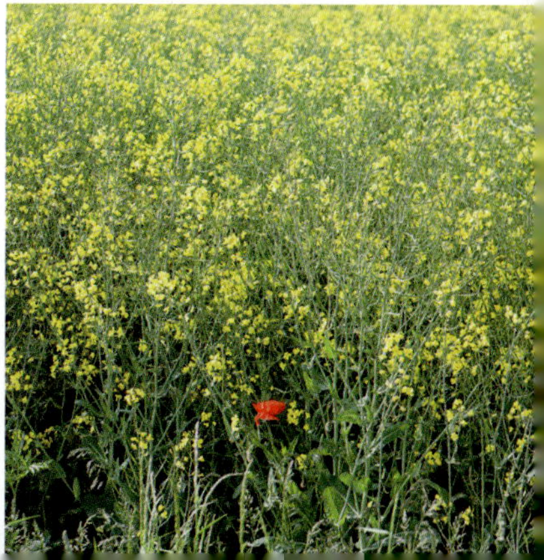

Ein roter Farbklecks im Rapsfeld.

TOP

6 Amperweg nach Mariabrunn

3.30 Std.

Entlang der Amper zum berühmten Waldbiergarten

Mariabrunn ist einer jener besonderen Orte, wo sich idyllische Natur mit langen Traditionen, leiblichen Genüssen und einer spirituellen Dimension zu einem Gesamterlebnis verbindet. Die meisten Besucher kommen auf zwei oder vier Rädern angerollt, um im Waldbiergarten ein frisch gezapftes Mariabrunner Dunkel zu verkosten, doch noch besser schmeckt's dem Wanderer, der zu Fuß aus dem Ampertal heraufspaziert. Im Schatten von Kastanien und beim Besuch der Wallfahrtskapelle lässt sich dann den Geschichten des Ortes nachspüren, die von einer 1662 entdeckten wundertätigen Quelle, vielen Heilungen und prominenten Besuchern erzählen.

Ausgangspunkt: Bushaltestelle Josef-Effner-Gymnasium in der Erich-Ollenhauer-Straße in Dachau, 476 m, erreichbar mit Bus 720 oder zu Fuß (800 m) ab Bahnhof Dachau Stadt (S 2). Für Variante 1: Bushaltestelle Veltenstraße.
Endpunkt: Bhf Röhrmoos (S 2), 493 m.
Strecke: 12,9 km.
Höhenunterschied: Rund 70 m.
Anforderungen: Breite Wald- und Feldwege sowie Asphaltstraßen.
Einkehr: Schlosswirtschaft Mariabrunn, (siehe Tour 5).
Varianten: 1. Abenteuerlicher linksseitiger Amperpfad, ab Mai verwachsen, Tendenz zu »mittelschwer«: Von der Bushaltestelle Veltenstraße gehen wir auf der in Fließrichtung gesehen linken (westlichen) Seite des Mühlbachs, eines Amper-Nebenarms, in eine Einfahrt und folgen dem Weg am Bach entlang zur Mündung in die Amper und weiter flussabwärts. Ab einem Strommast geht es an Feldern entlang, schließlich auf einem schmalen Pfad wieder nah am Ufer zur Alten Römerstraße, wo wir nach rechts auf die andere Amperseite zu WP 2 wechseln, ab hier weiter mit der Hauptroute.
2. Rückweg ab Mariabrunn über Tour 7 in umgekehrter Richtung: Vor dem Haus am oberen Ende des Biergartens rechts, an der Waldlichtung entlang, nach gut 400 m links hinunter und zum Purtlhof; zuvor links auf Feldweg ab, um eine Kurve und beim Wegkreuz links (südwärts) ab. Nun südwärts weiter, am Ende des Wegs links, dann rechts zur Baumreihe und hinauf. Kurz vorm höchsten Punkt rechts ab und nach Hebertshausen hinein. Am Ende der Mariabrunner Straße rechts in die Bahnhofstraße, an ihrem Ende (nahe S-Bhf Hebertshausen) links entlang der Gleise hinauf und hinab zu einer Unterführung. Dort hindurch und links in den Leitenweg. Nach gut 500 m rechts ab und links zum Leitenberg hinauf, durch den Friedhof zur Italienischen Kapelle, dahinter weiter zu einem Feldweg. Auf diesem westlich abwärts und links haltend nach Dachau. Inkl. Hinweg insg. ca. 16,7 km/4.30 Std.

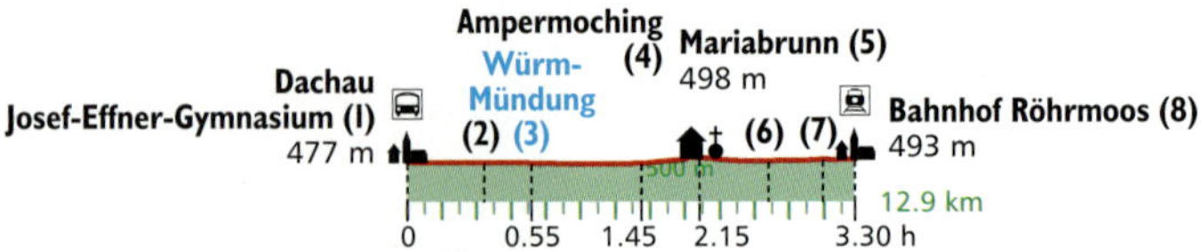

Von der Bushaltestelle **Josef-Effner-Gymnasium (1)** orientieren wir uns zur nahe gelegenen Amper, biegen vor ihr rechts in die Krimhildenstraße ein, zweigen gleich links auf den unasphaltierten Uferweg ab und wandern gut 2 km weit, zuletzt an einem Golfplatz vorbei, bis zur **Alten Römerstraße (2)**. Diese unterqueren wir mittels Unterführung und setzen unsere Wanderung weiterhin am rechten Amper-Ufer flussabwärts fort.

Der breite Fahrweg führt uns zwischen der Amper und einem Weiher hindurch und geht nach rund 350 m links haltend in einen schmalen Pfad über, auf dem wir an der Amper entlang zur **Mündung** der **Würm (3)** gelangen. Weiter am rechten Amperufer gehen wir auf breiten Wegen am Sportplatz vorbei, an der Brücke geradeaus weiter und – immer am Ufer bleibend, nicht rechts ab – weitere gut 1,5 km, bis der Weg die verkehrsreiche Haimhauser Straße zwischen Ampermoching und Haimhausen erreicht.

Hier überqueren wir die Amper und spazieren entlang der Straße ins Ortszentrum von **Ampermoching (4)**. An der Kreuzung halten wir uns kurz rechts in die Indersdorfer Straße, überqueren sie bei der Ampel, gehen noch ein Stück an ihr entlang und biegen nach links in die

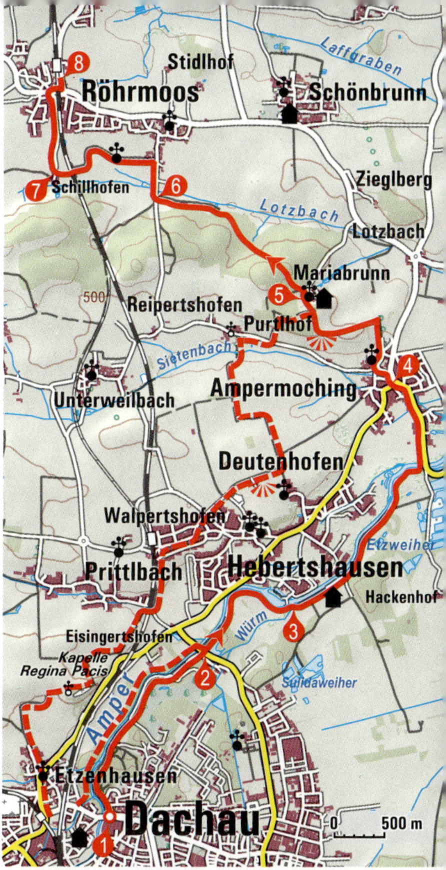

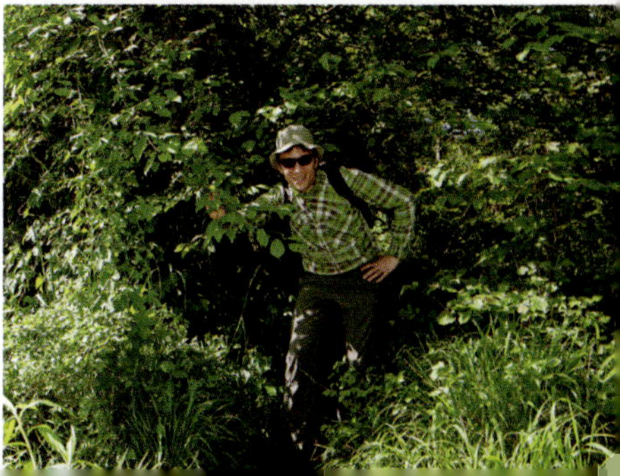

Auf dem linksseitigen Amperpfad.

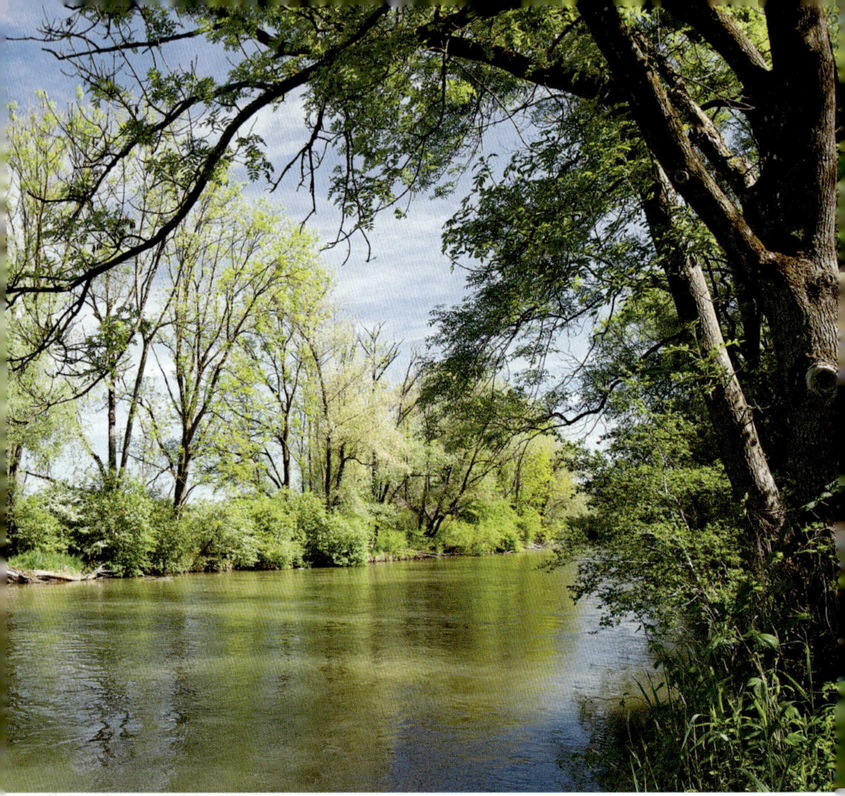

Die Amper zwischen der Würmmühle und Hebertshausen.

Purtlhofer Straße ein. Nach gut 100 m zweigen wir nach rechts in die Schulstraße ab und verlassen den Ort über die Straße »Am Bründlfeld«. Nach dem Anstieg auf den Hügelzug wenden wir uns nach links auf einen Feldweg, der uns weiterhin leicht ansteigend und bei guter Sicht mit Alpenblick auf den Wald zuführt. Dort geht es rechts ab und in den Wald nach **Mariabrunn (5)**.

Nach ausgiebiger Einkehr brechen wir wieder auf und können – abgesehen von einer abermaligen Begehung des Hinwegs – zwischen zwei Möglichkeiten wählen: entweder in nordwestlicher Richtung nach **Röhrmoos (8)** (Hauptroute, **WP 6–8**, der die Berechnung von Strecke und Dauer dieser Tour zugrundeliegt; Beschreibung siehe Tour 5 ab WP 11) oder mit Variante 2 durchs Hügelland nach Hebertshausen oder Dachau.

3.30 Std.

Über Hebertshausen nach Mariabrunn

7

Durchs Hügelland zum berühmten Waldbiergarten

Als Alternative zur bekannten Amperroute von Dachau nach Mariabrunn (Tour 6) bietet sich auch das Hügelland an. Man verzichtet dabei auf Uferpfade, Wasserrauschen und den Schatten des Auwalds, gewinnt aber dafür Einblicke in den idyllisch gelegenen KZ-Friedhof am Leitenberg, Fernblicke in Richtung Süden und meist auch mehr Ruhe als auf den Radwegen an der Amper. Nach dem abwechslungsreichen Auf und Ab durch Felder, Äcker und Wald wartet dann mit Mariabrunn der Höhepunkt der Tour.

Ausgangspunkt: S-Bahnhof Dachau Stadt (S 2), 479 m.
Endpunkt: Bahnhof Röhrmoos (S 2), 493 m.
Strecke: 12,7 km.
Höhenunterschied: Rund 170 m.
Anforderungen: Breite Feld- und Waldwege sowie Asphaltstraßen.
Einkehr: Siehe Tour 6.
Varianten: 1. Tourbeginn erst am Bhf Hebertshausen (S 2, nahe WP 4), über Mariabrunn nach Röhrmoos insgesamt 9 km/2.15 Std. – 2. Rückweg über Tour 6 in umgekehrter Richtung nach Dachau: Vom Biergarten in Mariabrunn südwärts hinauf, aus dem Wald und zum Aussichtspunkt. Hier dem Feldweg nach links folgen, dann rechts nach Ampermoching hinab. An der Kirche vorbei, links zur Hauptstraße, an ihr rechts entlang, bei der Ampel hinüber und in die Haimhauser Straße. An ihr entlang aus dem Ort und über die Amper. Rechts ab und sogleich nochmals rechts zurück auf Fahrweg. Auf diesem 2 km immer entlang der Amper geradeaus; bei der Würm-Mündung nach rechts über die Würm, weiter an der Amper entlang und unter der Alten Römerstraße hindurch. Nun entweder geradeaus am Ostufer der Amper weiter (breiter Weg) oder auf der Alten Römerstraße ans andere Ufer wechseln und am Westufer auf schmalem Pfad bis zur Erich-Ollenhauer-Straße, von dort nach rechts zum Bhf Dachau Stadt (500 m) oder weiter mit Bus. Inkl. Hinweg insg. ca. 16,7 km/4.15 Std.

Prächtiger Frühsommertag im Hügelland.

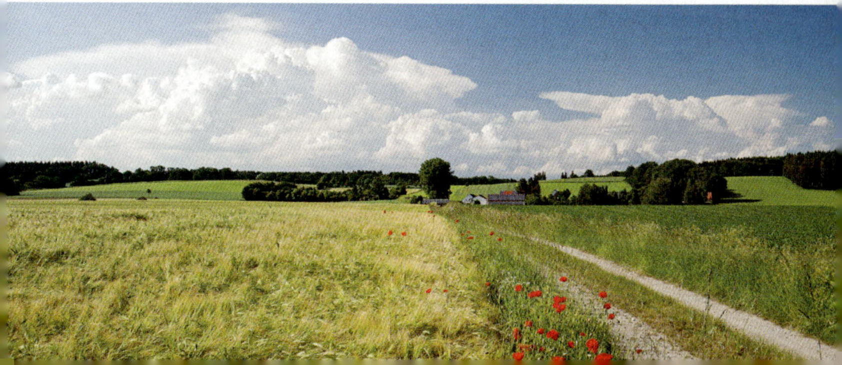

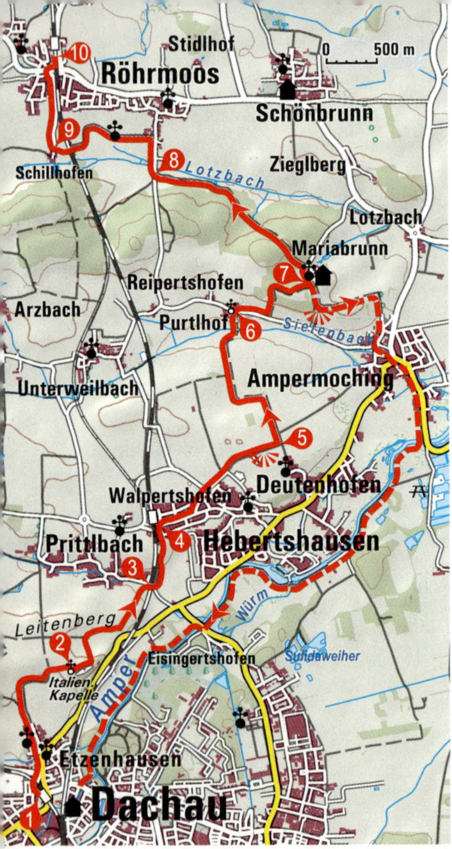

Wir beginnen am **Bahnhof Dachau Stadt (1)**, wo wir den Bahnsteig in Richtung stadtauswärts nach links vorn verlassen und gleich darauf die Gleise nach rechts überqueren. Wir gelangen zur Kreuzung des Weblinger Wegs mit der Freisinger Straße; an Letzterer gehen wir ein Stück nordwärts und biegen dann links in die Bergstraße ein, die uns bergauf aus **Dachau-Etzenhausen** hinausführt und zum Feldweg wird. Bei einer Verzweigung biegen wir nicht links ab, sondern gehen geradeaus weiter, unter der Stromleitung hindurch und durch eine Rechtskurve. Bald darauf schwenkt der Feldweg nach links hinauf, und wir biegen rechts auf einen Weg ab, der ostwärts zum bewaldeten **Leitenberg (2)** hinaufführt. Wir kommen an der Italienischen Kapelle vorbei und durchqueren den Friedhof, bis uns ein Feldweg nach links hinab und bei der nächsten Verzweigung nach rechts zum Leitenweg bringt.

Ihm folgen wir nach links zum Ortsrand von **Prittlbach (3)**, unterqueren dort die Bahnlinie und steigen gleich anschließend auf einem Feldweg entlang der Bahntrasse nach links hinauf. Absteigend erreichen wir **Hebertshausen**, wo der Weg rechts abdrehend in die Bahnhofstraße übergeht **(4)**, in der wir 400 m weit gehen, bevor wir links in die Mariabrunner Straße abbiegen. Diese führt uns wieder aus Hebertshausen hinaus und geradeaus ansteigend über einen Höhenrücken mit guter Aussicht hinweg, zunächst als Asphaltstraße, dann als Feldweg. Sie mündet in einen von Deutenhofen kommenden quer verlaufenden Feldweg **(5)**, in den wir links einbiegen und auf dem wir entlang einer Baumreihe geradeaus hinunterwandern. Vor einem kleinen Gebäude des Wasserwirtschaftsamts schwenken wir nach links und biegen nach 170 m nicht scharf rechts zurück ab, sondern erst nach weiteren 100 m

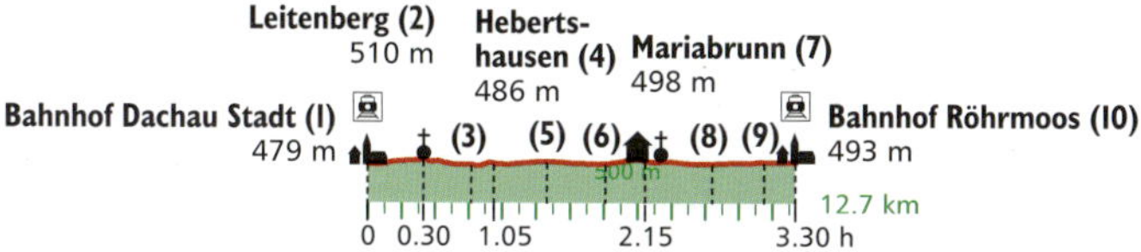

lotrecht nach rechts (Nordnordwesten). Nun folgen wir dem Feldweg zum **Purtlhof (6)**, biegen dort rechts in die Asphaltstraße ein und zweigen nach 300 m wiederum links hinauf zum Wald ab. Nach dem steilen Aufstieg erreichen wir am Rande einer Lichtung einen quer verlaufenden Waldweg und gehen auf ihm nach rechts nach **Mariabrunn (7)**.

Für den weiteren Weg bleiben – abgesehen von einer abermaligen Begehung des bekannten Hinwegs – zwei Möglichkeiten: Entweder wir wandern in nordwestlicher Richtung nach **Röhrmoos (10)** (Hauptroute; Beschreibung siehe Tour 5 ab WP 11), oder wir gehen mit Variante 2 entlang der Amper nach Dachau.

Genuss für Leib und Seele im idyllischen Waldbiergarten Mariabrunn.

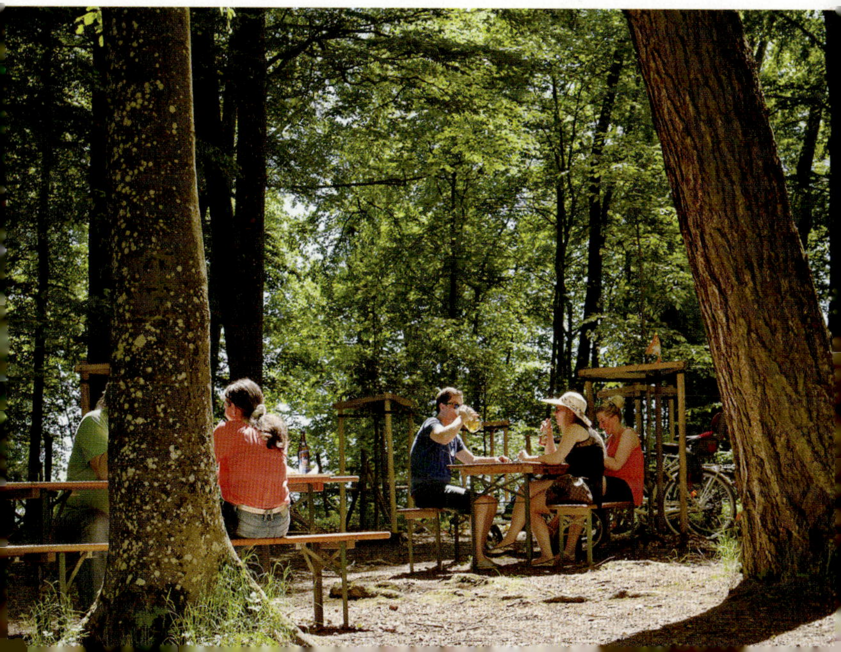

TOP 8

Ilmtal-Glonntal-Runde

6.30 Std.

Weite Tour durchs Hügelland am Rande der Hallertau

Diese großartige Runde steht ganz im Zeichen von Grenzen und Übergängen. Wir beginnen am nördlichsten Punkt dieses Wanderführers, in Reichertshausen im Ilmtal, wechseln hinüber ins Glonntal und damit ins Einzugsgebiet der Isar, berühren in Walterskirchen kurz die Wasserscheide hin zum Ampertal und kehren wieder zurück ins Ilmtal. Des Weiteren loten wir die Grenzbereiche der Landkreise Pfaffenhofen an der Ilm, Dachau und Freising aus und schnuppern in die Hallertau hinein, indem wir uns den ersten Hopfengärten bei Paunzhausen bis auf 300 Meter nähern. Die Autobahn A 9 als europäische Hauptverkehrsachse ist unterwegs hör- und sichtbar, wird aber ebenso wenig überschritten wie die Grenze des Erzbistums München und Freising, dessen Außenposten zum Nachbarbistum Augsburg hin wir in Gestalt unzähliger Wegkreuze, Kapellen und Kirchen kennenlernen. Nicht zuletzt dürfte auch die schiere Wegstrecke von gut 26 Kilometern den einen oder anderen an eine persönliche Grenze bringen ...

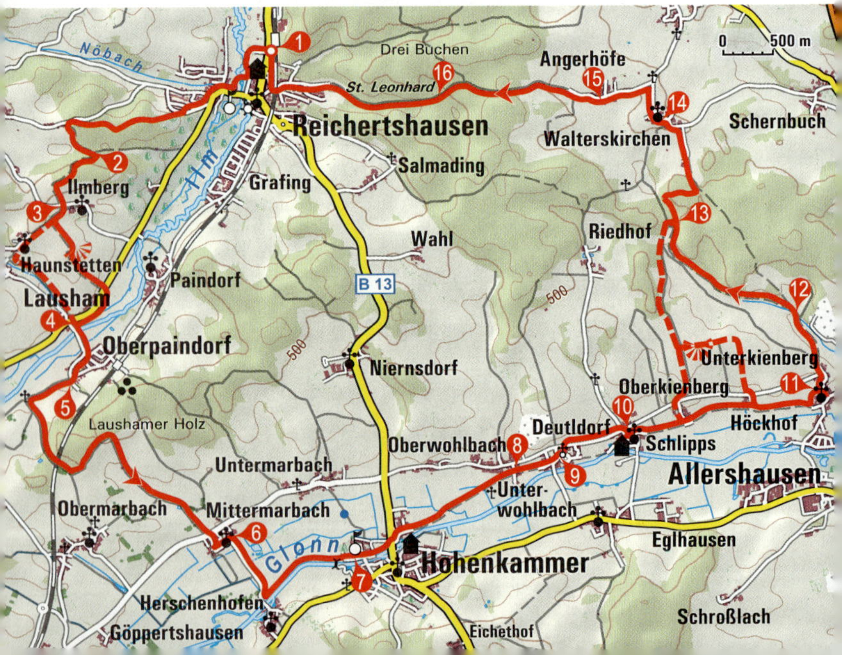

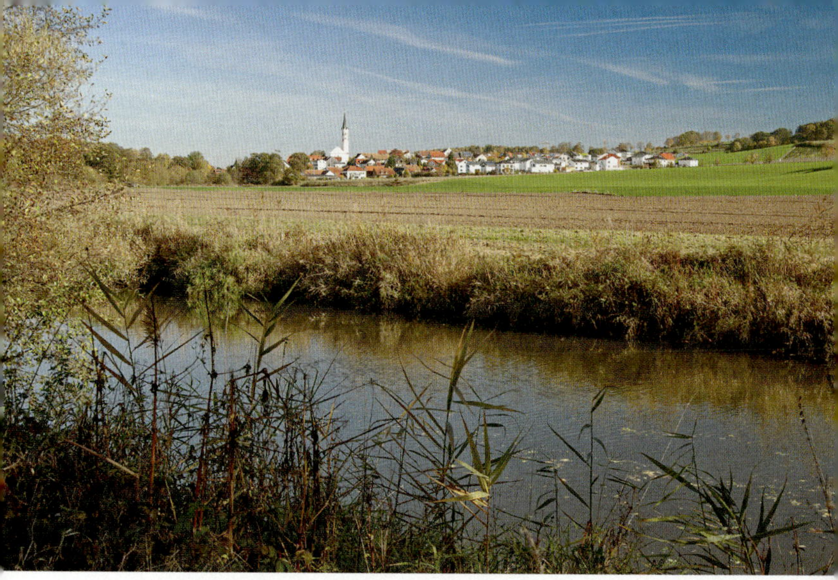

Herbststimmung an der Glonn mit Blick auf Hohenkammer.

Ausgangspunkt: Bahnhof Reichertshausen (Regionalbahn), 457 m.
Anforderungen: Überwiegend breite Wald- und Feldwege sowie kurze Abschnitte auf Asphalt.
Strecke: 26,4 km.
Höhenunterschied: Rund 220 m.
Einkehr: Gastronomie im Schloss Hohenkammer, Tel. +49 8137 9340, www.schlosshohenkammer.de; Gasthof Bail in Schlipps (unterhalb der Kirche), Tel. +49 8166 67910, www.gaestehaus-bail.de; Gasthof Fuchs in Reichertshausen, Tel. +49 8441 2387, www.gasthof-fuchs.de.
Varianten: 1. Abstecher zur Wallfahrtskirche Haunstetten, hin und zurück 1 km oder direkt weiter nach Lausham.
2. Zum Aussichtspunkt über dem unteren Glonntal: von Oberkienberg nordwärts auf den Hasenberg (einfache Strecke ca. 750 m, 45 Hm); ggf. gleich nordwärts weiter zur Straße nach Walterskirchen.
Hinweis: Eigentlich kann man von der Kapelle in Deutldorf auf dem seit alters genutzten Unteren Kirchweg auch direkt nach Schlipps gehen (schöner Feldweg). Dabei begeht man in Schlipps eine Privatstraße, frei passierbar, aber leider mit Schild »Durchgang verboten« (Stand: 2021).

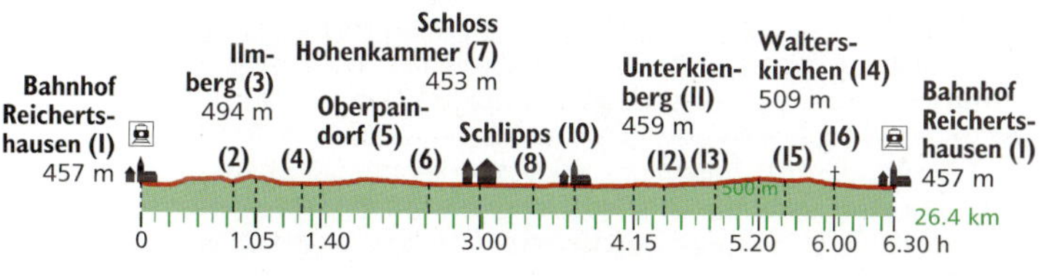

Vom **Bahnhof Reichertshausen (1)** (Westseite) gehen wir südwärts hinab zur Ortsdurchgangsstraße und leicht rechts versetzt in das zwischen Haus Nr. 19 und 21 bergab führende Sträßlein. Diesem folgen wir kurvenreich zum Sonnenweg, biegen beim Feuerwehrhaus rechts auf einen Fußweg ab und gelangen über die Ilm hinweg vorbei am Seniorenheim zur Schloßstraße, in die wir rechts einbiegen. Kurz vor dem Ortsende schlagen wir rechts die Straße Am Hofberg ein, aus der sich geradeaus die Straße Am Schönblick fortsetzt. Vor dem Haus Am Schönblick 1 biegen wir links auf einen Grasweg und sofort wieder rechts ab (Golfplatz-Warnschild). Nun geht es am Golfplatz entlang in den Wald und auf schönem Pfad über den Hofberg. Vor den ersten Häusern von **Kreuth (2)** biegen wir links ab. Der Weg schwenkt bald nach links in den Wald; dort biegen wir nicht auf einen undeutlichen Weg nach rechts zurück ab, sondern kurz darauf auf einen deutlichen Forstweg im 90-Grad-Winkel nach rechts. Dieser zieht nun südwestwärts bergauf, schwenkt am Waldrand links hinab und führt nach **Ilmberg (3)**. Dort gehen wir geradeaus weiter und nach 130 m links ab (geradeaus: Variante 1).
Unser nächstes Ziel ist ein Funkmast bei einem Baum, wobei wir zwischendurch ein paar Meter weglos am Feldrand entlangwandern. Dann steigen wir ab zur Staatsstraße und gehen rechts nach **Lausham**, im Ort links ab **(4)** und über die **Ilm** nach **Oberpaindorf**. Dort biegen wir rechts in die Maistraße ein und folgen ihr bis zum Ortsrand, wo wir auf einem Feldweg rechts weitergehen **(5)**. Nach 500 m schwenkt der Feldweg bei einem Wegkreuz nach links und führt uns ins **Laushamer Holz**, wo wir die Bahnlinie München–Ingolstadt unterqueren. Ca. 175 m nach der Unterführung endet der Wald linker Hand; dort halten wir uns links und wandern am Waldrand entlang.
Beim ersten Feldweg biegen wir rechts ab; nach 800 m geht's geradeaus auf dem von rechts kommenden Asphaltsträßchen weiter. Nach einem von Büschen verborgenen Weiher zweigen wir rechts auf einen Feldweg ab und gelangen nach **Mittermarbach**, wo wir auf der Ortsstraße ins Dorf hinabwandern und an der Heilig-Geist-Kirche (mit schiefem Turm!) vorbeikommen. Nun zweigen wir rechts nach Herschenhofen ab **(6)** und durchqueren das **Glonntal**. Vor der **Glonn** biegen wir am Ortsanfang von **Herschenhofen** links auf den Weg ab, der uns an der Glonn entlang zum **Schloss Hohenkammer (7)** bringt. Weiter geht's am nördlichen Glonn-Ufer, über die **B 13** hinweg und in die Jahnstraße, an ihrem Ende geradeaus weiter und auf dem Feldweg über die flachen Wiesen auf **Unterwohlbach** zu. Bei der Verzweigung vor dem Ort gehen wir geradeaus weiter und dann zwischen den beiden auffälligen weißen Häusern hindurch **(8)**. Bald darauf erreichen wir **Deutldorf**, wo wir bei der zweiten Verzweigung links in die Ortsstraße abbiegen und diese gleich wieder nach rechts verlassen.
Von der **Kapelle (9)** gehen wir links zur Kienberger Straße hinauf, wo wir rechts abbiegen. Auf der Straße gelangen wir nach 600 m ins nächste Dorf, nach Schlipps. Dort rechts, bei nächster Gelegenheit gleich wieder links und

an der Kirche vorbei **(10)** ostwärts weiter. Wir passieren **Oberkienberg** und den **Höckhof** und erreichen **Unterkienberg** mit seiner das untere Glonntal dominierenden Kirche St. Peter und Paul (**11**). Wir gehen an der Kirche vorbei bergauf, zweigen bei der Kreuzung nordwärts in den »Feldweg« ab und gehen bei der Verzweigung nach 90 m nach rechts. Nun halten wir uns bei allen folgenden Verzweigungen links, sodass wir ab dem Punkt, wo wir den Wald erreichen **(12)**, immer am Waldrand entlanggehen und den Wald zur Rechten haben (einmal führt der Fahrweg kurzzeitig in den Wald, wir gehen jedoch gleich wieder nach links zum Waldrand hinaus).
Dann führt der Weg definitiv in den Wald, und bei der folgenden Kreuzung **(13)** können wir 50 m links zur Fahrstraße hinübergehen und auf ihr nach rechts nach Walterskirchen gehen; abwechslungsreicher ist es jedoch, geradeaus zu bleiben und dann nach rechts ins versteckte Tälchen des **Jägerwinkels** einzubiegen. Immer im Talgrund geht es ostwärts zum Waldrand, dort links hinauf und nordwärts nach **Walterskirchen**. Wir durchqueren den Ort auf der Straße **(14)**, verlassen ihn wieder und biegen links zu den **Angerhöfen** ab. Auch dieses Dorf durchqueren wir **(15)** und setzen unseren Weg geradeaus in den Wald hinein fort. So kommen wir am Bildstock des heiligen Leonhard vorbei **(16)** hinunter nach **Reichertshausen**, wo wir unter der Bahnlinie hindurch in die Ortsmitte oder davor auf einem Pfad nach rechts zum **Bahnhof (1)** gelangen.

Diesen schönen Rastplatz könnte man »Herrgott bei den Birken« nennen.

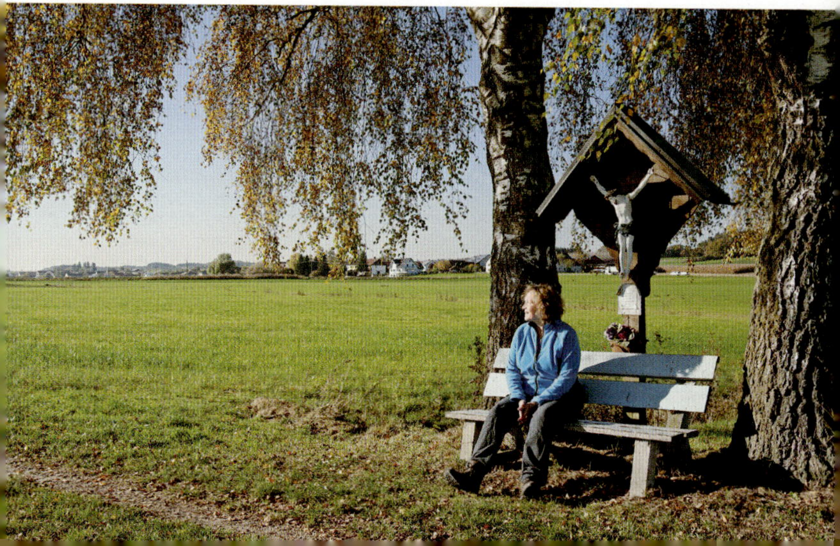

9 Ampertal-Runde ab Jarzt

4.30 Std.

Sanfte Hügel, weite Ebenen und ein Pfad an der Amper

Ein Tal – drei unterschiedliche Szenerien: Wir starten im Hügelland links der Amper, das bei klarer Sicht einen herrlichen Alpenblick bietet und dessen einsame Weiten zwischen Viehbach und Oberndorf fast vergessen lassen, dass in der Nähe eine Millionenstadt pulsiert. Weiter geht's im flachen Ampertal, wo wir auf den Jakobsweg einschwenken und eine offene, monoton wirkende Landschaft durchwandern. Schließlich folgt der dritte Teil: Wir durchqueren abgelegene Flussregionen und steigen auf dem sogenannten Fischersteig wie die Pioniere durch wilde Ufersteilhänge, bevor wir entlang des Amperkanals entspannt zum Ausgangspunkt zurückwandern.

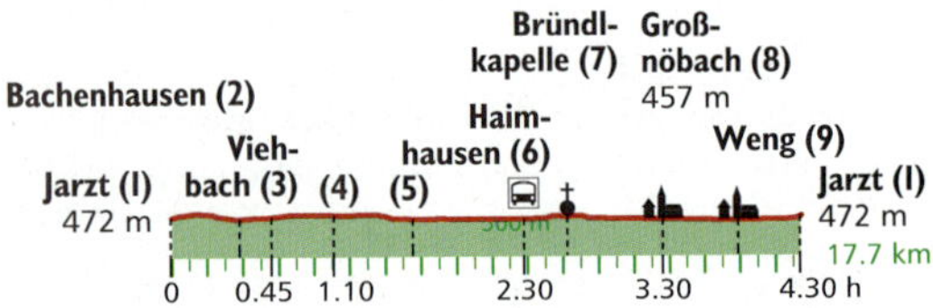

Ausgangspunkt: Parkplatz an der Kirche in Jarzt nördlich von Fahrenzhausen, 472 m.
Strecke: 17,7 km.
Höhenunterschied: 120 m.

Anforderungen: Der Fischersteig ist ein schmaler, kurzzeitig auch steiler und rutschiger, gegen Ende oft matschiger Pfad; ansonsten überwiegend breite Feld- und Waldwege, wenig Asphalt.
Einkehr: Wirtshaus »B 13« in Großnöbach, Tel. +49 8133 8209; Gasthaus Weng, Tel. +49 8133 6554, www.gasthaus-weng.de.
Variante: Anfahrt mit öffentlichen Verkehrsmitteln: vom Bhf Lohhof (S 1) mit Bus 693 bis Haimhausen Kirche, zu Fuß nordwärts durch die Pfarrstraße zur Kleingartenanlage, oder mit diversen anderen Buslinien bis Haimhausen Schule und nebenan zur Kleingartenanlage; dort Einstieg in die Rundtour und rechts zur Bründlkapelle (WP 7). Auch an den Bushaltestellen in Bachenhausen, Oberndorf oder Großnöbach kann in die Tour eingestiegen werden.

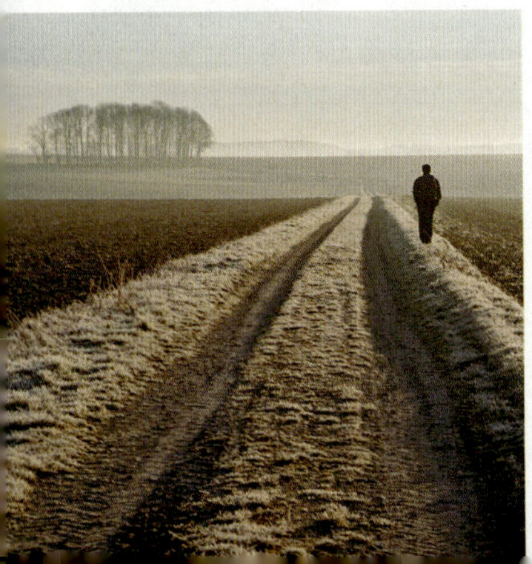

Winter im stillen, weiten Hügelland.

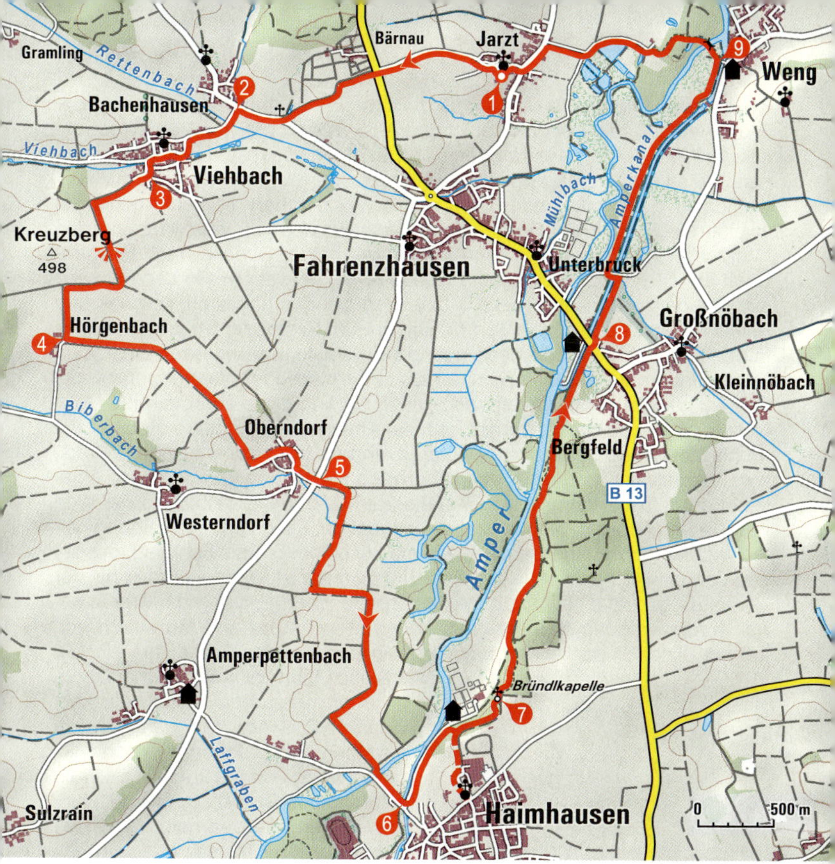

Von der **Kirche** in **Jarzt (1)** folgen wir der Straße bergauf und westwärts aus dem Ort hinaus zur **B 13**. Wir überqueren sie vorsichtig und gehen geradeaus absteigend weiter, wobei wir eine Baumschule zur Rechten und bald einen Solarpark zur Linken haben. Der von Fahrenzhausen her kommenden Straße folgen wir nach rechts nach **Bachenhausen (2)**. Schon kurz nach dem Ortsanfang biegen wir links nach Viehbach ab, überqueren den **Rettenbach** und spazieren in den Ort **Viehbach** hinein. Wir gehen auf der Hauptstraße durch das Dorf und biegen links in die Obere Dorfstraße und gleich wieder rechts in die Hörgenbacher Straße ein **(3)**.

Außerhalb von Viehbach betreten wir nun einen stillen Teil des Ampertaler Hügellands: Am Waldrand biegen wir links ab und wandern die Anhöhe des

Kreuzbergs hinauf, wo wir auf 495 m Höhe den besten Aussichtspunkt der Tour erreichen und bei guter Sicht den Alpenbogen von den Berchtesgadener Alpen im Osten bis hin zu den Allgäuer Alpen im Westen bestaunen können. Wo es nicht mehr geradeaus weitergeht, stehen drei Feldwege zur Auswahl; zwei nach links, einer nach rechts. Wir nehmen die nach rechts abzweigende Route über Hörgenbach: Dazu wandern wir westwärts auf den Funkmast am Waldrand zu und biegen auf halber Strecke nach **Hörgenbach** ab. Gleich bei den ersten Gebäuden biegen wir links in den Feldweg ein **(4)**, der uns in eine weite Mulde und bei der nächsten Verzweigung rechts haltend nach **Oberndorf** hinabführt. Wir folgen der Straße nach links in den Ort, kommen rechts abbiegend zur Kapelle und verlassen Oberndorf wieder, indem wir zur knapp außerhalb vorbeiführenden Verbindungsstraße Fahrenzhausen–Amperpettenbach gehen **(5)** und diese überqueren.
Nun folgt der flache Abschnitt durchs **Ampermoos**: Unsere Route führt rechts an einem Gehölz mit Wegkreuz vorbei und schwenkt nach rechts, kurz darauf überqueren wir den **Biberbach** und gehen geradeaus an einer leicht erhöht über dem Talgrund stehenden Baumreihe weiter. Wo der Weg nach rechts abdreht, biegen wir links ab; bei der nächsten Verzweigung halten wir uns rechts. Nun befinden wir uns auf einem breiten Fahrweg, der Teil des Jakobswegs zwischen Freising und Dachau ist; ihm folgen wir bis zur Verbindungsstraße Haimhausen–Amperpettenbach. Entlang der Straße gehen wir in Richtung **Haimhausen**, überqueren **Amper** und **Mühlbach** und biegen gleich anschließend nach links in den Unteren Bründlweg ein **(6)**. Dieser führt zu den Sportanlagen, wo wir nach rechts (Reitweg, kurz darauf Fußweg) den Hang hinaufsteigen. Oben gehen wir nach links weiter und können kurz zur im Wald stehenden **Bründlkapelle (7)** hinabsteigen, die oberhalb eines kleinen Quellaustritts errichtet wurde.
Wieder zurück oben am Waldrand, gehen wir in Verlängerung des Weges, auf dem wir hergekommen sind, noch 40 m weiter; dort taucht ein Pfad in den Wald ein und führt in reizvollem Auf und Ab nordwärts, zuletzt etwas links haltend, zum vom Sportgelände her kommenden Feldweg hinab. Auf diesem wandern wir nun flach in nördlicher

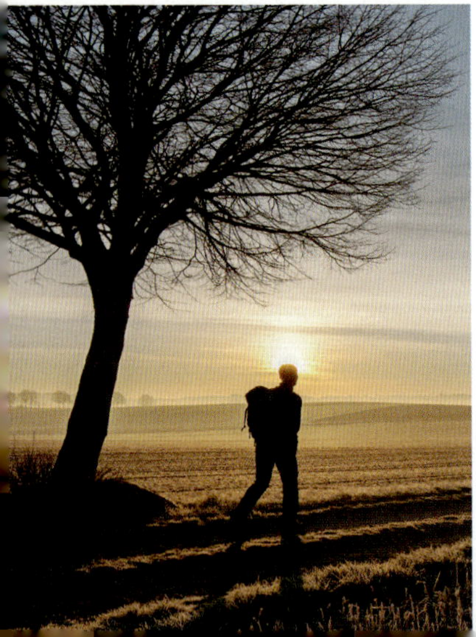

Sonnenaufgang über dem Ampertal.

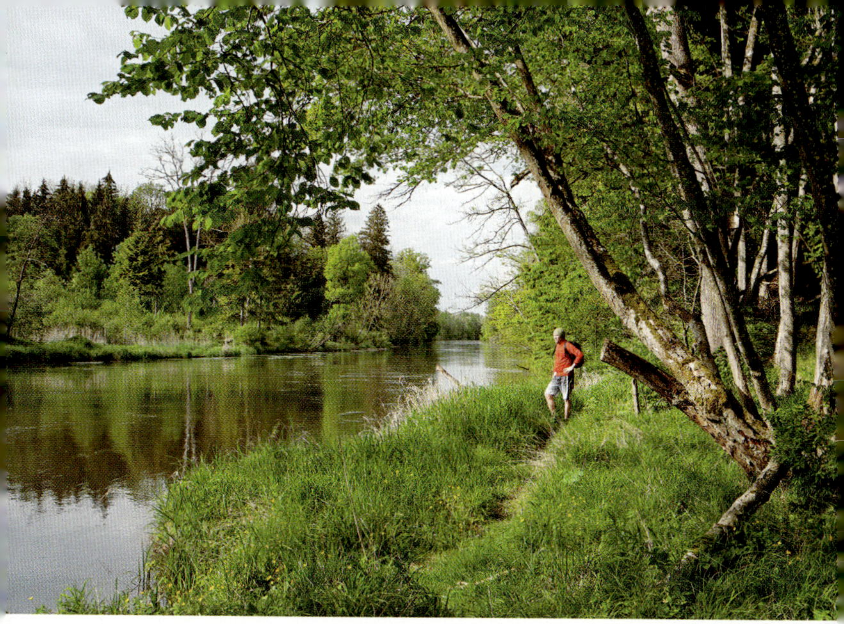

Am Beginn des »Fischersteigs« an der Amper.

Richtung weiter und durchqueren eine stille, abgelegene Gegend, die links von den Auwäldern der Amper und freien Flächen und rechts von steilen bewaldeten Hängen geprägt wird. Der Fahrweg taucht in den Wald ein und kommt nah an die **Amper** heran, dann setzt ein schmaler Pfad an, der **Fischersteig**, der sogleich steil nach oben führt und teils abschüssig und rutschig den Steilhang der Amperleiten quert. Nebenpfade nach links führen teils direkt ans Amperufer; sicherer ist es, auf dem deutlichen Hauptpfad zu bleiben, der schließlich in einen Fahrweg und in der Nähe eines Wehrs in eine asphaltierte Straße mündet; kurz darauf erreichen wir die **B 13** in **Großnöbach (8)**.

Wir überqueren sie geradeaus und gelangen links haltend zum **Werkkanal** der Amper. An ihm entlang wandern wir zur nächsten Brücke und wechseln dort auf die linke Seite. Nun geht's weiter am Kanal entlang bis zum Wehr bei **Weng**, an diesem vorbei und zur Brücke **(9)**. Dort folgen wir nicht dem ersten nach links in den Wald führenden Fahrweg, sondern kurz darauf dem zweiten Weg zu einer Brücke über die Amper und kurzzeitig an einem Altwasser entlang. Schmälere Pfade nach links ignorierend, gelangen wir nach Einmündung eines breiten Wegs von rechts zur Kläranlage. Auf Asphalt legen wir nun an den Weihern vorbei das letzte Stück nach **Jarzt (1)** zurück.

10 Ampertal-Runde ab Unterschleißheim

3.30 Std.

Rundtour durchs Dachauer Moos und entlang der Amper

Wer in Unterschleißheim die typischen Kennzeichen einer Münchner Trabantenstadt registriert – Hochhaussiedlungen, Gewerbegebiete und die Autobahn –, der kann sich kaum vorstellen, dass nur einen Steinwurf weit entfernt ein hervorragendes Wandergebiet auf seine Entdecker wartet. Am nördlichen Rand der Münchner Schotterebene spaziert man aus dem Flachland hinüber ins Tertiärhügelland und trifft auf die Amper, die genau hier, bei Ottershausen, dasselbe tut und sich aus der flachen Mooslandschaft kommend ihren Weg durch die Hügel hindurch sucht. Auf schönen Uferwegen führt die Wanderung nach Ampermoching und wieder zurück ins Dachauer Moos, wo offenes Land und weiter Himmel den Druck des modernen Alltagslebens etwas lockern. Interessant ist dabei die Tatsache, dass man gegen Ende der Tour mitten im Flachland die nicht wahrnehmbare Wasserscheide zwischen Amper und Isar überquert: Der Schwebelbach fließt noch zur Amper, der Dreierteilgraben kurz darauf zum Isar-Zufluss Moosach. Das bedeutet: Würde man das Dachauer Moos in dieser Gegend um nur wenige Meter »tieferlegen«, würde die Amper gar nicht erst ihre Reise ins Hügelland nach Fahrenzhausen, Allershausen, Zolling und Moosburg antreten, sondern bereits hier in die Moosach und damit zur Isar abbiegen – ein faszinierender Gedanke, mit dem man sich beim versonnenen Dahinschlendern durchs Moos vielleicht beschäftigen mag.

Blick von der Amperbrücke bei Ampermoching.

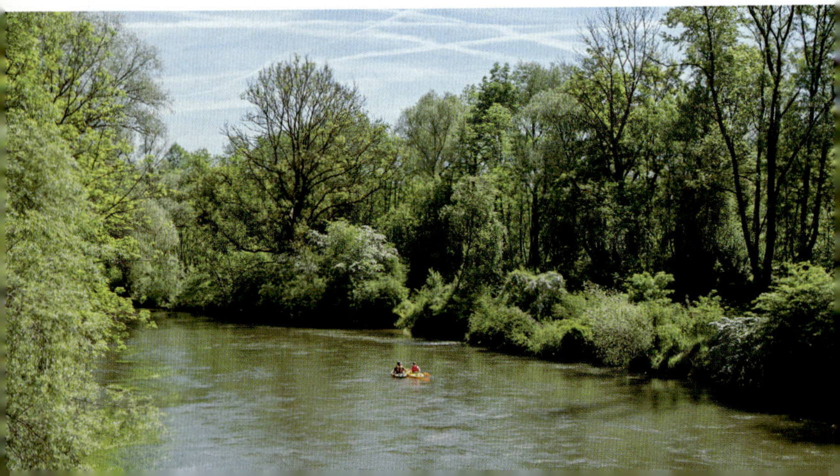

Ausgangspunkt: Parkplatz am Unterschleißheimer See, 470 m.
Strecke: 14,5 km.
Höhenunterschied: Abgesehen von der Leiten völlig flach, insgesamt 40 m.
Anforderungen: Entlang der Amper gut gangbarer, schmaler Pfad; ansonsten überwiegend breite Feldwege, wenig Asphalt.
Einkehr: Keine.
Variante: Anfahrt mit S-Bahn: am Bahnhof Unterschleißheim (S 1) den nördlichen Ausgang nehmen, aus der Unterführung links hinauf und geradeaus durch die Berglstraße, an ihrem Ende rechts und gleich wieder links in den Furtweg und geradeaus durch bis zum See (einfache Strecke knapp 2 km/ 25 Min.). Oder mit Bus 251 zur Haltestelle »Unterschleißheim, Landshuter Straße« und auf dem Furtweg zum See (1,3 km).

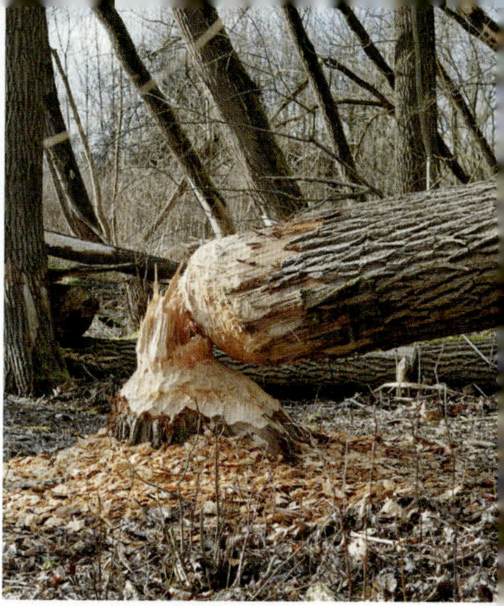

Respektable Leistung, Biber!

Los geht's am **Unterschleißheimer See (1)**, wo wir auf derselben Straße, auf der wir von Unterschleißheim hergekommen sind, geradeaus in Richtung Haimhausen weitergehen. Sie führt uns durch eine Wald- und Wiesenlandschaft zum Hügelzug der **Leiten (2)**. Wir folgen der Straße durch mehrere Kurven den Hang hinauf und haben mit diesem 25-Höhenmeter-Anstieg bereits die einzige nennenswerte Steigung des Tages überwunden. Bei einem Gehöft stoßen wir auf die Asphaltstraße zwischen Inhausen und Ottershausen und gehen auf ihr nach links, wobei rechts der Straße ein in der Karte als »Erbbegräbnis« verzeichnetes privates Mausoleum, das sogenannte »Rockerl«, auffällt.
Gleich am Ortsbeginn von **Ottershausen** biegen wir rechts in den Leitenweg ab und gehen zur Hauptstraße des Orts hinunter, an der wir ein Stück nach links entlanggehen. Kurz darauf überqueren wir die **Amper**, und zwar über die zweite (neu gebaute) Brücke **(3)**. Am anderen Amperufer schwenken wir gleich links in die parallel zum Fluss verlaufende Fahrstraße ein und spazieren auf ihr – anfangs optional auch auf dem Damm – rund 1,75 km weit die Amper entlang. Kurz nach Betreten eines Waldstücks bleiben wir nicht auf der nach

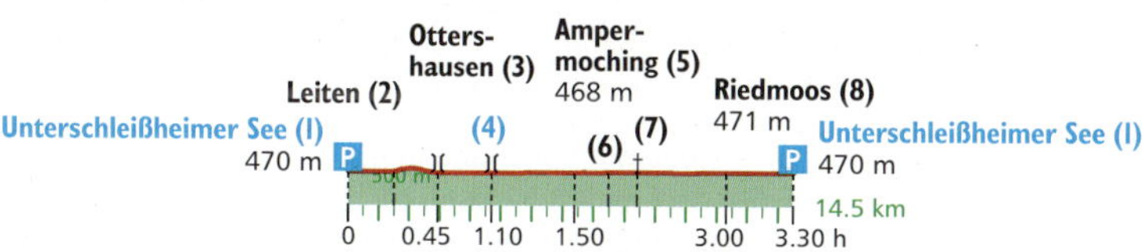

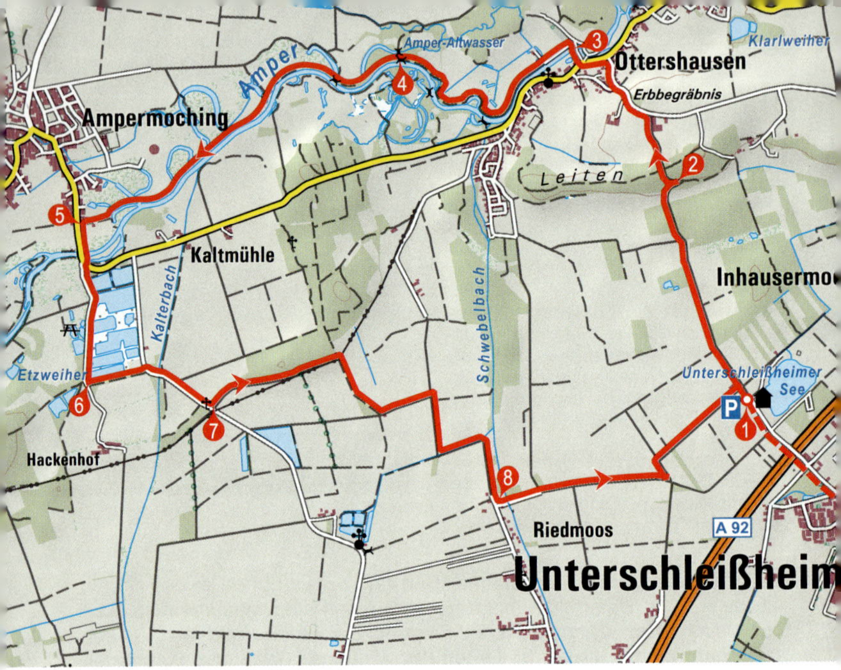

rechts abbiegenden Fahrstraße, sondern überqueren links mittels einer kleinen Brücke einen **Altwasserarm (4)** und bleiben so am Flussufer.

Nun folgt der schönste Teil des Uferwegs, der uns als schmaler, aber gut gangbarer Pfad durch die urwaldähnlichen Amperauen leitet und immer wieder schöne Blicke auf die Amper und ihre Altwasser freigibt. Ein zweites Brückchen wird links haltend überquert, anstatt dem kurzzeitig wieder breiteren Weg nach rechts zu folgen; schließlich weist uns ein drittes Brückchen nach links den Weg. Es folgt ein langes gerades Stück vorbei an Stromschnellen. Nach einer vierten und letzten Fußgängerbrücke gehen wir unter einer Überlandleitung hindurch und haben Ampermoching vor uns. Unmittelbar bevor wir die Stromleitung ein zweites Mal unterqueren würden, biegen wir rechts ab, erreichen den südlichen Ortsrand von **Ampermoching (5)** und gehen nach links entlang der Straße zur großen Amperbrücke. (Auch auf diesem letzten Stück gibt es einen Uferpfad; dieser ist begehbar, aber schwach ausgeprägt und verwachsen.)

Nach Überquerung der Amper biegen wir rechts ab und folgen der Straße geradeaus südwärts an zahlreichen Weihern vorbei, bevor wir nach gut 800 m links abzweigen **(6)** und nach weiteren 400 m die asphaltierte und von Autos befahrene Moosstraße erreichen. Auf ihr gehen wir rechts weiter

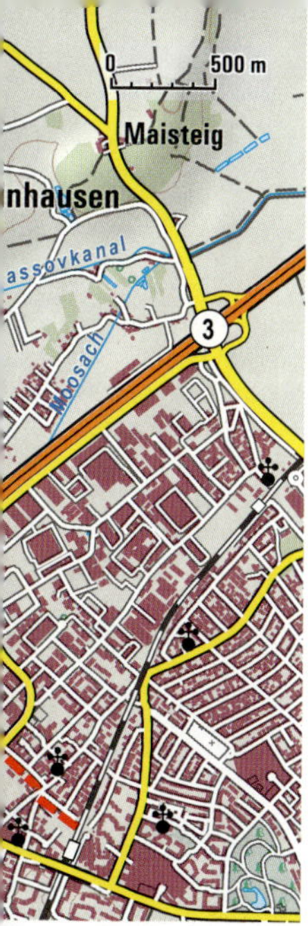

und biegen nach 500 m, auf Höhe eines Waldstücks mit Wegkreuz auf der rechten Seite, in den nach links abgehenden Feldweg ab **(7)**. Diesem folgen wir am Waldrand bis zu seinem Ende; nun geht es nach rechts (südwärts) auf einem schmalen Wiesenstreifen zwischen zwei Äckern auf ein Gehölz zu und links daran vorbei zu einem Haus. Wir gehen nach links (ostwärts) weiter, halten uns bei nächster Gelegenheit rechts und nach 375 m wieder links, wobei wir entweder den Fahrweg nach Überquerung des Bachgrabens oder die parallele Wegspur davor nehmen können. (Von Letzterer können wir nach 300 m auf einer Holzbrücke wieder über den Graben zum Fahrweg wechseln oder nach weiteren 100 m einen Abstecher zum Schwebelbach machen.)
Der Fahrweg biegt nach Süden ab und führt nach **Riedmoos**, wo wir der Beschilderung nach links zum Unterschleißheimer See folgen **(8)** und den **Schwebelbach** überqueren. Nach gut 1 km können wir uns noch etwas Asphalt sparen, indem wir links abbiegen und gleich wieder rechts auf den Feldweg einschwenken, der uns entlang des **Dreierteilgrabens** wieder zum **Unterschleißheimer See (1)** bringt.

Ausklang der Tour im weiten Dachauer Moos.

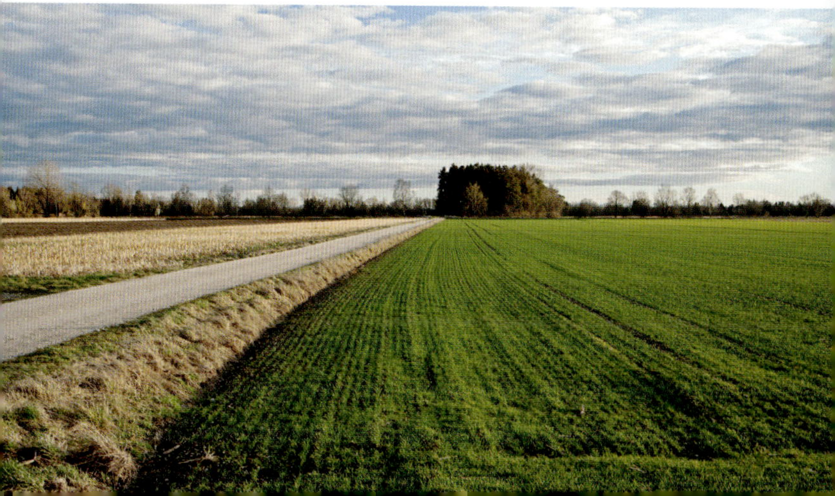

11 Von Dachau nach Bergkirchen

3.15 Std.

Wald, Feld und Fluss vor den Toren Dachaus

Diese Wanderung führt uns von Dachau in abwechslungsreicher Wegführung ins Hügelland und entlang der Flüsse Maisach und Amper wieder zurück. Sie beginnt und endet in Mitterndorf, dem ältesten Stadtteil Dachaus, der jedoch ganz und gar nicht städtisch wirkt, sondern sich den Charakter eines Dorfes erhalten hat. Von dort geht es über einen aussichtsreichen Feldweg ins Dachauer Holz, zur Breitenau und weiter nach Bergkirchen. Dabei durchwandern wir Landschaften, die mit ihren Flurnamen wie »Höllächer« und »In der Höll« von der Abgeschiedenheit zeugen, die die Menschen hier trotz der Nähe zu Dachau einstmals spürten. Nach dem Besuch der Kirche in Bergkirchen, einem guten Aussichtspunkt, steigen wir hinab zur Maisach, wandern auf einem schönen Uferweg nach Günding und spazieren zum Schluss entlang der Amper zurück nach Mitterndorf.

Vom Höhenzug bei Udlding geht der Blick bis zur Zugspitze.

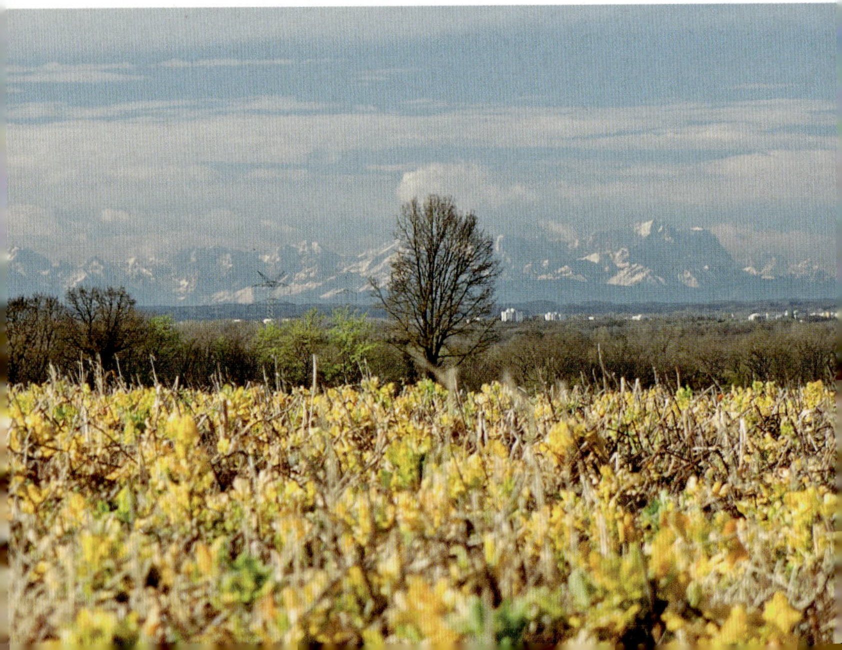

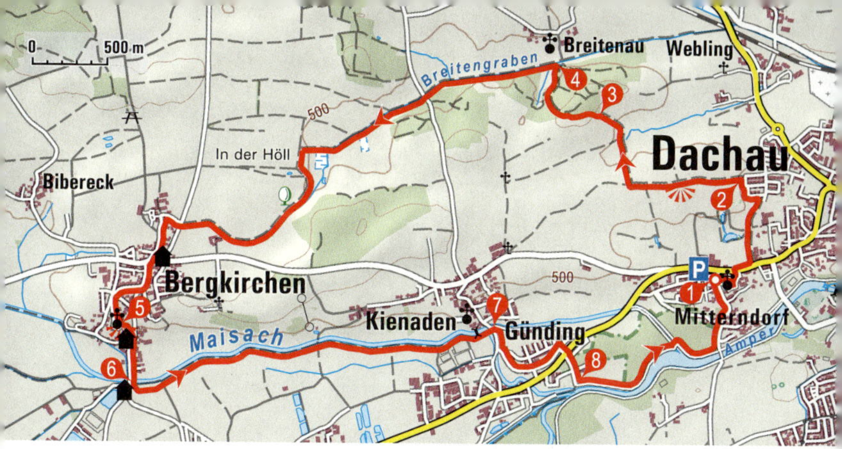

Ausgangspunkt: Parkplatz unterhalb der Kirche Sankt Maria und Sankt Nikolaus in Dachau-Mitterndorf, 489 m. Die Bushaltestelle Mitterndorf befindet sich wenige Schritte entfernt in der Brucker Straße, der Hauptstraße.
Strecke: 13,0 km.
Höhenunterschied: Rund 120 m.

Anforderungen: Überwiegend breite Feldwege, Forststraßen und Uferwege, wenig Asphalt. In Bergkirchen Abstieg über steilen Treppenweg.
Einkehr: In Bergkirchen: Gasthaus Pfeil, Tel. +49 8131 78827, www.gasthaus-pfeil.de; Gasthof Groß, Tel. +49 8131 272090, www.hotel-gasthof-gross.de.

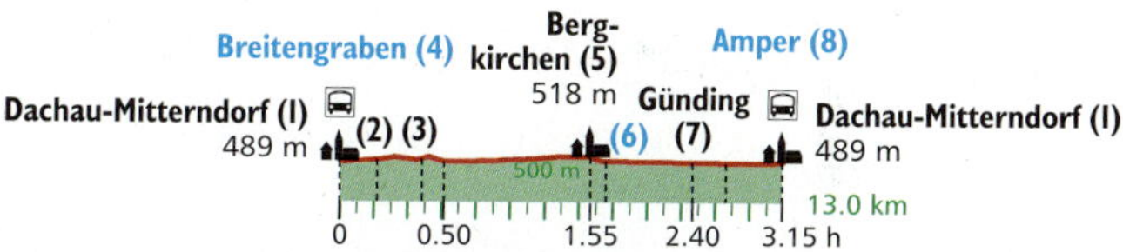

Die Tour beginnt am **Parkplatz (1)** unterhalb der Kirche in **Mitterndorf** und führt zunächst zur Kirche hinauf. Am Eingang zum Pfarrbüro geht es ostwärts vorbei und auf einem schmalen Fußweg bergab zur Brucker Straße, an der wir nach rechts gute 100 m weit entlanggehen. Auf der anderen Straßenseite biegen wir bei einem Bildstock in einen Fahrweg ein, der uns an Pferdekoppeln vorbei zu einer Neubausiedlung bringt, deren Einfamilienhäuser durch abwechslungsreiche Architektur auffallen. Dort zweigen wir links ab und gelangen über den Georg-Treu-Weg zum Beginn eines Feldwegs **(2)**. Auf ihm verlassen wir das Dachauer Stadtgebiet und wandern westwärts sanft ansteigend auf einen Höhenzug, der schöne Ausblicke bis zu den Alpen gewährt. 75 m nach der Einmündung eines Feldwegs von links biegen wir nach rechts in die Gegend der **Hölläcker** ab. Wir passieren eine Grube (links) und ein kleines Gehölz (rechts) und schwenken daraufhin nicht

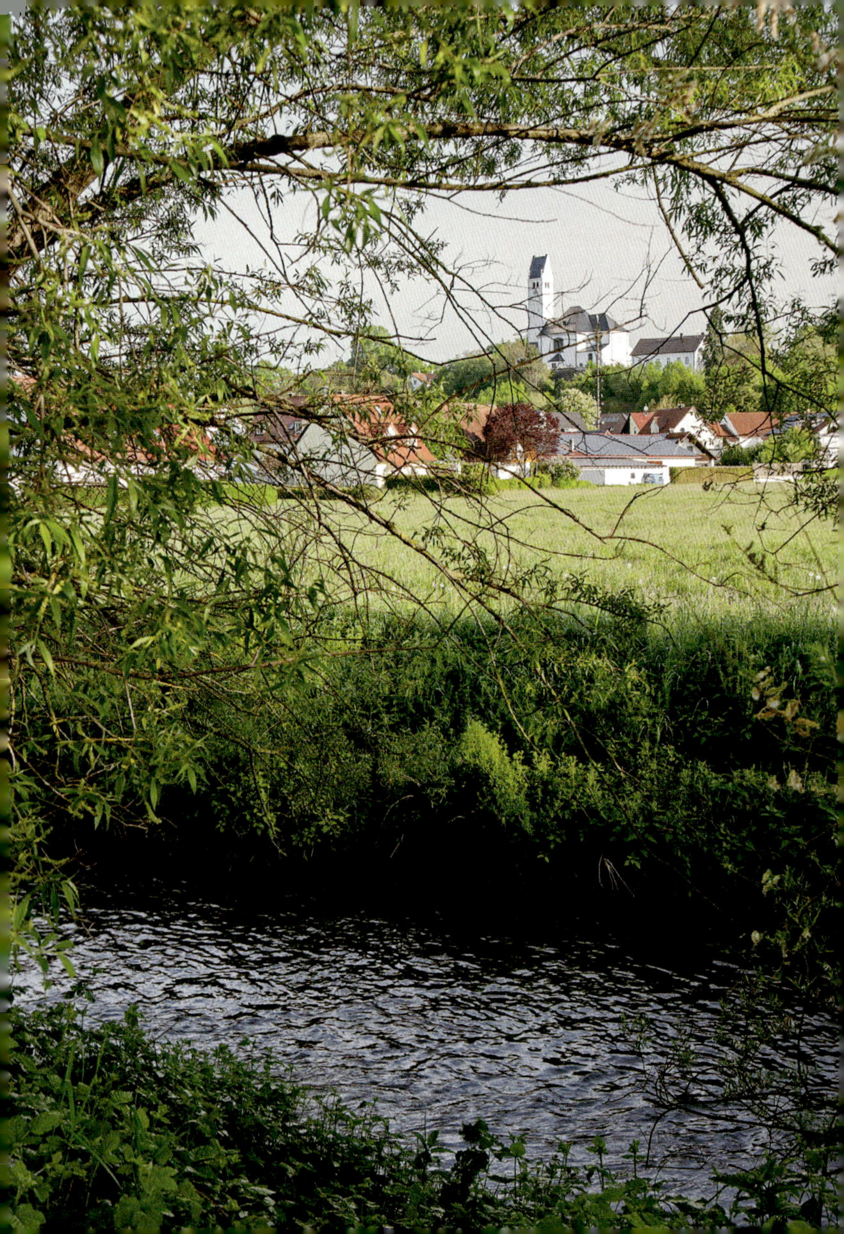

mit dem Hauptweg nach links, sondern gehen schräg rechts und erst dann nach links abdrehend auf den vor uns liegenden Waldrand **(3)** zu, den wir nach Unterquerung einer Hochspannungsleitung erreichen. Nun folgen wir dem Fahrweg in den Wald (Aufforstungsflächen). Nach Kurzem verzweigt sich der Weg: entweder geradeaus zur Forststraße und dort links, oder links ab auf den schönen Waldpfad und erst ein Stück weiter hinten nach rechts zur Forststraße. Auf dieser wandern wir bergab, bleiben bei Verzweigungen geradeaus und überqueren den kleinen Bach namens **Breitengraben (4)** unmittelbar vor den Häusern der **Breitenau**.

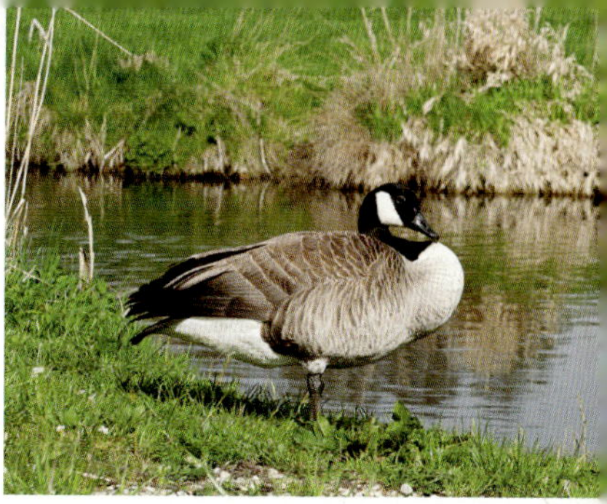

Kanadagans.

Nun biegen wir links ab und wandern auf einem Feldweg am Breitengraben entlang, wobei wir die Straße Günding–Unterbachern kreuzen und eine Hochspannungsleitung unterqueren. Wo danach der Hauptweg nach rechts abdreht, folgen wir dem schwächer ausgeprägten Feldweg und wandern erst nach weiteren 150 m, beim Feuchtgebiet **»In der Höll«**, rechts hinauf (bald undeutlicher Grasweg). Bei Verzweigungen mehrmals links haltend kommen wir an einer alten Eiche (Naturdenkmal) vorbei und gehen nach **Bergkirchen**, wo wir nach links die Kirche **St. Johannes Baptist (5)** ansteuern. Bei guter Sicht bietet sich vom Friedhof aus ein prächtiger Ausblick.
Wir steigen von der südöstlichen Friedhofsseite auf einem Treppenweg steil zum Gasthof Groß in den unteren Ortsteil von Bergkirchen hinab und erreichen über die Römerstraße die **Maisach (6)**. Nach Überqueren des Bachs biegen wir links in einen Feldweg ein, der uns auf den folgenden 2,5 km immer an der Maisach entlang nach **Günding** führt und mittels Schautafeln über naturkundliche und historische Themen informiert. In Günding bleiben wir auch nach dem Sportgelände am Maisach-Ufer (Wiesenpfad) und biegen nach dem kleinen Wehr rechts in die St.-Vitus-Straße **(7)** ein (der Weiterweg entlang der Maisach ist nicht passierbar). Links geht es in die Bulachstraße, der wir gut 500 m weit folgen, bis wir über die kreuzende Poitstraße nach rechts zur Brucker Straße, der Hauptstraße nach Dachau, gelangen. Wir überqueren sie und schlagen die Waldstraße ein, die den Zugang zur **Amper (8)** vermittelt. Nun spazieren wir in östlicher Richtung an der Amper entlang, überqueren die Maisach an ihrer Mündung und erreichen die Mitterndorfer Brücke, von wo es nach links nur noch rund 500 m durch die Heinrich-Nicolaus-Straße zurück zur **Kirche (1)** sind.

Bergkirchen an der Maisach.

12 Durch die Amperauen bei Günding

3.00 Std.

Von der romantischen Dachauer Altstadt in die wilden Amperauen

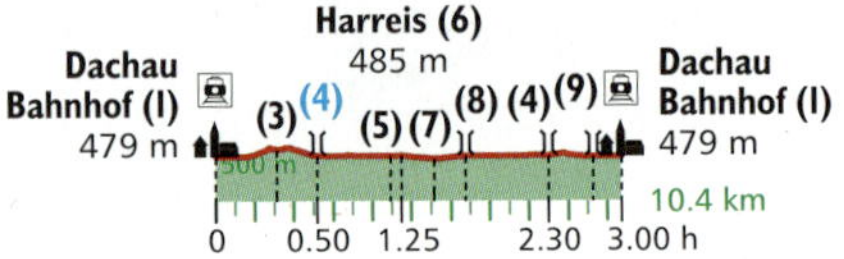

Dachau und die Amper – das gehört zusammen wie München und die Isar. Stadt und Fluss lassen sich vorzüglich zu einer abwechslungsreichen Wanderung verbinden. Zunächst steigen wir hinauf in die malerische Dachauer Altstadt, in der es sich lohnt, ungezwungen herumzuschlendern und große oder kleine Sehenswürdigkeiten zu entdecken – zu den großen zählen freilich die Stadtpfarrkiche St. Jakob und das Schloss mit seinem Garten und der herrlichen Aussicht, zu den kleinen beispielsweise das an der schmalsten Stelle nur 78 cm breite Kirchgassl unterhalb der Pfarrkirche. Im Anschluss daran wandern wir auf breiten Wegen an der Amper entlang bis Günding – ein wunderbarer Uferweg zum Flanieren, Entspannen, Enten-Beobachten und Biberspuren-Finden. Der Höhepunkt wartet dann in Günding mit dem sogenannten Harreis, dessen Name ursprünglich »Flachsröste« bedeutet und heute für die urwaldartig bewachsene Insel zwischen Amper und Werkkanal steht. Dort lassen sich auf der Wacholderwiese und auf verschlungenen Pfaden durchs Unterholz Naturerlebnisse machen, die man so nah an der Stadt nicht unbedingt vermutet hätte.

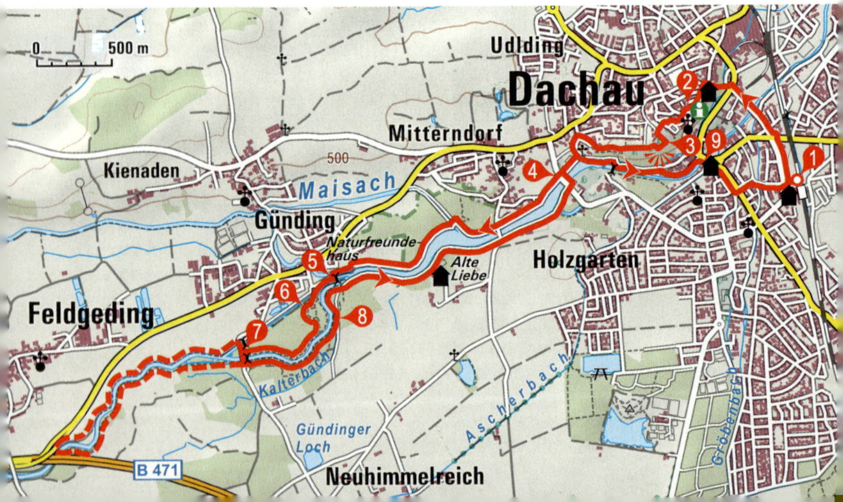

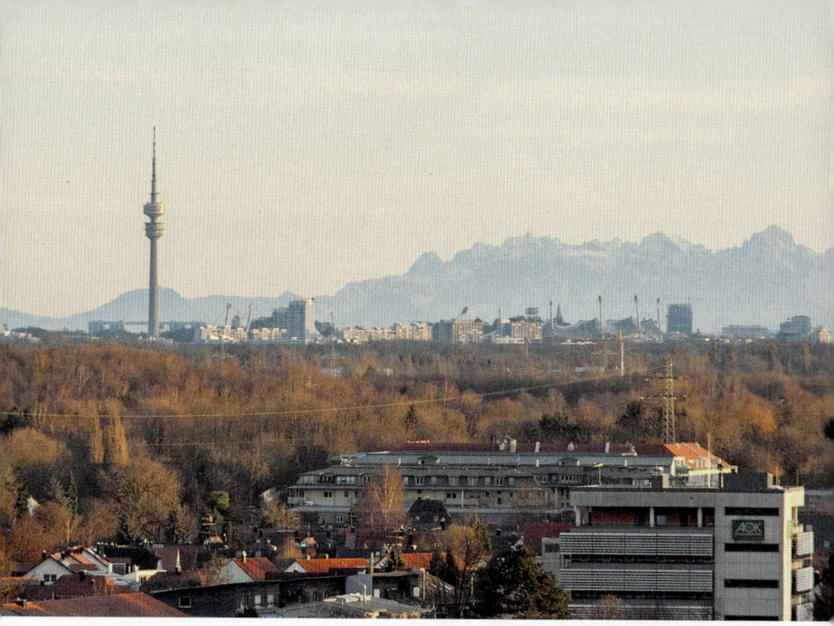

Blick vom Dachauer Schloßberg zum Münchner Olympiagelände, dahinter der Wilde Kaiser in Tirol.

Ausgangspunkt: Bahnhof Dachau (S 2, Regionalbahn), 479 m.
Strecke: 10,4 km.
Höhenunterschied: Knapp 50 m Auf- bzw. Abstieg zum und vom Dachauer Schloss, ansonsten flach.
Anforderungen: In Dachau Asphalt, dann breite Uferwege, im Harreis schmale, wurzelige und je nach Jahreszeit teils verwachsene Pfade; etwas Orientierungssinn ist erforderlich.
Einkehr: »Alte Liebe« (an der Amper), Tel. +49 8131 667131, www.alteliebe-dachau.de; diverse in Dachau, z. B. Gasthaus Drei Rosen in der Münchner Straße 5 (nahe Amperbrücke), Tel. +49 8131 84363, www.gasthaus-3rosen.de; Gasthof Zum Fischer am Bhf, Tel. +49 8131 7799299, www.hotelfischer-dachau.de.
Varianten: 1. Kürzere Ampertour ohne Dachauer Altstadt: Hierzu fährt man vom Bhf Dachau mit Bus 720 bis zur Haltestelle Familienbad oder Ludwig-Dill-Straße (dort auch Parkmöglichkeit am Straßenrand); zwischen den beiden Haltestellen startet man an der Amperbrücke bei WP 4. Insgesamt knapp 6 km/1.45 Std.
2. Verlängerung der Tour: Von WP 7 rechts weiter, über den Amperkanal, nach links über die Straße und westwärts entlang des Kanals weiter. Bald beginnt ein schmaler Uferpfad, der kurvenreich und über einige kleine Brücken an der Amper entlangführt. Bei der B 471 wechselt man über die große Brücke auf die andere Amperseite und wandert entlang des Ufers zurück zur Straße Günding–Neuhimmelreich, von wo aus es auf der Hauptroute am rechten Flussufer weitergeht. Zusätzlich 3,6 km/1 Std., im ersten Teil etwas anspruchsvoller als die Hauptroute.

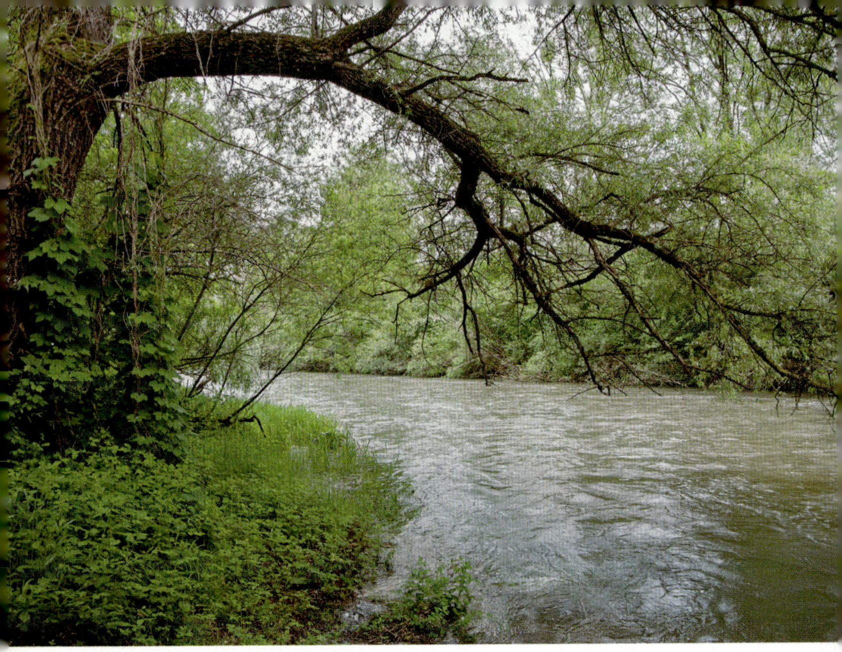

Unterwegs in den Amperauen.

Vom Bahnhofsplatz auf der Westseite des **Dachauer Bahnhofs (1)** wandern wir durch die kleine Grünanlage hinauf zur Frühlingstraße, der wir nach rechts folgen. An der Kreuzung mit der Schleißheimer Straße geht es geradeaus in die Martin-Huber-Straße weiter und an ihrem Ende über die Ludwig-Thoma-Straße schräg links zu einem Fußweg, der uns über den **Mühlbach** hinweg an den Altstadtberg heranführt. Über Treppen und dann auf der Konrad-Adenauer-Straße nach links hinauf geht es in die **Dachauer Altstadt** mit der **Pfarrkirche St. Jakob (2)**. Wo gegenüber der Kirche der Karlsberg südlich hinabführt, steigen wir auf einem gepflasterten Fußweg steil hinauf zum **Schloss Dachau**, dessen Terrasse bei guter Sicht einen wunderbaren Blick über München bis zu den Bergen bietet.
Rechts vom Schlossgebäude gelangen wir in den **Schlossgarten (3)**, den wir durchqueren und auf der anderen Seite wieder verlassen. Wir spazieren geradeaus westwärts durch das Waldstück, steigen weiter geradeaus über den Fürstenweg ab und erreichen, bei nächster Gelegenheit links abbiegend, durch eine kleine Parkanlage die **Amper**. An ihr spazieren wir nach rechts, also entgegen der Fließrichtung, zur Amperbrücke der Ludwig-Dill-Straße **(4)** und weiter auf der rechten Uferseite zur Brücke in Mitterndorf.

Auch dort behalten wir die Gehrichtung bei und erreichen bald die Mündung der **Maisach**, die wir auf einer Brücke nach links überqueren. Weiter am Amperufer entlang spazieren wir nach **Günding**, wo wir einen kleinen Wasserlauf nach links überschreiten und über die schmale Landzunge und eine größere Brücke über den **Amperkanal** das Naturfreundehaus **(5)** erreichen. Von dort folgen wir dem Wanderweg links am Kraftwerk Günding vorbei und erreichen schließlich, indem wir ein Rinnsal auf einem kleinen Betonbrückchen nach links überqueren, den **Harreis**. Nun heißt es aufpassen, um sich im urwaldartigen Bewuchs, durch den verschiedene Pfade ziehen, nicht zu verlaufen: Nach dem kleinen Brückchen nicht sofort rechts ab, sondern erst bei zweiter Gelegenheit, ein paar Meter weiter, den Pfad nach rechts nehmen. Er führt zur Wacholderwiese **(6)**, wo sich seltene Blumen, Hopfen und andere interessante Pflanzen bestaunen lassen. Gegen den Uhrzeigersinn umrunden wir die Wiese und folgen an ihrem südöstlichen Rand wieder einem schmalen Pfad südwärts durchs Gehölz zur Amper, wo er in einen anderen von links kommenden Pfad einmündet.

Nach rechts geht's nun entgegen der Amper-Fließrichtung in Ufernähe weiter, bis wir auf einen breiten Weg treffen **(7)**, der uns nach links über eine Brücke auf die andere Flussseite führt. Dort steigen wir gleich wieder zum Uferpfad hinunter und wandern nun rechts der Amper flussabwärts. Einen einmündenden Bach überqueren wir mittels einer Brücke **(8)**, biegen jedoch sofort wieder links auf den Uferpfad ab und folgen diesem noch knapp 300 m, bevor er endgültig in einen breiten Weg einmündet.

Auf diesem wandern wir am Ufer entlang, vorbei an **Mitterndorf** und weiter zur Ludwig-Dill-Straße in **Dachau**, wo wir auf die linke Amperseite wechseln **(4)**. Weiter zum Wehr, auf einer Brücke über den **Mühlbach** und nun an diesem entlang. Beim »Stadtkeller« (Biergarten) rechts hinein zum Rad-/Fußweg und entlang der Amper zur **Amperbrücke (9)**; über sie hinweg durch die Münchner Straße, nach 300 m links in die Langhammerstraße und wie beschildert zum **Bahnhof (1)**.

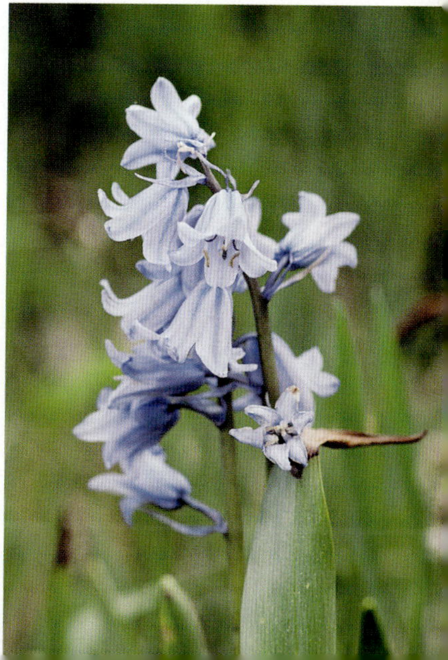

Auf der Wacholderwiese im Harreis.

13 Durchs östliche Dachauer Moos

3.15 Std.

Unterwegs im offenen Land zwischen Dachau und Schleißheim

Die ehemals ausgedehnten Niedermoorlandschaften des Dachauer Mooses sind heute in weiten Teilen bebaut, von Feldwegen, Straßen, Bahnlinien und mehreren Autobahnen zerschnitten, von Stromleitungen überspannt und von begradigten Bächen entwässert. Trotz all dieser menschlichen Eingriffe sind im Dachauer Moos aber immer noch größere Freiräume mit viel Natur und nur dünner Besiedlung erhalten – vor allem im östlichen Teil zwischen Dachau und Schleißheim, wo die flache, beruhigend wirkende Landschaftsform und der weite Himmel noch dieselben wie früher sind. Beim Studium der Karte fällt auf, dass es kaum Möglichkeiten gibt, dieses Gebiet zu Fuß zu durchqueren, da es sich bei den meisten Wegen um Sackgassen handelt oder der Durchgang wie beim Hackenhof gesperrt ist. Wer einen Umweg in Kauf nimmt, findet aber doch eine lohnenswerte, vielleicht sogar die bestmögliche Route durchs östliche Dachauer Moos – hier wird sie verraten.

Spaziergang mit kleinem Kind auf dem ersten Teilstück der Tour.

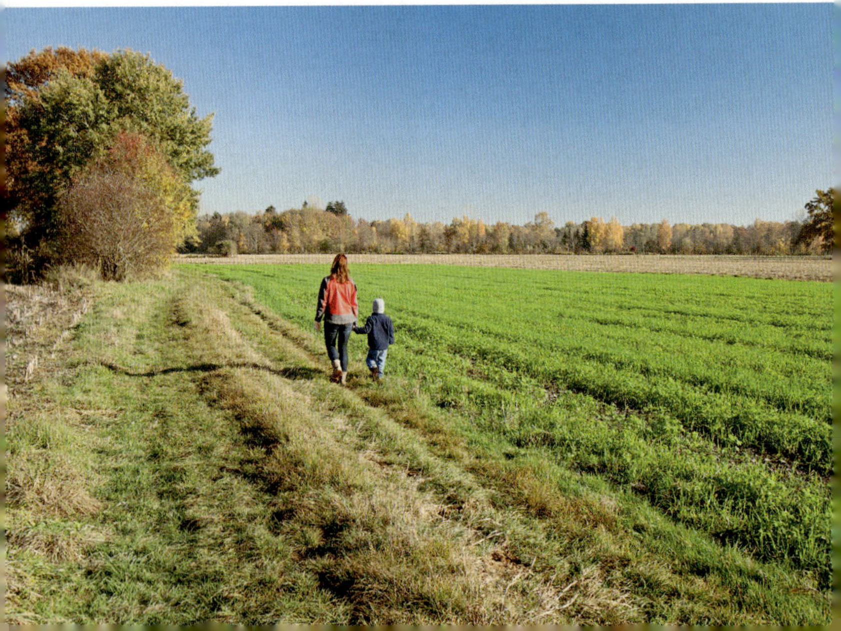

Ausgangspunkt: Bushaltestelle Karl-Benz-Straße im Gewerbegebiet Dachau-Ost, 477 m; erreichbar vom Bahnhof Dachau mit Bus 744.
Endpunkt: Bahnhof Oberschleißheim (S 1; werktags fährt Bus 291 direkt zurück nach Dachau), 481 m.
Strecke: 12,9 km.
Höhenunterschied: Bis auf die Autobahnbrücke völlig flach.
Anforderungen: Bis Riedmoos überwiegend breite Feldwege, dann überwiegend Asphalt.
Einkehr: Waldrestaurant Bergl (Variante 1), Tel. +49 89 3150105; Schlosswirtschaft Oberschleißheim (Variante 2), Tel. +49 89 3151555, www.schlosswirtschaft-oberschleissheim.de.
Varianten: 1. Vom Bhf Oberschleißheim unter den Gleisen hindurch, nach links die Gleise entlang, am Waldrand rechts, nach 100 m links in breiten Waldweg, diesem gut 400 m folgen und nach rechts in weiteren 400 m zum Waldrestaurant Bergl (hin und zurück je ca. 1,3 km).
2. Schloss Schleißheim mit Schlosswirtschaft/Biergarten: Vom Bahnhof Oberschleißheim auf der Hochtrasse über die Gleise und der Straße weiter geradeaus südwärts bis zum Schloss Schleißheim mit Schlosswirtschaft/Biergarten folgen (hin und zurück je ca. 1,3 km).

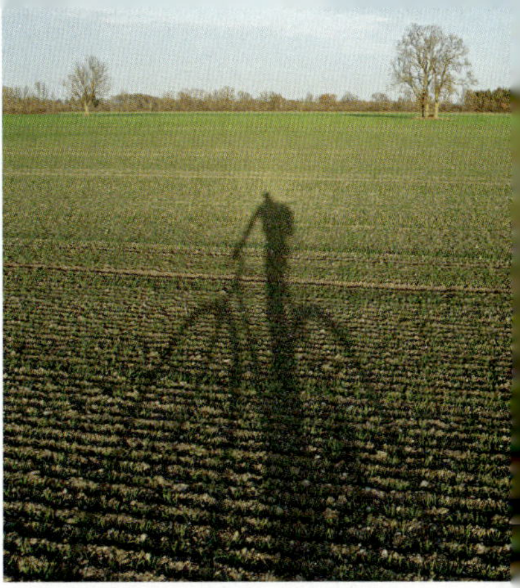

In den Weiten des Dachauer Mooses.

Von der **Bushaltestelle Karl-Benz-Straße (1)** in Dachau-Ost spazieren wir ostwärts durch die Robert-Bosch-Straße und gehen bis zu dem Punkt, wo die Straße nach rechts schwenkt **(2)**. Dort verlassen wir sie und biegen nach links vorn auf ein kleineres Sträßlein ab. In Nordrichtung passieren wir ein Gehöft und wandern noch rund 300 m am Stadtrand weiter, bis wir nach rechts in einen Feldweg **(3)** einbiegen können.
Nun entfernen wir uns in östlicher Richtung von Dachau und nehmen sofort den Charakter des Dachauer Mooses wahr: Vor uns liegt eine flache, weite Landschaft, die wir nun auf dem grasbewachsenen Feldweg durchwandern. Nach 1 km erreichen wir eine Baumgruppe und biegen links ab. Nun geht es rund 1,8 km weit geradeaus bis zu den ersten Gebäuden nahe dem Sportplatz von Hebertshausen; dort biegen wir rechts ab **(4)**.

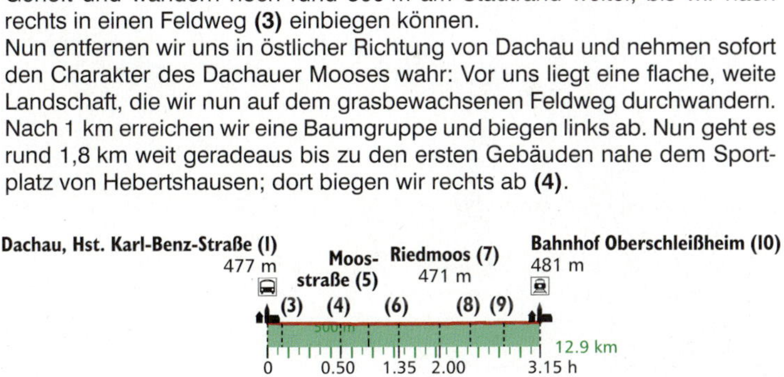

Auf einem schönen, aber oft matschigen Waldweg gehen wir nun zu einer Gruppe von Kiesweihern und – nach der Einmündung in die Straße zum Hackenhof ein kurzes Stück rechts versetzt – in gleicher Richtung weiter. Wir treffen auf die asphaltierte Moosstraße **(5)**, der wir 500 m nach rechts folgen. Auf Höhe eines Waldstücks mit Wegkreuz (rechts) biegen wir in den nach links abgehenden Feldweg ab. Diesem folgen wir am Waldrand bis zu seinem Ende **(6)**; nun geht es nach rechts (südwärts) auf einem schmalen Wiesenstreifen zwischen zwei Äckern auf ein Gehölz zu und links daran vorbei zu einem Haus. Hier gehen wir nach links (ostwärts) wei-

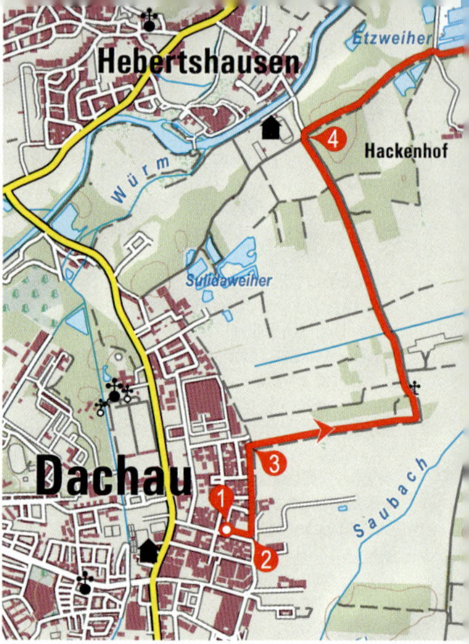

Kurz vor Wegpunkt 5.

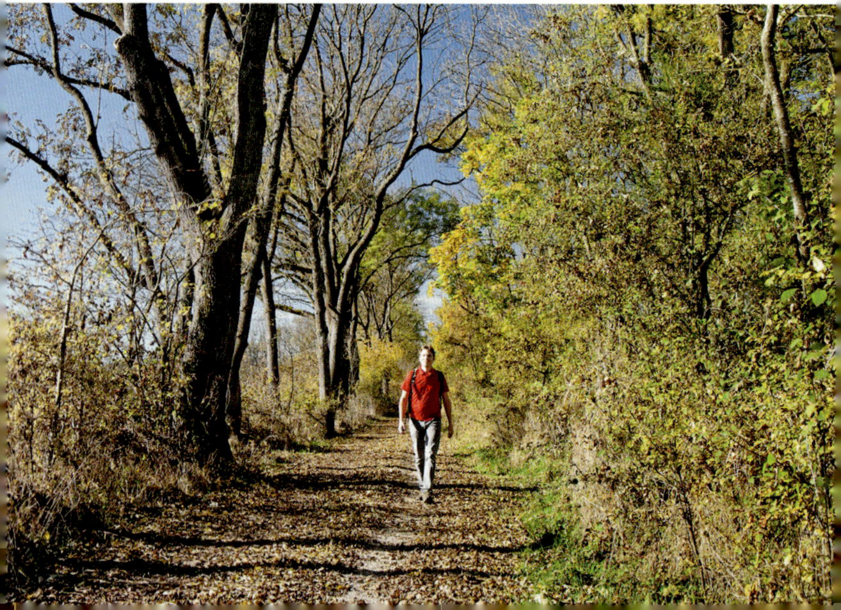

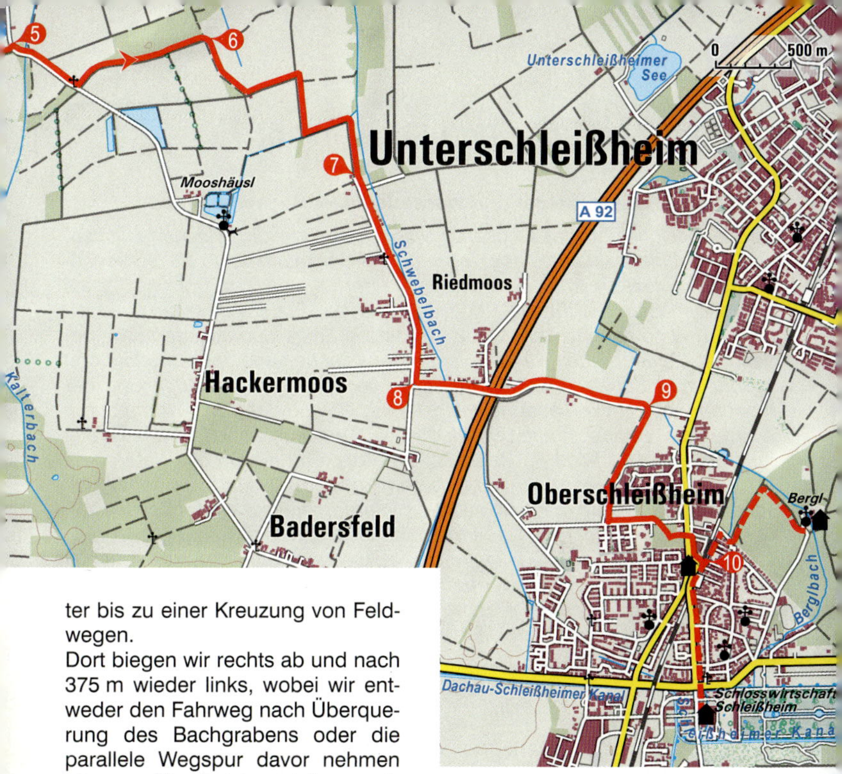

ter bis zu einer Kreuzung von Feldwegen.

Dort biegen wir rechts ab und nach 375 m wieder links, wobei wir entweder den Fahrweg nach Überquerung des Bachgrabens oder die parallele Wegspur davor nehmen können. (Von Letzterer können wir nach 300 m auf einer Holzbrücke wieder über den Graben zum Fahrweg wechseln oder nach weiteren 100 m einen Abstecher zum Schwebelbach machen.) Der Fahrweg wendet sich nach Süden und führt nach **Riedmoos (7)**.

Wir durchqueren den Ort nach Süden und biegen dann links ab **(8)**, um entlang der Birkhahnstraße in Richtung Oberschleißheim die Autobahn **A 92** zu überqueren. Immer geradeaus geht's auf der Straße an mehreren Häusern vorbei und noch so lange weiter, bis wir in einen schnurgerade nach rechts wegführenden Feldweg **(9)** abbiegen. Dieser bringt uns nach gut 500 m zu einem kleinen Gehölz und hinter diesem nach links zu einem asphaltierten Weg, in den wir rechts einbiegen. Kurz darauf erreichen wir die Straße Hirschplanallee, die wir nach links (Osten) verfolgen. Nach gut 300 m betreten wir auf einem Fußweg ein rechter Hand liegendes Waldstück (rot-weiße Absperrbügel) und durchqueren es. Wo der Weg in die Straße mündet, ist rechts schon der **Bahnhof Oberschleißheim (10)** sichtbar.

14 Regattastrecke und Schwarzhölzl

3.00 Std.

Weite Felder, wilde Wälder und Wasserläufe im Dachauer Moos

Der südöstliche Teil des Dachauer Mooses im Dreieck zwischen Dachau, Oberschleißheim und Feldmoching wäre vielleicht noch heute ein leeres Niemandsland, hätte man es nicht im Vorfeld der Olympischen Spiele 1972 als geeigneten Standort für die Regattastrecke der Ruderwettbewerbe auserkoren. Und so schürfte man die 2,5 Kilometer lange Sportanlage sowie nebendran die Grube des Regattaparksees ins flache Land und schüttete den Aushub zum Schwarzhölzlberg auf oder verwendete ihn für den Bau der Autobahn A 99. Trotz dieser gewaltigen Eingriffe und der Umgrenzung durch Autobahnen, Bundesstraße und städtische Siedlungsflächen ist das Gebiet rund ums Schwarzhölzl ein Refugium der Ruhe und ein Ort des Naturerlebnisses geblieben – ganz nah am Puls der Großstadt. Das ist auch der eigentliche Reiz dieser Tour: mit dem sanften Hintergrundrauschen der Schnellstraßen durch die Weiten des Dachauer Mooses streifen, das sportgeschichtliche Monument der Regattastrecke anschauen, im Naturschutzgebiet Schwarzhölzl ein Stück Niedermoorwald und Streuwiesen erleben und frische Luft atmen. Wer mag, ergänzt die Route noch um die beiden Varianten Schwarzhölzlberg und Mückensee und verlängert so die Wanderung um eine Stunde.

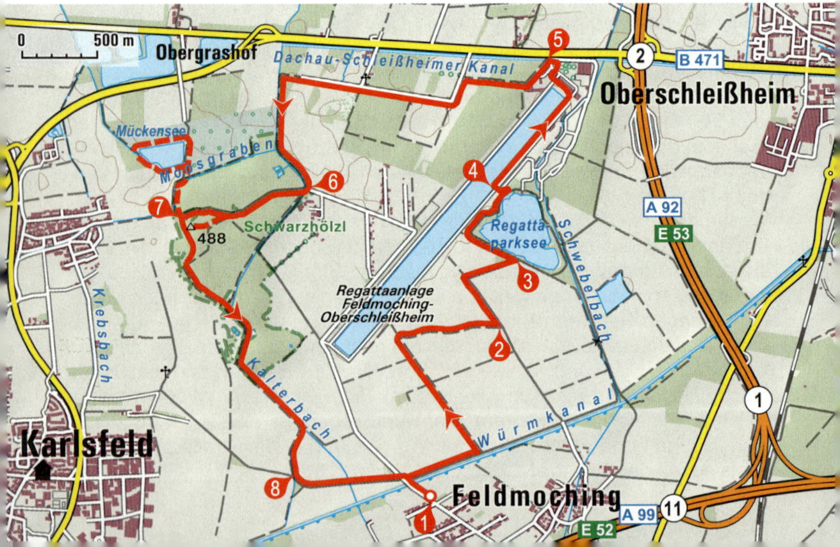

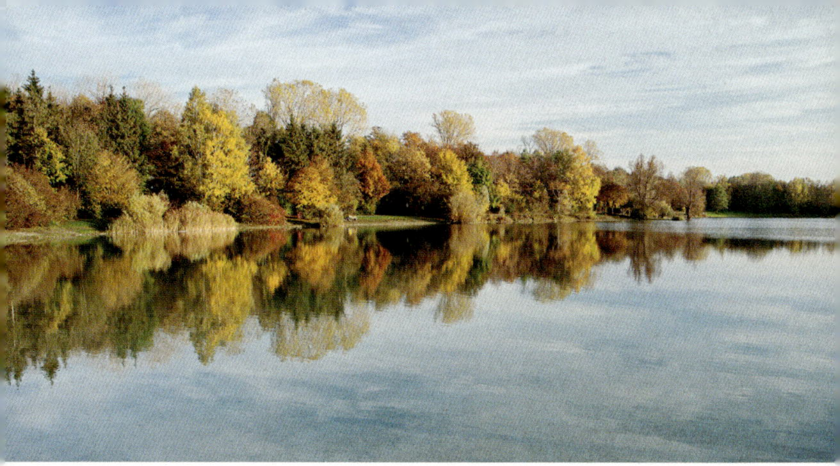

Der Regattaparksee an einem Herbstnachmittag.

Ausgangspunkt: Schwarzhölzlstraße am nordwestlichen Ortsrand von Feldmoching zwischen Autobahn A 99 und Würmkanal, am Ende des Wohngebiets am Straßenrand parken, 489 m. Bei Anfahrt mit Bahn & Bus: ab Bhf Dachau oder Feldmoching mit Bus 172 zur Haltestelle Schwarzhölzlstraße und von dort der gleichnamigen Straße unter die A 99 hindurch bis zum Ortsrand folgen; 1,3 km ab Bushaltestelle.
Strecke: 12,1 km.
Höhenunterschied: Völlig flach, lediglich der Schwarzhölzlberg (Variante) weist eine Höhendifferenz von 27 m auf.
Anforderungen: Überwiegend breite Feldwege, kaum Asphalt. Der Weg westlich und südlich des Schwarzhölzlbergs ist oft matschig.
Einkehr: Keine.
Varianten: 1. Besteigung des Schwarzhölzlbergs: Zwischen WP 6 und WP 7 nicht mit der Hauptroute rechts abzweigen, sondern geradeaus auf dem bald ansteigenden Fahrweg bleiben. Sobald eine Lichtung und die steileren Hänge des Bergs erreicht sind, nach rechts zu einem anfangs undeutlichen Pfad, auf diesem in einem Bogen um den Berg herum und zum höchsten Punkt hinauf. Nur nach Nordwesten besteht freie Sicht.
Hinweis: Naturschutzgebiet, daher bitte nicht weglos gehen! Abstieg: Auf dem Pfad und dem Fahrweg wieder zurück und bei erster Gelegenheit nach links zur Hauptroute. Hin und zurück insgesamt ca. 1,2 km.
2. Mückensee: An WP 7 rechts weiter, über das Brückchen und wiederum nach rechts dem breiten Weg folgen – dann gelangt man zum Mückensee mit Badegelegenheit, den man sehr schön auf einem Pfad umrunden kann. Hin und zurück insgesamt ca. 1,7 km.

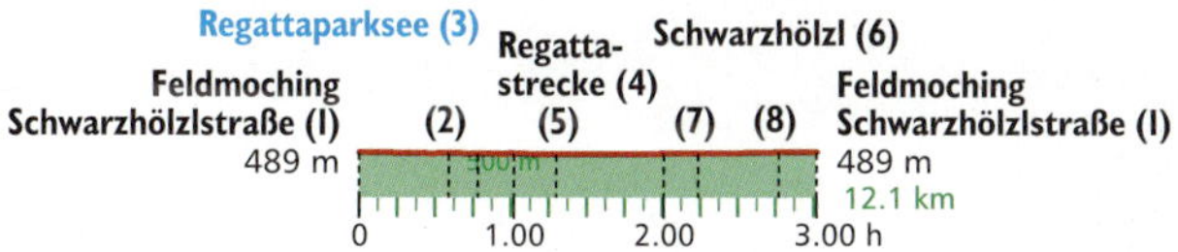

Von den letzten Häusern an der **Schwarzhölzlstraße (1)** gehen wir auf der Straße weiter, überqueren den **Würmkanal** und biegen gleich danach rechts ein. Nun geht es gut 500 m weit am Kanalufer entlang und hinter der links wegziehenden Baumreihe nach links auf einen Feldweg ab. Dieser führt uns bis kurz vor die Regattastrecke, schwenkt dann nach rechts und mündet nach kurvigem Verlauf schließlich in einen anderen Feldweg **(2)**. Dort halten wir uns links, wandern somit wieder auf die Regattastrecke zu, und biegen bei nächster Gelegenheit rechts ab.
So erreichen wir die Anlage des **Regattaparksees (3)**, dessen südlicher Uferbereich als Biotop geschützt, dicht bewachsen und nicht frei zugänglich ist. Ein breiter Weg führt links um den See herum zum freien Uferbereich; kurz bevor wir das Haus der Wasserwacht mit Steg erreichen, verlassen wir ihn nach links und gelangen über eine Treppe zur **Regattastrecke (4)**.
Kurz nach links ausholend können wir zum Asphaltweg hinabsteigen und zwischen Regattastrecke und Tribüne zu den Bootshäusern im Startbereich spazieren, wo wir vor allen Bootshäusern vorbeigehen, hinter dem letzten nach rechts in die Zufahrtsstraße einschwenken und die Anlage bei der Schranke wieder verlassen. Gleich dahinter gelangen wir unmittelbar vor der viel befahrenen Bundesstraße **B 471** auf einem Wander- und Radweg nach links ins Naturschutzgebiet **(5)**. (Sollte der Durchgang im Bereich der Regattastrecke nicht möglich sein, lässt sich der ganze Komplex rechts herum umgehen; vom Regattaparksee nordwärts über den Parkplatz und dessen Zufahrtsstraße zu WP 5.)
Nun folgen wir der als Teil des Radlrings München ausgeschilderten Route westwärts durch den Wald, gehen dann kurz auf der Asphaltstraße links und

Rudertraining auf der Regattastrecke.

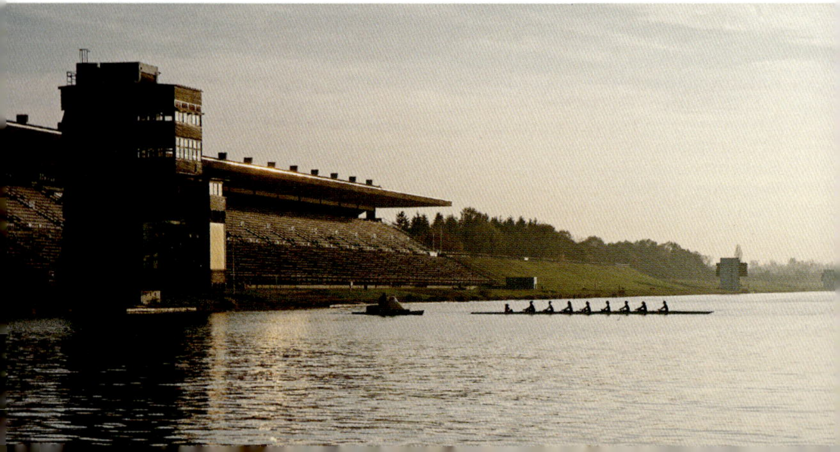

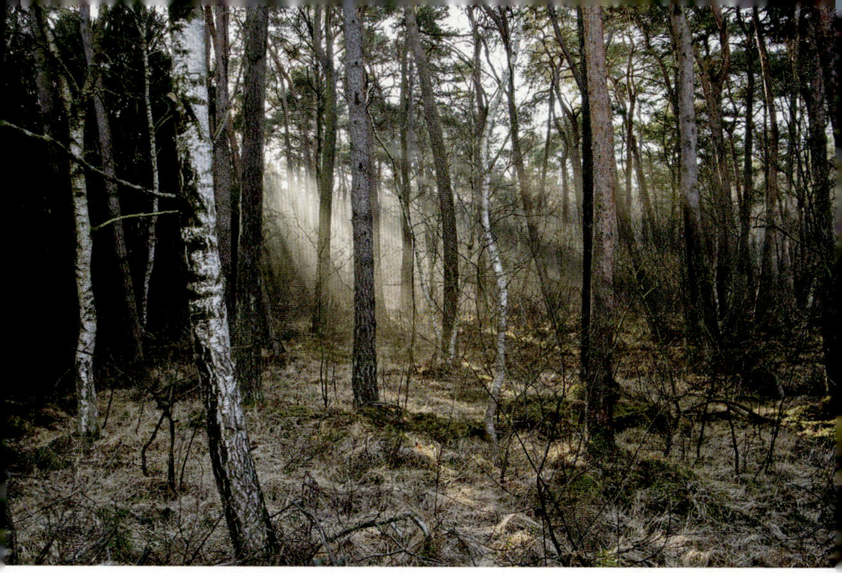

Das Schwarzhölzl existiert erst seit dem 19. Jahrhundert, als man die Moorgebiete entwässerte. Heute ist es als Naturschutzgebiet streng geschützt.

bei nächster Gelegenheit wieder rechts (westlich) durch die kleine Siedlung südlich der B 471 und so lange geradeaus, bis der nunmehr unasphaltierte Weg auf den **Kalterbach** trifft und nach links schwenkt. Immer am Kalterbach entlang wandern wir nach Süden, wobei wir die freien Acker- und Wiesenflächen des Dachauer Mooses zur Linken und bald das **Schwarzhölzl** zur Rechten haben. Dieses betreten wir, indem wir bei der nächsten Kreuzung rechts abbiegen **(6)**. Wer den **Schwarzhölzlberg** besteigen möchte, geht geradeaus zum Berg (siehe Variante 1), ansonsten bleibt man auf der Radroute, die nach rechts abzweigt und nördlich am Schwarzhölzlberg vorbeiführt. Genau an seinem nordwestlichen Fuß, wo der breite Weg scharf nach rechts schwenkt **(7)** (Variante 2), zweigen wir nach links auf einen Pfad ab, der – teils schmal und wurzelig – an der gesamten Westseite des Bergs entlangführt.

Nach der Einmündung eines breiten Wegs von links geht es in südöstlicher Richtung weiter durch Wald zu einer kleinen Freifläche, wo wir wieder auf den **Kalterbach** treffen. Nun wandern wir für die nächsten 1,3 km am rechten Ufer des Bachs, halten uns bei der folgenden Verzweigung **(8)** links, bleiben unmittelbar darauf auf dem Hauptweg (links) und gehen in östlicher Richtung wieder zur Kreuzung am Würmkanal und rechts abbiegend zur Siedlung an der **Schwarzhölzlstraße (1)** zurück.

15 Rund um Allach

3.45 Std.

Unterwegs am Rande der Millionenstadt

Wer das Rauschen der Autobahn, den großindustriellen Charme der Krauss-Maffei-Werke und die monströsen Bahnanlagen des Rangierbahnhofs München-Nord nicht als Störfaktoren wahrnimmt, sondern als charakteristische urbane Ausdrucksformen, vielleicht sogar als städtische Monumentalpoesie aus Stahl und Beton begreift, ist auf dieser Tour goldrichtig. Nur wenige Wanderungen dieses Buchs bieten so viel Abwechslung wie diese: Auf dem Programm stehen nicht nur bauliche Zeugnisse von Industrie und Mobilität, sondern auch Oasen und Biotope wie die Angerlohe, der Allacher Forst und das Lochholz, allesamt unter Schutz gestellte wertvolle Überreste des ehemaligen Lohwaldgürtels im Münchner Norden. Ein kleiner Pfad am Ufer der Würm und ausgedehnte Streifzüge über das Trockenbiotop Kiestrasse – ein Relikt des Autobahnbaus aus den 1930er-Jahren – runden die Wanderung ab.

Im Allacher Forst.

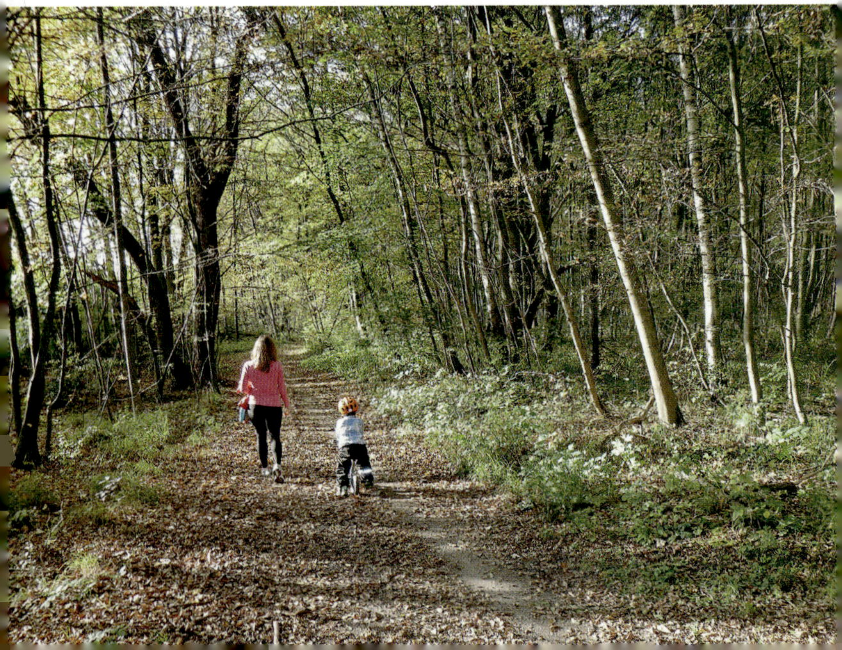

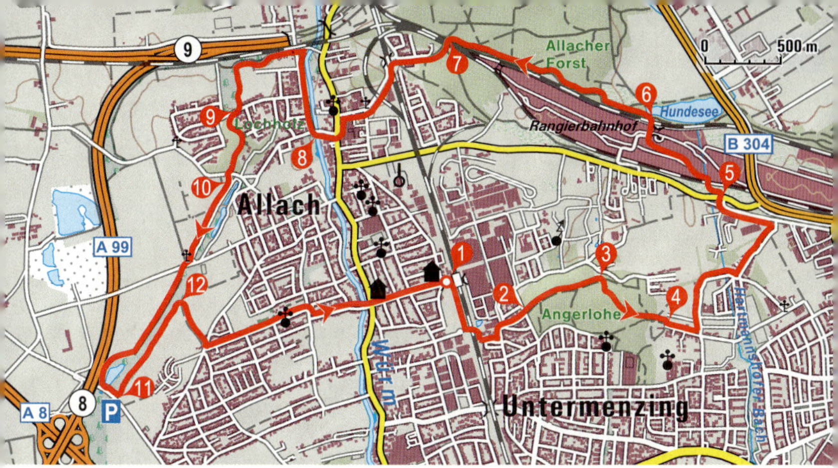

Ausgangspunkt: Bahnhof Allach (S 2), 508 m.
Strecke: 14,4 km.
Höhenunterschied: Nur künstliche Steigungen, insgesamt rund 80 m.
Anforderungen: Asphalt- und Forststraßen, Kieswege, Wald-, Wiesen- und Uferpfade. Orientierung – vor allem in der Angerlohe und im Lochholz – nicht ganz einfach.
Einkehr: Gasthaus Würmtalhof 600 m vor dem Bahnhof Allach, vorübergehend geschlossen (Stand: April 2021); Trattoria Olive am Bahnhof Allach, Tel. +49 89 81897089, http://trattoria-olive.de.

Vom westlich der Gleise gelegenen Bahnhofsvorplatz in **Allach (1)** folgen wir dem Fuß- und Radweg entlang der Gleise stadteinwärts, links am großen Einkaufszentrum »Evers« vorbei. Bei der Unterführung nach gut 300 m unterqueren wir die Gleise, gehen durch die Karl-Gayer-Straße und biegen links in die Angerlohstraße ab. Nach der ersten Kurve, direkt ans **Krauss-Maffei-Gelände** angrenzend, geht es geradeaus in den Buchenweg weiter, von dessen Ende wir – weiter geradeaus – auf einem Waldweg die **Angerlohe (2)** betreten. In diesem von unzähligen Pfaden durchzogenen Wald ist die Orientierung schwierig, daher hält man sich am besten an den GPS-Track oder folgende genaue Beschreibung:
Vom Beginn des Waldes gehen wir gut 500 m weit geradeaus (ostnordostwärts), bis wir bei einer Dreieckskreuzung nur noch links oder rechts weiter-

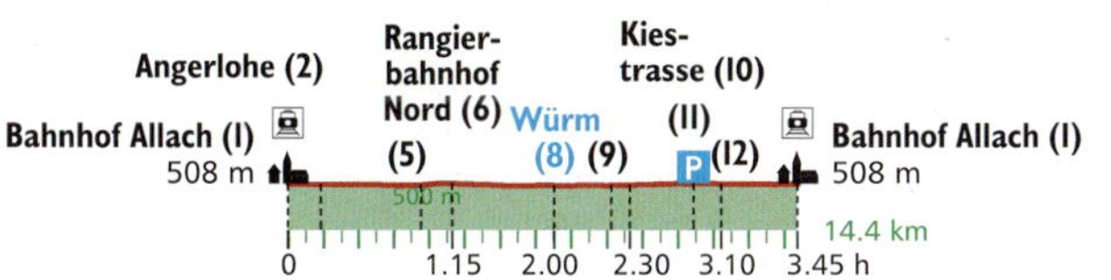

gehen können. Dort biegen wir nicht links (wo weiter hinten eine Lichtung und die Gebäude der Polizeihundeschule sichtbar werden), sondern im 90-Grad-Winkel rechts ab **(3)**. Nun folgen wir dem Weg geradeaus, wobei wir bei einer weitläufigen Gabelung nach rund 140 m den rechten Wegast nehmen. Wichtig ist, im gesamten Wald außer bei WP 3 nirgendwo scharf abzubiegen, sondern durchgehend geradeaus zu bleiben – so kommen wir im Wohngebiet am Auerhahnweg **(4)** heraus.

Wir wandern durch den Auerhahnweg, biegen nach links in die Waldhornstraße ein und folgen ihr bis zur nächsten Kreuzung, wo wir wenige Meter auf dem Weiherweg und dann nach links in den Mondscheinweg gehen. Wo dieser nach knapp 500 m in die Straße »Am Neubruch« mündet, gehen wir geradeaus ins Waldstück, auf dem Fußweg zu einem breiten querenden Weg hinauf und auf diesem nach links weiter aufwärts zur Kreuzung der Ludwigsfelder Straße mit der **Dachauer Straße (5)**. Wir überqueren bei der Ampel die Ludwigsfelder Straße und schlagen den unasphaltierten Weg nach links ein. Diesem Weg folgen wir nun, bei größeren Verzweigungen rechts haltend, in kurioser Wegführung auf mehreren Brücken über alle Gleise hinweg bis zur gegenüberliegenden Seite des Rangierbahnhofs. Mit etwas Glück kann man den Rangierarbeiten zusehen, was vor allem an nebligen Herbstabenden ein beinahe gespenstisches Schauspiel ist, wenn einzelne Waggons führerlos auf den geneigten Gleisen dahinrollen.

Auf der anderen Seite angelangt **(6)**, gehen wir links hinunter und bleiben für rund 1,5 km immer möglichst in Gleisnähe, wobei sich der Weg zweimal kurz von der Bahnanlage entfernt. So bekommen wir auch einige Eindrücke vom **Allacher Forst**. Nun unterqueren wir durch eine Unterführung **(7)** die Gleise nach links, halten uns danach geradeaus und gehen durch die Pasteurstraße, die uns – nicht rechts abbiegen! – durch weitere zwei Bahnunterführungen zur **Eversbuschstraße**, der Hauptstraße Allachs, führt. Dort können wir der **Kirche St. Peter und Paul** einen Besuch abstatten, gehen dann aber ein Stück südlich und biegen rechts (westwärts) in die Kleselstraße ein. Unmittelbar nach Überqueren der **Würm (8)** folgen wir einem schmalen Pfad, der am westlichen Ufer des Bachs verläuft, und bleiben auf ihm bis zu seinem Ende am Hohenadelweg. Dort wenden wir uns nach links, überqueren die Siberstraße und gehen geradeaus entlang der Autobahntrasse weiter, bis der breite Weg bei einem Hügel (der bestiegen werden kann) nach links schwenkt, auf das Lochholz zuführt und in die Straße »Am Lochholz« mündet.

Ein Stück weiter rechts betreten wir das **Lochholz (9)** (Infotafel, Reiten-verboten-Schild) und durchqueren es von Nord nach Süd: Dabei folgen wir bei der ersten Verzweigung sofort nach Betreten des Waldes dem rechten Weg, biegen kurz darauf links ab und halten uns dann immer in der Mitte des Waldgebiets, rechts an zwei kleinen Erhebungen vorbei, und bleiben den seitlichen Rändern fern. Doch auch andere Routen sind möglich – in jedem Fall kommt man an der Rudorffstraße auf der Südseite des Lochholzes heraus und betritt dort das rechts der Hochspannungsleitung gelegene **Trockenbiotop Kiestrasse (10)**, das Relikt der Reichsautobahntrasse von 1938 (anstelle der damals begonnenen Ringautobahn verläuft heute die A 99 weiter westlich). Entlang der wassergefüllten Grube wandern wir nun gut 1,5 km in südwestlicher Richtung, wobei mehrere parallel verlaufende Pfade zur Verfügung stehen und das Besteigen der Dammkrone eine gute Aussicht ermöglicht. Dabei überqueren wir auch den kreuzenden Paul-Ehrlich-Weg. Auch im Südteil der Trasse lohnt sich das Begehen der Pfade auf der Dammkrone; wir können zum Beispiel auf der rechten Dammseite bis zum kleinen See nahe der Autobahn wandern, diesen umrunden, beim Parkplatz **(11)** die informativen Tafeln lesen und dann wieder nordostwärts zurückwandern. Nach 750 m ab dem Parkplatz zweigt bei kleinen Felsblöcken der **Pasinger Heuweg (12)** nach rechts zurück ab; ihm folgen wir zum nahe gelegenen Wohngebiet, das wir auf der Riederstraße durchqueren. An ihrem Ende gehen wir kurz rechts und gleich wieder links in die Nigglstraße, die uns wieder zur Eversbuschstraße führt. Geradeaus geht's durch die Vesaliusstraße zum **Bahnhof (1)**.

Spaziergang über das Trockenbiotop Kiestrasse.

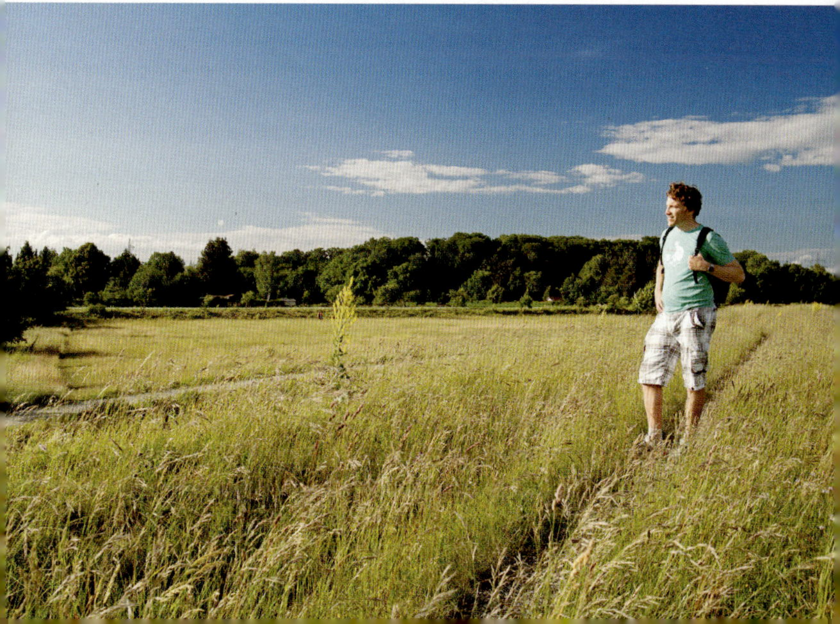

16 Vom Olympiapark nach Dachau

4.15 Std.

Pfade, Wälder, Seen und Bäche im Vorfeld der Millionenstadt

Dieser ungewöhnliche und vielleicht schönste Weg von München nach Dachau dürfte in der hier beschriebenen Routenführung nur Kennern vertraut sein. Im Großen ist die Orientierung einfach, da die Gleistrassen des Rangierbahnhofs München-Nord sowie der Linie S 2 (München–Dachau) die Richtung vorgeben; im Kleinen sind aber auf den kilometerlangen schmalen Wegen Übersicht und Spürsinn erforderlich. Mit diversen landschaftlichen Höhepunkten – darunter die Pfade entlang des Rangierbahnhofs, der Allacher Forst, die Würm und zuletzt der Gröbenbach – bietet diese Tour trotz ihres städtischen Charakters eine bemerkenswerte Fülle von Naturerlebnissen und viel Abwechslung.

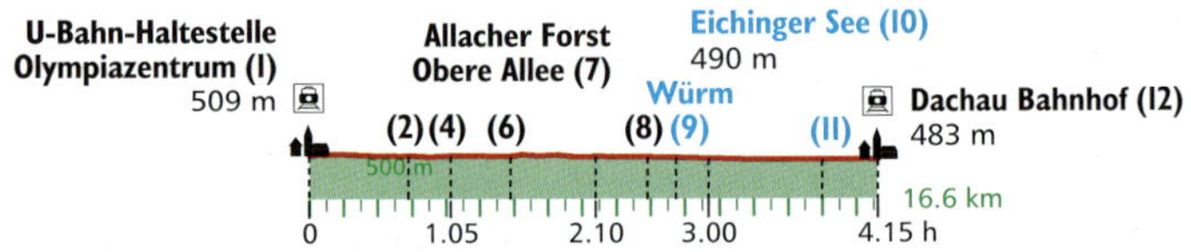

Ausgangspunkt: U-Bahn-Haltestelle Olympiazentrum (U 3), 509 m.
Endpunkt: Dachau Bahnhof (S 2, Regionalbahn), 483 m.
Strecke: 16,6 km.
Höhenunterschied: Abgesehen von Überführungen und Bahndämmen völlig flach.
Anforderungen: Breite, unasphaltierte Wege, aber auch schmale, im Sommer teils verwachsene Waldpfade sowie Asphalt. Orientierungssinn erforderlich.
Einkehr: In der Mannertstraße zwischen WP 8 und 9; diverse in Dachau, s. Tour 12.
Varianten: 1. Im Allacher Forst bei WP 7 nicht rechts abbiegen, sondern weiter an der Gleistrasse entlang. Man trifft auf die Wilhelm-Zwölfer-Straße und erreicht rechts haltend WP 8 der von rechts einmündenden Hauptroute; bei matschigem Boden empfehlenswert.
2. Am Bhf Karlsfeld unter den Gleisen durch, durch die Siedlung westwärts zum Lärchenweg und diesem nordwärts folgen; bei Verzweigung 800 m nach Ortsende links weiter, nach 275 m wieder links, dann abermals links und gleich rechts zum Waldschwaigsee (Badegelegenheit). Nordwärts über die Langwieder Straße nach Dachau.

Von der U-Bahn-Haltestelle **Olympiazentrum (1)** geht's durch den Olympiapark und an seinen nordwestlichen Rand, wo Landshuter Allee, Moosacher Straße und Triebstraße zusammentreffen. An der Ampel – der letzten für lange Zeit – überqueren wir die Moosacher Straße und gehen nach links die Triebstraße entlang. Nach der ersten von zwei Unterführungen zweigen wir rechts auf einen Weg ab und passieren Kleingärten. Es folgen wiederum zwei Unterführungen; nach der zweiten biegen wir scharf nach links hinauf

ab und folgen dem nicht asphaltierten Weg entlang der Bahnlinie – ein erster Vorgeschmack auf das viele Grün, das uns auf dieser Wanderung begleiten wird. Es geht über die Lassallestraße hinweg, dann rechts hinunter **(2)** und an dieser nordwärts entlang.
Nach 250 m biegen wir vor großen Plakatwänden links auf einen Pfad **(3)** ab und finden uns in einem weitläufigen, licht bewaldeten, steinigen Gelände wieder. Der schmale Weg führt uns grob westwärts durch diese ungewöhnliche Landschaft, nach gut 400 m vorbei an einem Tümpel, nach weiteren gut 100 m über einen breiten kreuzenden Weg hinweg und nach weiteren 250 m – zuletzt links haltend – zu einer unasphaltierten Parallelstraße der dahinter gelegenen Feldmochinger Straße; hier gehen wir kurz links und unter der Feldmochinger Straße hindurch **(4)**. Nun kommen wir ansteigend (nicht gleich wieder rechts hinunter!) in die Nähe des Rangierbahnhofs, überqueren die quer verlaufende Bahnlinie der S 1 und biegen anschließend rechts hinunter ab. Nach genau 100 m heißt es aufpassen: Ein schmaler Pfad **(5)** zweigt unscheinbar nach links zurück ab und führt ins dichte Gehölz. Ihm folgen wir nun auf einer Länge von 1,2 km, wobei etwa auf halber Strecke ein breiterer Weg überquert wird. Ein ungewöhnliches Wander- und Naturerlebnis noch innerhalb des Stadtgebiets!

Ein langer Pfad führt entlang des Rangierbahnhofs durch den Wald.

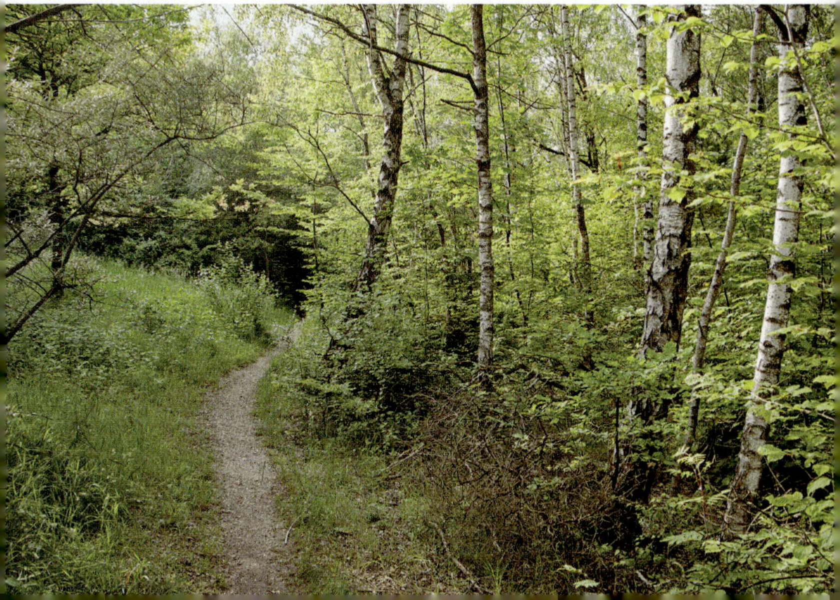

Der Waldpfad mündet bei einem Hydranten in einen breiten Fahrweg **(6)**; auf diesem links haltend aufwärts, die Grundrichtung beibehaltend parallel zu den Gleisen weiter und nahe der B 304 wieder abwärts. Wir unterqueren die **B 304 (Dachauer Straße)** und treffen auf den **Hundesee**. Nun gehen wir links des Sees westwärts entweder auf dem Fahrweg weiter und leicht bergan (Abstecher zu einer Brücke über den Rangierbahnhof mit Blick auf die dortigen Aktivitäten möglich) oder auf einem schmalen Pfad direkt am Ufer des Hundesees entlang (Baden nicht erlaubt) und anschließend links haltend wieder auf den Fahrweg zurück.

Dann ist der **Allacher Forst** erreicht, und wir bleiben weiterhin möglichst nah an der Gleistrasse. Etwa 350 m nach Betreten des Waldes durchqueren wir eine lichte Fläche, nach weiteren 350 m biegen wir rechts in die erste deutliche abzweigende Forststraße ein, die Obere Allee **(7)**. Nach 200 m zweigen wir links in einen etwas schmäleren Waldweg ab und folgen diesem gut 200 m, dann geht es rechts (nordwestwärts) auf einen nochmals schmäleren, schönen Waldpfad ab. Auf diesem wan-

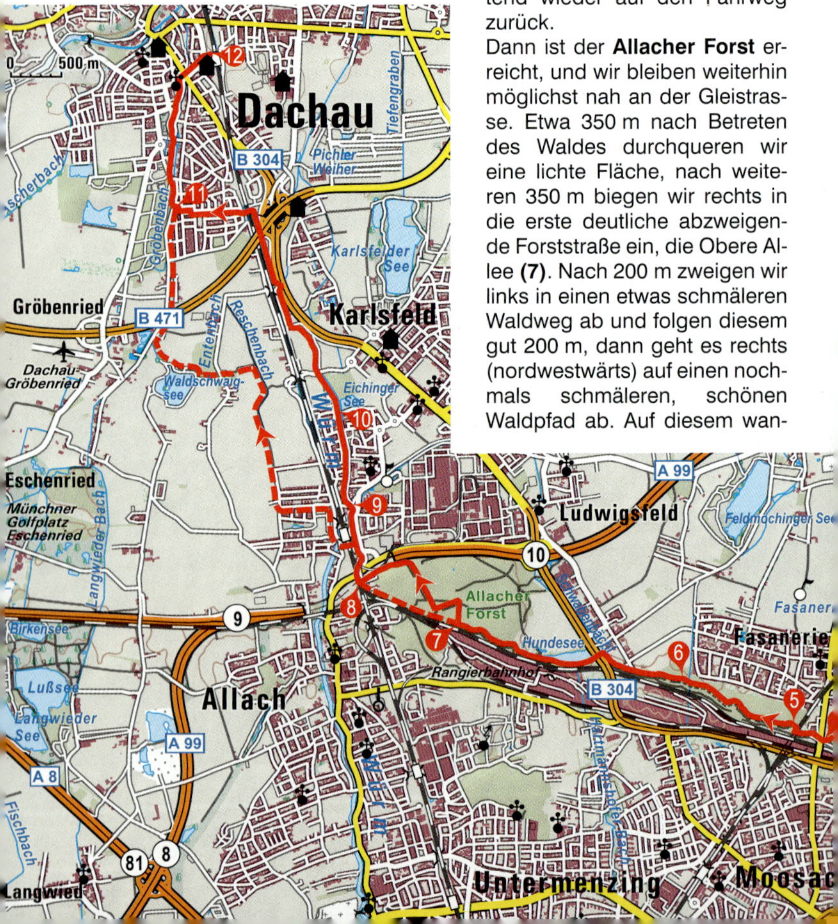

dern wir 600 m weit immer geradeaus bis zur Autobahn **A 99**. Links geht es aus dem Wald hinaus, zweimal über ein stillgelegtes Gleis und zur Wilhelm-Zwölfer-Straße **(8)** (Variante 1 kommt von links), auf der wir rechts einbiegend ein zu **Allach** gehörendes Wohnviertel erreichen. Über die Straße »Zum Schwabenbächl« und die Mannertstraße zu einer Kreuzung mit Ampel, dort nach links, und wir erreichen – nun in **Karlsfeld** – die **Würm (9)**, die sich hier vom Würmkanal trennt.

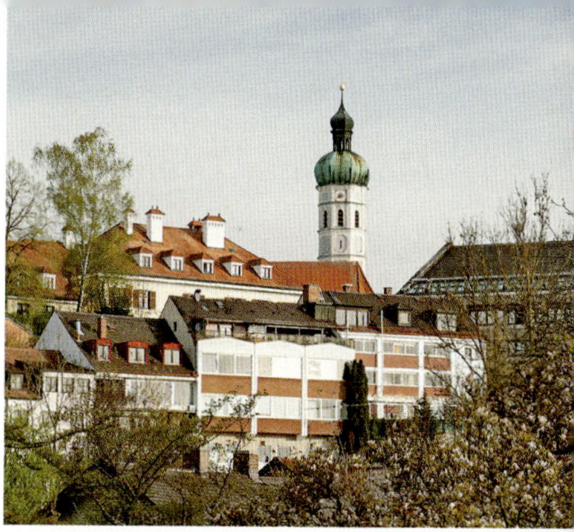

Das Ziel der Tour ist erreicht: Dachau.

Wir spazieren auf dem schmalen Fußweg rechts der Würm (Schild »Dachau-Mitte 5,5 km«) nordwärts und am **Eichinger See (10)** mit seinen Schwänen sowie einem Damwildgehege vorbei aus Karlsfeld hinaus. Nach einer Unterführung führt der Weg besonders schön am Würmufer entlang, bevor wir an seinem Ende direkt vor der stark befahrenen **B 304 (Münchner Straße)** links in eine kleine asphaltierte Straße einbiegen. Sie führt uns zur Bahntrasse, auf deren rechter Seite wir nun nordwärts gehen. Bei einem querenden Wassergraben nicht links in die Unterführung, sondern rechts herum und auf einem Pfad wieder direkt zur Bahntrasse, unter der B 471 hindurch und weitere 300 m geradeaus, dann können wir die Gleise durch einen kuriosen, nur 1,45 m hohen Tunnel unterqueren (zu abenteuerlich? 250 m weiter gibt es eine größere Unterführung).

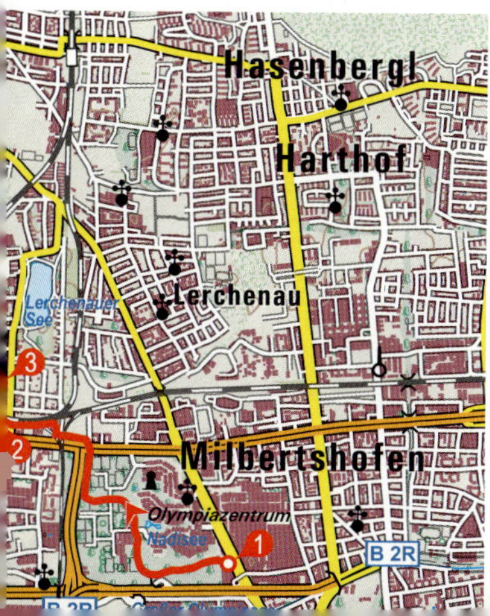

Nun befinden wir uns in **Dachau-Süd** und queren geradeaus (westwärts) durch das Wohngebiet bis zum **Gröbenbach (11)**. Dort rechts (nordwärts) und mit mehrmaligem Wechseln der Bachseite immer in seiner unmittelbaren Nähe auf schönen Uferwegen bis zur Einmündung in die Schillerstraße. Hier rechts und entweder durch die Bahnhofstraße zum **Dachauer Bahnhof (12)** oder über die Münchner Straße zur sehenswerten **Altstadt**.

17 Münchner Drei-Seen-Tour

3.15 Std.

Rund um Lerchenauer See, Fasaneriesee und Feldmochinger See

Im Nordwesten der Landeshauptstadt liegen drei künstliche Seen, die durch die Entnahme von Kies zum Bau von Bahntrassen in den 1930er-Jahren entstanden sind: zuinnerst der ganz von Stadtgebiet umgebene Lerchenauer See, weiter außen der am Stadtrand gelegene, fast doppelt so große Fasaneriesee und schließlich der noch etwas größere Feldmochinger See. Alle drei weisen eine gute Wasserqualität auf und werden als Badegewässer genutzt, was bei entsprechenden Temperaturen auch auf dieser Wanderung eine interessante Option ist. Daneben beeindruckt vor allem der zu Beginn und zum Ende der Tour durchwanderte, kilometerlange Grüngürtel zwischen Fasanerie und Rangierbahnhof München-Nord, der mit seinen Kiesböden, kleinen Hügeln und Böschungen, dem teils dichten, teils offenen Bewuchs und den schmalen Pfaden eine der eigenartigsten Landschaften innerhalb Münchens darstellt.

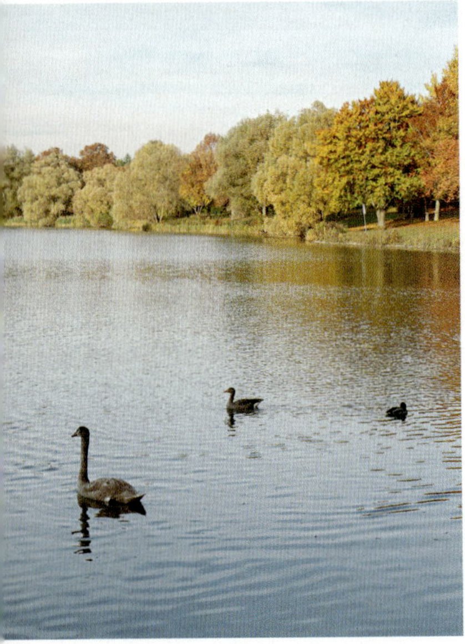

Am Fasaneriesee.

Ausgangspunkt: Bahnhof Fasanerie (S 1), 500 m.
Strecke: 12,4 km.
Höhenunterschied: Abgesehen vom Rodelberg am Lerchenauer See fast völlig flach.

Anforderungen: Zu Beginn der Tour licht bewaldete Grünfläche, zum Schluss schmaler Waldpfad, auf beiden Wegstücken teils unübersichtlicher Wegverlauf. Im Mittelteil überwiegend Asphalt, breite, unasphaltierte Wege sowie Wiesen an den Seen.
Einkehr: Seehaus am Feldmochinger See, Tel. +49 89 20032320; Biergärten auch an den beiden anderen Seen.
Variante: Nach WP 8 nicht bis zum Hydranten, sondern schon auf Höhe des rechts gelegenen Gewässers links auf einem Pfad in den Wald. Auch dieser durchquert wie der in der Hauptroute beschriebene Pfad das gesamte Waldareal von West nach Ost, hält sich dabei aber in der Nähe des Füsslgrabens und weist steile Stellen auf, die Schwierigkeit tendiert daher gegen »mittelschwer/rot«.

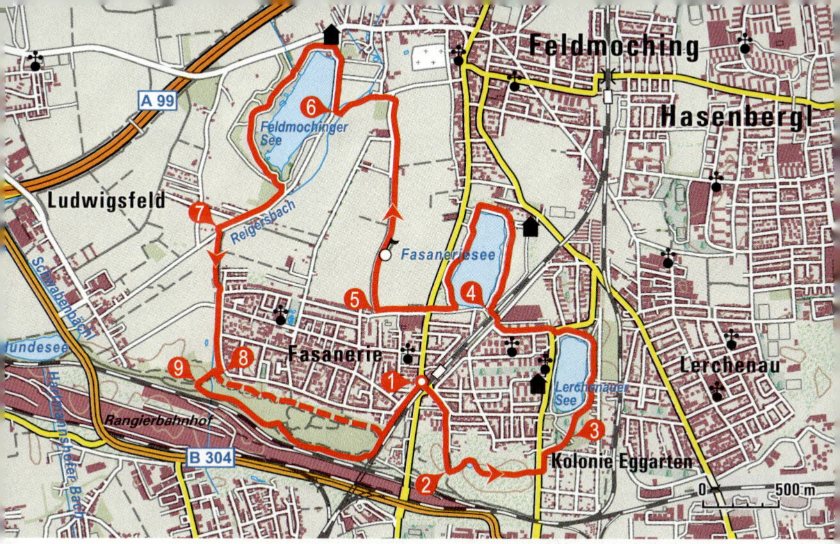

Wir starten die Münchner Drei-Seen-Tour am **Bahnhof Fasanerie (1)** und gehen vom Bahnübergang in die von der Hauptverkehrsstraße südostseitig abzweigende Himmelschlüsselstraße. Nach knapp 200 m biegen wir rechts in die Lahntalstraße ab und folgen ihr aus dem bewohnten Gebiet der Fasanerie hinaus auf die sich südlich anschließende Biotopfläche. Dort schlagen wir den ersten breiten, deutlichen Weg nach links ein **(2)**, kommen an einem Tümpel vorbei und durchqueren das Gelände ostwärts bis zur Lassallestraße. An ihr gehen wir ein Stück nach links entlang, überqueren sie bei der Einmündung der Wilhelmine-Reichard-Straße und steigen steil auf den **Rodelberg (3)** hinauf, der einen schönen Blick über den ersten der drei Seen, den **Lerchenauer See**, bietet.

Nun spazieren wir rechts am See entlang und auch noch um sein nördliches Ufer herum, um dann den Uferbereich zu verlassen und bei einer Kreuzung mit Bushaltestelle wieder die Lassallestraße zu erreichen. Wir überqueren sie und wandern durch die westlich abgehende Max-Wönner-Straße bis zu deren Ende, unterqueren die Bahnlinie durch eine Fußgänger-Unterführung

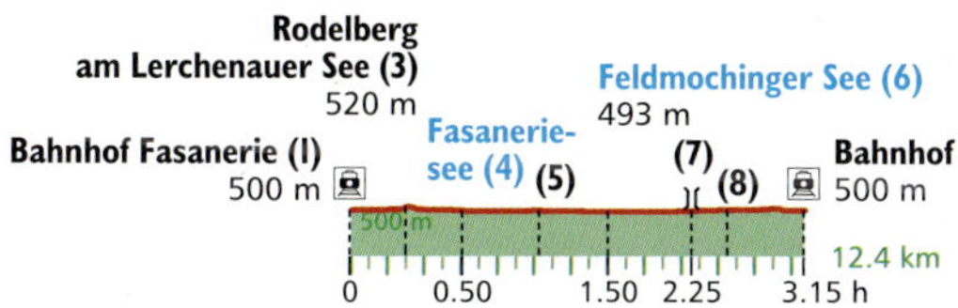

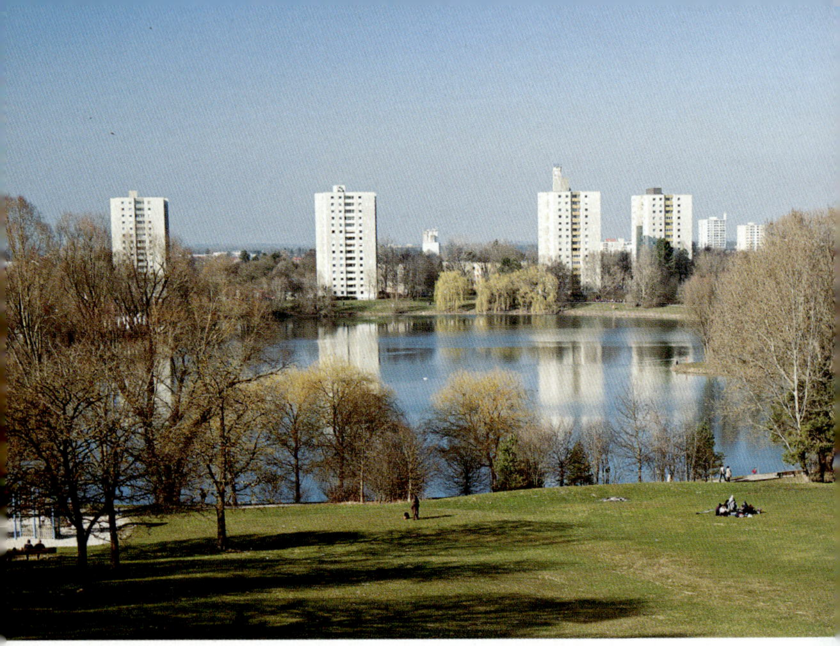

Der Lerchenauer See befindet sich noch mitten im Stadtgebiet.

und gelangen zum **Fasaneriesee (4)**. Wir umwandern ihn rechts herum und erreichen nach fast vollständiger See-Umrundung (1,55 km ab WP 4) das Südwestufer des Sees (hierher ohne See-Umrundung auch direkt von WP 4, nur 200 m).
Dort verlassen wir das Seegelände nach Westen zur Feldmochinger Straße, an deren gegenüberliegender Seite sich am Rand des Siedlungsgebiets eine Grundschule befindet. Wir überqueren die Feldmochinger Straße und wenden uns bei der Schule in die Straße »Am Schnepfenweg«, der wir 350 m weit in Westrichtung folgen. Dann biegen wir rechts in die zunächst unasphaltierte Obermoosstraße **(5)** ab. Sie führt uns immer geradeaus nordwärts durch die freie Flur, dann an mehreren Gewächshäusern und einem Wäldchen vorbei; hinter diesem gehen wir entweder direkt über die Wiese oder kurz darauf auf der querenden Hammerschmiedstraße nach links und umgehen die gesamte Häusergruppe links auf einem schönen Fußweg. Dieser führt uns über den **Feldmochinger Mühlbach** und zum **Feldmochinger See (6)**.
Auch diesen umrunden wir nun rechts herum und verlassen das Seegelände schließlich auf der Südseite. Auf der Ferchenbachstraße gehen wir in Süd-

westrichtung weiter, bis uns nach 500 m ein Brückchen den Übergang über den **Reigersbach** ermöglicht **(7)** und ein kleiner Pfad entlang des Bachs zu den ersten Häusern der **Fasanerie** führt. Auf der Reigersbachstraße durchqueren wir das ganze Wohnviertel südwärts, bis wir nach knapp 700 m am Ende der Straße nach rechts auf einen unasphaltierten Weg abzweigen können **(8)**. Ihm folgen wir 175 m weit bis zu einer Wiese; dort biegen wir bei einem Hydranten nach links auf einen schmalen Weg ab **(9)**, der wieder in den Wald führt. Auf einer Länge von 1,2 km bleiben wir nun auf diesem schönen Waldpfad, überqueren zwischendurch einen breiten, querenden Weg und gelangen so – immer in Nähe der Böschung des Rangierbahnhofs – zur Einmündung des Pfads in einen breiten Fahrweg. In ihn biegen wir links ein und absolvieren entlang der Gleise das letzte Stück zurück zum **Bahnhof Fasanerie (1)**.

Am Feldmochinger See, dem größten der drei Seen.

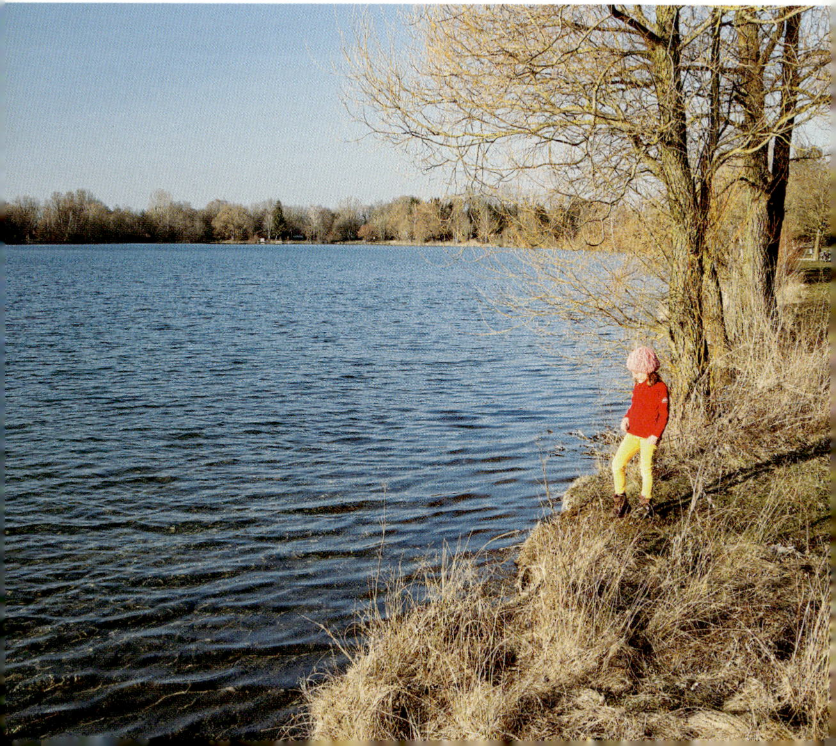

18 Von Oberschleißheim nach Fröttmaning

4.30 Std.

Schloss Schleißheim und die Heidelandschaft im Münchner Norden

Am nördlichen Rand Münchens entfaltet sich eine eigenartige Landschaft: die Heide, die sich mit kargen Wiesen und Kiefernwäldern präsentiert und für diesen Teil der Münchner Schotterebene charakteristisch ist. Um sie auf einer langen Wanderung kennenzulernen, starten wir in Oberschleißheim. Dort lustwandeln wir durch den Park von Schloss Schleißheim, passieren auf dem Weg nach Hochmutting den Flugplatz Oberschleißheim und nähern uns dann auf einsamen Wegen der Autobahn A 99. Wir betreten Münchner Stadtgebiet und werfen einen kurzen Blick ins Hasenbergl – dann durchstreifen wir die als Naturschutzgebiete ausgewiesenen Heideflächen der Panzerwiese und der Fröttmaninger Heide. Dabei steuern wir auf die Landmarken des Münchner Nordens schlechthin zu, die Allianz-Arena und den Fröttmaninger Berg mit seinem Windrad, zwischen denen sich die älteste Kirche Münchens versteckt.

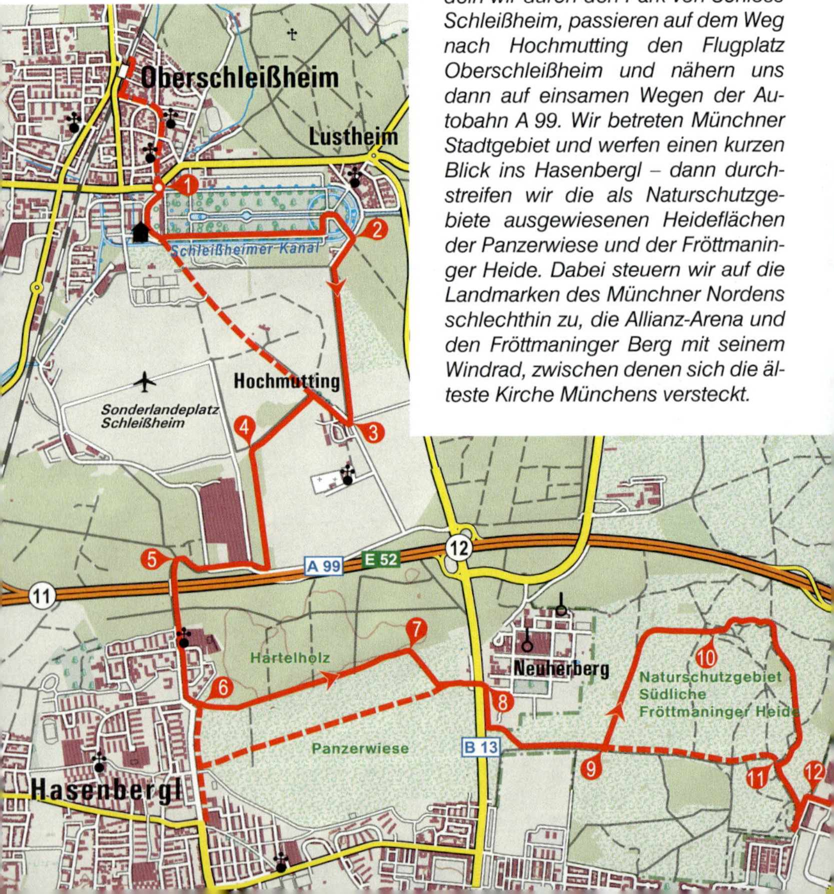

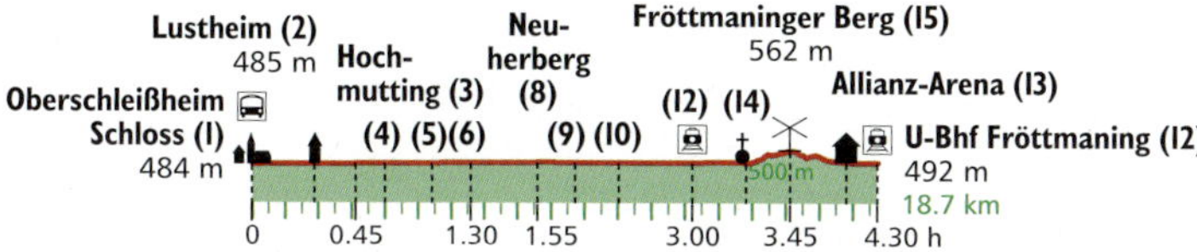

Ausgangspunkt: Bushaltestelle Schloss (Linien 292, 295) in Oberschleißheim, 484 m.
Endpunkt: U-Bahn-Haltestelle Fröttmaning (U 6), 495 m.
Strecke: 18,5 km.
Höhenunterschied: Am Fröttmaninger Berg 70 m, ansonsten flach.
Anforderungen: Breite Wege und Straßen, in der Heide Wiesenpfade. Orientierung in der Heide nicht einfach.
Einkehr: Schlosswirtschaft (in der Nähe von WP 2), Bistro in der Allianz-Arena.
Varianten: 1. Tourbeginn am Bahnhof Oberschleißheim (S 1): Von der Bahnhofs-Ostseite durch Rotdorn-, Lehrer-Wittmann- und Haselsbergerstraße zum Schloss; 1 km.
2. Nicht links in den Schlosspark, sondern über den Kanal und direkt auf der »Münchner Allee« in Richtung Hochmutting – Abstecher zu einem Aussichtshügel rechts möglich – und kurz nach dem Denkmal der Nikolauskapelle rechts auf die Hauptroute ab; ca. 1,5 km kürzer.
3. Tourende im Hasenbergl: von WP 6 an der Schleißheimer Straße weiter zur U-Bahn-Haltestelle Dülferstraße; insgesamt ca. 8,5 km/2.15 Std.
4. Tourbeginn im Hasenbergl: von der U-Bahn-Haltestelle Dülferstraße entlang der Schleißheimer Straße 300 m nordwärts und rechts auf einen breiten Weg ab, nach 70 m geradeaus auf einem Pfad weiter, über die gesamte Panzerwiese und rechts des Kiefernwäldchens zur B 13 und weiter nach Fröttmaning; insgesamt ca. 10,5 km/2.45 Std.
5. Von WP 9 direkt zu WP 11; 1,6 km kürzer.
Hinweis: In der Fröttmaninger Heide dürfen die markierten Wege nicht verlassen werden. Weitere Infos auf www.muenchen.de, Suchbegriff »Fröttmaninger Heide«.

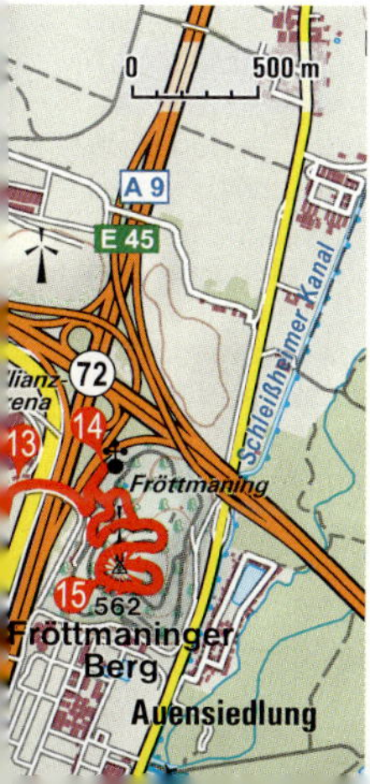

Bei der **Bushaltestelle (1)** betreten wir das Schlossareal und flanieren an der Front des Schlosses vorbei bis zur Kreuzung mehrerer Wege beim **Südlichen Schlosskanal**. Dort biegen wir noch vor dem Kanal nach links und spazieren an der schmalen Südseite des Schlosses vorbei in den Park und auf beliebiger Route zu **Schloss Lustheim** an dessen östlichem Ende. Von hier können wir nach schräg rechts (Südosten) die Schlossanlage wieder verlassen und treffen so auf die Hochmuttinger Straße **(2)**, auf der wir nach rechts zum Waldrand und dann gerade südwärts nach **Hochmutting (3)** gehen.
Dort biegen wir nach rechts zurück ab. Nach 280 m, kurz vor einem Denkmal der ehemaligen Nikolauskapelle, biegen wir links in einen Feldweg ein und wandern in Südwestrichtung bis vor den Zaun des Flug-

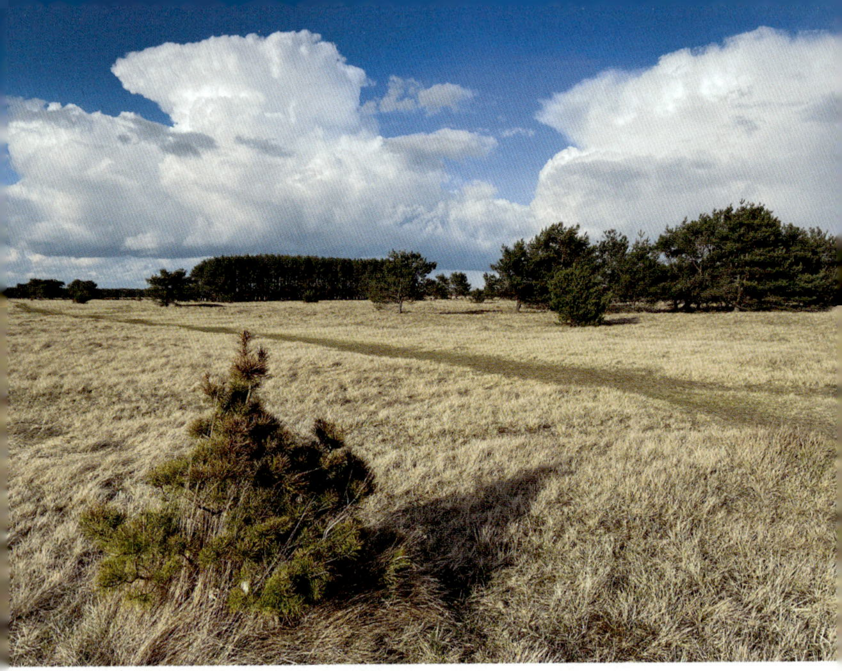

Erinnert an Skandinavien: an einem kühlen Apriltag in der Fröttmaninger Heide.

platzes. 30 m vor dem Zauntor zweigen wir links auf einen deutlich ausgeprägten Pfad ab **(4)**, der uns in den Wald führt und sich dort nach wenigen Metern in einen breiteren, asphaltierten Weg verwandelt. Auf ihm geht's südwärts an der **Liebfrauenklause** vorbei und auf eine Querstraße zu. Auf dieser oder kurz zuvor auf einem Waldpfad gehen wir nach rechts, an den Hangars des Flugplatzes vorbei, geradeaus auf dem breiten Waldweg weiter und bei der nächsten Verzweigung nach links **(5)**.
Nun überqueren wir die **A 99** und betreten bei der Kirche Mariä Sieben Schmerzen das Hasenbergl. Geradeaus spazieren wir durch die Fortnerstraße zur Kreuzung mit der Schleißheimer Straße, der wir kurz nach links folgen; wo sie nach Südwesten knickt, betreten wir die **Panzerwiese (6)**. Der Wiesenpfad führt uns zum Waldrand des **Hartelholzes**; ab dort folgen wir einem der Wege nach Osten: entweder außen oder innen am Waldrand entlang oder über die Panzerwiese. Sobald wir uns nach ca. 1,25 km dem rechts gelegenen lichten Kieferwäldchen nähern, schwenken wir auf einen Weg nach rechts **(7)** und gehen rechts um das Wäldchen herum zur **B 13**, die wir bei der Ampel überqueren **(8)**.

Wir wenden uns nach rechts und gehen 275 m weit an der B 13 entlang südwärts. Wo links der Zaun endet, betreten wir auf einem Pfad das Gelände der **Fröttmaninger Heide**. Der Pfad mündet in einen breiteren Kiesweg ein, dann geht es noch gut 500 m in Ostrichtung weiter, bevor wir links in Richtung »Wanderparkplatz an der B 13« (Schild) abbiegen **(9)** (geradeaus: Variante 5). Nun folgen wir dem mit Holzpflöcken markierten Grasweg in Nordnordost-Richtung durch die Heide. Erst nachdem von rechts hinten ein anderer markierter Weg einmündet und der Boden kurz sehr steinig wird, dreht unser Weg allmählich nach rechts ab und führt ostwärts zu den kleinen **Flakhügeln (10)** hinüber. Diese kann man besteigen, gute Aussicht!
Dann orientieren wir uns in Richtung großes Windrad (Osten), bis wir auf einen breiten Querweg treffen. Dort rechts, linksseitig am Kleinen Hart (Wald) vorbei und immer geradeaus südwärts, an zwei weiteren, rechts gelegenen kleinen Hügeln vorbei und leicht rechts haltend zu einer weitläufigen Kreuzung mehrerer Wege **(11)**. Links haltend (süd- bzw. südostwärts) geht es weiter zum Heidehaus und zur **U-Bahn-Station Fröttmaning (12)**.
Jenseits der Gleise schlendern wir über die Esplanade zur **Allianz-Arena (13)**, gehen vor ihr über die Autobahn und machen links einen Abstecher zur versteckten **Heilig-Kreuz-Kirche (14)**, der ältesten Kirche Münchens und dem einzigen Überbleibsel des ehemaligen Weilers Fröttmaning. Zuletzt geht's zum Windrad hinauf, wobei man hinter dem Duplikat der Kirche, einem Kunstobjekt, auf einem Pfad hinaufwandert und dann dem kleinen Fahrweg in Serpentinen zum Gipfel des **Fröttmaninger Bergs (15)** folgt (alternativ auch direkt über den sehr steilen Pfad, »mittelschwer«).
Der Abstieg führt wieder zurück zur **U-Bahn-Haltestelle Fröttmaning (12)**.

Ausblick vom Fröttmaninger Berg.

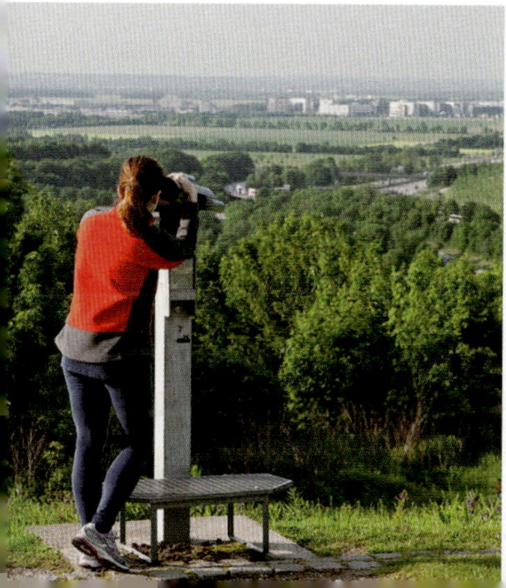

Kiefernwäldchen auf der Panzerwiese.

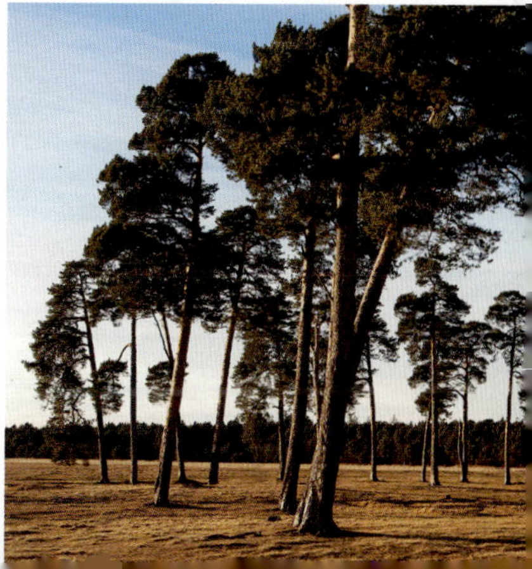

19 Mallertshofer Holz und Heidepfad

3.45 Std.

Im Niemandsland zwischen Schleißheim, Eching und Garching

Der Heidepfad ist ein mit gut gemachten Infotafeln ausgestatteter, aber vor Ort nicht markierter Lehrpfad, der durch drei Naturschutzgebiete und zu mehreren Sehenswürdigkeiten führt. Er beginnt bei der Wüstung Mallertshofen, einem ehemaligen kleinen Dorf, das vom Mittelalter bis zu seinem endgültigen Abriss im Jahre 1879 existierte und von dem heute nur noch die Kirche St. Martin erhalten ist. Danach verläuft die Route durch die stillen Wald- und Heideflächen des Mallertshofer Holzes, bevor man am Echinger See und an der Autobahn A 9 wieder ganz in der Gegenwart ankommt. Als weitere Höhepunkte warten die Echinger Lohe und die Garchinger Heide, zwei interessante Relikte der früheren Lohwald- und Heidezone, die dieses Gebiet prägte. Während man kurz zuvor noch von der Autobahnbrücke das rastlose Rauschen und Rasen auf einer der Hauptverkehrsachsen Europas beobachten konnte, findet man sich nun inmitten verträumter Wiesen wieder, wo Hochäcker und bronzezeitliche Hügelgräber den Besucher in eine ferne Vergangenheit entführen. Eine eindrucksvolle Tour also, bei der die Abgeschiedenheit und der Zauber der alten Heidelandschaft noch zu erahnen sind und Geschichte lebendig wird.

Entennachwuchs im Echinger See.

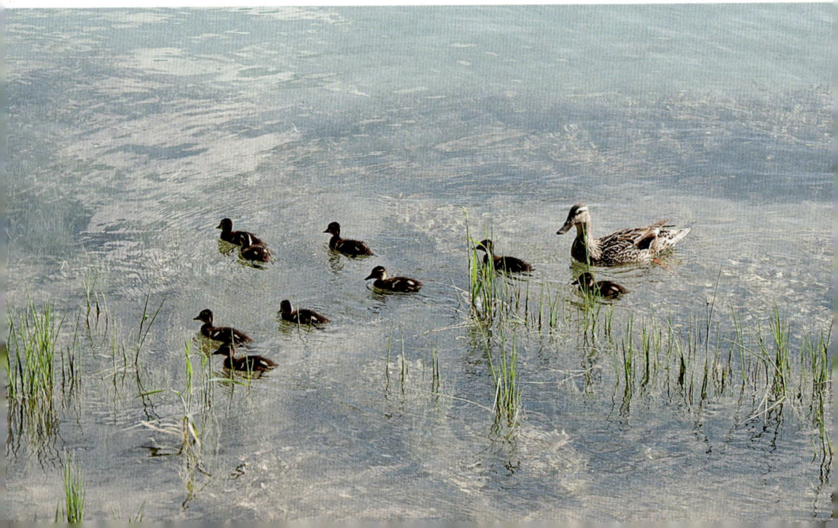

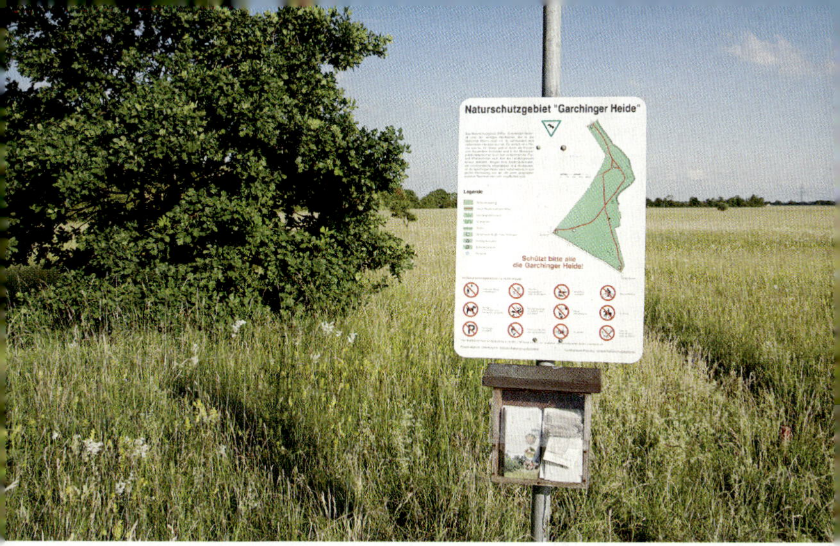

Am Eingang zur Garchinger Heide.

Ausgangspunkt: Parkplatz, 477 m, an der Staatsstraße 2053 zwischen Lohhof und Eching, 850 m von der B 13 entfernt.
Strecke: 15,1 km.
Höhenunterschied: Völlig flach.
Anforderungen: Breite Feld- und Waldwege, in der Garchinger Heide schmale Wiesenpfade.
Einkehr: Kiosk am Echinger See zeitweise geöffnet.
Variante: Zur Anfahrt mit öffentlichen Verkehrsmitteln bestehen zwei Möglichkeiten: a) mit Bus 219 bis »Oberschleißheim Kreuzhof«, über die B 13 und rechts von der nach Eching führenden Straße über die Gleise und geradeaus nach Mallertshofen; einfache Strecke 400 m länger als die beschriebene Route ab Parkplatz; b) mit Bus 695 bis Haltestelle Echinger See nahe WP 5 und die Tour dort beginnen.
Hinweise: 1. Die hier beschriebene Route folgt an mehreren Stellen nicht dem offiziellen Heidepfad, sondern verläuft auf sehenswerteren oder kürzeren Strecken.
2. Zum Baden empfehlen sich der Echinger See sowie der Hollerner See, nicht jedoch der Mallertshofer See (nicht offiziell als Badesee freigegeben).
3. Das Betreten der Garchinger Heide mit Hunden ist nicht erlaubt.
Info: Viele interessante Hintergründe unter www.heideflaechenverein.de. Siehe auch Tour 20, die ebenfalls in die Lohe und die Heide führt.

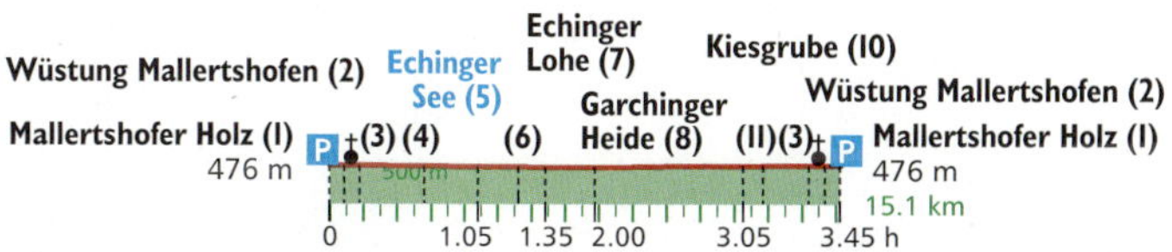

Vom Parkplatz an der **Staatsstraße 2053 (1)** führt ein Fahrweg in südlicher Richtung zur **Wüstung Mallertshofen (2)** mit der **Kirche St. Martin** und der Infotafel Nr. 17 des Heidepfads. Dort zweigen wir links ab und bekommen auf dem folgenden Abschnitt einen ersten Eindruck von der Heidelandschaft. Nach 450 m biegen wir kurz vor dem Waldrand abermals links ab **(3)** und folgen nun auf einer längeren Strecke immer dem Hauptweg. Dieser führt uns durch den zentralen Teil des **Mallertshofer Holzes**, wieder aus dem Wald hinaus und schließlich am Waldrand entlang. Nachdem wir den nördlichsten Teil des Mallertshofer Holzes passiert haben, wandern wir von einer Kreuzung **(4)** weiter in östlicher Richtung auf einem schwach ausgeprägten Feldweg auf das in rund 400 m Entfernung sichtbare nächste Waldstück zu. Dort halten wir uns links, biegen rechts auf eine asphaltierte Straße ein und verlassen diese nach 150 m wieder nach links. Nun halten wir nordwärts auf Eching zu, unterqueren die Hochspannungsleitung und erreichen, bei der nächsten Gelegenheit rechts abbiegend, den **Echinger See (5)**.
Ihn passieren wir auf seiner Nordseite und wandern dann nach links an den Parkplätzen des Sees entlang zur **Dietersheimer Straße (6)** am Ortseingang von Eching, auf der wir nach rechts ansteigend die Autobahnbrücke erreichen und die vielspurige Autobahn **A 9** überqueren. Gleich nach der Brücke biegen wir in die erste Straße nach links ein, die uns an einem größeren Anwesen vorbei direkt zur **Echinger Lohe (7)** führt. Hier zweigen wir links ab und gehen am Waldrand entlang, bis bei einem Infoschild nach 170 m ein deutlicher Weg rechts in den Wald hineinführt. Auf diesem durchqueren wir nun die gesamte Echinger Lohe der Länge nach und halten uns

Ein Wiesenpfad führt zu den bronzezeitlichen Hügelgräbern.

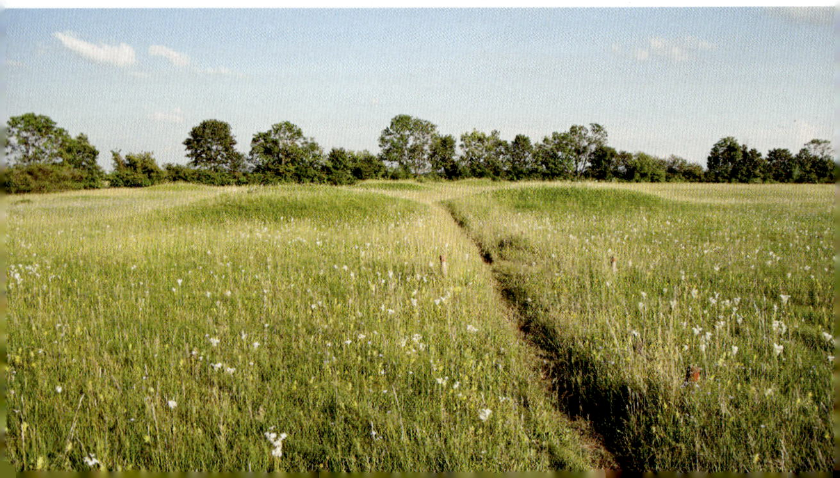

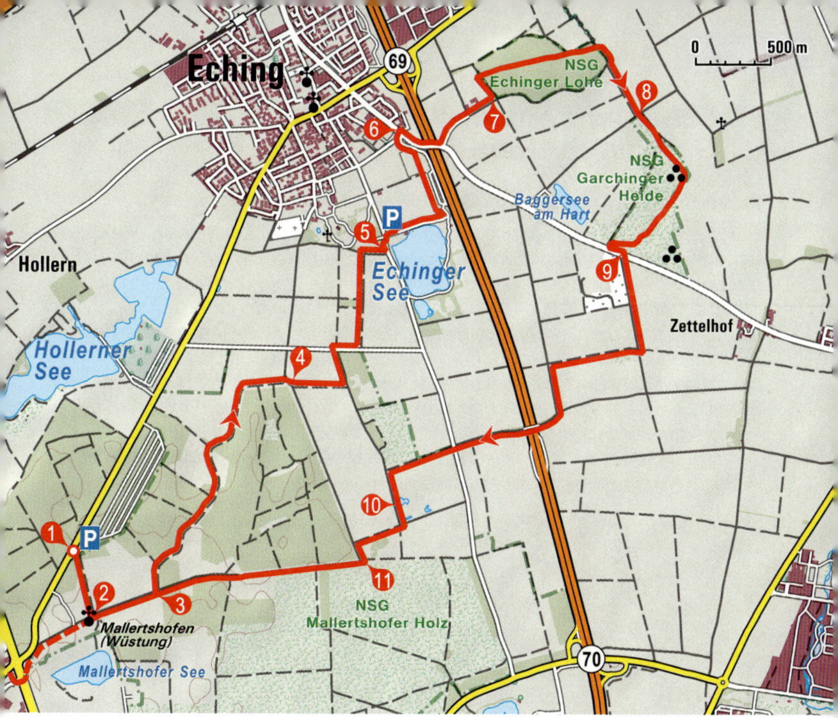

beim Verlassen des Waldes rechts. Nun geht's in Südostrichtung an einer Baum- und Heckenreihe entlang bis zu einer Kreuzung, an der wir geradeaus auf einem schmalen Wiesenpfad die **Garchinger Heide (8)** betreten. Der Weg hält auf mehrere bronzezeitliche Hügelgräber zu und biegt dort rechts ab, bevor er in einem leichten Rechtsbogen (mehrere links abzweigende Pfade ignorieren) in Südwestrichtung zum Ausgang aus der Heide an der Straße zwischen Eching und Dietersheim führt.

Gut 100 m folgen wir der Straße nach links und zweigen dann rechts auf einen Feldweg **(9)** ab. Nach Unterquerung der Hochspannungsleitung geht es nach rechts, vor der nächsten Stromleitung wieder nach links; so gelangen wir zur Straße, die die Autobahn überquert. Sie führt uns im Anschluss an einem Kieswerk vorbei in Richtung Mallertshofer Holz, nach links an einer ehemaligen Kiesgrube **(10)** vorbei und nun den Umweg des offiziellen Heidepfads abkürzend direkt zum Waldrand des **Mallertshofer Holzes** und der Hauptstraße **(11)**, die das Naturschutzgebiet in Ost-West-Richtung durchzieht. Auf ihr gelangen wir geradewegs wieder zurück nach Mallertshofen und zum **Ausgangspunkt (1)**.

20 Echinger Lohe und Garchinger Heide

2.15 Std.

Kurze Rundtour durch zwei sehenswerte Naturschutzgebiete

Bei dieser abwechslungsreichen Runde stehen zwei landschaftliche Juwelen der nördlichen Münchner Schotterebene auf dem Programm: die Echinger Lohe – ein urwaldartiger Eichen-Hainbuchen-Wald und eines von nur wenigen erhaltenen Teilstücken des ehemaligen Lohwaldgürtels im Münchner Norden – und die Garchinger Heide, deren Blumenwiesen man auf einem ausschließlich für Fußgänger freigegebenen Pfad durchstreifen kann. Beide sind als Naturschutzgebiet ausgewiesen und stehen damit unter strengem Schutz. Darüber hinaus ziehen den Wanderer die eigentümlichen kargen Weiten der Landschaft in den Bann: im Süden die Alpenkette, im Norden das Tertiärhügelland, und dazwischen die flachen, schier endlosen geröllligen Äcker, inmitten derer wir hier unsere Kreise ziehen.

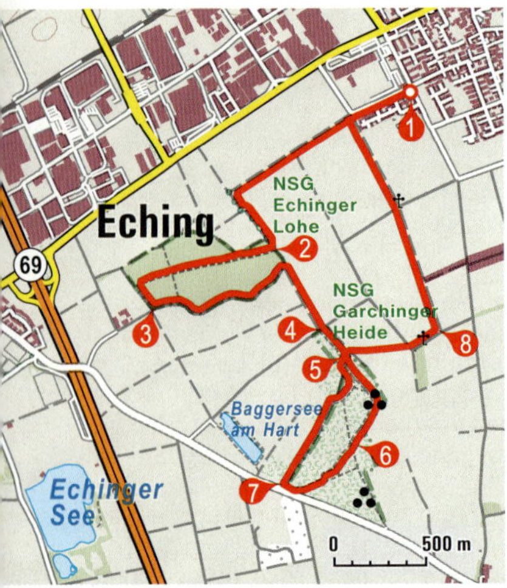

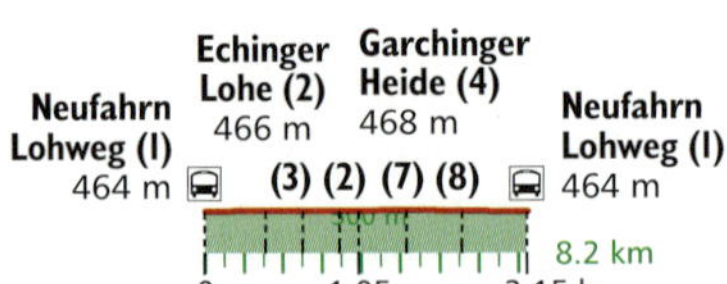

Ausgangspunkt: Bushaltestelle Lohweg (Bus 690, 692) in Neufahrn, 464 m; diverse Parkmöglichkeiten in der Straße.
Strecke: 8,2 km.
Höhenunterschied: Völlig flach.
Anforderungen: Breite Feldwege, in der Echinger Lohe Waldwege mit eventuell quer liegenden Bäumen, in der Garchinger Heide Wiesenpfade.
Hinweis: Nicht mit Hund und nicht mit Kinderwagen begehbar.
Info: Viele Informationen zur Landschaft unter www.heideflaechenverein.de sowie https://de.wikipedia.org/wiki/Garchinger_Heide.

Von der **Bushaltestelle Lohweg (1)** in Neufahrn spazieren wir südwestwärts durch den Lohweg zur Kreuzung an seinem Ende und geradeaus weiter auf den Feldweg. Schnurgerade geht es inmitten der weiten Ackerflächen des **Lohfelds** dahin, bis nach knapp 800 m eine Drei-Wege-Kreuzung erreicht ist. Dort biegen wir links ab und folgen dem Fahrweg entlang der Hecke zum östlichen Rand der **Echinger**

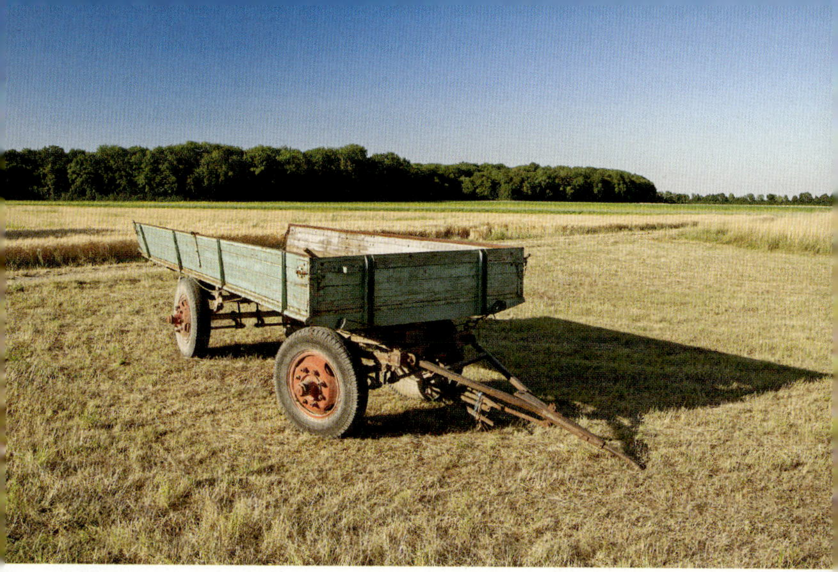

Ein Blickfang in der flachen, gleichförmigen Landschaft.

Lohe (2). Hier beginnt bei einem Infoschild ein unauffälliger Pfad, der uns nach rechts in den Wald hineinführt. Zunächst in verschlungener Wegführung, dann geradeaus und auf etwas breiterem Pfad durchqueren wir nun das gesamte Waldgebiet von Ost nach West, wobei immer wieder umgestürzte Bäume umgangen oder überstiegen werden müssen, was aber in der Regel keine nennenswerten Schwierigkeiten mit sich bringt. Sobald wir den Waldrand erreichen, wenden wir uns nach links und erreichen nach 175 m einen breiten Feldweg **(3)**, in den wir links einschwenken.
Er führt uns nun am südlichen Rand der Echinger Lohe entlang, wobei Tafeln des als Lehrpfad konzipierten Heidepfads über den Lohwald und die frühere landwirtschaftliche Nutzung des Gebiets mittels Hochäckern informieren. Bei der Verzweigung (Infoschild »Trinkwassergewinnung«) biegen wir rechts ab, wandern nun wieder entlang einer Hecke in Südsüdostrichtung und erreichen nach knapp 400 m bei einer Wegekreuzung das Naturschutzgebiet **Garchinger Heide (4)**.

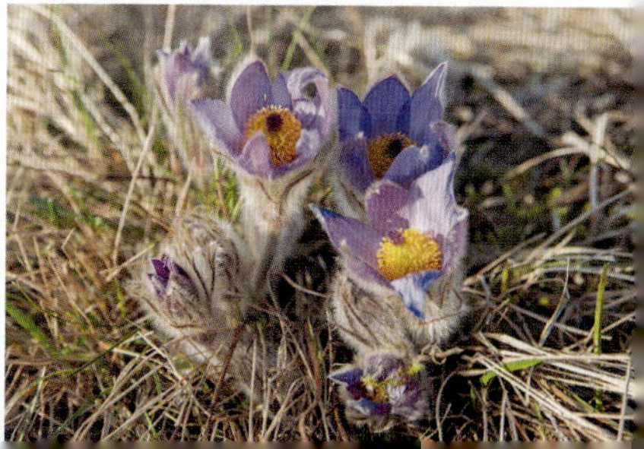

Finger-Kuhschelle im März.

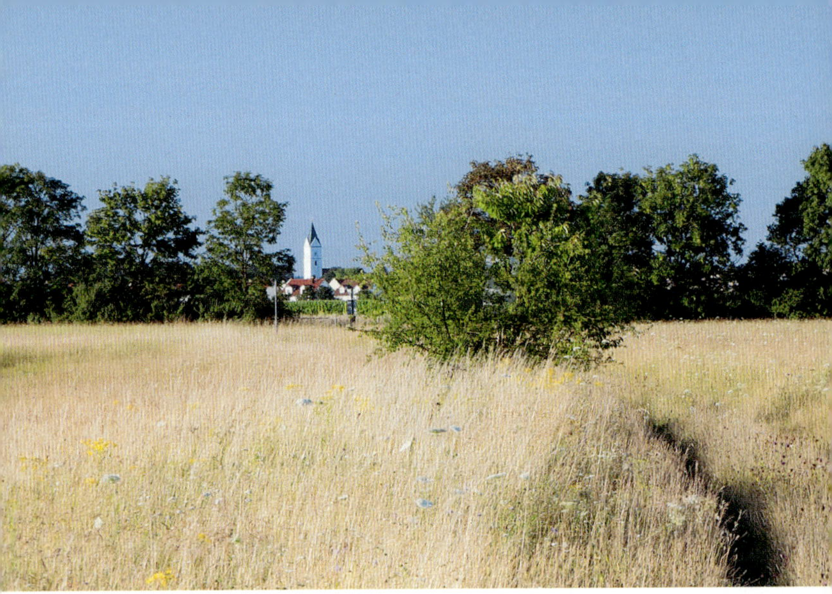

Blick zum Kirchturm von St. Wilgefortis in Neufahrn.

Geradeaus spazieren wir nun auf einem schmalen, mit Holzpflöcken markierten Pfad, der nicht verlassen werden darf, durch die Wiesen und können dabei je nach Jahreszeit unterschiedliche, teils vom Aussterben bedrohte Blumenarten bestaunen. Nach Überquerung einer Vier-Pfade-Kreuzung **(5)** erreichen wir bald eine Ansammlung von auffälligen kleinen Hügeln – ein über 3000 Jahre altes **Gräberfeld** aus der Bronzezeit.

Der Pfad schwenkt nun nach rechts und führt in Südwestrichtung zu einer weiteren Vier-Pfade-Kreuzung **(6)** inmitten der Wiesen: Links (südostwärts) würde es zu einem weiteren Gräberfeld und zum südöstlichen Rand der Heidefläche gehen, wo der Pfad nach knapp 500 m an der Kreisstraße zwischen Dietersheim und Eching endet; nach rechts zurück würden wir nur eine kurze Runde durch die Garchinger Heide drehen. Unsere Hauptroute führt geradeaus weiter, an den links gelegenen Überresten eines Rollfelds vorbei, das Anfang 1945 von Zwangsarbeitern für den Militärflughafen Schleißheim errichtet wurde, und zum südwestlichen Rand des Naturschutzgebiets an der Kreisstraße **(7)**. Von hier wandern wir nun entweder auf derselben Route wieder zurück und biegen bei der Kreuzung **(6)** links ab, oder wir nehmen den nach rechts (Nordosten) führenden breiten Feldweg.

Dieser bringt uns wieder in den nördlichen Teil der Heide, wobei wir zuletzt noch einen kleinen Schlenker nach rechts zu einem alten Denkmal mit nicht

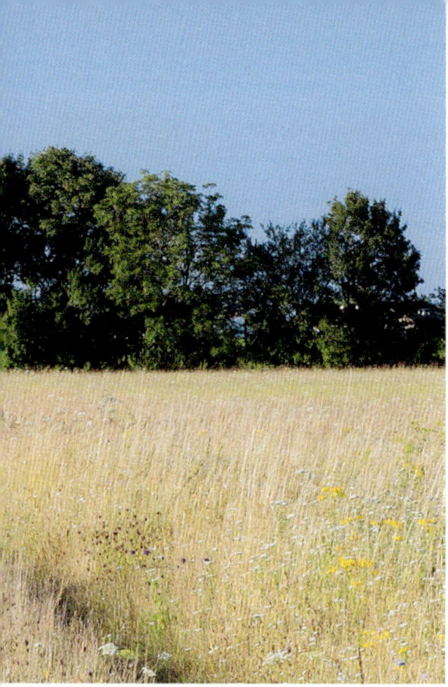

mehr lesbarer Inschrift machen können. Sobald wir wieder bei der zuvor überquerten Vier-Pfade-Kreuzung **(5)** sind, verlassen wir die Wiesenflächen nordostwärts auf kürzestmöglichem Weg bei einem schmalen Durchlass in der Hecke. Auf der anderen Seite wenden wir uns nach rechts und gehen auf einem Wiesenweg geradeaus in Ostrichtung auf das kleine Waldstück zu, wo wir wieder auf größere Feldwege treffen. Geradeaus wandern wir links am Waldstück und einem auffälligen Wegkreuz vorbei und biegen bei nächster Gelegenheit links ab **(8)**. Zuletzt geht es inmitten der weiten Ackerflächen immer geradeaus wieder zum Lohweg nach **Neufahrn (1)** zurück.

In der Echinger Lohe.

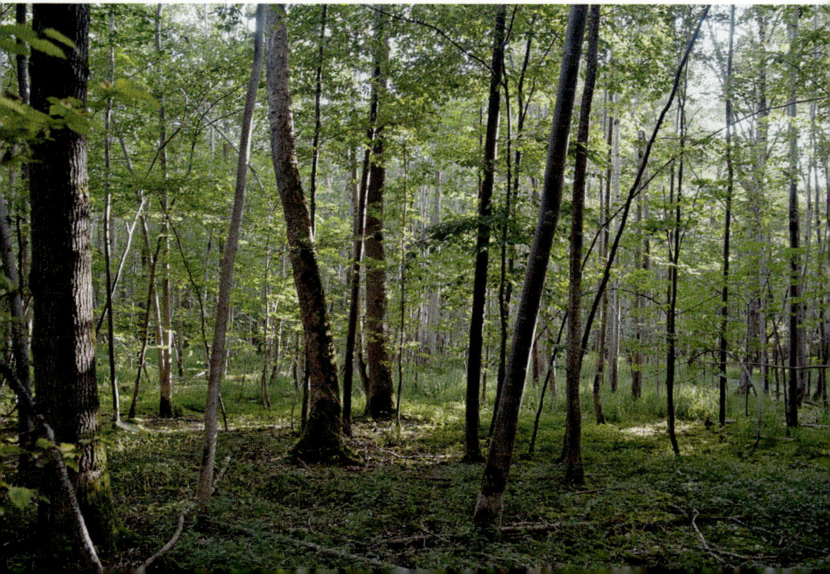

21 Isarpfade zwischen Bogenhausen und Unterföhring

2.45 Std.

Spannendes Flussabenteuer zwischen Max-Joseph-Brücke und Hypoberg

Die Isar ist als Münchner Topziel für Ausflüge, Radtouren, Sonnenbäder und gesellige Runden im Freundeskreis wahrlich kein Geheimtipp – entsprechend groß ist der Andrang an sonnigen Wochenenden und Feiertagen, wenn sich die halbe Stadt magnetisch vom Flussrauschen anziehen lässt. Weniger bekannt ist hingegen, dass es neben den breit angelegten Wegen, auf denen einem mit 35 km/h vorbeirasende »Kampfradler« manchmal das Blut in den Adern gefrieren lassen, abschnittsweise auch noch naturbelassenere Pfade direkt am Ufer gibt, die sich hervorragend zum Wandern eignen. Die vielleicht schönste Isar-Pfad-Wanderung Münchens führt von der Max-Joseph-Brücke auf der rechten Uferseite flussabwärts, wobei auf den sieben Kilometern bis zum Isarsteg Unterföhring fast nur schmale Pfade und wilde Wege begangen werden. Zum Schluss wartet noch die »Gipfelbesteigung« des Hypobergs.

Foto unten: Gleich zu Beginn warten spannende Wegabschnitte.
Rechts oben: Misteln beim Stauwerk Oberföhring.

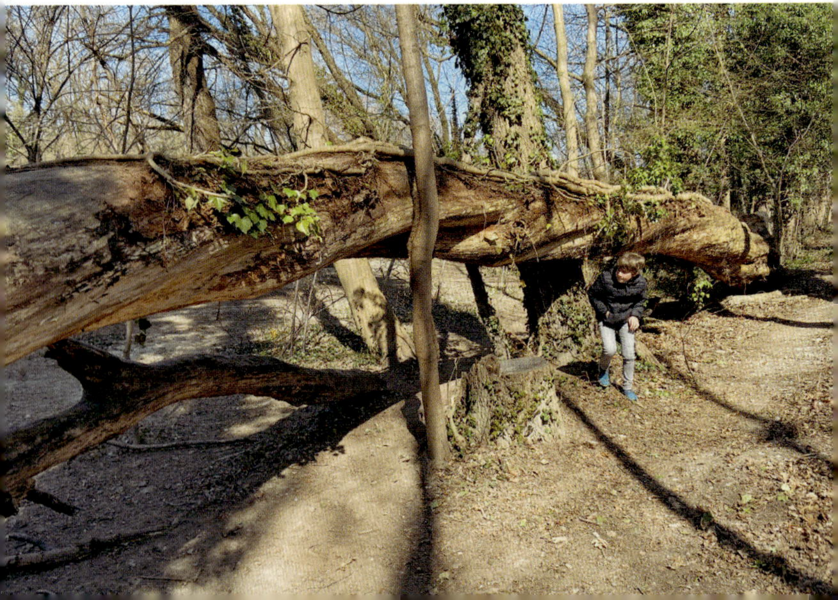

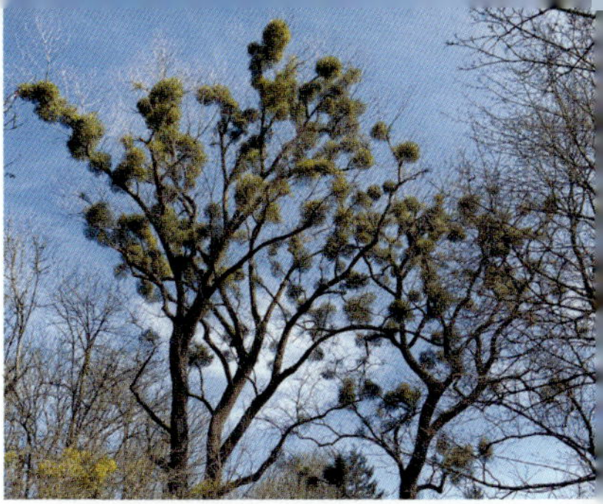

Ausgangspunkt: Bus- und Tramhaltestelle Mauerkircherstraße (diverse Buslinien, Tram 36) in Bogenhausen, 509 m.
Endpunkt: Bushaltestelle Kanal (Bus 231, hervorragende Verbindung auch an Sonn- und Feiertagen) an der Münchner Straße in Unterföhring, 504 m.
Strecke: 8,9 km.
Höhenunterschied: Am Hypoberg 45 Hm Anstieg, sonst nahezu völlig flach.
Anforderungen: Überwiegend naturbelassene, teils verwachsene Pfade jeglicher Couleur (Wurzelpfade, breitere Wege, Kies, Sand, sogar betonierte befestigte Pfade), mehrmals kleine Bachquerungen.
Einkehr: Unterwegs keine, diverse in Ismaning und Unterföhring.
Varianten: Die Isar-Wanderung lässt sich beliebig auch schon früher beginnen oder nach hinten erweitern. Gute Einstiegspunkte sind die Ludwigsbrücke beim Müllerschen Volksbad (ab S-Bahn-Haltestelle Isartor oder Rosenheimer Platz 2,5 km bis zur Max-Joseph-Brücke), oder die Maximiliansbrücke (ab Tramhaltestelle Maxmonument oder Maximilianeum 1,9 km bis zur Max-Joseph-Brücke). Als Verlängerung ab Isarsteg Unterföhring (WP 6) bietet sich an: nach Ismaning (4 km bis zur S-Bahn-Haltestelle); nach Garching-Hochbrück (U-Bahn, ab der Ismaninger Brücke am linken Ufer weiter, 8,8 km) oder sogar nach Freising (spätestens ab Isarbrücke Achering auf der linken Uferseite, 24,5 km). Auch eine große Isartour vom Münchner zum Freisinger Marienplatz ist möglich, gut 36 km. Auf allen genannten Abschnitten wandert man jedoch überwiegend auf breiten Wegen, die auch Radfahrer nutzen.
Hinweise: 1. Vor allem an Wochenenden und Feiertagen oft großer Andrang und Radverkehr, auch auf den Uferpfaden! Daher sollte man am besten werktags oder zu früher Stunde unterwegs sein.
2. Aufgrund der oftmals verschlungenen Wegführung der wilden Pfade dürfte die tatsächliche Wegstrecke länger sein als (laut Karte) knapp 9 km.

Von der **Haltestelle Mauerkircherstraße (1)** steuern wir das ostseitige (rechte) Isarufer an der nahe gelegenen **Max-Joseph-Brücke** an. Bis voraussichtlich 2023 finden hier Bauarbeiten statt, sodass der direkte Zugang eventuell nicht möglich ist; in diesem Fall muss der abgesperrte Bereich rechts herum – die Mauerkircherstraße hinein und nach 200 m am Kufsteiner Platz links – umgangen werden. Zwei parallele Wege folgen nun dem Flusslauf nordostwärts: die breite, von Radfahrern genutzte Heinrich-Mann-Allee, und ein wilder, naturbelassener Pfad direkt an der Isar – Letzteren nehmen wir.

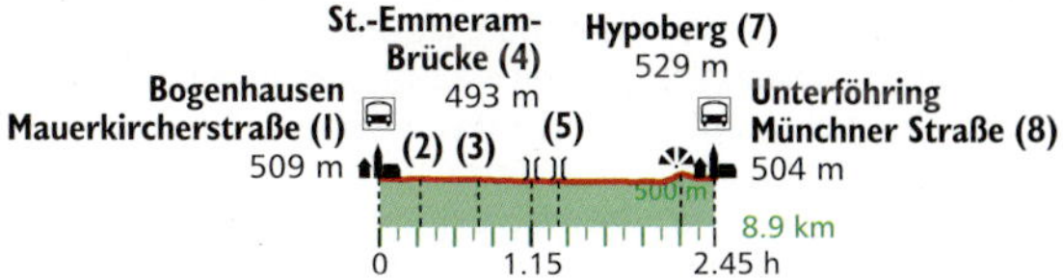

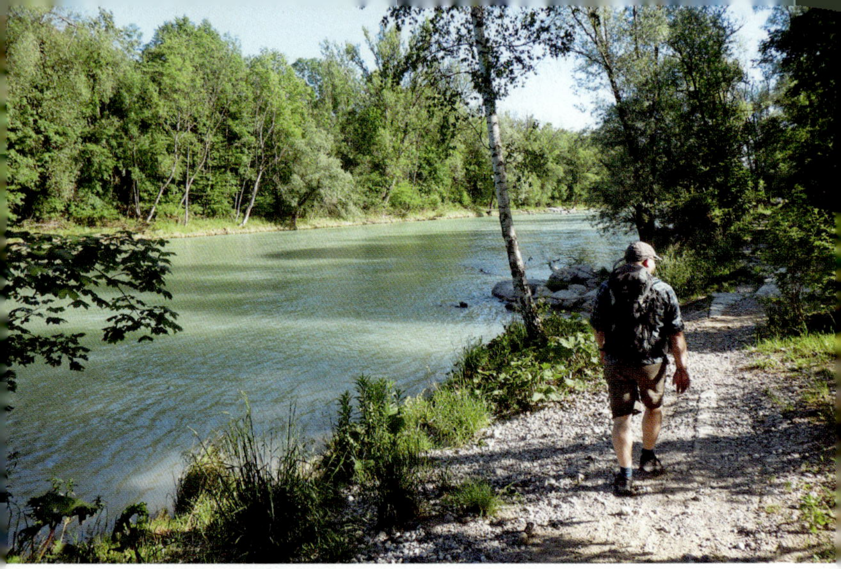

Kilometerweit geht es am Flussufer entlang.

Nach der Unterquerung des **Isarrings (2)** geht es noch eine Weile in Ufernähe auf Pfaden dahin, dann entfernen wir uns ein wenig vom Fluss und sind schließlich gezwungen, zur breiten **Heinrich-Mann-Allee** hinaufzugehen. Schon bald ist das **Stauwerk Oberföhring (3**) erreicht, wo wir den von der Isar abzweigenden Mittlere-Isar-Kanal, nicht jedoch die Isar selbst überqueren; wir bleiben an ihrem rechten Ufer und wandern in der Folge auf der Landzunge zwischen Isar und Kanal. Bei nächster Gelegenheit verlassen wir den Radweg wieder nach links und spazieren nun wieder auf schmalen Pfaden am Ufer entlang zur **St.-Emmeram-Brücke (4)**. Bald geht es unter den drei Brücken von Föhringer Ring, Leinthaler Straße und der Bahnlinie **(5)** hindurch und dann auf etwas kieshaltigerem Boden weiter.
Abschnittsweise stehen sogar zwei parallele Wanderpfade zur Verfügung: ein sehr abenteuerlicher hart am Ufer und ein etwas breiterer zwischen diesem und dem Radweg. Rechts oben taucht die Unterföhringer Kirche St. Valentin auf. Zum Abschluss warten noch einmal sehr schöne Uferwege, die am großen Kiesstrand vor dem **Isarsteg Unterföhring (6)** enden. Spätestens direkt hinter dem Steg steigen wir rechts zum breiten Weg hinauf und können einen Abstecher auf den Isarsteg machen, um noch einmal den Fluss von oben zu bestaunen. Vom Steg her kommend gehen wir leicht rechts versetzt in den von der Isar wegführenden breiten Weg und biegen aus ihm nach wenigen Metern rechts in den Wald ab.

Der Weg führt bergauf, schon nach 70 m folgt die nächste Verzweigung, hier links weiter bergauf. Nun steigen wir mit mehreren Richtungswechseln immer aufwärts zum Gipfel des **Hypobergs (7)**, auch Unterföhringer Schuttberg genannt, wo bei guter Sicht Teile Münchens und der Alpen zu sehen sind.
Im Abstieg biegen wir nach 150 m nicht wieder links auf den vom Aufstieg bekannten Weg ab, sondern bleiben geradeaus; der Fahrweg führt uns bald in einer langen Rechtskurve nach Süden zur asphaltierten Straße Am Poschinger Weiher. Nun sind es nach links nur noch 150 m bis zur Kreuzung mit der Münchner Straße und der **Bushaltestelle (8)**.

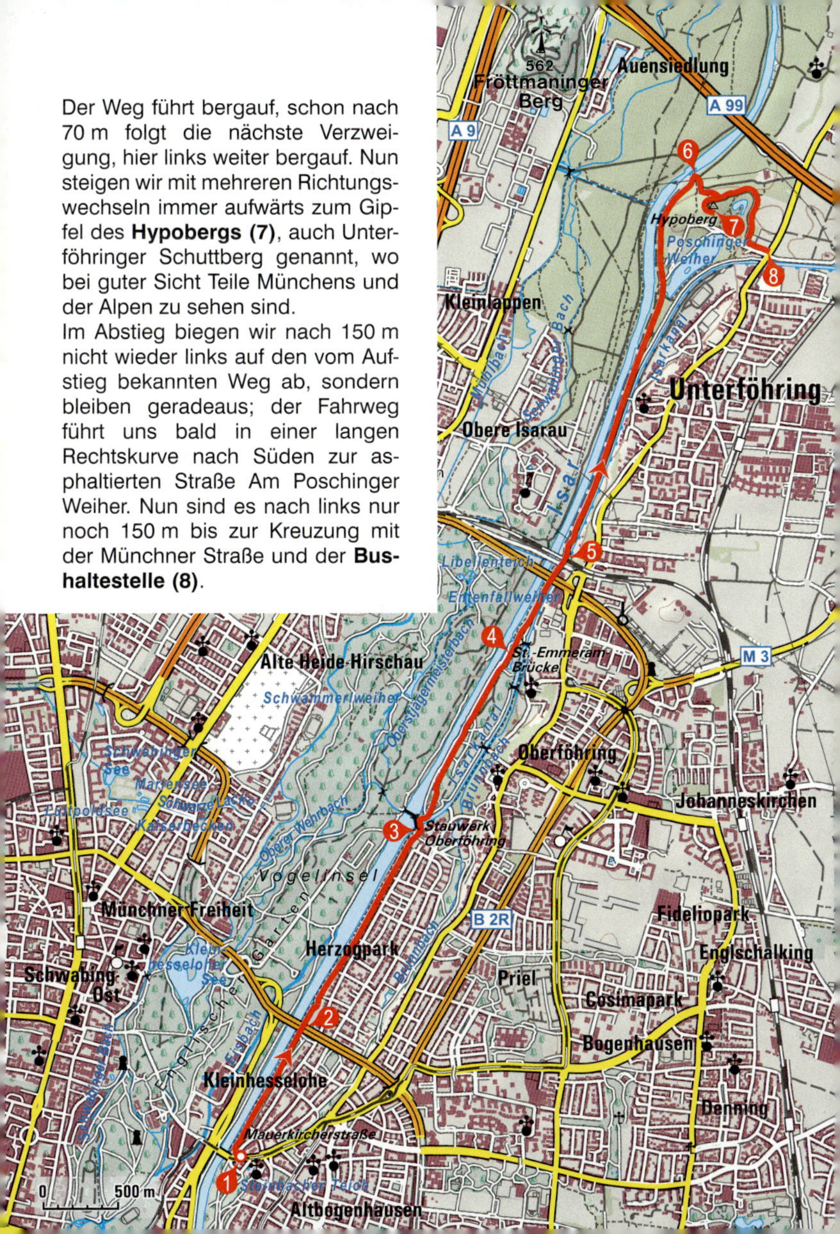

22 Über Hohenbachern ins Freisinger Moos

5.00 Std.

Große Runde von Freising durchs Hügelland und ins Moos

Auf dieser Rundtour ist Ausdauer gefragt: In einem weiten Bogen und mit vielen Richtungswechseln erkunden wir das Hügelland und die weiten Flächen des Freisinger Mooses im Westen und Südwesten der Domstadt. Die Routenführung ist in diesem Fall ein ausgeklügeltes und aufwendig recherchiertes Konstrukt, zu dem abgesehen von Asphaltstraßen, sumpfigen Nebenwegen und halblegalen Trampelpfaden kaum Alternativen bestehen – denn inmitten des Geflechts der Staatsstraßen, Stromtrassen, Bahnlinien und der Moosach als natürlicher Barriere existieren kaum fußgängerfreundliche Durchgänge. So sind Umwege und asphaltierte Strecken hier also unumgänglich – als Lohn dafür werden Fernblicke bis zu den Alpen, schöne Naturerlebnisse in Wald und Feld und nicht zuletzt auch die Möglichkeit geboten, die Tour im berühmten Weihenstephaner Bräustüberl genussreich ausklingen zu lassen.

Ausgangspunkt: Bushaltestelle Bachstraße im Zentrum von Vötting, 449 m, erreichbar mit Buslinie 638 ab Freising Bahnhof.
Strecke: 18,9 km.
Höhenunterschied: Rund 150 m.
Anforderungen: Breite Feld- und Waldwege sowie Asphaltstraßen.
Einkehr: Gasthof Lerner am Ausgangspunkt, Tel. +49 8161 5375955, www.gasthof-lerner.de; Bräustüberl Weihenstephan, Tel. +49 8161 13004, www.braeustueberl-weihenstephan.de. Unterwegs keine.
Varianten: 1. Hinter Hohenbachern links hinab nach Kleinbachern und nach dem ersten Anwesen rechts und abermals rechts auf Feldweg ab. Auf ihm westwärts zum Wald bis zum Ende des Feldes, dort nach rechts (nordwestwärts) am Waldrand entlang und in den Wald. Leicht links schwenkend zu einer undeutlichen Kreuzung (P. 500 in der Karte), über diese geradeaus (westwärts) leicht ansteigend hinweg und bei nächster Gelegenheit links auf Fahrweg hinab zur Hauptroute. Insgesamt 800 m kürzer, lohnend, aber Orientierung nicht ganz einfach und nach Regenphasen sehr matschig.
2. Tourende in Pulling: Von WP 10 oder 11 oder dazwischen nach Pulling, durch die Pullinger Hauptstraße zur abzweigenden Bahnstraße und zum Bahnhof (S 1). Insgesamt gut 4 km kürzer.

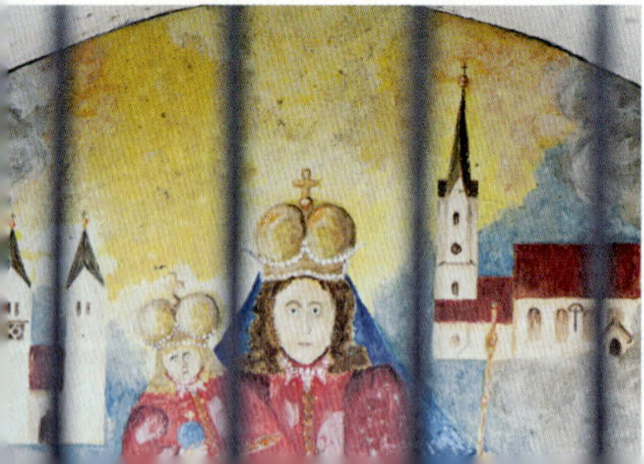

Im Zentrum von **Vötting (1)** gehen wir am Gasthof Lerner und am Maibaum westwärts vorbei, folgen der Straße rechts herum und biegen in die Griesfeldstraße hinauf ab. Bei der folgenden Kreuzung wandern wir links in die Hohenbachernstraße

Bildstock in Hohenbachern.

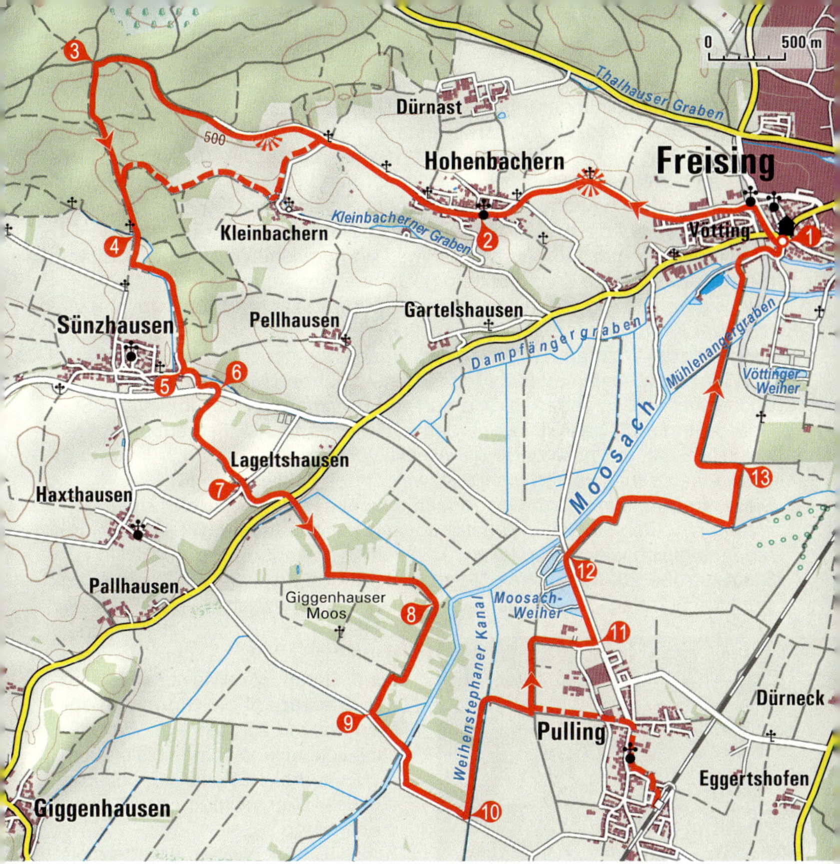

hinauf (rechts: Abstecher zur Kirche St. Jakob möglich), verlassen auf ihr Vötting und gehen mit schönen Fernblicken nach **Hohenbachern (2)**, einem hübschen Bauerndorf, das wir geradeaus durchqueren. Damit verlassen wir den unmittelbaren Dunstkreis Freisings und tauchen in ruhigere Landschaf-

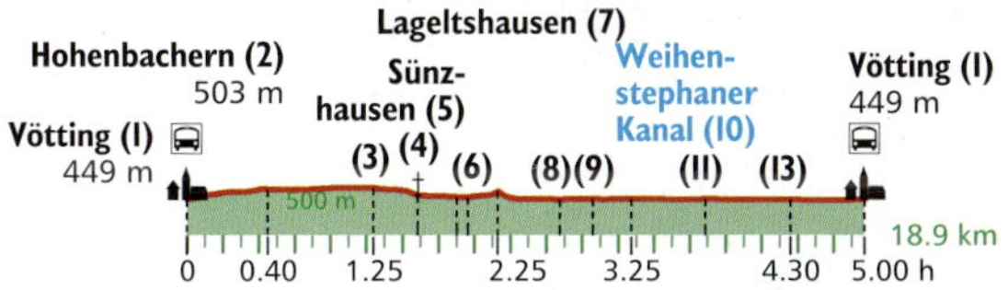

ten ein. Weiterhin auf der Straße wandern wir über den aussichtsreichen Höhenzug in den Wald, wo die Asphaltstraße in eine breite unasphaltierte Piste übergeht. Nach 1 km im Wald erreichen wir eine Kreuzung **(3)**, von der aus nach rechts ein Abstecher zur 1 km entfernten Wüstung Oberberghausen mit der erhaltenen Kirche St. Clemens möglich wäre; wir biegen jedoch links ab, und zwar auf die breite, gerade nach Süden abgehende Fahrstraße. Auf ihr wandern wir gut 1 km durch den Wald und erreichen über ein zuletzt immer steileres Gefälle den Waldrand bei einem Wegkreuz **(4)**.
Nun wieder aufsteigend halten wir weiter südwärts auf Sünzhausen zu (auffallender Kirchturm), gehen nach gut 200 m jedoch wieder links ab und absteigend zum Waldrand, wo uns eine Wegspur nach rechts führt. Schließlich wandern wir wieder in Südrichtung auf einem Fahrweg am Waldrand entlang und erreichen den östlichen Ortsrand von **Sünzhausen**. Wir folgen der St.-Georg-Straße **(5)** nach links aus dem Ort hinaus und stoßen auf die Kreisstraße FS 34; an ihr entlang gehen wir vorsichtig 100 m nach links und schwenken dann in einen rechts abzweigenden Feldweg ein **(6)**.
Dieser führt uns in einem Linksbogen steil hinauf und unter der Überlandleitung hindurch bergab und bergauf nach **Lageltshausen (7)**, das wir geradeaus gleich wieder verlassen. Absteigend gelangen wir durch Wald zur **Staatsstraße 2339** zwischen Giggenhausen und Freising. Wir überqueren sie und betreten geradeaus das Landschaftsschutzgebiet. Der Feldweg führt uns in südöstlicher Richtung, dann nach links (Osten) schwenkend durch die Wiesenlandschaft des **Freisinger** bzw. **Giggenhauser Mooses** und an mehreren Waldstücken linker Hand vorbei, bis er nach rechts abdreht **(8)** und geradeaus in südwestlicher Richtung einen Lehrbienenstand passiert.
Schließlich schwenkt er abermals nach rechts und nach 70 m wieder nach links, um wenig später auf die Asphaltstraße zwischen Pallhausen und Pulling zu treffen **(9)**, in die wir links einbiegen. Die Straße bringt uns über die **Moosach**, mit mehreren Richtungswechseln in eine lange Gerade und zu einer Kreuzung am **Weihenstephaner Kanal (10)**. Dort biegen wir links in den Feldweg

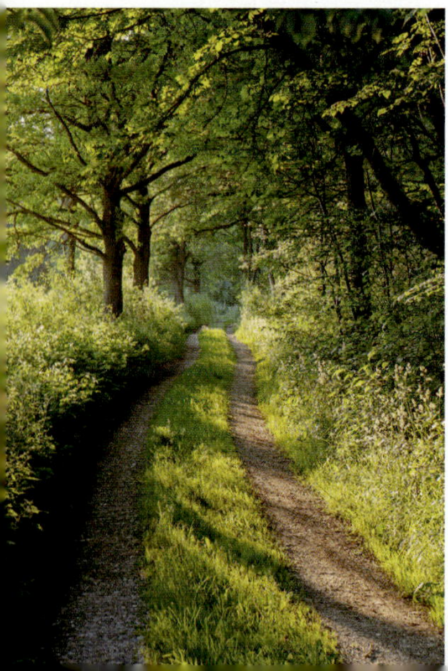

Waldstück im Giggenhauser Moos.

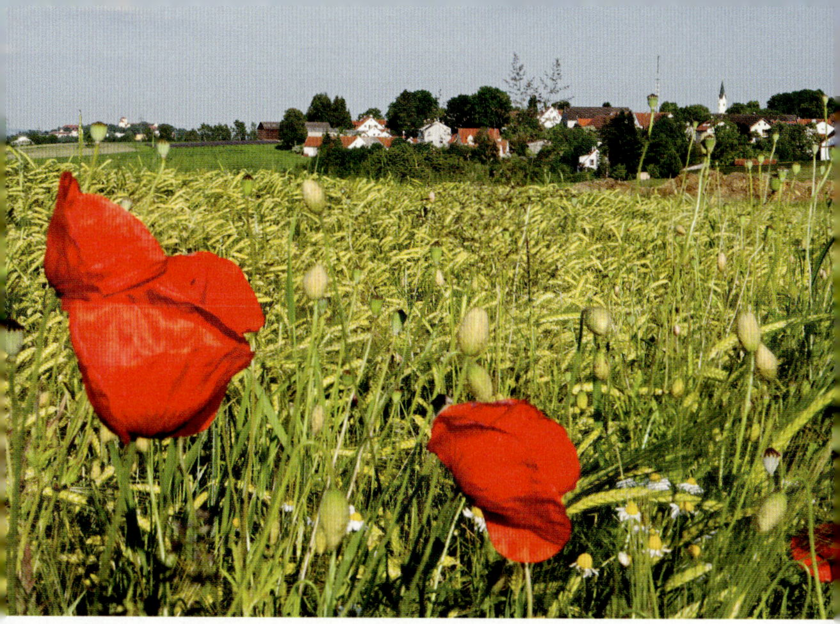

Blick zurück nach Hohenbachern.

ein, der am Kanal entlang nach Norden zieht. Nach 800 m zweigen wir nach rechts ab, gehen auf Pulling zu und schwenken bei nächster Gelegenheit wieder nach links (geradeaus: Variante 2). Nach weiteren 500 m in Nordrichtung biegen wir wieder rechts ab und gehen geradeaus bis zur Verbindungsstraße zwischen Pulling und Vötting **(11)**.
An dieser geht es nun nach links 600 m weit entlang – ein Straßenabschnitt ohne Gehweg, der sich leider nicht vermeiden lässt. Bei der Stromleitung kurz vor der Moosach verlassen wir die Straße nach rechts **(12)** und nehmen den linken der beiden sich teilenden Feldwege. Nun geht es nordostwärts, dann ostwärts durch die Weiten des Freisinger Mooses; nach 1,25 km schwenkt der Feldweg nach links; bei der Verzweigung nahe dem Waldstück nach weiteren 400 m biegen wir links ab **(13)** und gehen noch 275 m in Westrichtung, bevor wir uns nach rechts (Norden) wenden können und damit endgültig auf **Vötting** zuwandern. Nach 1,35 km betreten wir Vötting, folgen der Straße nach rechts und in einer Linkskurve über die Moosach hinweg und erreichen so wieder den **Ausgangspunkt (1)**.
Wer jetzt noch die Kraft zu einem letzten Aufstieg hat, müht sich nach rechts zum Weihenstephaner Bräustüberl hinauf – entweder rechts herum über den Weihenstephaner Steig oder links herum wie für Autofahrer ausgeschildert.

23 Von Freising-Neustift ins Ampertal

3.45 Std.

Wälder, Felder und Moorwiesen im Hinterland der Domstadt

Freising ist schön – und mit dem Domberg, Weihenstephan und der sehenswerten Altstadt weithin bekannt. Kaum jemand hat aber den alten Stadtteil Neustift auf der Rechnung, der ebenfalls mit steilen Hanglagen, einer sehenswerten Rokokokirche und einer historisch gewachsenen Siedlungsstruktur aufwarten kann. Dort starten wir, tauchen vom Stadtrand sogleich ins bäuerliche Hinterland ein und steigen ins Ampertal mit seinen weiten Moorwiesen hinab. Ein Steilaufstieg führt uns zurück ins malerische Hügelland, bevor wir durch Wald zur Wallfahrtskirche Wies und schließlich wieder nach Neustift spazieren. Auch wenn man auf dieser Tour den Fiebersymptomen einer massiv von Wirtschaftswachstum und Mobilität geprägten Region – belebten Straßen, Flugzeuggeräuschen und Überlandleitungen – nicht ganz entkommt, ergeben sich dennoch genügend Freiräume für Natur- und Kulturerlebnisse, die in Erinnerung bleiben.

Xaverienthal.

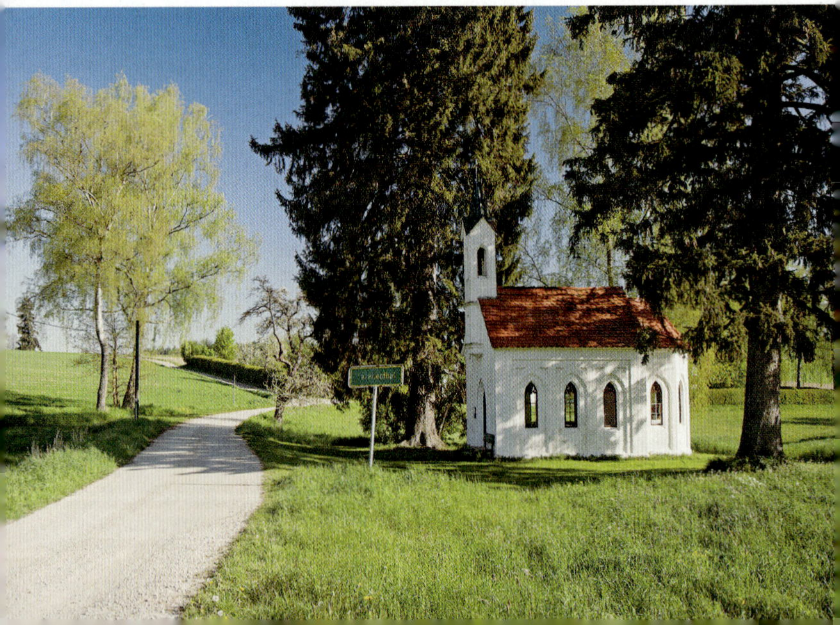

Ausgangspunkt: Bushaltestelle Landratsamt in Freising-Neustift, 444 m. Erreichbar mit Buslinie 621 oder 633 oder zu Fuß (knapp 2 km) ab Freising Bahnhof.
Strecke: 15,0 km.
Höhenunterschied: Rund 200 m.
Anforderungen: Breite Feld- und Waldwege sowie Asphaltstraßen.
Einkehr: Diverse in Neustift, z. B. Hofbrauhauskeller (mit Biergarten) in der Lankesbergstraße, Tel. +49 8161 938800, www.hb-keller-freising.de. Unterwegs keine.

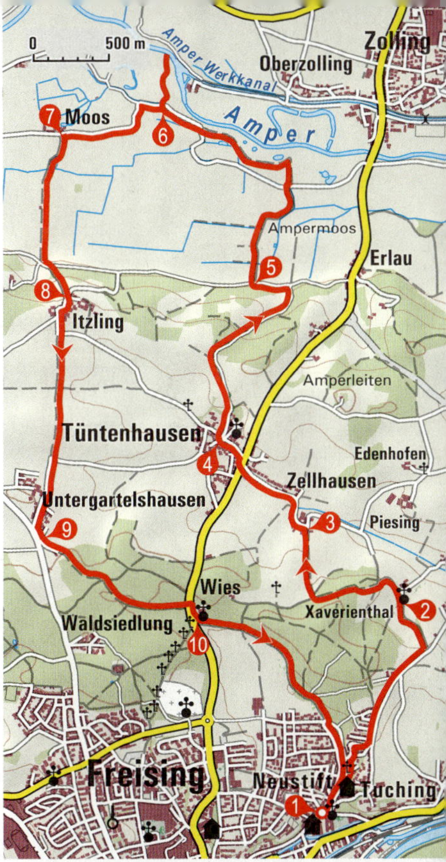

Die Tour beginnt im Zentrum des Freisinger Stadtteils **Neustift (1)**, wo wir auf der Nordseite der **Kirche St. Peter und Paul** in die Wiesenthalstraße einbiegen. Während die meisten Autos gleich rechts die Altenhauser Straße hinauffahren, gehen wir erst weiter durch die Wiesenthalstraße und entweder nach 200 m rechts den Altenhauser Fußweg oder, noch origineller, nach weiteren 100 m den Platschkyberg hinauf, dessen verschlungene Kurven uns links ausholend hinauf zum Platschkyweg und weiter zur Altenhauser Straße am Stadtrand führen, von wo wir einen weiten Blick zum Flughafen und ins Erdinger Moos haben. Auf der Straße wandern wir nun nordwärts, bis eine unasphaltierte Straße links nach **Xaverienthal** abzweigt. Sie bringt uns in die idyllische Niederung mit der Kapelle **(2)**; vor dem Gehöft biegen wir links ab. Im Linksbogen wandern wir zum Wald hin-

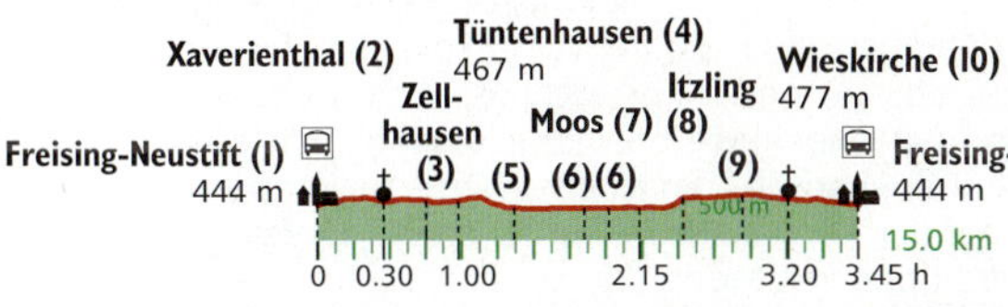

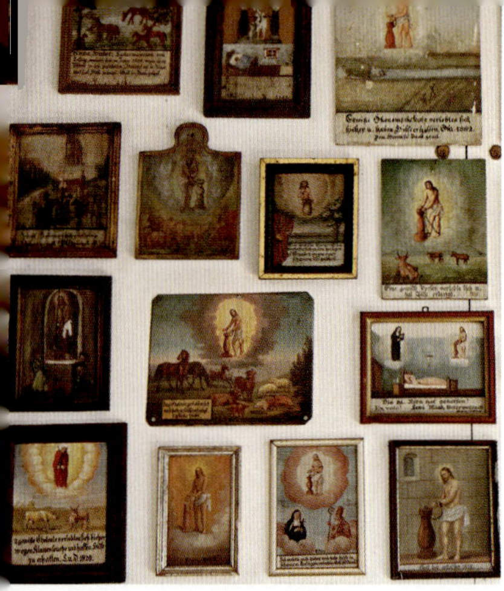

Votivtafeln in der Wieskirche.

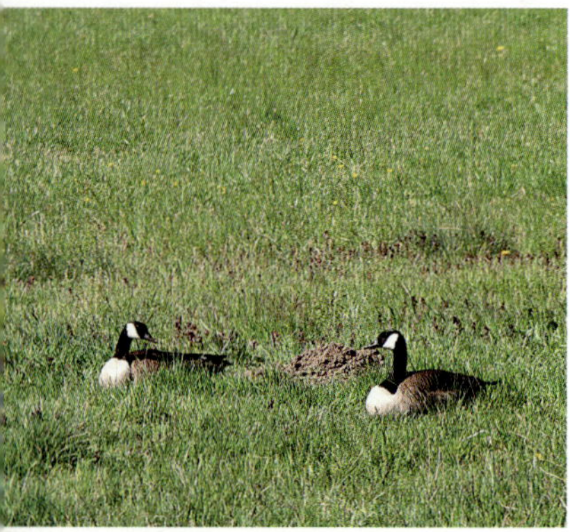

Kanadagänse im Ampermoos.

auf, wo wir entweder weiter auf der Straße wieder bergab nach Zellhausen gehen können oder – schöner – links abzweigen und dem Fahrweg zunächst westwärts am Waldrand entlang, dann in den Wald hinein folgen und geradeaus den Wald durchqueren, bis wir wieder den Waldrand erreichen; dort zweigen wir rechts ab und wandern auf einem Feldweg nach **Zellhausen (3)**. In Zellhausen spazieren wir auf der Straße durch den Ort und nordwestwärts ins benachbarte **Tüntenhausen**, wo wir die viel befahrene **B 301** (Zollinger Straße) überqueren und leicht rechts versetzt in die Itzlinger Straße einbiegen. Nach 200 m zweigen wir rechts in den Eberhardsweg ab **(4)**, verlassen den Ort ansteigend nach Norden, erreichen den Wald und steigen weiterhin auf der Asphaltstraße gut 50 Hm ins Ampertal ab, wo wir auf die Querstraße zwischen Erlau und Haindlfing treffen. Auf dieser gehen wir gut 200 m nach links, dann nehmen wir einen Feldweg **(5)**, der nach rechts in die Moorwiesen und bis zu einer Asphaltstraße führt. Dort gehen wir etwas rechts versetzt auf einem anderen Feldweg nordwärts weiter. Er unterquert die Stromleitungen, schwenkt vor dem Hochwasserdamm nach links und verläuft in der Folge parallel zum Damm. Schließlich mündet er wieder in die zuvor überschrittene Asphaltstraße, auf der wir auf die Gehöfte von Moos zuwandern. Ein rechts abzweigender Forstweg **(6)** ermöglicht einen kurzen, aufschlussreichen Abstecher in die beeindruckenden, scheinbar im Urzustand befindlichen Auwälder sowie – an einem Wehr – zur **Amper**.
Weiter geht's auf der Asphaltstraße, vorbei an der Einfahrt zum Moosgut 5 und zur Häusergruppe von **Moos (7)**, wo wir links auf einen Feldweg abbie-

gen, der uns südwärts durch die Wiesen wieder zur Verbindungsstraße Erlau–Haindlfing bringt. Dort gehen wir nicht geradeaus nach Eichelberg, sondern 60 m weiter links auf der steilen, unasphaltierten Waldstraße nach **Itzling (8)** hinauf.

In Itzling folgen wir der Asphaltstraße zum südlichen Ortsrand und verlassen sie dort auf einen geradeaus weiterführenden Feldweg, der im Auf und Ab über die Hügelzüge hinweg südwärts nach **Untergartelshausen** führt. Dort gehen wir durch bis zur Hauptstraße, parallel zu dieser ein Stück durch den Griesbergweg, beim Ortsende wieder schräg links ab **(9)** und in den Wald. Eine kreuzende Straße im Wald überqueren wir und gehen in südöstlicher Richtung weiter. In die nächste Straße biegen wir nach links ein und gelangen so zur **Wallfahrtskirche Zum gegeißelten Heiland in der Wies (10)**, wo wir kurz vor dem Tourenziel noch eine besinnliche Pause einlegen können.

Schließlich wandern wir auf dem ostwärts wegführenden Fußweg am Waldrand auf die Stadt zu und gelangen entweder durch die Wiesenthalstraße (links) oder durch die parallel zu ihr verlaufende Moltkestraße (rechts) zurück ins Zentrum von **Neustift (1)**.

Ein besonders schönes Wegstück zwischen Erlau und Moos.

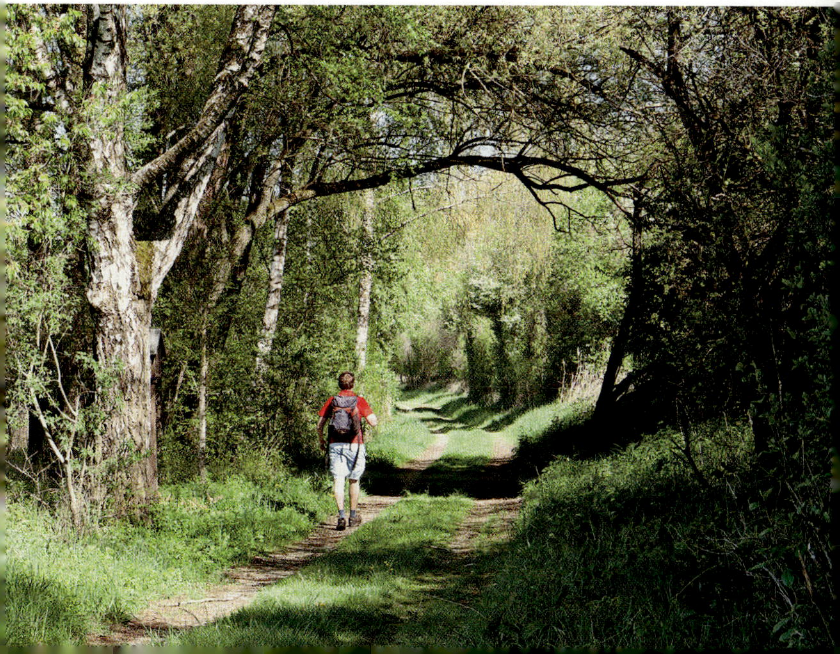

TOP **24**

Marzlinger Au und Hummler Au

4.30 Std.

Die Isarwege zwischen Marzling und Oberhummel

Auf dieser Tour überqueren wir genau genommen neun Mal ein Fließgewässer: zwei Mal die Isar, vier Mal die Moosach, dazu noch die Schleifermoosach, den Angerbach und die Goldach; und auf vollen zehn Kilometern Länge wandern wir am Ufer der Isar entlang. Kein Wunder, dass es unter diesen Rahmenbedingungen ausreichend Gelegenheit gibt, dem Rauschen und Plätschern des Wassers zu lauschen, Vögel zu beobachten und sich an der Schönheit der Auwälder zu erfreuen. Das Herzstück dieser Wanderung ist der perfekte, kilometerlange Uferpfad, der auf der Isar-Südseite in die einsame Hummler Au und damit ins Naturschutzgebiet Isarauen zwischen Hangenham und Moosburg führt. Einzig das Dröhnen der vom nahen Flughafen startenden Maschinen ruft einem zwischenzeitlich die Existenz der Millionenstadt München ins Gedächtnis zurück. Schließlich steigen wir noch die überraschend steile Hangkante nach Hangenham hinauf und genießen beim Naturfreundehaus die Fernsicht.

Ausgangspunkt: Bahnhof Marzling, 441 m. Wer mit dem Auto anreist, kann auch beim Gasthof Nagerl oder direkt an der Marzlinger Isarbrücke parken.
Strecke: 17,4 km.
Höhenunterschied: Ca. 50 m steiler Aufstieg nach Hangenham, ansonsten fast durchweg flach; insgesamt rund 80 m.
Anforderungen: Schmaler, aber bestens begehbarer Uferpfad, ansonsten breite Fahrwege, kaum Asphalt.
Einkehr: Naturfreundehaus Freising bei Hangenham, Tel. +49 8161 65432, www.

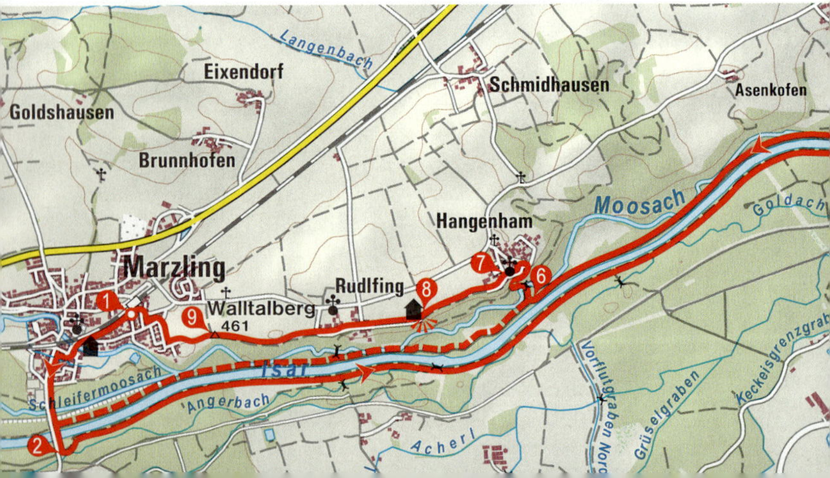

naturfreunde.de/haus/naturfreundehaus-freising; Landgasthof Nagerl in Marzling, Tel. +49 8161 9370, www.landgasthof-nagerl.de.

Variante: Kurze Runde ohne den langen Pfad auf der Isar-Südseite: Von Marzling wie beschrieben an die Isar, dann auf ihrer Nordseite auf breitem Weg ca. 3,3 km weit entlang, bei Fluss-Km 106,8 wie auf der Hauptroute hinauf nach Hangenham und über Rudlfing zurück nach Marzling; insg. 8 km/gut 2 Std. Nahe Km 108,2 gibt es übrigens auch eine direkte Verbindung von der Isar hinauf nach Rudlfing.

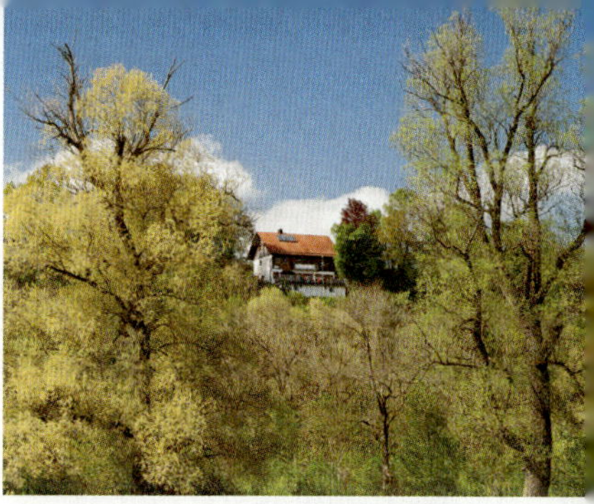

Das Naturfreundehaus bei Hangenham.

Wir starten auf der Südseite des **Marzlinger Bahnhofs (1)** und gehen entlang der Gleise westwärts. Wir passieren den Landgasthof Nagerl, überqueren die **Moosach** und biegen bei der nächsten Kreuzung rechts ab, wodurch wir auf die Isarstraße nahe der Bahnlinien-Unterführung treffen. Auf ihr spazieren wir nach links und südwärts aus dem Ort hinaus und über die **Isarbrücke**. Anschließend biegen wir in die erste Fahrstraße links ab **(2)**.
Auf den folgenden gut 7 km, bis zur Isarbrücke bei Oberhummel, gilt nun die einfache Marschroute: Immer am rechten (südlichen) Isarufer entlang! Der Fahrweg wandelt sich nach und nach zum Pfad, und links oben taucht auf der Hangkante das Naturfreundehaus auf, dem wir später einen Besuch abstatten werden. Wir überqueren den **Angerbach**, unterqueren eine Überlandleitung und haben dann das schönste Stück vor uns: eine Strecke von 4,5 km auf einem schmalen, aber gut begehbaren Pfad. Bald nähert sich die **Goldach** zweimal von rechts; wir gehen kurzzeitig auf einer schmalen Landbrücke zwischen Isar und Goldach, bevor Letztere wieder nach rechts abdreht und erst viel später in die Isar mündet.

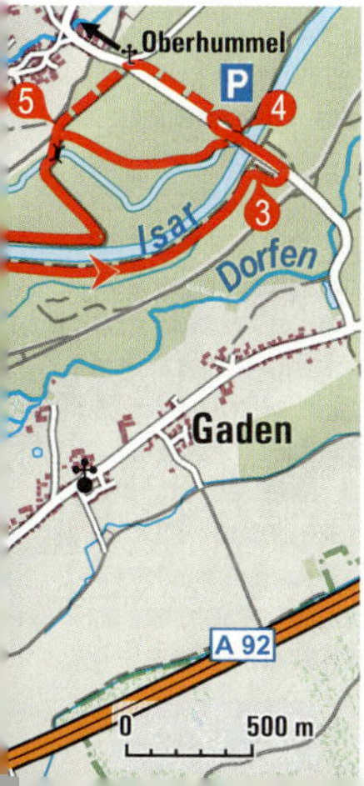

Kurz nach der Goldach-Mündung treffen wir auf die **Isarbrücke (3)** mit der Straße zwischen Gaden und Oberhummel und überqueren auf ihr die Isar. Auf der anderen Seite gehen wir, sobald rechts nach gut 100 m die Leitplanke endet, auf einem Fahrweg nach rechts zurück zur Isar hinab, in die genau hier die Moosach

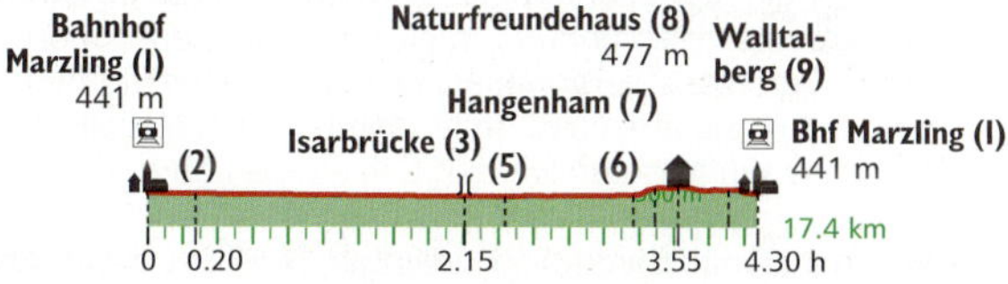

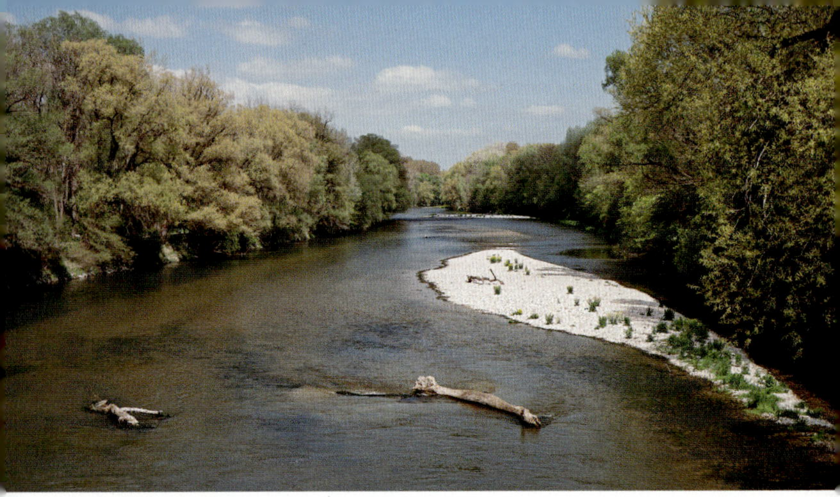

Die Isar bei Marzling.

mündet (Parkplatz). Wir unterqueren nach rechts die Brücke und folgen einem schmalen Pfad **(4)** in den Auwald. Anfangs verläuft er nah am Ufer der linker Hand fließenden Moosach; sobald er endet, gehen wir ein paar Meter nach rechts und stoßen auf einen deutlichen weiteren Pfad, der uns zu einem breiten Fahrweg führt **(5)**. Links ist schon das Brücklein zu sehen, auf dem wir nun die Moosach überqueren. (Hierher gelangen wir auch, falls der Auwald-Pfad nicht begehbar sein sollte, indem wir von der Isarbrücke entlang der Straße bis kurz vor Oberhummel gehen, dann links auf einen Damm und nach gut 300 m wieder links abbiegen.) Südostwärts erreichen wir die Isar und wandern an ihr gute 3 km flussaufwärts entlang.

Dann zweigen wir nach rechts ab **(6)**, überqueren wieder die Moosach und folgen dem Weg steil hinauf nach **Hangenham**, wo wir uns gleich links halten und an der Kirche vorbei **(7)** den Ort wieder verlassen. Immer entlang der Hangkante geht's zum **Naturfreundehaus (8)**, das eine hervorragende Aussicht bietet. Wir spazieren auf der Straße nach **Rudlfing**, gehen geradeaus durch den Ort und folgen dann nicht der Asphaltstraße nach rechts, sondern bleiben geradeaus und wandern auf dem schwach ausgeprägten Feldweg an der Hangkante entlang weiter. Wo der Feldweg am **Walltalberg (9)** nach rechts hinabführt, könnten wir ihm folgen; schöner ist es jedoch, durch einen Durchlass geradeaus/leicht links weiterzugehen und über einen Wiesenpfad direkt auf die oberste Siedlung von **Marzling** zuzusteuern. Über die Ulmenstraße betreten wir den Ort, steigen über die Bergstraße zur Bahnhofstraße ab, gehen in dieser kurz nach links, rechts in die Kreuzstraße und zuletzt nach links durch die Rudlfinger Straße zum **Bahnhof Marzling (1)**.

7.45 Std.

Von Poing zum Flughafen

25 TOP

Der weite Weg zum Terminal

»Ich war noch niemals in New York, ich war noch niemals auf Hawaii«, mag man vielleicht vor sich hin summen, wenn man im Münchner Flughafen vor der Abflugtafel steht und die Namen all der fernen Städte liest. Doch warum in die Ferne schweifen, wenn das Unbekannte so nah liegt? Auch im Notzingermoos oder im Oberdingermoos dürften die meisten Bewohner des Großraums München noch nie gewesen sein, und wer kann schon von sich sagen, einmal zu Fuß zum Flughafen gegangen zu sein? Diese 31-Kilometer-Tour macht es möglich. Drei Etappen sind zu meistern: zunächst der Auftakt nach Neufinsing zum Mittlere-Isar-Kanal, anschließend der Hauptteil durch dünn besiedelte, weite Mooslandschaften mit drei Naturschutzgebieten, schließlich das laute Finale, bei dem man um den halben Flughafen herumwandert und von Norden her Einlass findet in eine Welt, die nicht für Fußgänger gemacht ist. Wer dann nach einem ganzen Tagesmarsch auf dem größten überdachten Platz Europas ankommt, darf sich im Airbräu guten Gewissens die eine oder andere Halbe Fliegerquell genehmigen, bevor es mit der S-Bahn wieder in die endgültige Parkposition zurück nach München geht.

Münchner Schotterebene in Reinform bei Pliening.

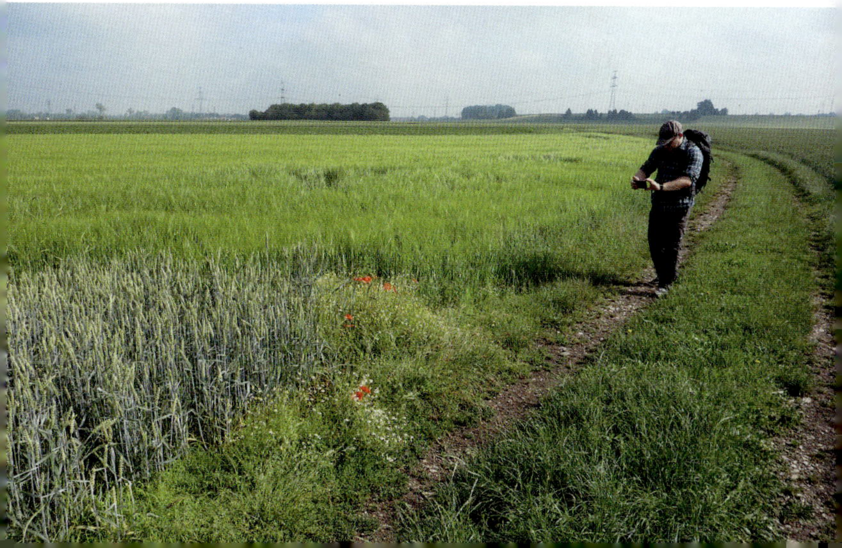

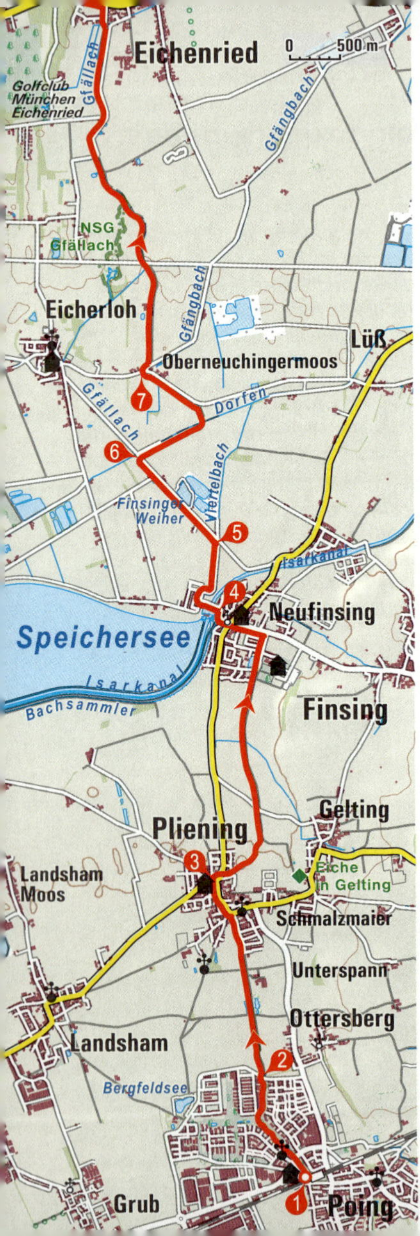

Ausgangspunkt: Bahnhof Poing (S 2), 514 m.
Endpunkt: Flughafen, 448 m; Bahnhof (S 1, S 8, Regionalbahn) zwischen Terminal 1 und 2.
Strecke: 31 km.
Höhenunterschied: Abgesehen vom Aussichtshügel und der Schluss-Treppe völlig flach mit insgesamt 70 m nicht wahrnehmbarem Abstieg.
Anforderungen: Ausdauer erforderlich, vor allem am Schluss. Viele Asphaltstraßen und Feldwege, teils auch hohes Gras. Bei Hitze lieber meiden.
Einkehr: Landgasthof Stangl in Eichenried, Tel. +49 8123 929740, www.gasthof-stangl.de; Airbräu am Flughafen, Tel. +49 89 97593111, www.airbraeu.de.

Der Weg zum Flughafen beginnt auf der Nordseite des **Bahnhofs Poing (1)**, wo wir am weitläufigen Marktplatz nordwestwärts die Gruber Straße durch eine Unterführung unterqueren und rechts an der modernen weißen Kirche sowie am Teich vorbei in den **Bergfeldpark** spazieren. Immer am rechten Rand des Parks entlang, an seinem Ende nach links und über die Straße hinweg gelangen wir zum Feldweg **(2)**, der nordwärts auf Pliening zuführt. An der Biogasanlage Kern-Pliening vorbei erreichen wir **Pliening** und – an der Geltinger Straße, einer der Hauptstraßen des Orts, links haltend – die Kreuzung **(3)** beim Landgasthof.
Dort biegen wir rechts ab und gleich wieder rechts in den Steinbergweg, der aus dem Ort hinausführt und als grasbewachsener, schöner Feldweg weiterverläuft (siehe Bild auf der vorigen Seite). Sobald er auf einen anderen Feldweg trifft, halten wir uns links und wandern nun wie-

der in Nordrichtung nach **Neufinsing**, dessen Erscheinungsbild von Hochspannungsleitungen dominiert wird. Im Ort biegen wir links in die Hauptstraße ein, gelangen zur zentralen Kreuzung und dahinter zum auffälligen **Kraftwerk Neufinsing**. Die Seestraße führt uns nördlich um das Kraftwerk herum und über den **Mittlere-Isar-Kanal (4)** sowie den **Viertelbach** hinweg (links Abstecher zum **Speichersee** möglich, 200 m).

Nun rechts und am Bach entlang aus dem Ort hinaus zu einer Kreuzung **(5)**, wo wir links abbiegen. Wir gehen auf dem Kirchenweg 1,15 km weit geradeaus, biegen unmittelbar vor dem Bach »Dorfen« rechts in den Forellenweg ein **(6)**, folgen dem Weg vorbei an mehreren Häusern und wandern geradeaus entlang des Bachs auf einem stark verwachsenen Feldweg weiter, bis wir den Bach nach links überqueren können. Nach weiteren 170 m erreichen wir die Asphaltstraße zwischen Oberneuchingermoos und Lüß (auf dieser verläuft Tour 25) und spazieren nach links nach **Oberneuchingermoos**. (Alternative zur Route über den Forellenweg: auf der Asphaltstraße nach Eicherloh und dort rechts nach Oberneuchingermoos; 500 m länger.)

In Oberneuchingermoos folgen wir bei der Bushaltestelle der nordseitig abgehenden Gfängbachstraße **(7)** und gleich wieder links dem Weißdornweg. Er führt an einem Gehöft vorbei und mündet nach 1 km in die Verbindungsstraße Neuching–Hinteres Finsingermoos. Wir überque-

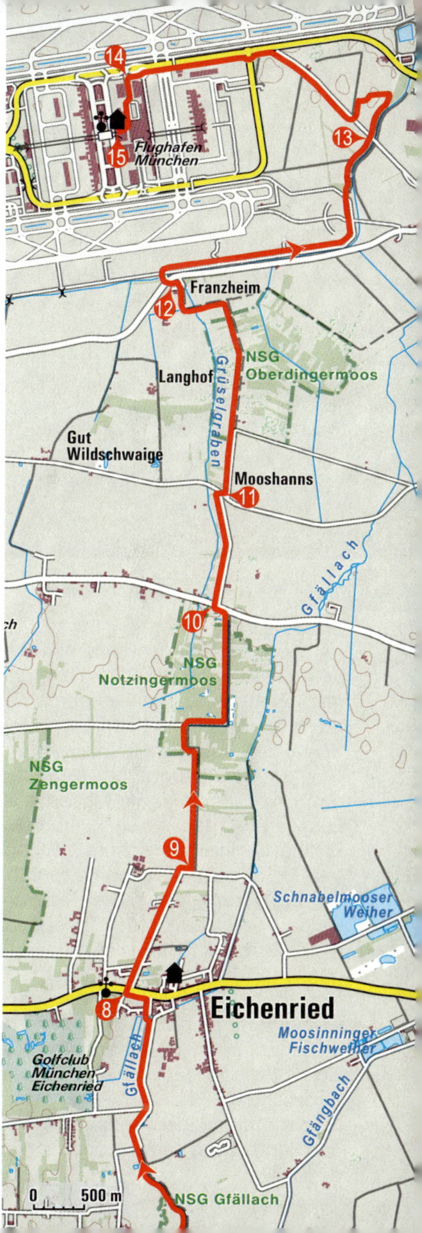

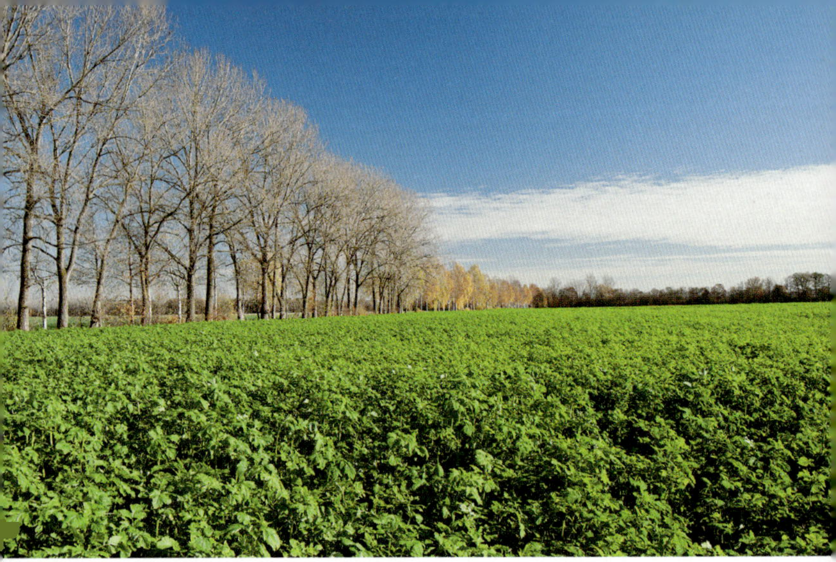

In den Weiten des Erdinger Mooses.

ren sie und schlagen links versetzt den Feldweg ein, der uns am **Naturschutzgebiet Gfällach** entlangführt; weiter geht's auf der Asphaltstraße nach **Eichenried**. Wer einkehren will, folgt der Straße in den Ort; der kürzeste Weiterweg führt jedoch am Ortsrand links über ein Brückchen und durch die Kurze Gasse zur Hauptstraße. An dieser links entlang, dann rechts in die Straße »Am Vierergraben« **(8)**, auf der wir den Ort wieder verlassen. An ihrem Ende rechts in die Moosstraße und nach 130 m wieder links auf den Feldweg **(9)**, der linksseitig am **Vierergraben** entlangführt.

Es folgt die vielleicht schönste Etappe der Wanderung: Zunächst beeindruckt der Blick über die weiten Flächen hinüber zum Zengermoos, dann betreten wir das **Naturschutzgebiet Notzingermoos** mit seinen urwaldartigen Moorwäldern und Relikten des Torfabbaus. Wir durchqueren es, indem wir im Bereich **»Unteres Schön«** links, dann rechts, wieder rechts und bei einem Jägerstand wieder links abbiegen und auf diese Weise die grundsätzliche Nordrichtung beibehalten. An der Goldacher Straße wandern wir kurz links entlang und biegen dann rechts **(10)** in die Straße in Richtung Oberdingermoos ein. Beim **Mooshanns** geht es kurz rechts und wieder links ab in die Eger-Straße **(11)**, die uns ins **Naturschutzgebiet Oberdingermoos** führt.

Kurz vor dem Flughafen-Areal biegen wir links ab und erreichen nach 600 m **Franzheim** und den **Aussichtshügel Süd (12)**, von dem aus sich die Starts und Landungen bestens beobachten lassen. Das Ziel der Tour ist nur 1,5 km

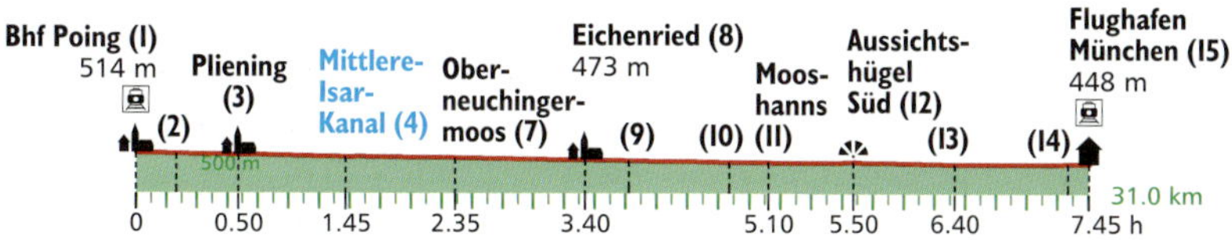

Luftlinie entfernt, aber dennoch dauert es bis dorthin noch rund 2 Stunden, da die südliche Startbahn rechts herum umgangen werden muss. Wer sich dazu nicht in der Lage fühlt, sollte Ausschau halten nach einer Mitfahrgelegenheit – andernfalls überquert man ein Stück weiter links den **Abfanggraben Süd** und wandert nach rechts (ostwärts) direkt am Zaun entlang, am östlichen Ende der Startbahn vorbei und zur alten Verbindungsstraße **(13)** zwischen Erding und Freising. Über sie geht es hinweg, noch kurz in gleicher Richtung weiter, dann links haltend und immer der Radwegbeschilderung zum Flughafen folgend auf Umwegen wieder zur alten Freisinger Straße (genaue Route ändert sich aufgrund von Bauarbeiten; der GPS-Track zeigt die voraussichtliche Wegführung ab Ende 2021). Auf ihr nach rechts und in Nordwestrichtung zur viel befahrenen Erdinger Allee.
An dieser gehen wir westwärts 1,5 km weit entlang, bis wir endlich über Treppen (Schild »München Airport Center«) zur Terminalstraße Ost **(14)** hinaufsteigen und südwärts in Richtung Terminal 2 gehen können. Über eine Rampe steigen wir rechts hinab und folgen unten der Straße geradeaus. Wenn wir nun schräg links in die Unterführung gehen, können wir nach wenigen Metern rechts den großen überdachten Gang betreten. In ihm biegen wir nach gut 50 m links ab und erreichen durch das Hotel Hilton Munich Airport unser Ziel, den großen Platz zwischen den Terminals **(15)**.

Das größte Passagierflugzeug der Welt startet in Richtung Dubai.

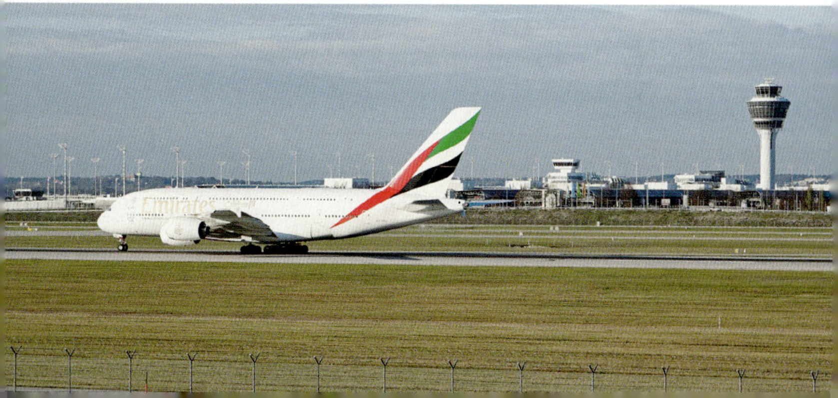

26 Von Ismaning nach St. Koloman

4.15 Std.

Streckenwanderung durch menschenleere Landschaften

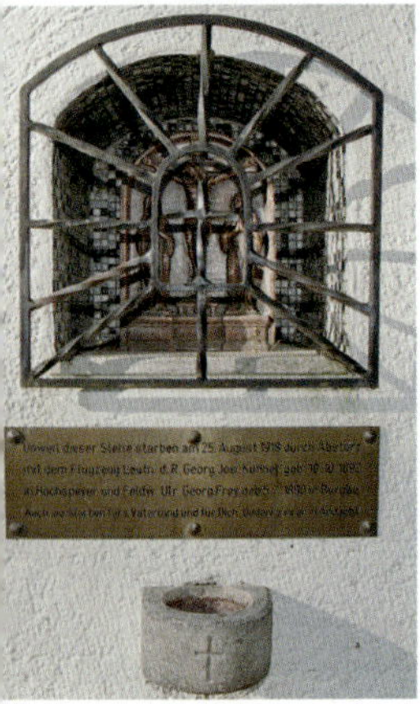

Das Pilotendenkmal.

Die weite, flache, dünn besiedelte Region nordöstlich von München, im Dreieck zwischen Ismaning, Erding und dem Münchner Flughafen gelegen, kann man guten Gewissens als Niemandsland bezeichnen. Zwar durchziehen unzählige Straßen und Feldwege die längst trockengelegten Moorgebiete des Oberföhringer, Finsinger, Neuchinger, Zenger-, Notzinger- und Oberdingermooses, die zusammen den südlichen Teil des Erdinger Mooses bilden. Doch wirkt dieser Landstrich über weite Strecken auch heute noch wie ausgestorben, und bei den wenigen Siedlungen handelt es sich oft nur um vereinzelt entlang der schnurgeraden Straßen errichtete Gehöfte. Blickfang im ersten Teil der Tour ist der große Sendemast des Bayerischen Rundfunks, ansonsten verliert sich das Auge in der scheinbar endlosen Weite des Mooses. Erst gegen Ende prägen wieder Hügel das Landschaftsbild, und am Zielpunkt St. Koloman beginnt mit dem Semptal etwas Neues.

Ausgangspunkt: Bahnhof Ismaning (S 8), 492 m.
Endpunkt: Bahnhof St. Koloman (S 2), 491 m.
Strecke: 17,5 km.
Höhenunterschied: Am Schluss 40 m rauf und runter, davor völlig flach.
Anforderungen: Durchgehend breite, flache Straßen, überwiegend auf Asphalt, auf den letzten Metern ein unbefestigter Treppenweg.
Einkehr: Hotel Faltermaier in Eicherloh (180 m nördlich von WP 4), Tel. +48 8123 2871, www.hotel-faltermaier.de; Alter Wirt Oberneuching, Tel. +49 8123 2805, https://alterwirt-neuching.de.

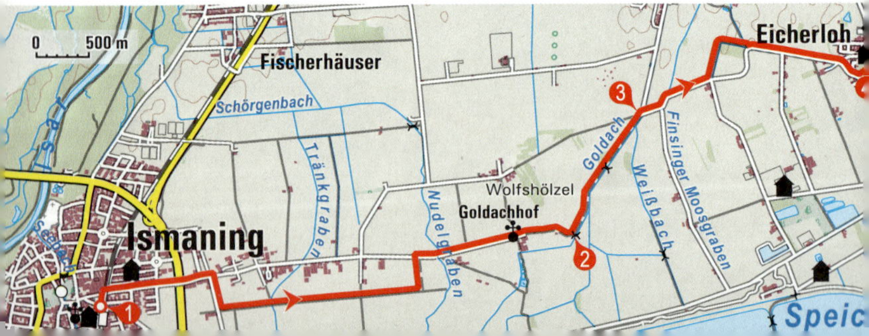

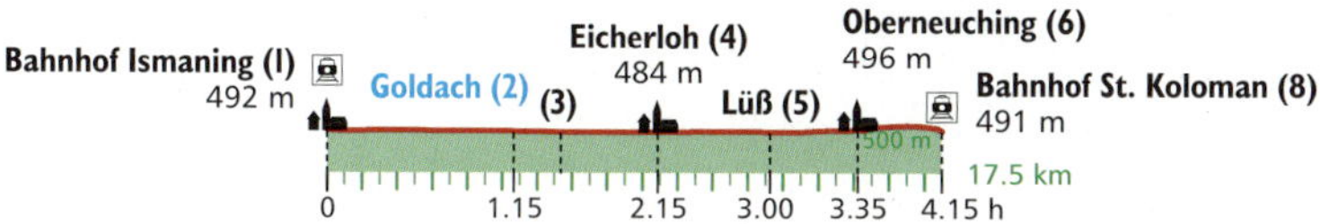

Am **Bahnhof Ismaning (1)** wenden wir uns in Richtung Norden (stadtauswärts), überqueren die Aschheimer Straße und gelangen über die Steinheilstraße zur Mayerbacherstraße, in die wir rechts einbiegen. Nun wandern wir aus Ismaning hinaus und über die **B 471** hinweg. Wir schlagen die erste Asphaltstraße rechts ein und folgen dieser gut 300 m weit, bis wir bei der nächsten Kreuzung wieder nach links abbiegen. Nun geht es genau 2 km weit auf einem schönen Feldweg geradeaus ostwärts durch die weite Mooslandschaft. Gut 200 m vor dem **Nudelgraben** und einer auffälligen Baumgruppe rechts vor uns kehren wir nach links über einen Feldweg wieder zur Hauptstraße zurück, in die wir rechts einschwenken. Durch eine Allee erreichen wir den stattlichen **Goldachhof** und gehen geradeaus weiter, an einem Gedenkstein zum Andenken an einen Flugzeugabsturz vorbei und im Wald zur **Goldach (2)**, vor der wir links abbiegen. Der Fahrweg verläuft nordöstlich am Bach entlang und durchs **Wolfshölzel**, bis er wieder in eine Straße einmündet **(3)**; dort halten wir uns rechts. Die auffälligen Sendemasten des Bayerischen Rundfunks zur Linken, wandern wir nun auf der Straße 800 m weit bis zu einer Kreuzung von vier Straßen.

Dort könnten wir einfach geradeaus weiter auf der Straße nach Eicherloh gehen; empfehlenswerter und für Fußgänger sicherer ist es hier jedoch, links abzubiegen und zunächst 350 m nordwärts, dann dem Fahrweg durch die Rechtskurve folgend weitere 230 m ostwärts zu wandern, eine Schranke zu unterqueren oder zu umgehen, rechts haltend wieder auf die Straße nach Eicherloh zu treffen und in diese links einzubiegen. Dann geht es vorbei an rechter Hand gelegenen Häusern auf der Straße nach **Eicherloh**, wo wir an der Hauptkreuzung des Orts **(4)** geradeaus der Beschilderung nach Lüß folgen. Anschließend gehen wir durch **Oberneuchingermoos**, unter einer gro-

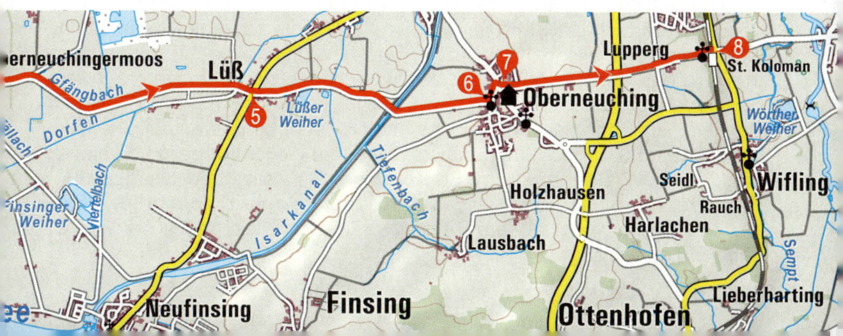

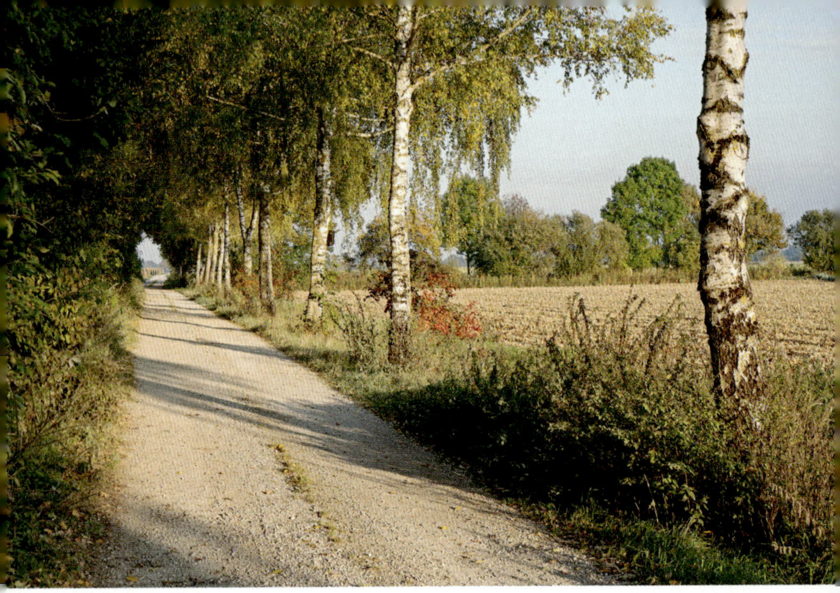

Der Feldweg zu Beginn der Tour.

ßen Hochspannungsleitung hindurch und an einem links abseits liegenden Kieswerk vorbei nach **Lüß**. Auch hier überqueren wir die Kreuzung **(5)** geradeaus und erkennen nun vor uns bereits deutlich den Hügelzug, der den Isarkanal vom Sempttal trennt und den Schlussaufstieg unserer Route markiert. Wir passieren einen Badesee sowie die Sportanlagen der SpVgg Neuching und wandern über den **Mittlere-Isar-Kanal** hinweg.

Nach knapp 1 km ab dem Kanal ist **Oberneuching** erreicht, wo wir vor der Kirche **(6)** nach links in die St.-Martin-Straße einbiegen und nach 300 m beim Alten Wirt rechts in die Hauptstraße einschwenken. Während die Hauptstraße gleich darauf eine Rechtsbiegung beschreibt, gehen wir geradeaus ostwärts in die St.-Kolomann-Straße **(7)**, die uns aus Oberneuching hinaus- und einige Höhenmeter den Hügel hinaufführt. Von dessen Scheitelpunkt ist das weite, ebene Land, das wir in den letzten Stunden durchwandert haben, gut zu überblicken.

Damit ist das Ende der Tour beinahe erreicht: Wir überqueren auf einer Brücke die **Staatsstraße 2580**, durchschreiten den Weiler **Lupperg** und stehen dann vor der **Wallfahrtskirche St. Koloman**. Ein steiler, unbefestigter Steig führt direkt zum Bahnsteig der **S-Bahn-Haltestelle St. Koloman (8)** hinunter, wo man entweder auf die S-Bahn wartet oder gleich noch die Tour 27 nach Erding anhängt.

2.30 Std.

Von St. Koloman durchs Sempttal nach Erding

27

Stadt, Land, Fluss im Tal der Sempt

Auf dem Weg durchs weite, freundliche Sempttal geben zunächst Feldwege die Richtung vor: Durch eine idyllische Acker- und Wiesenlandschaft wandern wir nordwärts und begegnen dabei zweimal kurz dem Ufer der Sempt. Die Hälfte der Tour ist noch nicht absolviert, da tauchen schon die Vorboten der Stadt Erding auf – asphaltierte Straßen und das Aufhausener Gewerbegebiet – und wecken kurzzeitig Zweifel an der »Wanderqualität« der weiteren Wegstrecke. Doch der verbleibende innerstädtische Teil der Wanderung vom Stadtteil Pretzen bis ins Zentrum von Erding überrascht mit schönen unasphaltierten Wegen direkt am Flussufer – und an Sehenswürdigkeiten hat die Stadt ohnehin einiges zu bieten.

Ausgangspunkt: Bahnhof St. Koloman (S 2), 491 m.
Endpunkt: Bahnhof Erding (S 2), 464 m.
Strecke: 10,7 km.
Höhenunterschied: Fast völlig flach, insgesamt 30 m Abstieg.
Anforderungen: Breite Feldwege sowie asphaltierte Straßen.
Einkehr: Zahlreiche Möglichkeiten in Erding.

Unterhalb des **Bahnhofs St. Koloman (1)** überqueren wir an der Kreuzung die **Staatsstraße 2080** und folgen der ostwärts abzweigenden Straße in Richtung Wörth auf dem parallel verlaufenden Fußweg. Nach gut 500 m, kurz nach einem rechter Hand liegenden Haus, biegen wir links in den Feldweg **(2)** ein. Er führt wenig später ein kurzes Stück an der **Sempt** entlang, entfernt sich jedoch gleich wieder von ihr. Hier kann inmitten von Feldern und umschirmt von Waldgebieten erstmals ein angenehmes Gefühl von Abgeschiedenheit aufkommen. Bei der folgenden T-Kreuzung gehen wir rechts weiter, passieren ein kurzes Waldstück und folgen dem nach links abknickenden Wegver-

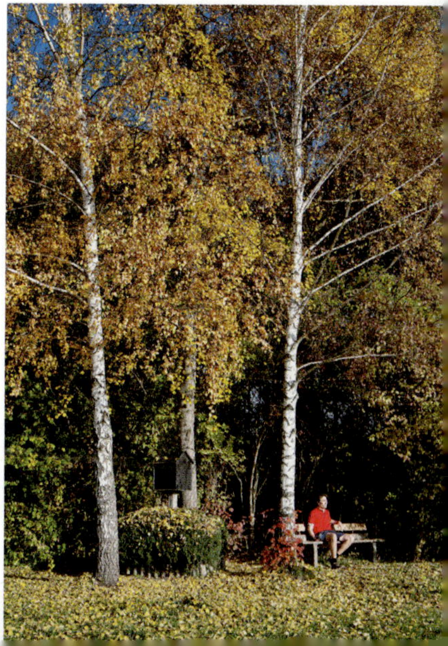

Rastplatz im Sempttal.

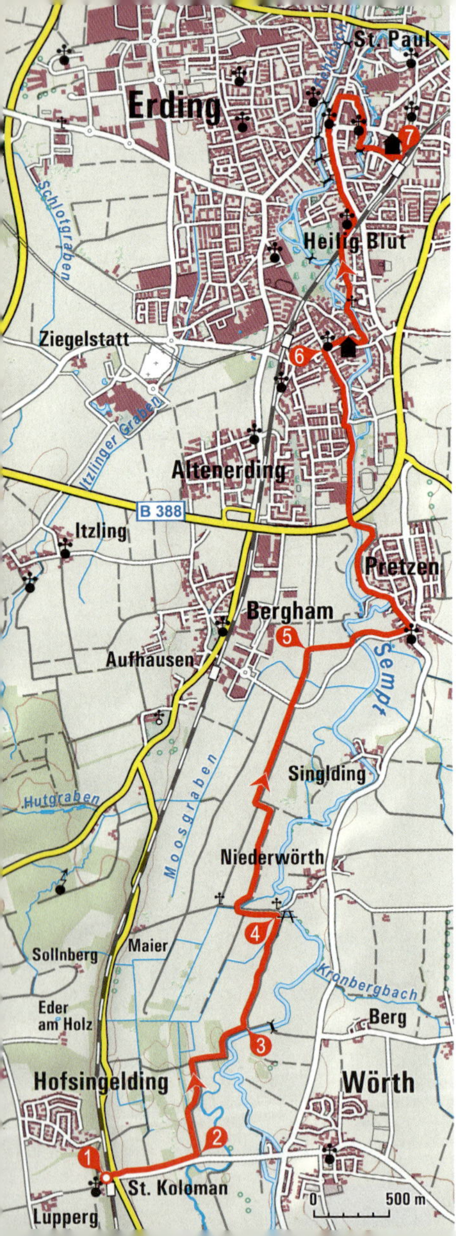

lauf. In einem Rechtsbogen geht es abermals an der Sempt entlang, doch wir zweigen links ab **(3)** und verlassen den Fluss. Der Feldweg führt uns gut 800 m weit durch die offene Landschaft, bis wir bei einem Kreuz mit Rastbank **(4)** links abbiegen. Nach 250 m können wir unmittelbar nach Überquerung eines Bachgrabens rechts in einen grasbewachsenen, wenig deutlichen Feldweg einbiegen; wer es etwas komfortabler mag und mit Asphalt kein Problem hat, geht geradeaus weiter und biegt erst bei der nächsten Gelegenheit rechts in die Straße ein. Wer sich für den undeutlichen Feldweg entschieden hat, wandert gut 700 m weit in nördlicher Richtung und dann links abbiegend zur Asphaltstraße, auf der es in Nordnordostrichtung weitergeht. Über die Pretzener Straße gehen wir geradeaus hinweg und – das Aufhausener Gewerbegebiet zur Linken – noch ein Stück weiter, bis wir bei nächster Gelegenheit nach rechts abzweigen **(5)**, die **Sempt** überqueren und den Erdinger Vorort **Pretzen** erreichen.

Im Ort biegen wir links ab, gleich darauf wieder links in die Tannenstraße (Schild »SEMPT-EW«) und nach gut 200 m abermals links in die Buchenstraße und an der Einfahrt zum E-Werk vorbei. Wir passieren ein Wildgehege und schnuppern noch einmal Landluft, bevor es links

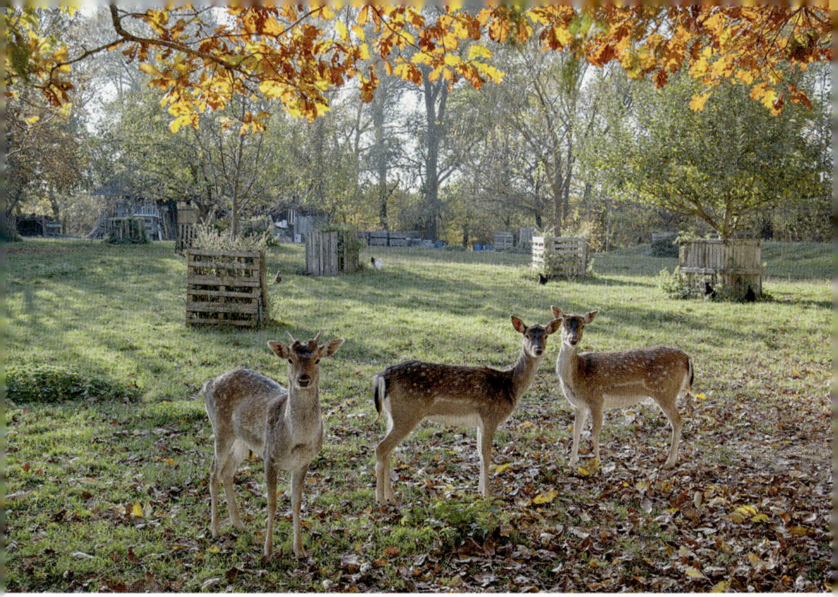

Wildgehege in Pretzen.

abzweigend unter der **B 388** hindurchgeht und wir bei den Sportanlagen endgültig das Erdinger Stadtgebiet erreichen.
Am Ende des rechtsseitigen Uferwegs überqueren wir die Sempt und gehen links des Flusses durch die Landgerichtsstraße ins Zentrum von **Altenerding** mit der sehenswerten **Kirche Mariä Verkündigung (6)**. Vor der Kirche rechts abbiegend, gelangen wir über den Hofmarkplatz und die Ardeostraße wieder zur Sempt, schwenken nach der Überquerung des Flusses gleich nach links ein und finden über einen schmalen Durchlass für Fußgänger und gleich darauf links abbiegend wieder den Weg zum (rechten) Semptufer.
Dort auf schönem Weg weiter zur »Hammerthaler Madonna«, geradeaus weiter, an der nächsten Kreuzung schräg links abbiegen (Schild »Pilgertour«), zur Bahnlinie und an ihr rechts entlang weiter. Beim Bahnübergang der Haager Straße bleibt zu entscheiden: geradeaus weiter direkt zum **Bahnhof (7)** oder links durch die Haager Straße in die **Erdinger Innenstadt**, wo städtisches Flair, schöne Gassen und Läden sowie zahlreiche Einkehrmöglichkeiten den Schlusspunkt setzen.

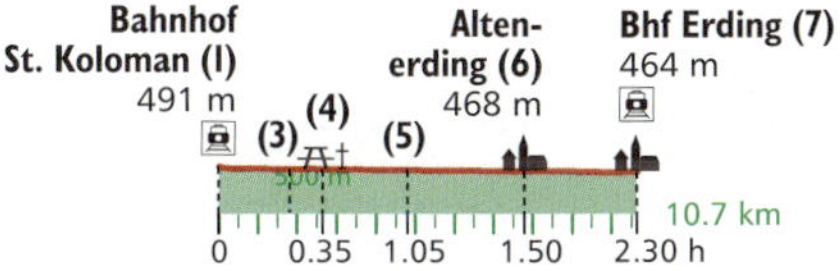

28 Schwabner Moos und Semptquelle

2.30 Std.

Von Markt Schwaben zur Anzinger und zur Forstinninger Sempt

Wer aus Markt Schwaben ostwärts hinausspaziert, findet sich in einer von vielen Bächen und kleinen Gräben durchzogenen Moorlandschaft wieder: dem Schwabner Moos mit den Quellen der Sempt. Ein schöner Spaziergang führt abwechslungsreich und über mehrere hervorragende Wanderpfade durch diese Landschaft, und auch wenn der Kilometerzähler bei dieser Runde einstellig bleibt, sollten am Ende doch genügend Appetit und Durst für eine zünftige Einkehr in Markt Schwaben vorhanden sein. Ideal auch mit Kindern!

Ausgangspunkt: Bahnhof Markt Schwaben (S 2, Regionalbahn), 508 m.
Strecke: 9,4 km.
Höhenunterschied: Unbedeutend.
Anforderungen: In Markt Schwaben Asphalt, ansonsten Feld- und Waldwege sowie Wiesenpfade.
Einkehr: Diverse in Markt Schwaben, beispielsweise Schweiger Brauhaus (bei WP 2), Tel. +49 8121 221815, http://schweiger-brauhaus.de.
Varianten: 1. Wer bei der Bushaltestelle Graf-Sieghart-Weg (Buslinie 446 oder 469, 175 m südlich von WP 2) oder bei Autoanfahrt direkt in der Grafen-von-Sempt-Straße startet, verkürzt die Tour um mindestens 2 km.
2. Von der Semptquelle (WP 5) und kurz entlang der Autobahn oder vom Sempthof (WP 6) ist ein Abstecher auf den Hügelzug (mit Bergblick) und zum Gehöft Berg möglich; am Möselschneider trifft man wieder auf die Hauptroute (gut 1 km zusätzlich).

Vom **Bahnhof Markt Schwaben (1)** steuern wir das Ortszentrum an: z. B. gegenüber dem Bahnhofsgebäude in den Fußweg links des Hotels Georgenhof, der Straße ostwärts zur Bahnhofstraße folgend, bei der Ampel über diese hinweg in die Trappentreustraße, aus ihr gleich rechts hinab (»Im Angerl«), am Ende des Sträßleins links, dann rechts hinauf (Landgerichtsgasse) zur viel befahrenen Herzog-Ludwig-Straße, an ihr nach links zur Kirche und südwärts entlang der Ebersberger Straße vorbei am **Marktplatz** zur Ab-

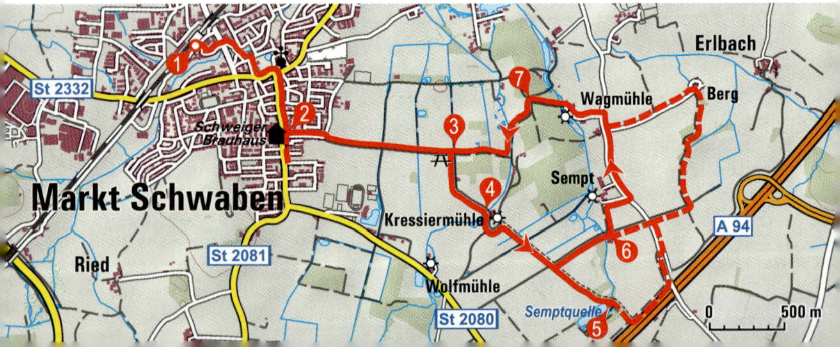

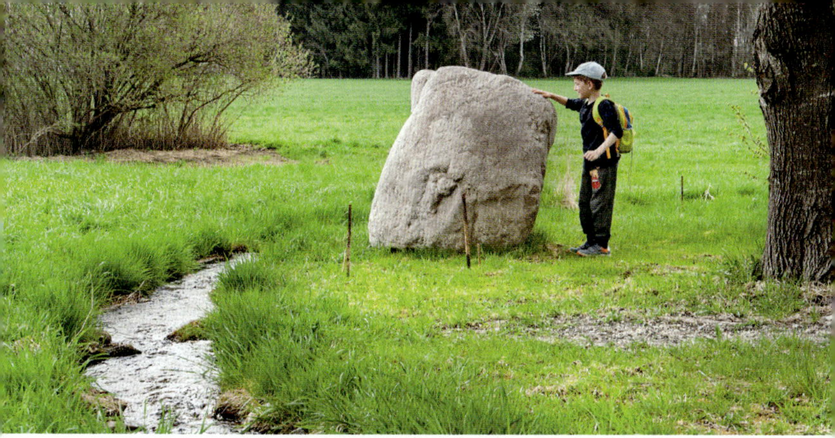

Am Gedenkstein »900 Jahre Markt Schwaben« bei der Kressiermühle.

zweigung der Grafen-von-Sempt-Straße nach links **(2)** (rechts die Brauerei Schweiger). Nun ostwärts durch die Grafen-von-Sempt-Straße zum Ortsrand und leicht rechts haltend weiter in östlicher Richtung auf dem Feldweg ins **Schwabner Moos**. Bei der dritten Kreuzung **(3)** (Rastbank) biegen wir rechts ab. Der Weg führt uns zur **Kressiermühle (4)** an der **Anzinger Sempt**. Hinter dem Anwesen schwenken wir links in die Straße ein und verlassen sie gleich wieder nach rechts auf einen Wanderpfad. Auf diesem geht es über zwei kreuzende Wege hinweg rund 900 m weit in Südostrichtung bis zu einem Weiher, der die Quelle der **Forstinninger Sempt (5)** darstellt.
Von dort gehen wir wieder ein Stück zurück und wandern nach rechts durch die Birkenallee zum Gehöft **Sempt 1 (6)**. Dort biegen wir links ab, erreichen den Hof Sempt 2 und gehen rechts zur Straße. Nun spazieren wir nach links 450 m weit an dieser entlang zum Anwesen **Möselschneider** (Einmündung Variante 2 von rechts). Nach weiteren 100 m biegen wir links zur Wagmühle ein, wo wir die **Forstinninger Sempt** wieder überqueren und in den Wald gehen. 175 m nach der Brücke über den Fluss zweigen wir nach links auf einen schönen Waldweg ab **(7)**. Auf diesem wandern wir südwärts und biegen bereits nach 75 m rechts auf einen schmäleren Pfad ab, der uns durch den Wald zu einer Wiese am Ufer der **Anzinger Sempt** und an dieser entlangführt, bis wir auf Höhe eines linker Hand gelegenen Hauses den Bach nach rechts überqueren und nach 350 m wieder die Kreuzung mit Bank **(3)** erreichen. Von dort geht's auf dem bekannten Weg zurück nach **Markt Schwaben (1)**.

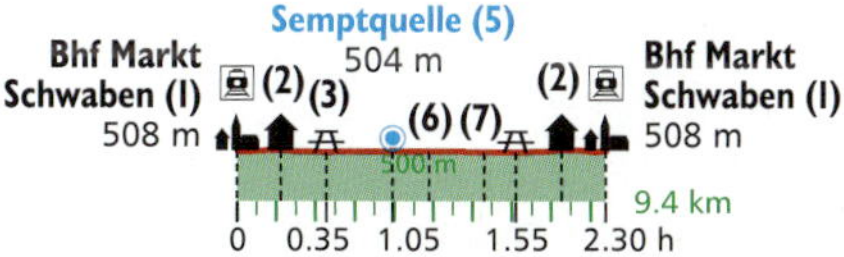

29 Im oberen Isental

4.30 Std.

Malerisches Hügelland rund um den Markt Isen

»Wer gesund sein will in Leib und Seel, der flieh zu diesem Brunnenquell!«, steht auf dem Brunnenhäuschen des Müllner-Bründls, einer sagenumwobenen Heilquelle im Wald oberhalb von Isen. Genau das wollen wir auf dieser Wanderung tun, wobei wir zuvor eine ausgedehnte Runde durch das obere, von der neuen Autobahntrasse der A 94 gottlob nicht betroffene Isental drehen. Dort scheint die Welt noch in Ordnung zu sein: Gepflegtes Kulturland und idyllisch gelegene Bauernhöfe bestimmen das Bild; bei Lichtenweg – einem der höchsten Punkte im Landkreis Erding – rücken die Alpen ins Blickfeld, dann führen stille Wald- und Wiesenwege zum Schloss Burgrain, bevor zum Abschluss das Müllner-Bründl zur erfrischenden Rast lädt.

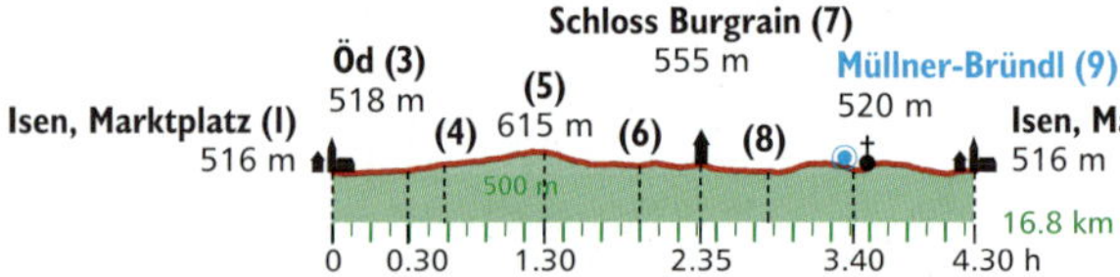

Ausgangspunkt: Markt Isen, Marktplatz im Dorfzentrum bei der Kirche St. Zeno, 516 m. Parkplätze und Bushaltestelle Isen, Rathaus (diverse Linien).
Strecke: 16,8 km.
Höhenunterschied: Gut 300 m.
Anforderungen: Überwiegend breite Wege und Straßen, lediglich zwischen Hube und Burgrain sowie beim Müllner-Bründl auch schmale, verwachsene Pfade.

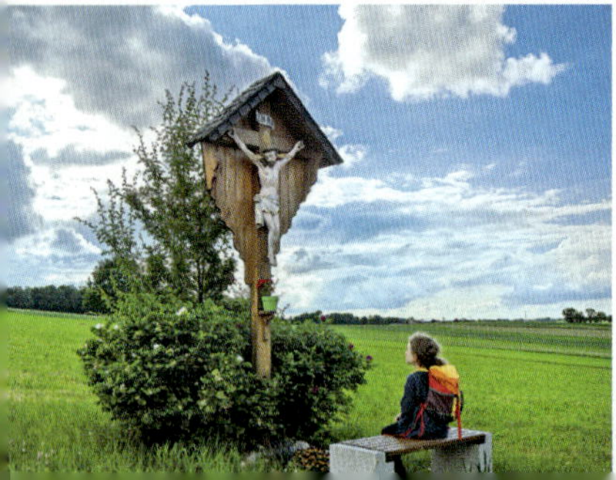

Einkehr: Gasthof Klement am Ausgangspunkt, Tel. +49 8083 211, www.gasthof-klement.de; sowie weitere in Isen.
Varianten: 1. Nach Öd (WP 3) nicht auf den Feldweg nach Linden, sondern erst 100 m weiter auf der Straße rechts nach Eschbaum (in umgekehrter Richtung als offizieller Wanderweg ausgeschildert). Dort links ab und gleich wieder rechts auf Feldweg, nach gut 800 m rechts in den Wald, bergauf und links nach Söcking, südwärts zur Straße, auf dieser kurz links, dann rechts nach Schnaupping und Lichtenweg und nach rechts entlang der Straße zu WP 5.
2. Route ohne Müllner-Bründl: Von Urtlmühle (WP 8) geradeaus weiter und auf Feldweg bzw. Fußweg, zuletzt auf dem »Urtlmühlweg«, direkt ins Zentrum von Isen; 4 km kürzer.

Wegkreuz in Strich.

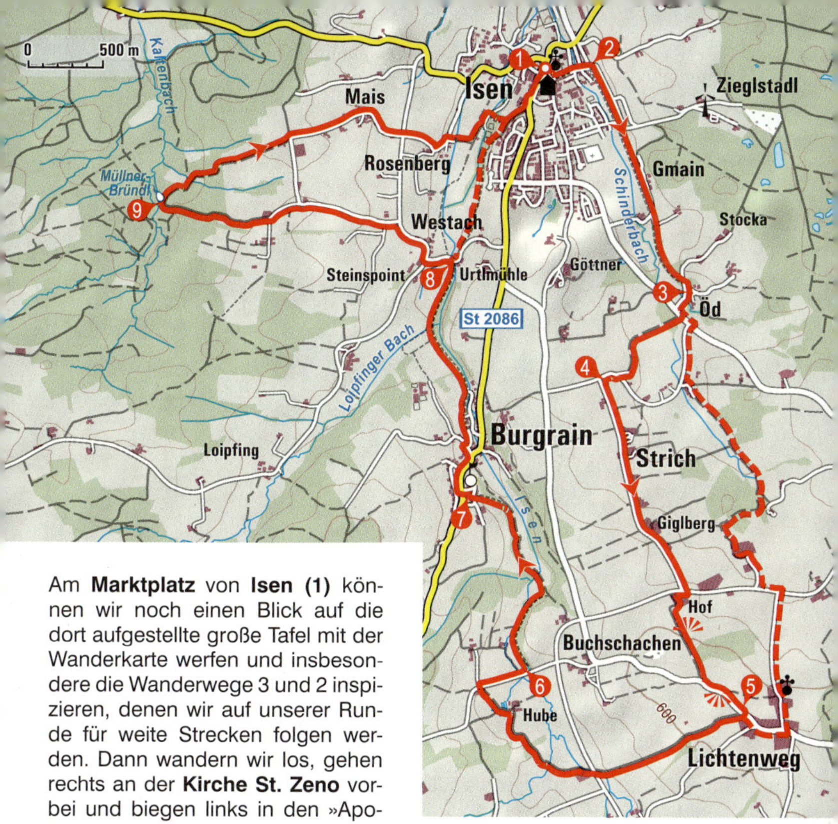

Am **Marktplatz** von **Isen (1)** können wir noch einen Blick auf die dort aufgestellte große Tafel mit der Wanderkarte werfen und insbesondere die Wanderwege 3 und 2 inspizieren, denen wir auf unserer Runde für weite Strecken folgen werden. Dann wandern wir los, gehen rechts an der **Kirche St. Zeno** vorbei und biegen links in den »Apothekerberg« ein. Steil geht's hinab zum **Schinderbach**, noch knapp 100 m weiter geradeaus und dann rechts in den unasphaltierten **»Rentnerweg« (2)**, dem wir nun über 1,5 km weit parallel zum Schinderbach ungefähr in Richtung Süden folgen. Er führt uns aus Isen hinaus, durch eine Allee an den Siedlungen Gmain und Wildenmoos vorbei und in ein Waldstück.

Bei der Asphaltstraße im Weiler **Öd (3)** endet der Weg, wir gehen nach rechts durch Öd, über den **Thonbach** (identisch mit dem Schinderbach weiter flussabwärts) und treffen auf die Kreisstraße ED 23. Ihr folgen wir kurz nach links und biegen bei einem Wegkreuz rechts in den Wald ab (Variante: erst bei der nächsten Asphaltstraße nach rechts). Über Felder gelangen wir aufsteigend nach **Linden**, vorbei am danebengelegenen **Wenshof**, und biegen links in den Ort **Strich (4)** ein, der aus einigen Einzelgehöften besteht. Auf der Asphaltstraße wandern wir nun südwärts an all diesen Höfen vorbei

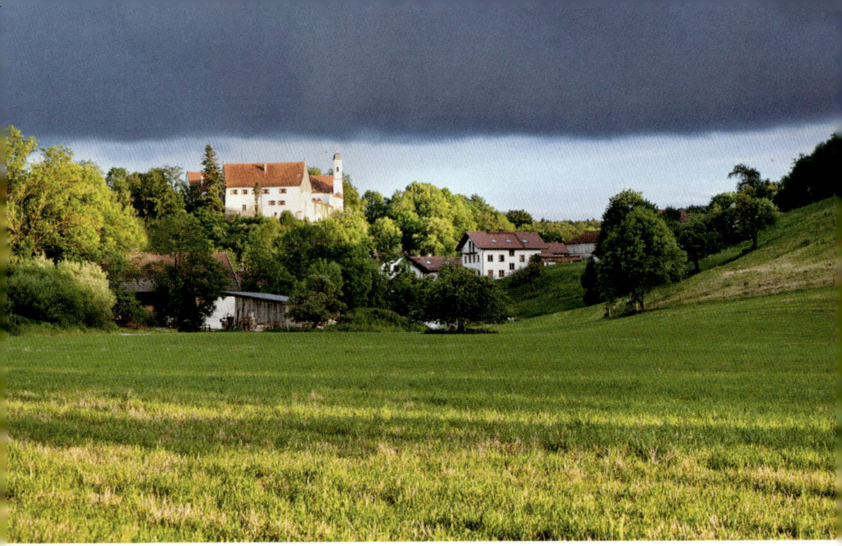

Schloss Burgrain im Abendlicht.

und bekommen dabei einige schöne Ansichten von gepflegten Bauernhöfen, Gärten und Wegkreuzen geboten – ländliches Oberbayern wie aus dem Bilderbuch!

Die Straße mündet bei **Hof** in eine größere, hier gehen wir rechts am Anwesen »Hof« vorbei und folgen dem Feldweg rechts an den Silageanlagen vorbei weiter aufwärts. Unbemerkt überschreiten wir die 600-m-Höhenlinie und können beim Blick zurück weite Teile des oberen Isentals überschauen. Bald stoßen wir auf die Kreisstraße ED 10 und damit auf den Höhenrücken, von dem aus die Aussicht nach Süden frei wird – bei klarer Luft mit schönem Alpenpanorama. Wir wandern links haltend auf den Ort **Lichtenweg** zu, biegen jedoch genau beim Ortsanfang rechts auf einen Feldweg ab **(5)**, der uns geradeaus 65 Höhenmeter hinab ins Tal führt. Dort überqueren wir die Straße, nähern uns dem Gehöft **Schrollenmühle** und folgen dem Fahrweg, der rechts an den Hofgebäuden vorbeiführt. Durch Wiesen und über den **Mittbach** erreichen wir ein Waldstück und anschließend, weiter auf dem Fahrweg, die Höfe von **Hube**. Mit einem Links-rechts-Schwenk gelangen wir zur Asphaltstraße, in die wir rechts in Richtung Buchschachen einbiegen.

Wir überqueren die **Isen** und zweigen knapp 100 m weiter, nach Überquerung eines weiteren Bachs, links in den Wald hinein ab **(6)**. Der Fahrweg führt malerisch zwischen Bach und Steilhang entlang und verliert sich auf einer großen Wiese; hier gehen wir geradeaus weiter und finden an deren hinterem Ende einen Pfad, der die weitere Passage zwischen Isen und Steil-

hang ermöglicht. Bald verbreitert sich der Pfad wieder zum Fahrweg und mündet schließlich in die offizielle Wanderroute zwischen Buchschachen und Burgrain, in die wir nach links einschwenken. Wir überqueren wieder die Isen und wandern nun auf einem Pfad durch eine einsame Landschaft, einen steilen Waldhang zur Linken, den Fluss zur Rechten. Nach gut 500 m ab der Isenbrücke zweigen wir links auf einen breiten Weg ab, der nach **Burgrain** hinaufführt; oben beim Friedhof rechts haltend gelangen wir zum **Schloss Burgrain (7)** und links daran vorbei absteigend zur Hauptstraße. Dieser folgen wir gut 200 m abwärts, biegen links in die Almstraße und dann gleich wieder rechts in den Mühlenweg ein. Ein Pfad in gerader Verlängerung des Mühlenwegs leitet uns nordwärts, dann weiter am rechten Bachufer entlang und schließlich links haltend an den letzten (nördlichsten) Gebäuden des Orts Burgrain vorbei. Nun spazieren wir immer links der Isen nordwärts, überqueren den einmündenden **Loipfinger Bach** und erreichen bald darauf **Urtlmühle (8)**.
Geradeaus geht es direkt zum Markt Isen; wer aber noch Lust und Zeit hat, sollte sich den Abstecher zum Müllner-Bründl nicht entgehen lassen: Dazu biegen wir in Urtlmühle links ab, gehen auf der Straße zur nächsten Verzweigung, dort rechts, durch Kurven aufwärts und links (westwärts) bergauf in Richtung **Westach**. Nachdem die Straße in einer Linkskurve wieder leicht bergab führt, biegen wir rechts auf einen Feldweg ab und folgen ihm westwärts in den Wald. In einer scharfen Linkskurve gehen wir geradeaus weiter und erreichen kurz darauf das **Müllner-Bründl (9)** mit der Kapelle.
Der Rückweg führt von der Kapelle nordostwärts auf einem stellenweise undeutlichen Pfad zu einer Wiese und an deren rechtem Rand zu einer Forststraße. Auf ihr nach rechts steil hinauf zum Waldrand und weiter ansteigend zu einem Gehöft. Geradeaus weiter erreichen wir absteigend die Siedlung **Mais**, dann **Rosenberg** und über den **Mühlbach** hinweg die Wiesen des Talgrunds. Dort biegen wir links ab, nach 100 m rechts, gleich darauf links, am Beginn einer parkartigen Anlage rechts und gleich wieder rechts steil hinauf. So erreichen wir den Urtlmühlweg, auf dem wir nach links wieder ins Zentrum von **Isen (1)** gelangen.

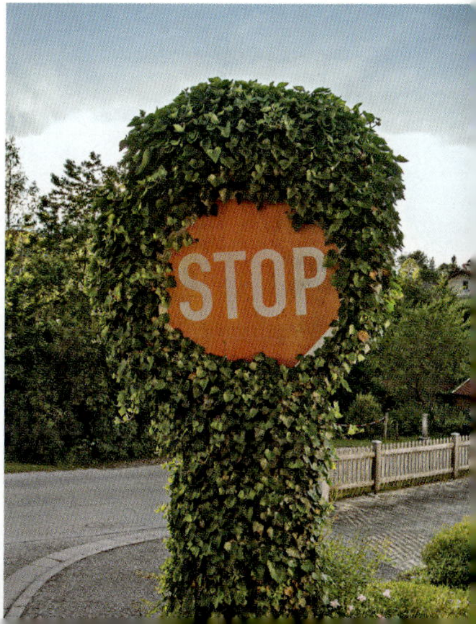

Originelles Schild in Burgrain.

30 Von Poing nach Ebersberg

5.45 Std.

Der weite Weg durch den Ebersberger Forst

Bei dieser interessanten Tour von Poing nach Ebersberg bekommen wir drei unterschiedliche Landschaften zu Gesicht, denn wir wandern zuerst durch das östliche Münchner Vorland nach Anzing, dann durch den riesigen Ebersberger Forst und schließlich über die Moränen-Hügelkette hinweg nach Ebersberg und somit ins Alpenvorland hinein. Herzstück der Wanderung ist die schattige Passage durch den Ebersberger Forst, die sich mit ihren langen Pfadabschnitten, der Möglichkeit zur Beobachtung von Wildschweinen und Hirschen sowie der Einkehr im Forsthaus St. Hubertus recht kurzweilig gestaltet und mit dem Alpenblick vom Aussichtsturm ihren Höhepunkt erreicht.

Ausgangspunkt: Bahnhof Poing (S 2), 515 m.
Endpunkt: Bahnhof Ebersberg (S 4), 563 m.
Strecke: 21,4 km.
Höhenunterschied: Rund 150 m Aufstieg, 100 m Abstieg, zzgl. Aussichtsturm.
Anforderungen: Teils schmale und etwas verwachsene Waldpfade, meist aber breite, flache Forststraßen und Feldwege sowie Asphalt.
Einkehr: Forsthaus Sankt Hubertus, Tel. +49 8092 8579996, www.forsthaus-hubertus.de; Ebersberger Alm unterhalb der Ludwigshöhe, Tel. +49 8092 2911, www.ebersberger-alm.de; weitere in Ebersberg.
Varianten: 1. Tourbeginn erst bei der Bushaltestelle in Obelfing; Tourlänge insgesamt rund 7 km weniger.
2. Abstecher zum Wildbeobachtungsturm; hin und zurück zusätzlich 650 m.

Los geht's am Bahnhof Poing – eine lange Wanderung beginnt.

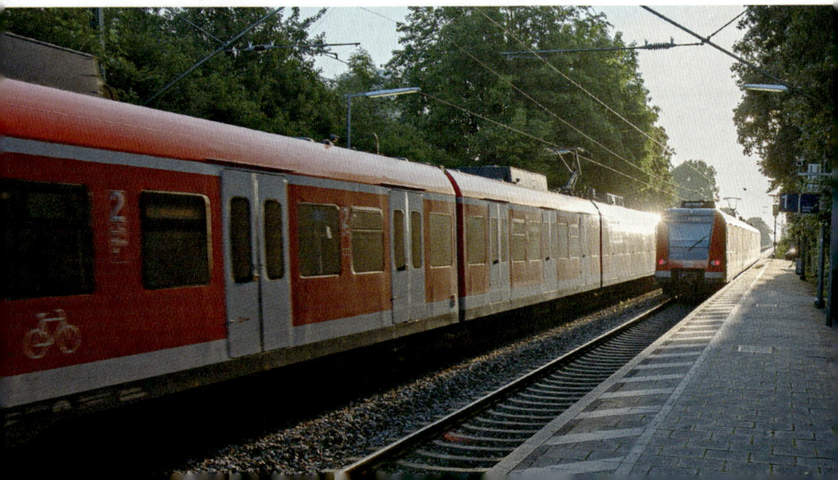

Wir wandern am **Bahnhof Poing (1)** los, indem wir auf der Südseite der Gleise über den Parkplatz zur Bahnhofstraße, an ihr links zur Kreuzung und geradeaus (ostwärts) weiter durch die Hauptstraße gehen. Bei der Kirche St. Michael biegen wir rechts in die Anzinger Straße ab und folgen ihr 350 m weit, dann zweigen wir rechts in die Prielmayerstraße und gleich wieder links in den Pfarrhofweg ab. Geradeaus verlassen wir Poing auf einem Feldweg (Bienenlehrpfad) und wandern leicht ansteigend an einem Waldstück vorbei. Geradeaus führt uns der Weg absteigend zur Autobahn **A 94**, die wir etwas rechts versetzt auf einer Brücke überqueren **(2)**. Wir folgen der asphaltierten Straße am rechts gelegenen Anwesen **Berghäusl** vorbei, durch eine Linkskurve nach **Ranharting**, daran vorbei und durch eine Rechtskurve nach **Froschkern**, wo wir am Ortseingang einen Blick in die kleine Kapelle werfen können.

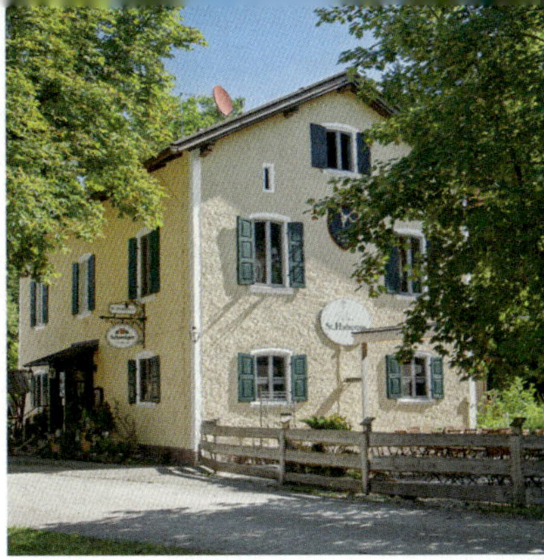

Das Forsthaus St. Hubertus.

Unmittelbar nachdem wir Froschkern durchquert haben, nähern wir uns der quer verlaufenden Münchener Straße zwischen Neufarn und Anzing; wir halten uns kurz vor Erreichen der Straße rechts, unterqueren sie **(3)** und biegen jenseits im kleinen Wohngebiet gleich rechts (südwärts) ab. Nun gehen wir auf einem Feldweg am Waldrand an **Höggerloh** vorbei und noch ein Stück ansteigend weiter, bevor wir links auf einen Feldweg abbiegen und ostwärts auf **Ziegelstadel** zusteuern. In den quer verlaufenden breiten Weg schwenken wir rechts ein und nach gut 100 m gleich wieder links, wodurch wir auf **Anzing** zugehen. Dort bleiben wir einfach geradeaus und gehen auf dem Kaiserweg, bis dieser in die Zornedinger Straße einmündet; hier halten wir uns kurz links, um gleich darauf rechts in die Parkstraße einzubiegen **(4)**, die uns nun geradeaus nach **Obelfing** und in den **Ebersberger Forst** bringt. Rund 75 m nach Betreten des Waldes biegen wir rechts auf den Parkplatz mit Infotafel ab und nehmen nach etwa 40 m den breiten Wanderweg, der

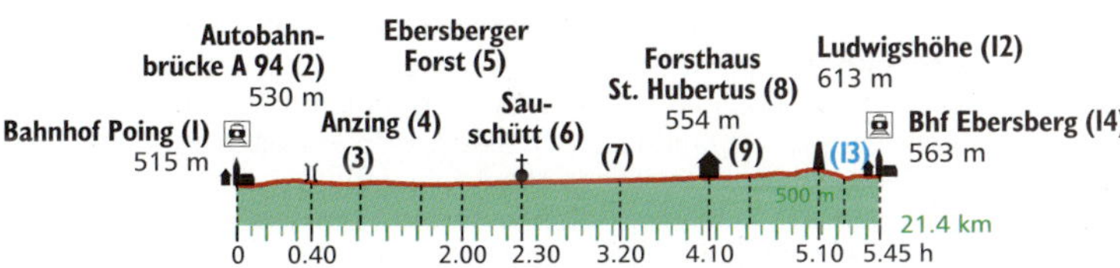

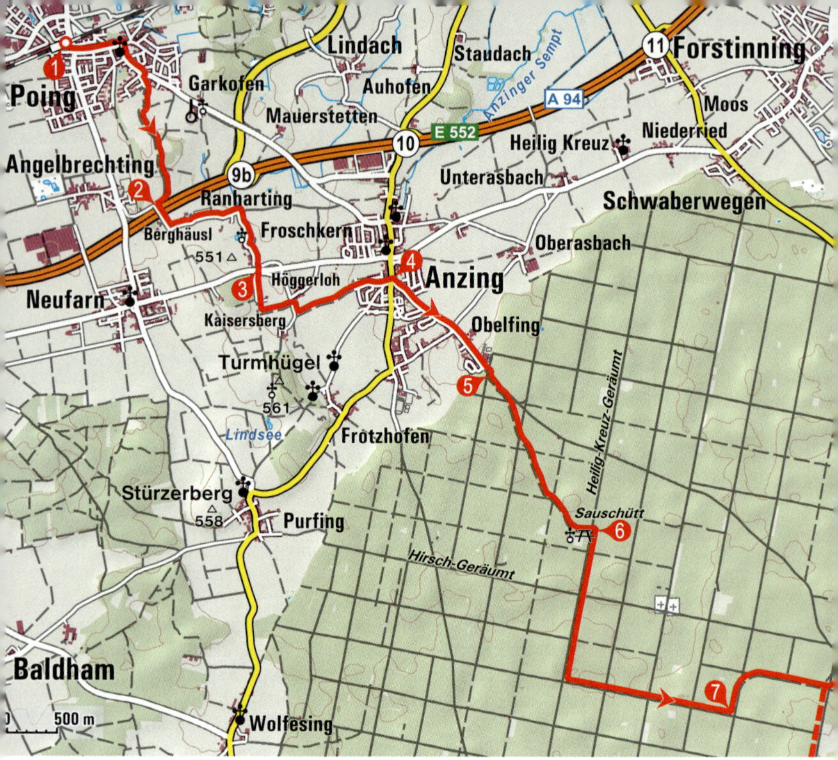

parallel zur Straße weiterführt **(5)**. Bei einer Verzweigung nach 280 m bleiben wir rechts und wandern auf dem ab hier schmäleren Waldweg weiter, überqueren zwei kreuzende Forststraßen und gelangen schließlich zur Marienkapelle und zur **Sauschütt (6)**.

Nun folgen längere gerade Abschnitte auf Forststraßen: Von der Sauschütt aus geht's rechts (südwärts) auf dem **Heilig-Kreuz-Geräumt** genau 1,5 km weit zur Kreuzung mit dem **Hetzplatz-Geräumt**, in das wir links abbiegen. Diesem folgen wir 1,75 km weit bis zur Kreuzung mit dem **Schilcher-Geräumt (7)**; auf dem wir uns wiederum nach links (nordwärts) wenden. Nach knapp 300 m führt uns eine weitläufige Rechtskurve zum **Purfinger-Haupt-Geräumt**, auf dem wir nach 700 m die Kreuzung mit dem **Törring-Geräumt** erreichen (nach rechts: Variante 2). Noch wenige Meter weiter, dann können wir links auf einen schmalen, schönen Pfad abbiegen, der uns parallel zum Purfinger-Haupt-Geräumt ostwärts über mehrere Forststraßen hinweg zur Straße zwischen Anzing und Ebersberg führt; auch diese überqueren wir und haben dann nur noch rund 200 m bis zum **Forsthaus St. Hubertus (8)** mit Biergarten.

Der bis Ebersberg markierte weitere Weg, wiederum ein Waldpfad, beginnt wenige Schritte südlich des Forsthauses, leitet uns nach knapp 300 m abermals auf das Purfinger-Haupt-Geräumt und gleich darauf zur Kreuzung mit dem **Kapellen-Geräumt**; dort beginnt leicht rechts versetzt wieder der Waldpfad. In der Folge wandern wir in Südostrichtung auf dem kurvenreichen und stellenweise etwas verwachsenen sowie matschigen Pfad über das Lindach-Geräumt hinweg zur Anzinger Straße **(9)** und auch über diese leicht links versetzt hinweg südsüdostwärts weiter. Nach Querung zweier weiterer Forstwege gabelt sich unser Weg **(10)**; wir wählen wie beschildert die linke Variante und gewinnen an Höhe. Der Weg dreht nach links ab, mündet schließlich in eine Forststraße, wir behalten die ostnordöstliche Richtung bei und steigen auf ihr 20 Hm ab, bis uns die Beschilderung wieder rechts hinaufweist **(11)**.

Im Auf und Ab wandern wir nun in Südsüdostrichtung auf die Ludwigshöhe zu, die Sportanlagen bleiben links unterhalb, und schließlich geht es endgültig links hinauf zur Einmündung von Tour 30 von Kirchseeon her, über die **Ludwigshöhe** hinweg und ostwärts hinüber zum Aussichtsturm **(12)**. Anschließend steigen wir südwärts hinunter zur Ebersberger Alm und gehen durch die Allee nach **Ebersberg** hinab. Wo der Alleeweg in eine Querstraße mündet (»Am Priel«), spazieren wir oberhalb des Klostersees **(13)** links hinab zur viel befahrenen Eberhardstraße und überqueren diese bei der Ampel. Nun südwärts an der Straße entlang, schräg links abzweigend steil den Richardisweg hinauf, geradeaus durch die Semptstraße und weiter geradeaus durch die Sieghartstraße erreichen wir mit dem Marienplatz das Zentrum von Ebersberg. Von hier sind es südwärts durch die Altstadtpassage oder an der Kirche St. Sebastian vorbei nur noch wenige Hundert Meter bis zum **Bahnhof Ebersberg (14)**.

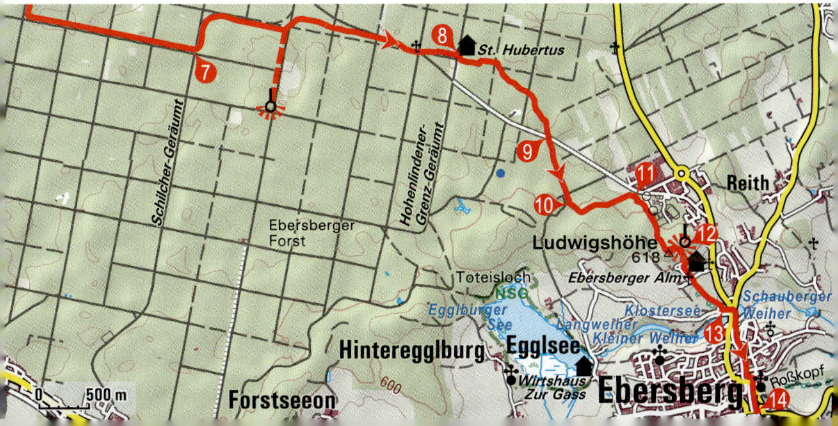

31 Von Kirchseeon nach Ebersberg

4.30 Std.

Ebersberger Forst, Egglburger See und Ludwigshöhe

Im Herzen des Ebersberger Landes ist das Landschaftsbild geprägt von eiszeitlichen Moränenhügeln, dem 90 km² großen Ebersberger Forst, kleinen Bauerndörfern – wie Forstseeon mit dem seit 1328 bestehenden Perschthof – und dem Egglburger See, auf dessen Südseite die Kirche St. Michael thront. Den Höhepunkt im wahrsten Sinne des Wortes markiert jedoch der vor gut 100 Jahren errichtete, 35 m hohe Aussichtsturm auf der Ludwigshöhe, der einen herrlichen Rundblick ermöglicht. Bei so vielen Sehenswürdigkeiten ist es kein Wunder, dass die Rundwanderung von Kirchseeon nach Ebersberg und zurück als eine von wenigen Routen im Umfeld Münchens als Wanderweg markiert und ausgeschildert wurde.

Ausgangspunkt: Bahnhof Kirchseeon (S 4), 561 m.

Höhenunterschied: Rund 250 m zuzüglich Aussichtsturm.

Strecke: 15,0 km.

Anforderungen: Schmale, teils auch steile und wurzelreiche Waldwege (hier tendiert die Schwierigkeit zu »mittelschwer«), dazu Forststraßen, Feldwege sowie asphaltierte Straßen. Trotz überwiegend guter Markierung (rot-weiß) ist die Orientierung nicht immer ganz einfach; aufmerksames Mitverfolgen der Route mittels Karte oder GPS-Gerät empfehlenswert, unterwegs immer gut auf Markierung und Beschilderung achten.

Einkehr: Ebersberger Alm unterhalb der Ludwigshöhe, Tel. +49 8092 2911, www.ebersberger-alm.de; Wirtshaus »Zur Gass« am Egglburger See, Tel. +49 8092 21558, www.zurgass.de; diverse in Kirchseeon.

Variante: Tour nur bis Ebersberg: Von WP 8 weiter wie Tour 30 ab WP 13 zum Bahnhof Ebersberg. Insgesamt 9 km/ 2.45 Std.

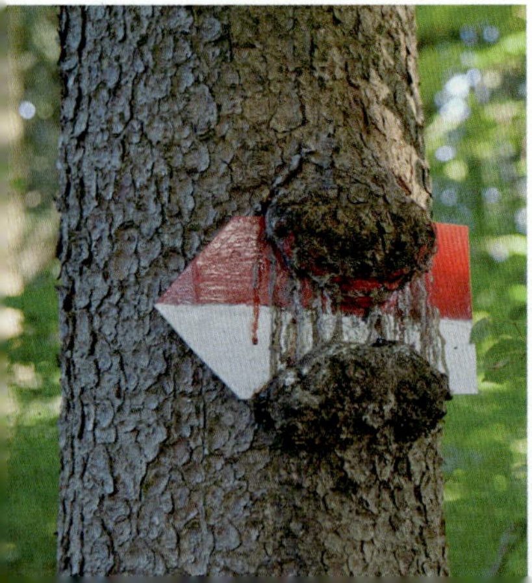

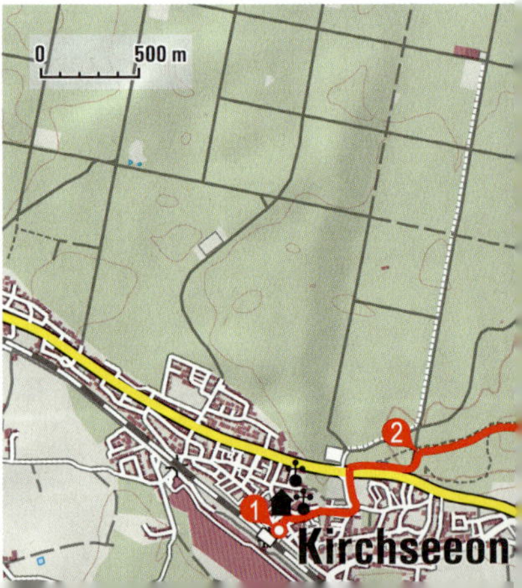

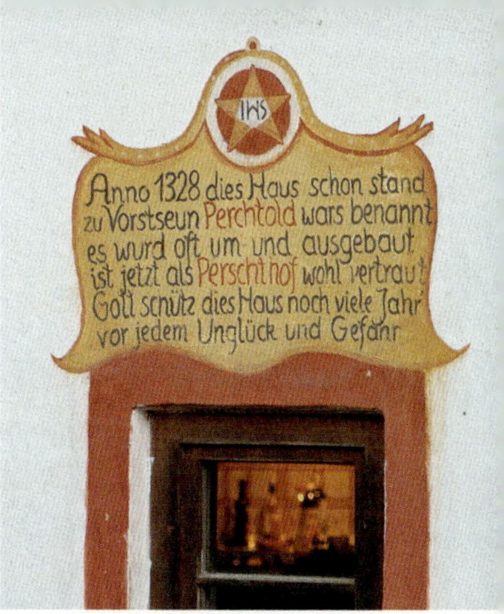

Lüftlmalerei am Perschthof.

Vom **Bahnhofsvorplatz** in **Kirchseeon (1)** gehen wir rund 100 m geradeaus durch die Münchner Straße, folgen ihr beim Restaurant aber nicht in die Linkskurve, sondern spazieren auf dem Kirchenweg rechts am Restaurant vorbei, hinauf zur **Josefskirche**, links an dieser vorbei und über Treppen weiter aufwärts zum Ortsrand. Dort gehen wir links zur viel befahrenen **B 304** hinab und unterqueren diese rechter Hand durch eine Unterführung. Jenseits halten wir uns rechts und wandern an der B 304 entlang, bis der Weg nach knapp 300 m nach links in den Wald abbiegt. Nun geht es 125 m weit nordwärts zum Zaun des Wildparks **(2)**; dort folgen wir den rot-weißen Markierungen nach rechts steil den Hang hinauf.

Damit befinden wir uns auf der Wanderroute, die uns auf den folgenden rund 3,5 km zum Egglburger See und in weiteren 2,2 km zur Ludwigshöhe bringt, überwiegend gut markiert ist und wechselweise über Forststraßen wie auch über schmale Waldpfade führt. Eine exakte Beschreibung würde den Rahmen sprengen; im Groben stellt sich dieser Abschnitt wie folgt dar: Anfangs entlang des Wildzauns, dann auf einer Forststraße ostwärts zur Wegverzweigung **(3)**, wo wir die linke Route (»Waldweg«) wählen; auf der anderen Rou-

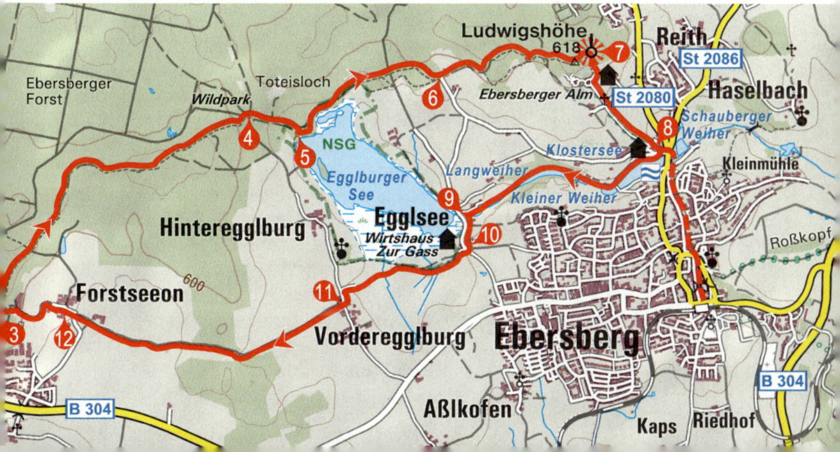

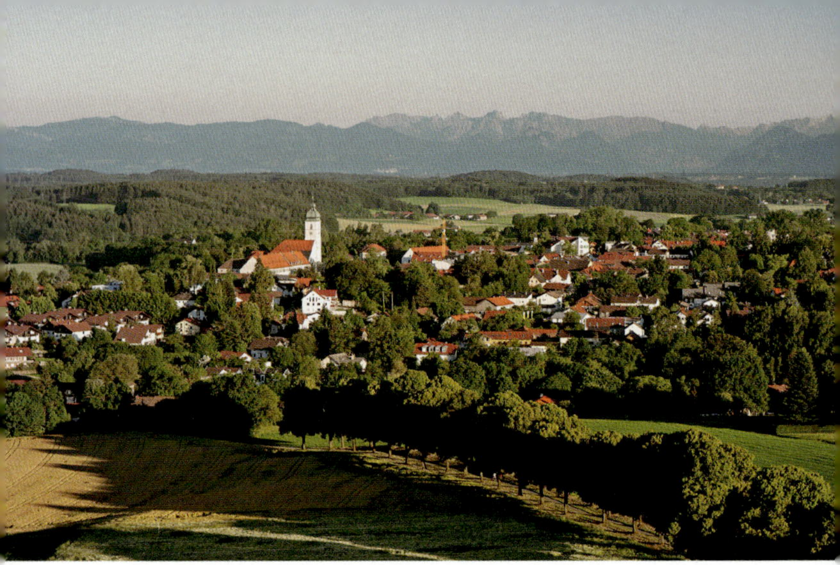

Blick vom Aussichtsturm über Ebersberg zum Kaisergebirge.

te (»Feldweg«) kommen wir später wieder zurück. Nun in ungefähr nordöstlicher Richtung im Auf und Ab dem Höhenzug folgen; zweimal muss man sich bei Einmündungen in eine neugebaute Forststraße (evtl. ohne Markierung) links halten. Schließlich dreht der Weg nach rechts (in Ostrichtung) ab und verläuft dann wieder ostnordostwärts an einem Wildzaun entlang sowie steil absteigend zu einem Tor zum Wildpark an einer Kreuzung verschiedener Wege **(4)**, von wo aus wir auf einer Forststraße in Ostsüdostrichtung nach rund 375 m den **Egglburger See (5)** erreichen. An seinem nördlichen Ufer spazieren wir durch Wald entlang und queren eine Wiese (von hier nochmals schöner Blick zurück zum See und zur Kirche St. Michael); beim nächsten Eintreten in den Wald nicht dem breiten Weg nach rechts folgen, sondern geradeaus auf einem schmäleren Weg weiter. Dieser bringt uns durch den Wald ostwärts nach 600 m zum Anwesen **Egglsee 9 (6)** und führt dann kurz über freies Feld, nach rechts schwenkend am Waldrand entlang und links wieder in den Wald. Nach weiteren 500 m ist der Fuß der **Ludwigshöhe** erreicht, wo ein Netz zahlreicher Wege die Orientierung erschwert. Die richtige Route führt direkt ostwärts steil den Hang hinauf und zum **Aussichtsturm (7)**, der uns einen fabelhaften Rundblick ermöglicht.
Anschließend steigen wir vom Turm südwärts hinunter zur Ebersberger Alm und wandern auf der Straße durch die Heldenallee nach Ebersberg hinab. Wo der Alleeweg bei den ersten Häusern in eine Querstraße mündet, gehen

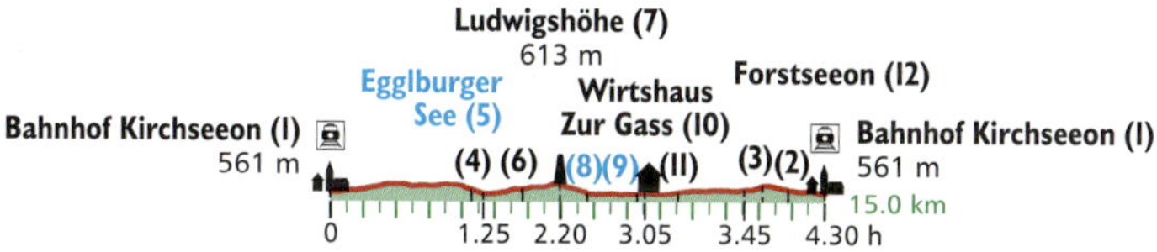

wir noch nicht rechts, sondern kurz links hinab, ums Hotel herum und unterhalb davon rechts hinein **(8)**. Nun spazieren wir am rechten Ufer von **Klostersee** und **Langweiher** entlang, durchs **Ebrachtal** und am **Seeweberweiher** vorbei zum **Egglburger See (9)**. Hier gehen wir links und erreichen das Wirtshaus »Zur Gass« **(10)**, bei dem wir rechts in einen Feldweg einbiegen. Auf einem schönen Wiesenweg geht es nach **Vorderegglburg**, in das wir links einbiegen; nach 80 m verlassen wir den Ort aber schon wieder nach rechts (westwärts) auf einen Feldweg **(11)**. 1,75 km weit wandern wir über Felder nach **Forstseeon (12)**, das wir geradeaus durchqueren; anschließend führt der Feldweg links ausholend hinauf zum Wald, wo wir uns bei den ersten zwei Verzweigungen links und bei der dritten gleich darauf rechts halten; somit ist wieder WP 3 erreicht, und über die vom Hinweg bekannte Route wandern wir zurück nach **Kirchseeon (1)**.

Mit der Heldenallee wird der 84 Ebersberger Gefallenen im Ersten Weltkrieg gedacht.

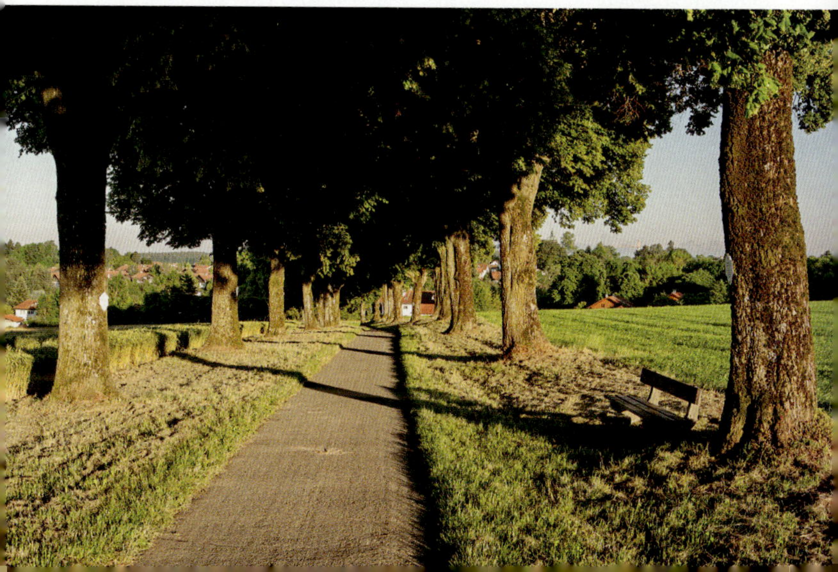

32 Von Kirchseeon nach Aying

5.00 Std.

Stille Streckenwanderung im Münchner Südosten

Der weite Weg von Kirchseeon nach Aying führt in ständigem Auf und Ab genau am westlichen Rand der Endmoränenlandschaft des Inn-Gletschers entlang. Mehrere ausgedehnte Waldgebiete werden durchquert, dazwischen sorgen die Wallfahrtskirche Maria Altenburg, die beiden Toteisseen Steinsee und Kastenseeoner See und immer wieder das Bergpanorama für Abwechslung. Schließlich rückt der Kirchturm von Aying ins Blickfeld – ein Schlüsselreiz, der Kenner der bayerischen Wirtshauskultur zum Schwärmen bringt und bei vielen schlagartig Durstgefühle auslöst. Denn neben Kirche und Maibaum beherbergt Aying auch ein Wirtshaus – aber nicht irgendeines, sondern einen der charakteristischsten und traditionsreichsten gastronomischen Betriebe weit und breit, der im Dorfzentrum rund um den Brauereigasthof und das Bräustüberl ein ganzes Gebäudeensemble entfaltet hat und zum Verkosten des vor Ort gebrauten Biers einlädt.

Ausgangspunkt: Bahnhof Kirchseeon (S 4), 561 m.
Endpunkt: Bahnhof Aying (S 7), 602 m.
Strecke: 20,3 km.
Höhenunterschied: Aufstieg ca. 240 m, Abstieg ca. 200 m.
Anforderungen: Breite Wald- und Feldwege sowie kurze Abschnitte auf Asphalt.
Einkehr: »Sacherl« in Altenburg, Tel. +49 8091 6574, www.sacherl-maria-altenburg.de; Restaurant Steinsee, Tel. +49 8093 788, http://steinsee.com; Ayinger Bräustüberl, Tel. +49 8095 1345, www.ayinger-braeustueberl.de.

Impressionen unterwegs: eine Pietà und ein Baum nahe Maria Altenburg.

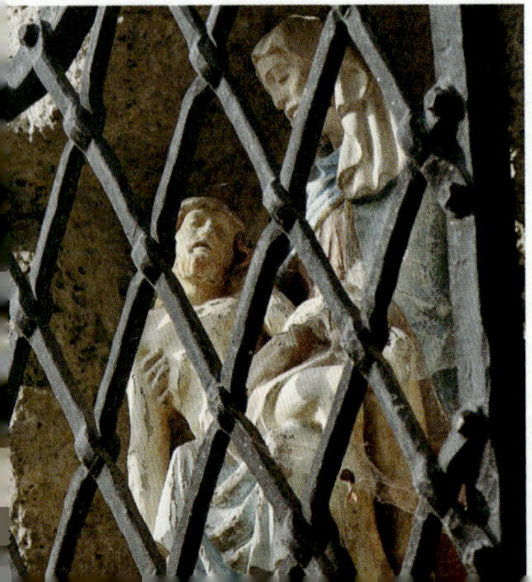

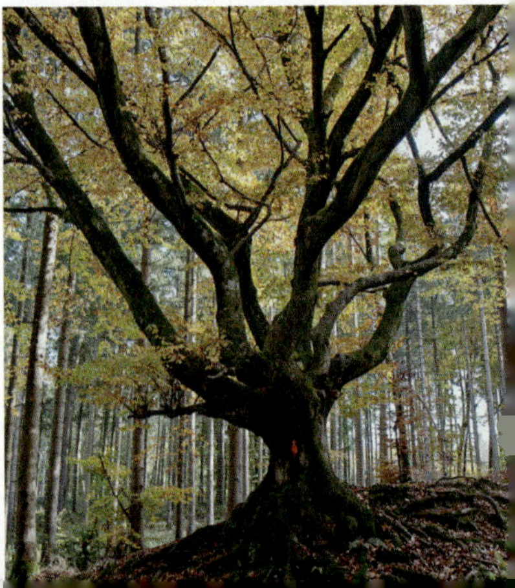

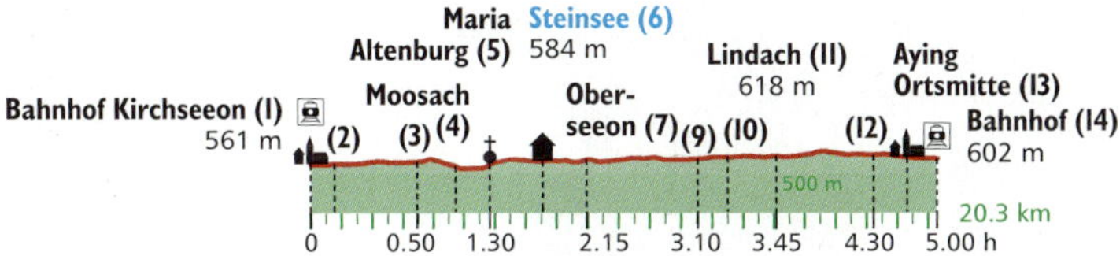

Vom **Bahnhofsvorplatz** in **Kirchseeon (1)** gehen wir nach rechts die Wasserburger Straße entlang, biegen nach rechts ab, überqueren auf der Brücke die Bahnlinie und folgen der Moosacher Straße noch 250 m bis zu einem Kreisverkehr. Hier verlassen wir die Moosacher Straße geradeaus in die Deinhofener Straße **(2)** und spazieren in südsüdwestlicher Richtung aus Kirchseeon hinaus. Auf der unasphaltierten Straße geht es zunächst entlang einer größeren Freifläche, dann im Wald südwärts dahin, bis unsere Route nach rechts schwenkt (Schild »Moosach, Maria Altenburg«). Nach weiteren Kurven wandern wir am Waldrand entlang und biegen bei der folgenden Kreuzung mit vielen Wegweisern nach links ab (»Maria Altenburg über Moosach«). Wir kommen am Gehöft **Deinhofen (3)** vorbei und gehen an der nächsten Verzweigung nicht links nach Falkenberg, sondern geradeaus weiter in den Wald. Es geht bergab, und wenig später verlassen wir den Wald wieder – nun liegt der Ort **Moosach** vor uns, und wir können das Alpenpanorama bewundern.

Unmittelbar vor den ersten Häusern von Moosach biegen wir rechts ein **(4)** und gleich wieder links ab, um am Haus Nr. 9 und den folgenden Häusern links vorbei auf einem schmalen Weg hinabzugehen. An der Nordendstraße wenden wir uns nach rechts (Westen), wandern geradeaus hinüber zur benachbarten Siedlung, wo wir die linke der beiden Straßen nach unten verfolgen, die Kreisstraße überqueren und leicht links versetzt zwischen den Häusern hindurch und über einen steilen Treppensteig zur Kirche **Maria Altenburg (5)** hinaufgehen. Anschließend folgen wir vom Parkplatz der Wallfahrtskirche dem südwestwärts hinaufziehenden Fahrweg in den Wald und gehen auf ihm immer geradeaus bis zur nächsten Asphaltstraße. Diese überqueren wir, gehen ein Stück an ihr entlang nach rechts und können dann links zum Steinsee abbiegen. Ohne zunächst Zugang zum See zu haben (kostenpflichtiges Seebad!), bleiben wir auf der Zufahrtsstraße, passieren Restaurant **(6)** und Parkplätze und wandern einfach geradeaus weiter; auf diese Weise umrunden wir das eingezäunte Gewässer im Uhrzeigersinn, bis wir am südöstlichen Ufer doch noch eine Möglichkeit haben, kostenlos ans Ufer des **Steinsees** zu gelangen.

Danach wandern wir nach **Oberseeon (7)** hinauf. Wir folgen der Straße zwischen den Höfen hindurch und gehen auf einem Feldweg geradeaus südwärts wieder bergab und weiter geradeaus ins **Adlinger Holz**. Immer auf

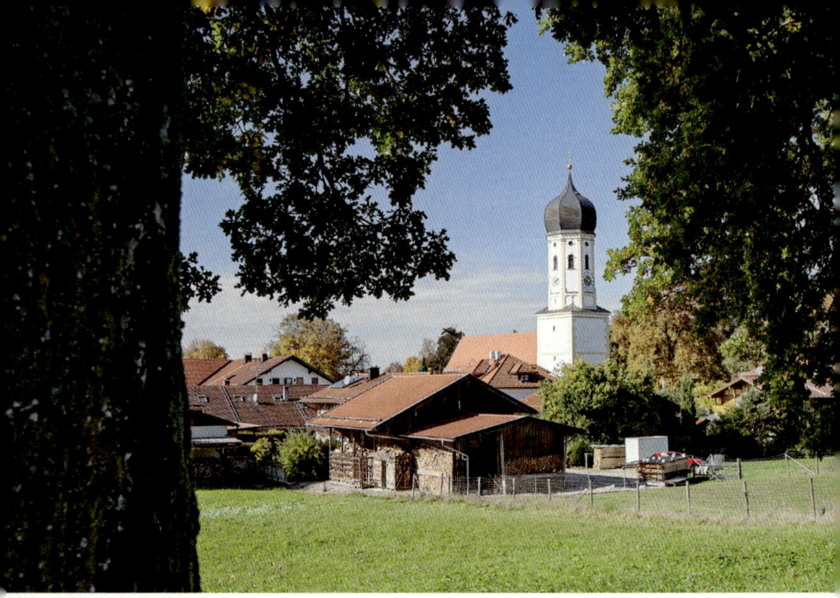

Aying ist erreicht. Noch 250 Meter bis zum Bräustüberl!

dem Hauptweg durchqueren wir das Waldgebiet und halten uns bei einer dreiecksförmigen Verzweigung nach 1,35 km nicht links nach Glonn, sondern rechts. Nach weiteren 500 m ist die **Staatsstraße 2079** zwischen Schlacht und Glonn erreicht. Wir überqueren sie **(8)** und betreten nur 15 m links versetzt wieder auf einem Forstweg den Wald. Bei einer Kreuzung nach 300 m gehen wir geradeaus weiter ins **Vogelherdholz**. Bald schwenkt der Forstweg nach rechts, führt durch ein einsames und abwechslungsreiches Waldgebiet und mündet in eine kleine Asphaltstraße, der wir nach links aus dem Wald hinaus folgen. Wir wandern noch kurz in Südrichtung weiter und biegen dann in den ersten Feldweg ein, der auf freiem Feld rechts abzweigt **(9)**.

Er führt uns westwärts auf die Anhöhe des **Schusterbergs** hinauf und nach **Kastenseeon**, wo wir vor dem **Kastenseeoner See** links in den Feldweg einschwenken **(10)**. Durch Wald gelangen wir, seitliche Abzweige ignorierend und zuletzt rechts in die asphaltierte Straße einschwenkend, nach **Lindach (11)**, das wir geradeaus auf einem Feldweg (»Fußweg Aying«)

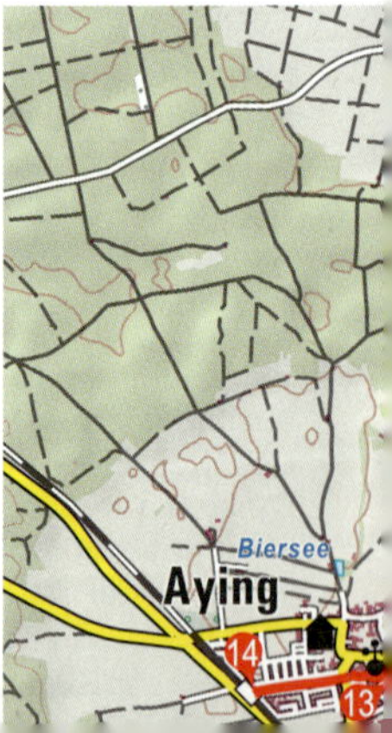

gleich wieder verlassen. Mit dem ausgedehnten **Egmatinger Forst** betreten wir ein letztes Mal Wald, gehen bei der ersten Verzweigung auf dem Hauptweg links weiter, bei einer zweiten kurz darauf durch eine Rechtskurve und wandern in der Folge immer westsüdwestwärts, zuerst aufsteigend, später absteigend durch die Waldgebiete, schließlich über Felder auf Aying zu. Zum Abschluss lohnt sich ein kleiner Umweg: Gleich beim ersten Haus biegen wir links auf einen Feldweg ab **(12)**, der uns auf eine aussichtsreiche Anhöhe und zum südlichen Ortsrand von **Aying** führt. Dort zweigen wir rechts ab und haben von der Eichenallee »Am Schmiedberg« einen schönen Blick zur Kirche. Nach links in die Schmiedgasse einbiegend erreichen wir die Ortsmitte mit Bräustüberl und Kirche **(13)**. Zum Abschluss gehen wir links oder rechts um die Kirche herum zur Peißer Straße, von der die Bahnhofstraße westwärts den Zugang zum **Bahnhof Aying (14)** vermittelt.

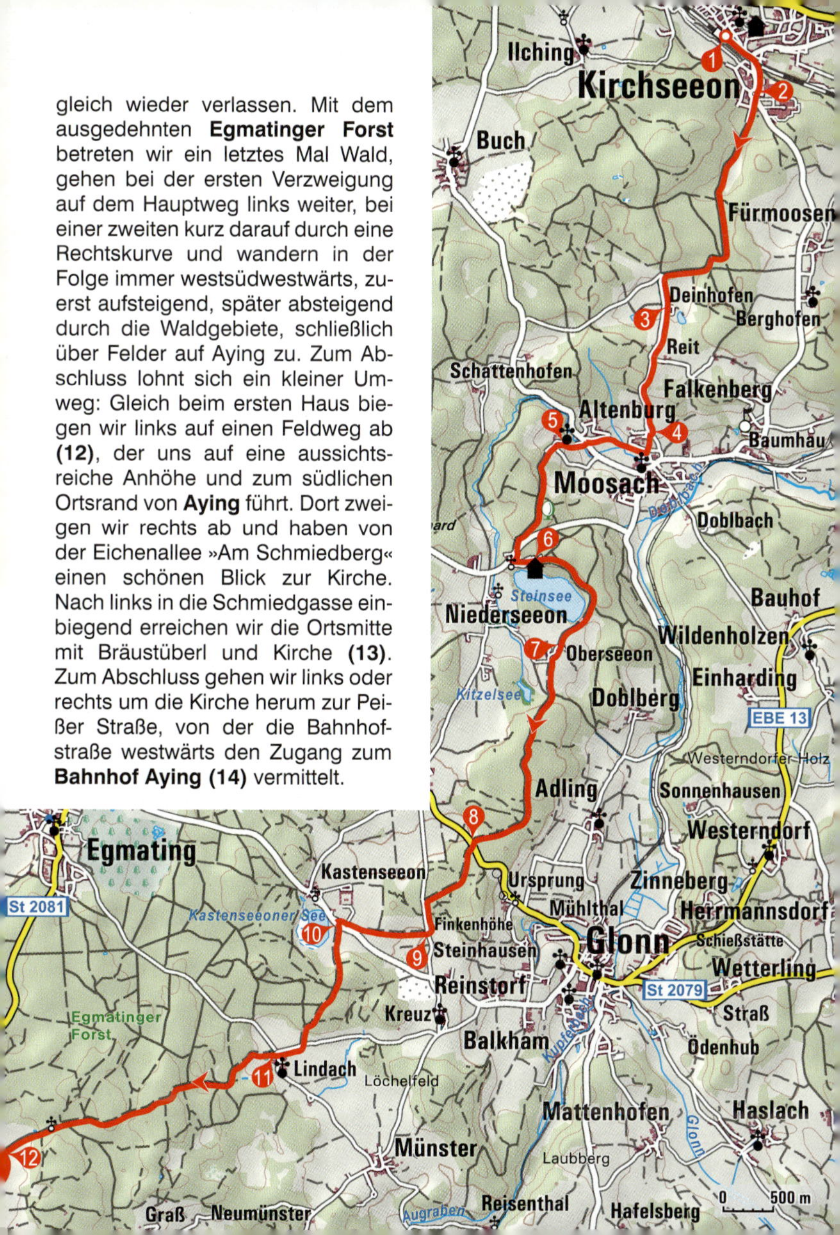

33 Im Kupferbachtal

2.30 Std.

Kurzweilige Wald- und Bachwanderung bei Glonn

Südöstlich von München, gut versteckt im Dreieck zwischen Aying, Glonn und Feldkirchen, befindet sich das Kupferbachtal – ein zum Ende der letzten Eiszeit entstandenes Flachmoorgebiet, das in einem vergleichsweise ursprünglichen Zustand erhalten ist. Die hier beschriebene Rundwanderung ab Unterlaus führt zunächst als entspannter Waldspaziergang nach Frauenreuth, dessen Name schon ahnen lässt, dass das kleine Bauerndorf über Jahrhunderte hinweg ein bedeutender Marienwallfahrtsort war. In der Mariä-Himmelfahrt-Kirche sind zahlreiche Votivtafeln aus dem 17. Jahrhundert zu sehen. Anschließend gibt der Kupferbach den Weg vor: zuerst durch die idyllischen Wiesen bei Reisenthal, schließlich auf einem stellenweise wilden Waldpfad entlang des von dichtem Schilfbewuchs geprägten Naturschutzgebiets.

Ausgangspunkt: Parkplatz auf der Nordwestseite des Lauser Weihers, an der Abzweigung nach Oberstetten, 564 m.
Strecke: 7,5 km.
Höhenunterschied: Rund 100 m.
Anforderungen: Zuerst breite Forstwege, Straßen und Feldwege, dann schmaler, wurzelreicher, teils verwachsener und matschiger Waldpfad. Teile des Pfads können aufgrund von Überschwemmung und Verwuchs schwer auffindbar und nicht ganz angenehm zu begehen sein, zudem tragen andere Wege und Forststraßen zur Unübersichtlichkeit des Geländes bei – etwas Gespür für die Wegfindung, Trittsicherheit und Abenteuerlust sind hier also nicht fehl am Platz.
Einkehr: Reisenthaler Hof, Tel. +49 8093 1426, www.reisenthalerhof.de (nur Fr/Sa 11–17 Uhr!).
Variante: Von WP 5 kurz mit der Hauptroute südwärts am Bach entlang, dann auf breitem Weg links hinauf und oben rund 80 m nordwärts am Waldrand entlang, dann auf der vom Hinweg bekannten Route südwärts durchs Hochholz zurück; dadurch entfallen die abenteuerlicheren Passagen des Pfads am Kupferbach (Tour ist dann »leicht«).

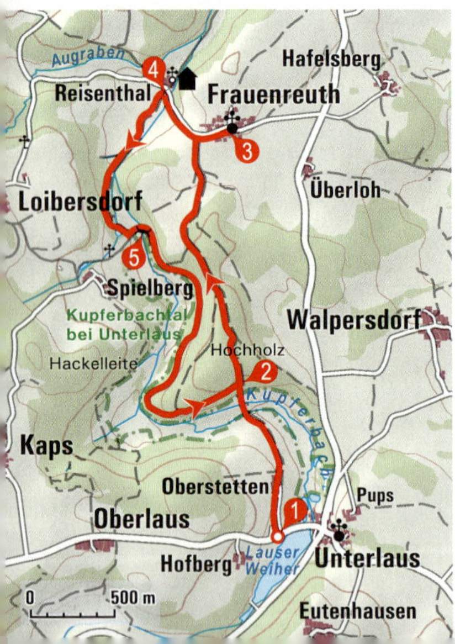

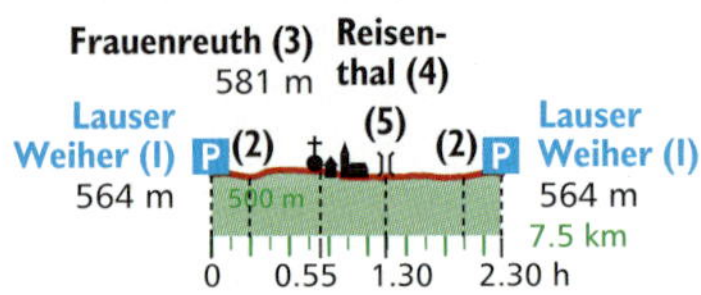

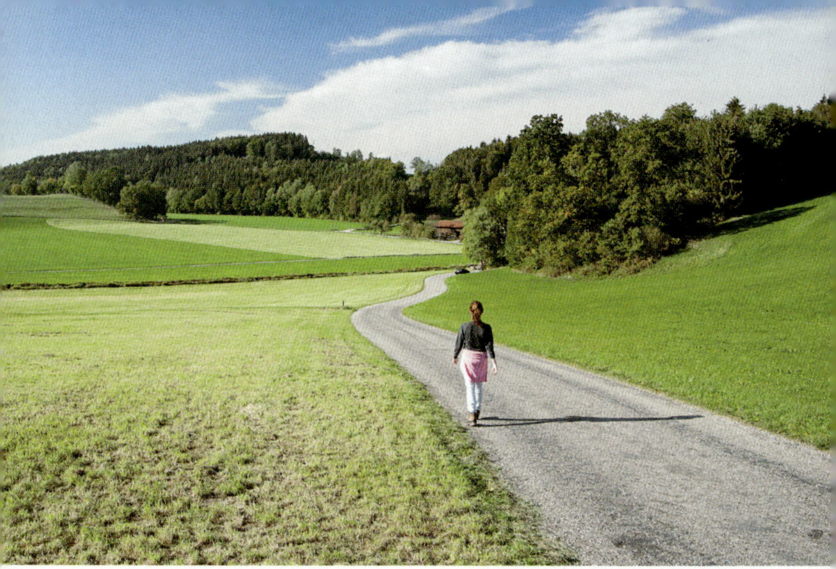

Von Frauenreuth nach Reisenthal.

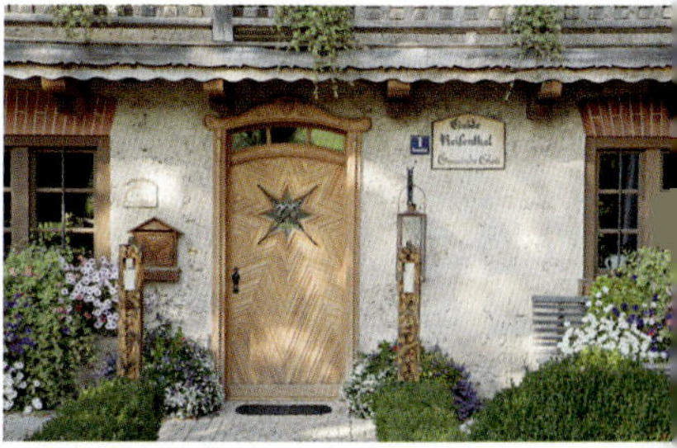

»Einöde Reisenthal – Gemeinde Gloñ«.

Wir wandern vom **Lauser Weiher (1)** auf dem Sträßchen zum Gehöft **Oberstetten**, rechts daran vorbei und weiter geradeaus auf dem Feldweg absteigend ins **Kupferbachtal**. Nach Überquerung des Bachs betreten wir den Wald und folgen der Forststraße – vorbei an der Einmündung des Wanderwegs von links **(2)** – bergauf ins **Hochholz**. Wo sich die Straße nach kontinuierlichem Aufstieg wieder verflacht, mündet sie nach einer Rechtskurve in eine andere Straße; wir schwenken nach links in diese ein. Immer dem Hauptweg und wieder der groben Nordrichtung in der Nähe des Kammverlaufs folgend, geht es nach der Durchquerung des Walds ein Stück am Waldrand weiter und schließlich durch eine Wiesenlandschaft nach **Frauenreuth (3)**, wo ein Abstecher zur Marienkirche lohnt.

Anschließend spazieren wir auf der Asphaltstraße westwärts aus Frauenreuth hinaus und mit schönen Ausblicken nach **Reisenthal (4)** hinab, wo wir

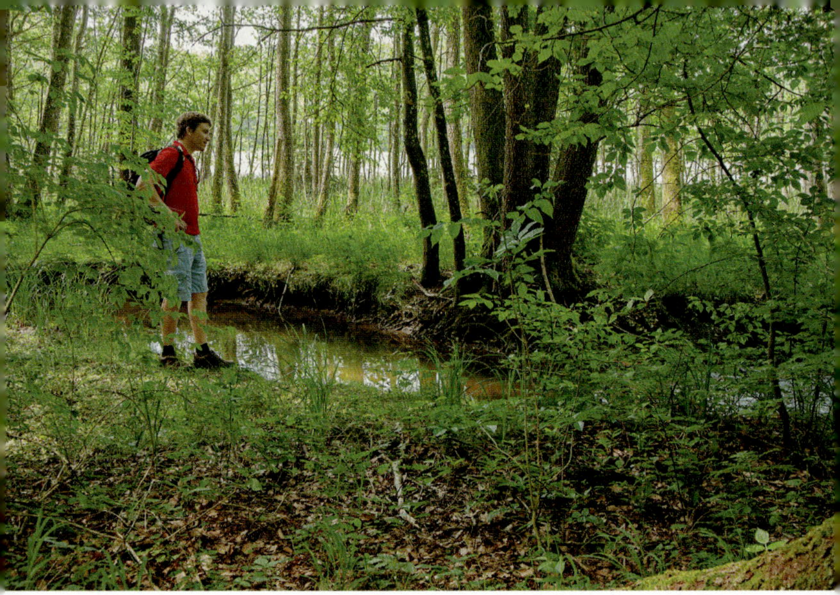

Am Kupferbach.

wieder auf den **Kupferbach** treffen. Ihm folgen wir nun in südwestlicher Richtung, passieren dann wieder ein kurzes Waldstück und verlassen schließlich die Straße nach links.
Bei einem Hinweisschild zum Naturschutzgebiet überqueren wir den Bach auf einer Brücke **(5)**, wenden uns gleich dahinter nach rechts und gehen am Bach entlang. Kurz darauf verläuft unser sporadisch mit gelben Plaketten als Glonner Wanderweg Nr. 7 markierter Pfad geradeaus weiter (Reitverbotsschild), während ein breiterer Weg nach links hinaufführt (Variante). Auf knapp 2 km Strecke parallel zum Kupferbach – zuerst in Süd-, dann in Ostrichtung – gewinnen wir Einblicke in die wilde, sumpfige Schilflandschaft; der Bach selbst ist allerdings nur an wenigen Stellen direkt zugänglich. Wir halten uns möglichst nah an den rechter Hand gelegenen sumpfigen Bereichen und lassen uns von diversen Forststraßenabschnitten zur Linken nicht irritieren. Schwierigkeiten bereiten vor allem ein nasses Wegstück gleich zu Beginn sowie einige verwachsene und nicht ganz leicht zu findende Passagen durch Buchenjungwald gegen Ende, ansonsten ist der wurzelreiche Pfad kurzweilig und angenehm zu begehen.
Schließlich mündet der Pfad in die Forststraße **(2)**, auf der wir den Wald zuerst betreten haben. Rechts haltend überqueren wir ein letztes Mal den Kupferbach und kehren über **Oberstetten** zum **Lauser Weiher (1)** zurück.

2.45 Std.

Zur »Schönen Aussicht« in Kleinhöhenrain

34

Der Kreuzweg mit dem Alpenpanorama

Der Weg hinauf nach Kleinhöhenrain ist eine der schönsten Panoramarouten, die das Münchner Umland zu bieten hat, und zumindest abschnittsweise auch einer von nur wenigen echten »einspurigen« Wanderwegen. Nach einem beschaulichen Spaziergang durch Bruckmühl und Kirchdorf beginnt die eigentliche Tour beim Schloss Maxhofen: Von dort führt der als Kreuzweg eingerichtete und zugleich als Naturlehrpfad »Wanderweg der Sinne« ausgewiesene Weg nach Kleinhöhenrain, ermöglicht herrliche Ausblicke ins Gebirge und erreicht seinen Höhepunkt bei der Wallfahrtskirche St. Bartholomäus und im daneben gelegenen Gasthaus. Allein schon aufgrund des Wegverlaufs sowie des reizvollen Zielpunkts ist diese Tour lohnend, doch erst bei freiem Alpenblick entfaltet sie ihre ganze Schönheit, weswegen man sich am besten an einem klaren, sonnigen Tag auf den Weg macht – gern auch im Winter bei Föhn.

Fernblick über das Mangfalltal zum Wendelstein (rechts).

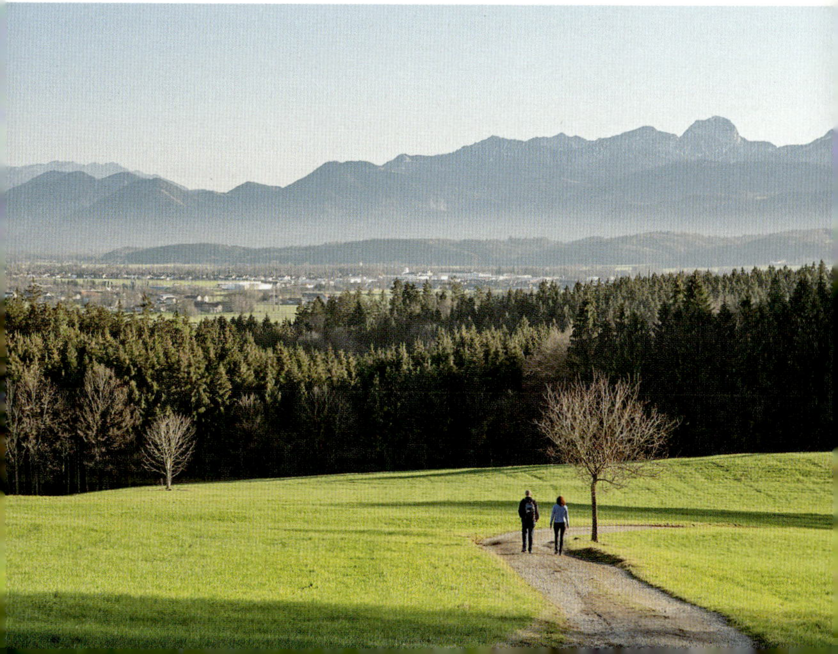

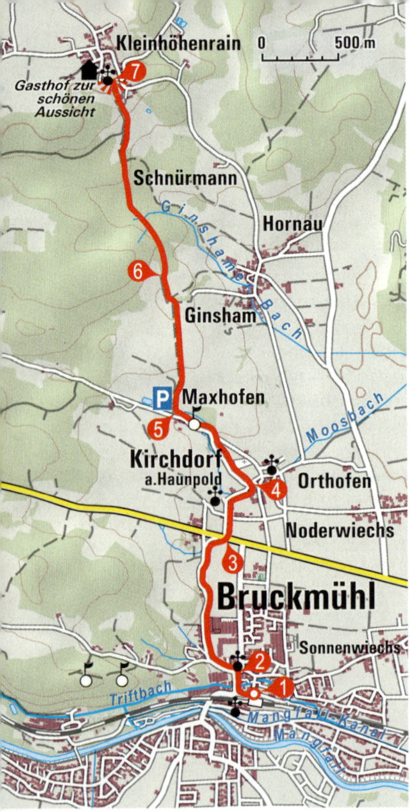

Diese Tour ist kindergeeignet!

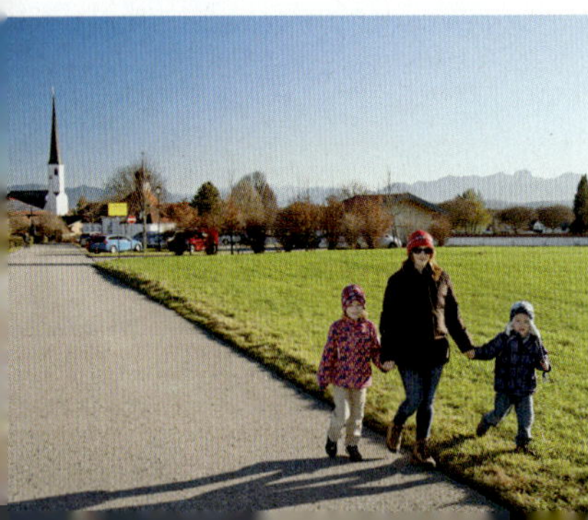

Ausgangspunkt: Bahnhof Bruckmühl, 512 m, an der Bahnlinie Holzkirchen–Rosenheim. Autofahrer können auch am Friedhof in der Maxhofener Straße in Kirchdorf a. H. oder direkt am Beginn des Kreuzwegs in Maxhofen parken und die Gehstrecke dadurch auf 6 bzw. 5 km reduzieren, wodurch der schönste Teil der Tour auch für kleine Kinder machbar wird.
Strecke: 10,0 km.
Höhenunterschied: Rund 150 m.
Anforderungen: Bis Maxhofen Straßen, dann Feldwege und teils steile Waldpfade.
Einkehr: Gasthof »Zur schönen Aussicht« in Kleinhöhenrain, Tel. +49 8063 8663, www.zur-schoenen-aussicht.com.
Info: Impressionen vom Naturlehrpfad unter www.wanderweg-der-sinne.de.

Wer am **Bahnhof Bruckmühl (1)** startet, geht zuerst über den Parkplatz bis zur Hauptstraße des Ortes, folgt dieser nach Norden über den Triftbach und biegt dann links in Richtung Bergham ab **(2)**. Anschließend nimmt man die zweite Straße rechts (Blumenstraße) und folgt dieser – bald unasphaltiert – aus dem Ort hinaus auf die **Staatsstraße 2078** zu, die wir – zuletzt rechts abbiegend – erreichen und überqueren. Ein Stück nach rechts versetzt spazieren wir auf der Haunpoldstraße **(3)** nach **Kirchdorf** hinein, biegen im Ort links in die Straße »Im Almfeld« **(4)** ein und gelangen in wenigen Minuten nach **Maxhofen**,

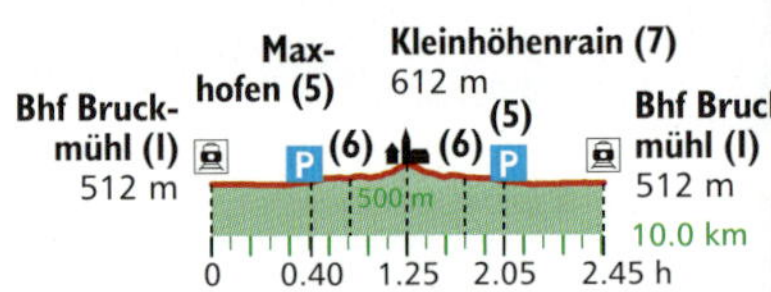

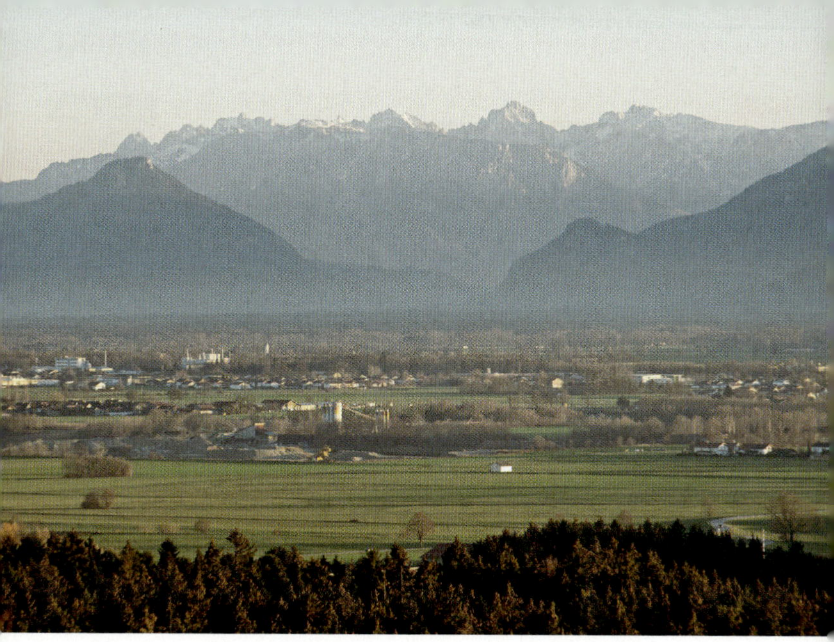

Abendstimmung am Nikolaustag. Der Wilde Kaiser dominiert das Panorama.

dessen Schloss heute als Schullandheim genutzt wird. Noch ein Stück weiter erreichen wir am Ortsende von Maxhofen den ausgeschilderten Beginn des Wegs nach Kleinhöhenrain **(5)** (hier letzte Parkmöglichkeit). Nun wandern wir nördlich den Hang hinauf, bei der Verzweigung rechts und weiter bis zu einem Querweg, auf dem wir 30 m links gehen und dann nach rechts wieder die Nordrichtung einschlagen. Kurz darauf erreichen wir den Wald, den wir – diesmal wenige Meter nach rechts versetzt – auf einem schmalen Weg betreten **(6)**.

Während uns immer wieder sowohl die Kreuzwegstationen als auch die Tafeln des Lehrpfads zum Innehalten einladen, durchqueren wir den Wald über mehrere kleine Bäche und kreuzende Forststraßen hinweg und in stellenweise steilem Auf und Ab, bis wir wieder freies Wiesengelände erreichen und das Ziel der Wanderung, die **Kirche St. Bartholomäus**, vor Augen haben. Nun wandern wir direkt auf die Kirche zu und gelangen zuletzt über steile Serpentinen hinauf zu Kirche und Gasthof **(7)** in **Kleinhöhenrain** mit der »Schönen Aussicht«.

Sobald wir uns von diesem besonderen Ort wieder lösen können, wandern wir auf demselben Weg zurück.

TOP 35 Teufelsgraben und Mangfalltal

4.45 Std.

Von der Kreuzstraße nach Kleinhöhenkirchen und Valley

Das wie ein Canyon tief ins Voralpenland eingeschnittene Mangfalltal bildet eine der urtümlichsten und schönsten Landschaften rund um München – und spielt mit seinem glasklaren Wasser eine herausragende Rolle für die Trinkwasserversorgung der Millionenstadt. Die geologischen Hintergründe sind hochinteressant, fließt die Mangfall doch seit etwa 15.000 Jahren nicht mehr wie die anderen bayerischen Alpenflüsse nach Norden ab, sondern biegt beim Mangfallknie nach Südosten ab und entwässert zum Inn hin. Der Teufelsgraben wiederum, durch den früher das Schmelzwasser des Isargletschers der Ur-Mangfall zufloss, ist mittlerweile trockengefallen. Daneben fasziniert auf dieser Rundtour auch die Schanzanlage der Birg, während die Bauerndörfer Kleinhöhenkirchen und Hohendilching den Charme des ländlichen Oberbayern ausstrahlen. Startpunkt ist der Bahnhof Kreuzstraße, ein kurioser Haltepunkt im Teufelsgraben, der als einzige Endhaltestelle der Münchner S-Bahn keinem größeren Ort zugeordnet ist. Eine Tour mit vielen Facetten also, die mit ihren wiederholten Auf- und Abstiegen und den schmalen Pfaden über Stock und Stein fast schon den Charakter einer Bergwanderung annimmt.

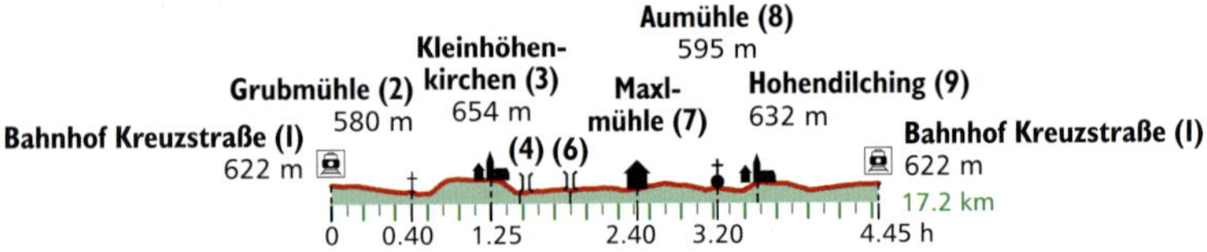

Ausgangspunkt: Bahnhof Kreuzstraße (S 7, Meridian), 622 m.
Strecke: 17,2 km.
Höhenunterschied: Insg. ca. 360 m.
Anforderungen: Breite Waldwege und etwas Asphalt, aber auch viele schmale, wurzelreiche, steile Pfade; nach Niederschlägen matschig und unangenehm. Orientierung auf der Birg nicht ganz einfach.
Einkehr: Mangfalltal-Alm in Kleinhöhenkirchen, Tel. +49 8063 2070400; Waldrestaurant Maxlmühle, Tel. +49 8020 1772, www.maxlmuehle.de; Bräustüberl Valley, Tel. +49 8024 3030550, https://valleyer.de/braeustuebel; Gasthaus Vordermaier in Hohendilching, Tel. +49 8024 6269; Bartewirt an der Kreuzstraße, Tel. +49 8024 7781, www.barte-wirt.de.
Varianten: 1. Von WP 6 nicht zur Maxlmühle, sondern gleich nach Hohendilching; insgesamt 13 km/ca. 3.30 Std.
2. Von der Maxlmühle südwärts weiter; interessant wegen der Felswände neben der Straße sowie der großen Autobahnbrücke (Höhe 68 m); hin und zurück insgesamt gut 2 km/30 Min.; dort auch Anschluss an Tour 36 möglich.
Hinweis: Viele Ausflügler, daher am besten werktags begehen.

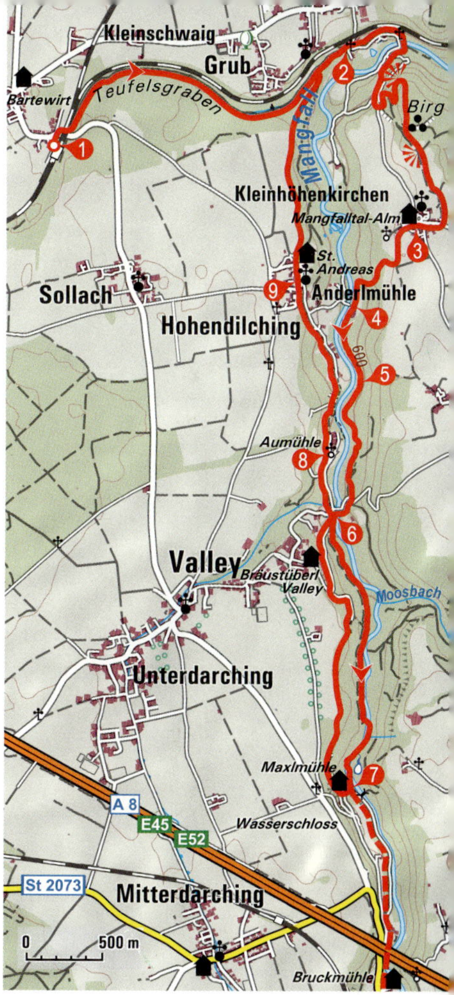

Vom Bahnhof **Kreuzstraße (1)** gehen wir nordostwärts zur Straße, überqueren die Gleise und biegen gleich darauf links in den Waldweg in Richtung Grubmühle ab. Parallel unterhalb der Bahnlinie wandern wir durch den **Teufelsgraben** im Wald dahin, unterqueren ein altes Aquädukt und gehen geradeaus weiter, bis wir bei der **Grubmühle** auf eine Asphaltstraße treffen **(2)**.

Wir gehen auf der Straße rechts hinab und überqueren die **Mangfall** exakt an ihrer nördlichsten Stelle. Nach der Brücke folgen wir der Straße nach rechts und biegen nicht in den nach 100 m links hinaufführenden Forstweg, sondern kurz darauf auf den breiten Fußweg ab. Dieser führt uns südwärts steil hinauf, wird zum schmalen Pfad und trifft wieder auf die Straße. Auf dieser könnten wir nun direkt nach Kleinhöhenkirchen spazieren; spannender ist es jedoch, die mittelalterliche Schanzanlage der **Birg** zu erkunden. Dazu biegen wir kurz vor der Einmündung in die Straße links und gleich wieder links ab und folgen dem ruppigen Forstweg bergauf. Er schwenkt nach rechts, führt unterhalb eines Walls entlang, nach knapp 100 m scharf links zurück hinauf und zur nördlichen Abbruchkante des plateauartigen Hügels (Jägerstand, Aussicht nach Grub). Von dort wandern wir auf dem Forstweg südwärts über die Hochfläche und passieren zwei weitere erkennbare Wallringe. Immer geradeaus führt uns der Fahrweg südwärts aus dem Wald und mit Bergpanorama auf **Kleinhöhenkirchen** mit seiner sehenswerten Kirche zu, das wir von Osten her durchqueren.

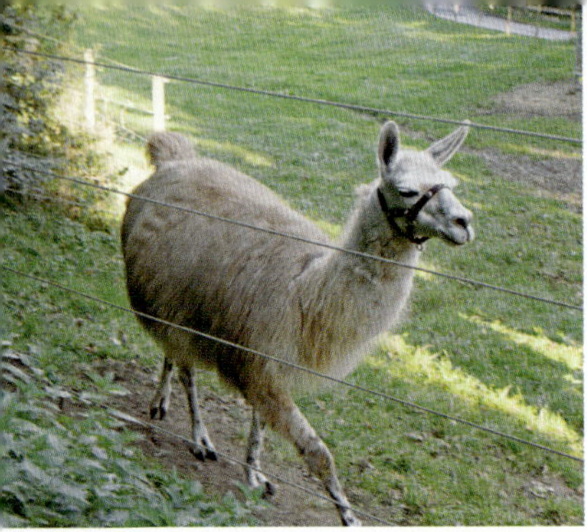

Lama im Gehege an der Grubmühle.

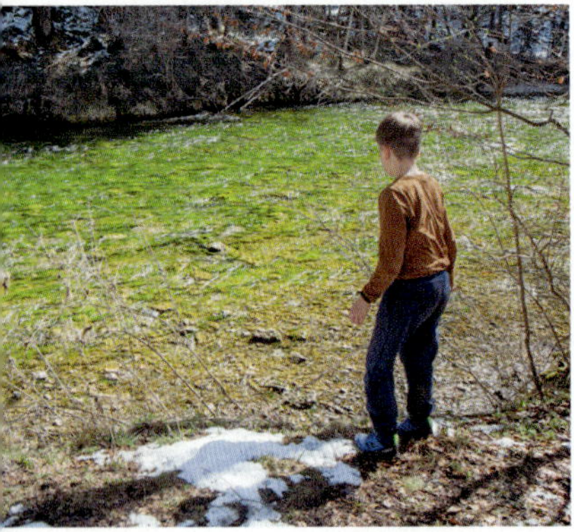

Im April an der grünen Mangfall.

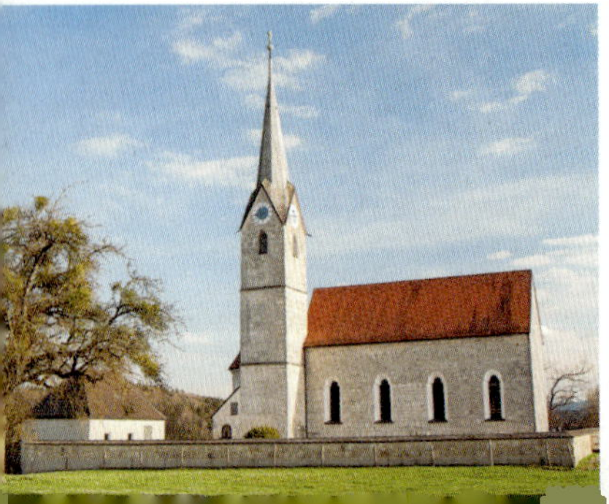

Durch den Leonhardweg **(3)** spazieren wir vorbei an der »Mangfalltal-Alm« südwestwärts aus dem Ort und links haltend bergab zum Waldrand. Nun geht es steil im Wald zur Mangfall hinab, wobei wir bei einer Mehrfach-Wegekreuzung geradeaus den Hohlweg nehmen und kurz darauf links abbiegen. Am Flussufer wandern wir südwärts auf einem schönen Pfad zu einer Brücke **(4)**, bleiben weiter auf dem Uferpfad in Richtung Valley und kommen an Stromschnellen vorbei. Im Bereich der **Leite**, in einer (in Gehrichtung gesehenen) Rechtsbiegung der Mangfall, verzweigt sich der Pfad **(5)**: Links könnte man den Hang hinaufsteigen und auf einer Forststraße wieder zum Grabenstoffl absteigen; interessanter, aber auch anspruchsvoller ist es, weiter dem ufernahen Pfad zu folgen, wobei einige steile Stellen Trittsicherheit erfordern (bei Nässe unangenehm). Kurz vor dem **Grabenstoffl** treffen wir auf die Forst-, dann auf die Asphaltstraße und überqueren die Mangfall.

In **Valley**, auf der Westseite der **Brücke (6)**, könnte man die Tour abkürzen und gleich rechts zur Aumühle weiterwandern; wir gehen jedoch noch ein kurzes Stück weiter und biegen links (südwärts) in Richtung Maxlmühle ein. Der Fahrweg verzweigt sich; für den Hinweg nehmen wir den linken Wegast (»Ufersteig«), auf dem anderen kommen wir nachher zurück. Einigermaßen monoton geht es nun 1,4 km weit durch den Wald, bis der breite Weg endet und

Die Kirche in Hohendilching.

ein Pfad links zum Fluss hinunterführt. Über wurzelreiche Passagen und malerisch am Ufer entlang gelangen wir zu den Gebäuden der **Maxlmühle (7)**. Nach der Einkehr im Gasthaus (und gegebenenfalls dem Abstecher zur Autobahnbrücke, Variante 2) wandern wir auf dem parallel oberhalb unseres Hinwegs verlaufenden Waldweg (»Oberer Weg«) zurück; ab dem Anwesen »Binder« gehen wir auf dem asphaltierten »Talweg« weiter und dann entweder geradeaus zum Schloss und Bräustüberl Valley oder rechts auf einen Forstweg abbiegend zurück zur **Mangfallbrücke (6)**. Von dort geht es nordwärts weiter zur **Aumühle**; rechts an der Kapelle vorbei **(8)** und geradeaus in den Wald. Kurz darauf zweigt der Wanderweg rechts hinunter ab, führt aber gleich wieder nordwärts weiter und aus dem Wald auf die Wohnhäuser zu. Auf Asphalt wandern wir nun vorbei an der **Anderlmühle** nach **Hohendilching** hinauf, an Kirche **(9)** und Gasthaus vorbei und geradeaus weiter.
Der Weg schwenkt am Ortsrand nach rechts und verzweigt sich: Der Hauptweg führt in den Wald hinab und parallel zum Steilhang nordwärts in den Teufelsgraben, doch spannender ist es, links auf den Wiesenweg abzubiegen, der oben am Waldrand an der Hangkante entlangführt. Sobald nach 750 m das Ende der Wiese erreicht ist und der breite Wiesenweg nach links schwenkt, folgen wir einem Pfad rechts in den Wald. Dieser bietet uns nun eine wunderschöne, an alpine Umgebungen erinnernde Abstiegsmöglichkeit genau über den nordostwärts abstreichenden Geländekamm in den **Teufelsgraben**. Nach links gelangen wir auf dem bekannten Weg zurück zur **Kreuzstraße (1)**.

Kleinhöhenkirchen wird seinem Namen in allen drei Wortbestandteilen gerecht.

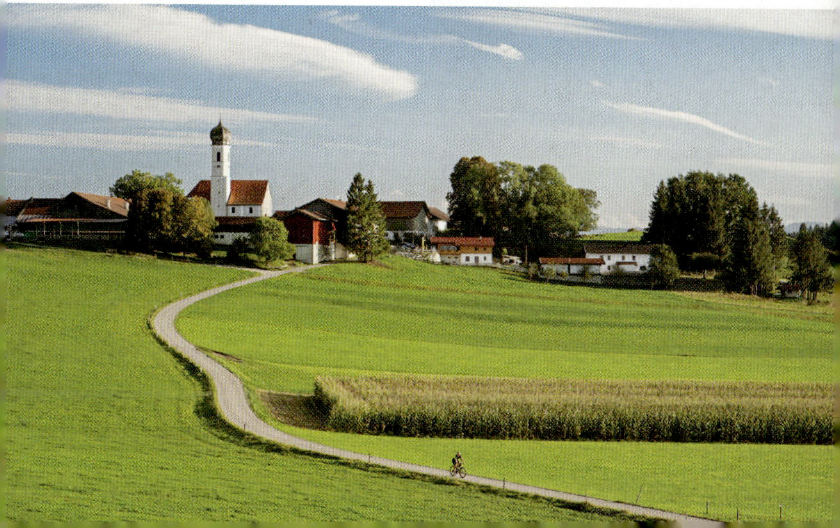

36 Von Mitterdarching auf den Fentberg

4.30 Std.

Über Draxlham und Osterwarngau zum Taubenberg

Der Taubenberg mit seinem nordöstlichen Ausläufer Fentberg stellt die größte Erhebung im Alpenvorland südlich von München dar (erst weiter westlich, im Pfaffenwinkel, gibt es höhere Hügel wie den Hohen Peißenberg, 988 m). Die Rundtour von Mitterdarching führt den Wanderer durch die Wald- und Weidelandschaften des Bayerischen Oberlands nach Osterwarngau, wo der steile Aufstieg zum Taubenberg beginnt. Vorbei an der Wallfahrtskapelle Nüchternbrunn, der »Grünen Marter« von 1705, der »Weißen Marter« aus dem 16. Jahrhundert und der Einöde Neustadl geht es dann auf schönen, stillen Wegen über den gesamten nördlichen Höhenrücken des Taubenbergs zum Fentberg, wo noch einmal das Bergpanorama bestaunt werden kann. Einziger und verkraftbarer Wermutstropfen der Tour ist das Rauschen der Autobahn A 8, das einen zu Beginn der Tour und dann wieder beim Abstieg vom Fentberg begleitet.

Ausgangspunkt: Haltepunkt Darching der Bayerischen Oberlandbahn, 664 m.
Strecke: 16,8 km.
Höhenunterschied: Rund 240 m.
Anforderungen: Breite Feld- und Waldwege sowie Asphaltstraßen, aber abschnittsweise auch wurzelreiche, steile und matschige Pfade, daher tendiert die Tour insgesamt gegen »mittelschwer«. Auf den Weiden von Neustadl wird vor Weidestieren gewarnt.
Einkehr: Darchinger Hof in Mitterdarching, Tel. +49 8020 909555, www.darchinger-hof.de.
Varianten: 1. Von WP 8 rechts weiter aufwärts zum Taubenberg-Gipfel, 896 m (höchster Punkt rechts der Straße, kurz darauf der Aussichtsturm). Anschließend ostwärts hinab zur Kreuzung mit Kapelle und optional weiter geradeaus hinunter zum Gasthaus Taubenberg, 824 m. Sowohl von der Kreuzung als auch vom Gasthaus kann man in nordwestlicher Richtung ins Farnbachtal und weiter zur Kapelle Nüchternbrunn gehen.
2. Anschluss an Tour 35: In Oberdarching wie beschildert rechts in Richtung Mühlthal ab und steil zur Bruckmühle im Mangfalltal hinab; dort an der Straße entlang zur Autobahnbrücke und zur Maxlmühle, ca. 30 Min.

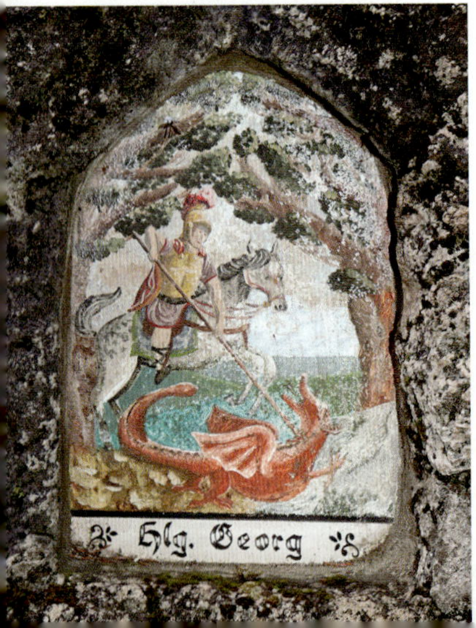

Bild an der »Grünen Marter«.

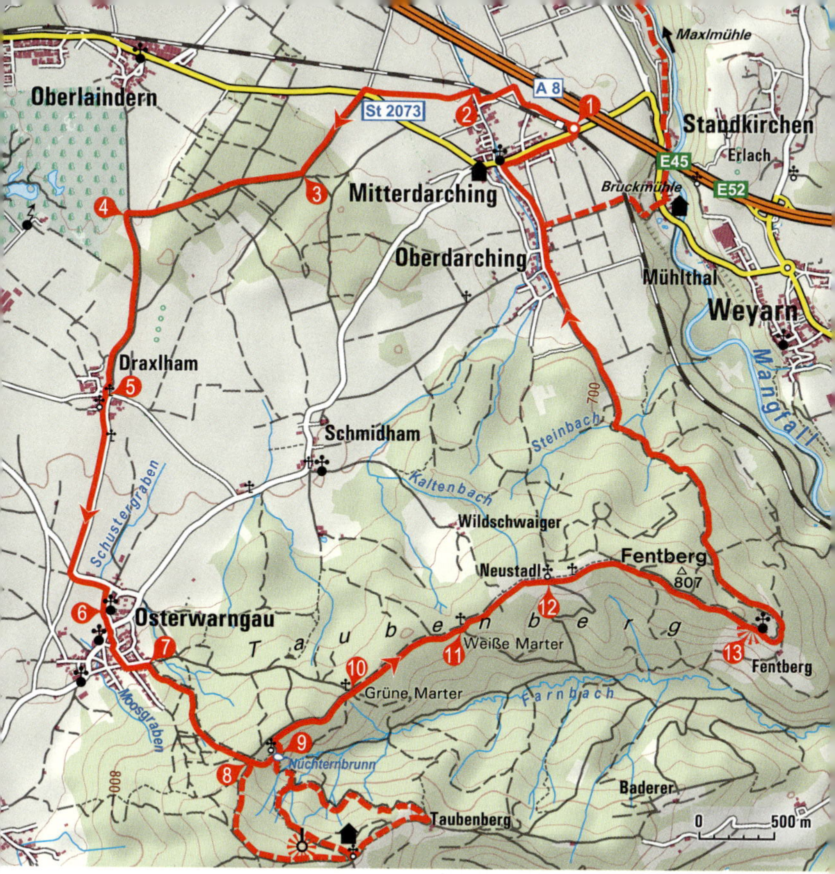

Die Wanderung beginnt am **Haltepunkt Darching (1)**, wo wir zum Parkplatz auf der anderen Seite der Gleise wechseln. Wir folgen der kleinen Asphaltstraße entlang der Gleise in Nordwestrichtung (Richtung München), lassen den ersten Bahnübergang links liegen, folgen der Straße nach rechts und

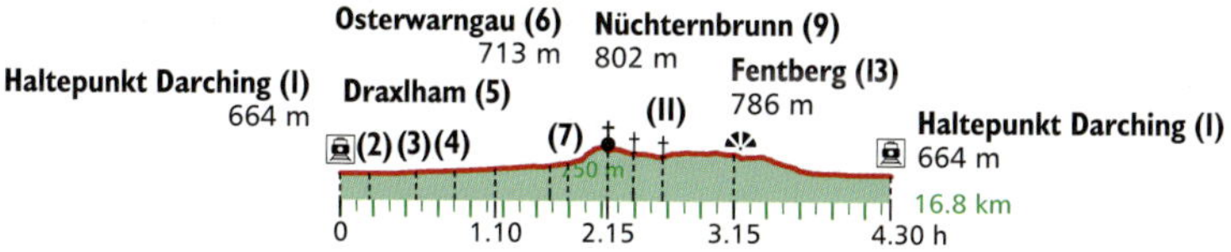

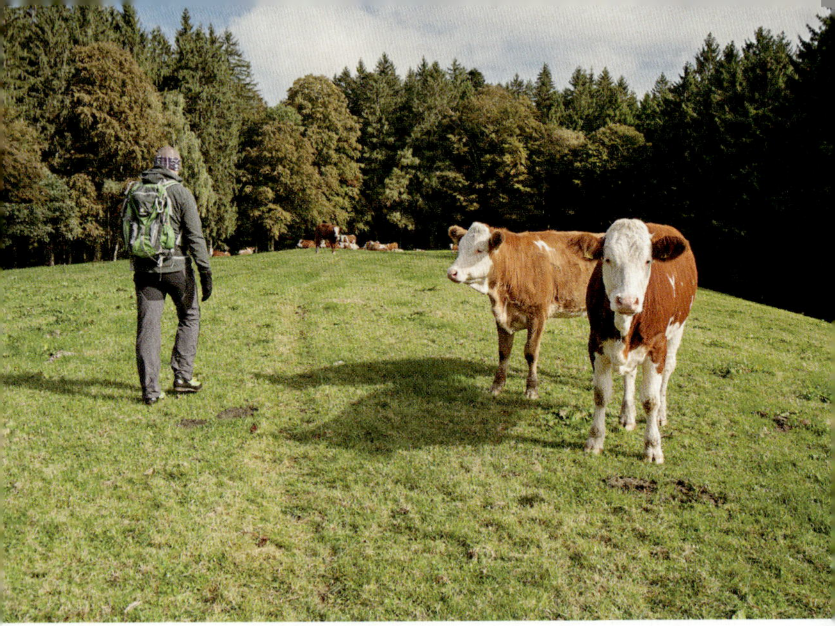

Die letzten Meter über die Kuhweide beim Neustadl.

biegen dann nach links ab, um die Bahnlinie beim zweiten Bahnübergang zu überqueren. Bei der Verzweigung nach den ersten Häusern biegen wir rechts und nach 75 m gleich wieder links auf einen Feldweg ab **(2)**. Dieser führt uns westwärts zur **Staatsstraße 2073** zwischen Mitterdarching und Holzkirchen, der wir noch 75 m in gleicher Richtung folgen, bis wir nach links auf einen Feldweg abzweigen können. Der Feldweg hält in südwestlicher Richtung auf den Wald zu, führt in diesen hinein und nach weiteren 270 m zu einer Kreuzung. Der breiten kreuzenden Forststraße folgen wir nach rechts **(3)**, bis sie nach gut 1 km den Wald verlässt und wenig später in einen quer verlaufenden Feldweg vor einem Golfplatz einmündet. Hier halten wir uns links **(4)** und wandern immer auf dem Hauptweg südwärts nach **Draxlham (5)**.

Dort gehen wir auf der Asphaltstraße geradeaus in Richtung **Osterwarngau** weiter, dessen Ortsschild wir nach 1,2 km erreichen. Wir biegen links in den Ort hinein ab und gehen bei nächster Gelegenheit nach rechts, vorbei an der **Kirche Mariä Opferung (6)** und zur Hauptstraße des Orts. Wir überqueren sie und gehen (wenige Meter nach links versetzt) geradeaus weiter (Durchgang ist für Fußgänger frei), bis das Sträßlein in eine andere Straße mündet; dort schwenken wir links ein und gehen bei der nächsten Kreuzung links in den Nüchternbrunnweg. Nach 300 m erreichen wir das Ortsende und wählen den »Gehweg nach Nüchternbrunn« rechts in den Wald hinauf **(7)**. Der wegen seiner am Wegrand aufgestellten Bilder mit christlichen Motiven auch als Taferlweg bezeichnete Wanderweg überwindet nun im Wald einen steilen Aufstieg von exakt 100 Höhenmetern hinauf zum **Taubenberg**, wo er auf die entlang des Höhenrückens verlaufende Forststraße trifft **(8)**.

Wir überqueren die Straße und steigen links haltend zur **Wallfahrtskapelle Nüchternbrunn (9)** ab. Anschließend gehen wir nordwärts (Beschilderung »Fentberg«) in wenigen Minuten wieder zum Höhenrücken hinauf und folgen der Straße nach rechts. Nach gut 600 m ist an einer Kreuzung von sechs Straßen die **»Grüne Marter« (10)** mit mehreren Heiligenbildern erreicht. Wir gehen geradeaus (nordostwärts) in Richtung Neustadl und Fentberg weiter, überschreiten den **Schwarzberg** und steigen über einen schmäleren Pfad in eine sumpfige Senke ab, wo wir wieder auf eine Forststraße treffen und den im Gestrüpp versteckten, verfallenen Bildstock der **»Weißen Marter« (11)** ausfindig machen.

Die Forststraße führt uns bergauf und bei einer Verzweigung nahe dem Waldrand links weiter. Über einen Wiesenpfad gelangen wir über die Kuhweide (ein Schild warnt vor Weidestieren) nach **Neustadl (12)**, von wo aus wir ostwärts weiter dem Höhenrücken folgen und wieder in den Wald eintauchen. Bei einer Dreiteilung des Forstwegs halten wir uns geradeaus und kommen an einem Funkmast sowie kurz darauf am unkenntlichen höchsten Punkt des **Fentbergs** (links abseits im Wald) vorbei. Wo der Weg den Wald verlässt, bietet sich uns ein schönes Panorama mit Blick auf das Miesbacher Land und das Mangfallgebirge; eine Bank mit Tisch ist ein idealer Ort zum Brotzeitmachen **(13)**.

Der weitere Abstieg führt uns vorbei an einer Kapelle zur Einöde Fentberg, wo der Weg eine scharfe Linkskehre beschreibt und in die Zufahrtsstraße des Anwesens mündet. Auf dieser links (nordwestwärts) weiter bergab, bis nach ca. 2,25 km am Waldrand wieder der Talgrund erreicht ist. Nun können wir auf der Straße einfach geradeaus nach Ober- und Mitterdarching weitergehen. Vor der Kirche von **Mitterdarching** wenden wir uns nach links zum Gasthof oder gehen nach rechts durch die Bahnhofstraße zum **Bahnhof (1)**.

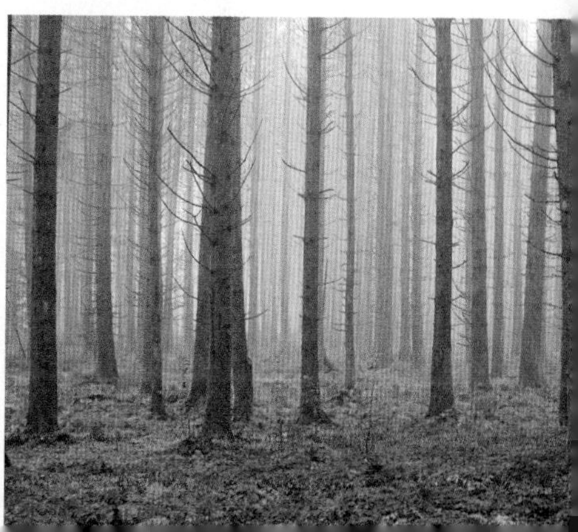

Nebelstimmung im Oktober.

TOP **37** # Von Peretshofen nach Dietramszell

3.30 Std.

Bauerndörfer und Panoramablicke im Vorfeld der Alpen

Auf der Rundtour von Peretshofen über Manhartshofen nach Dietramszell und über Sankt Leonhard und Großeglsee zurück lassen sich einige Gourmetstücke des oberbayerischen Alpenvorlands zu einem Mehrgänge-Menü für Feinschmecker zusammenstellen. Zwischen malerisch gelegenen Bauerndörfern mit Bergblick, dem Kloster Dietramszell als geistlichem Zentrum der Region, saftigen Wiesen und kühlen Wäldern wandern wir durch Feld und Flur, lassen uns vom gänzlich stadtfernen Zauber des Oberlands in den Bann ziehen und treffen zwischen interessanten Einkehrmöglichkeiten – Wirtshaus in Peretshofen, Klosterschänke in Dietramszell oder Tafernwirtschaft in Humbach – unsere Wahl. Wir folgen dabei dem offiziellen, markierten Peretshofen-Rundweg, den wir allerdings mit ein paar lohnenswerten Schlenkern noch optimieren.

Ausgangspunkt: Wanderparkplatz 450 m nördlich von Peretshofen, 694 m. Bei Anreise mit Bus: Bushaltestelle in Peretshofen, 716 m, oder – je nach Verbindung – auch eine andere Bushaltestelle, an der die Wanderung vorbeiführt, z. B. in Dietramszell.
Strecke: 14,2 km.
Höhenunterschied: Insgesamt etwa 180 m.

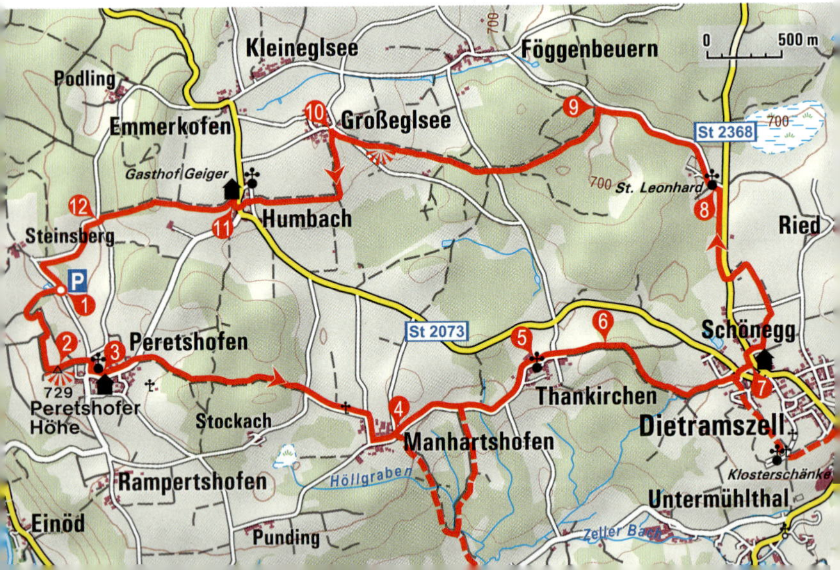

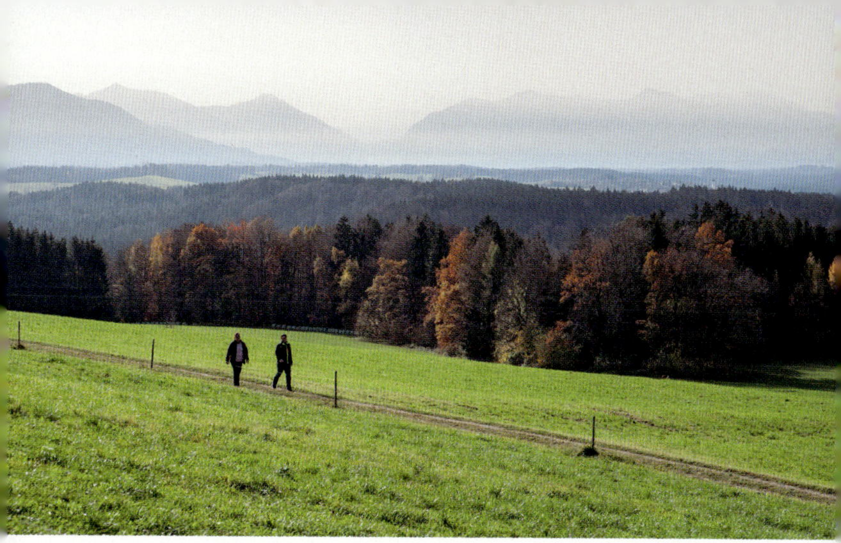

Traumhafter Novembertag auf der Peretshofer Höhe.

Anforderungen: Breite Feld- und Waldwege sowie Asphalt.
Einkehr: Gasthaus Huber in Peretshofen, Tel. +49 8027 9042930; Gasthaus Peiß, Tel. +49 8027 229, www.gasthof-peiss.homepage.t-online.de; Klosterschänke Dietramszell, Tel. +49 8027 904500, www.klosterschaenke-dietramszell.de; Gast- und Tafernwirtschaft Geiger in Humbach, Tel. +49 8027 250, www.geiger-gasthaus.de.
Varianten: 1. Abstecher ins Naturschutzgebiet am Zeller Bach: Dazu folgt man dem Feldweg von WP 4 nach rechts hinab, überquert im Wald den Höllgraben und erreicht eine größere Wiesenfläche. Der Weg führt an deren linkem Rand entlang zum Zeller Bach mit seinen vielen Windungen und verliert sich dort allmählich. Eine abgelegene Naturoase! Ein Weiterweg ist nicht möglich; man muss daher wieder an den nördlichen Rand der großen Wiese zurückkehren und steigt dann entweder auf dem Hinweg (Höllgraben) oder auf dem östlich davon abzweigenden Fahrweg in Nordrichtung zur Straße nach Thankirchen hinauf. Hin und zurück insg. mindestens 2,5 km, 70 Hm ab, 70 Hm auf, 45 Min.
2. Abstecher zum Kloster Dietramszell: In Dietramszell entweder rechts haltend entlang der Hauptstraße oder schon vor Erreichen der Hauptstraße über die Straße »Am Kreuzfeld« und über Feldwege zum Kloster. Zusätzlich knapp 2 km/30 Min. zuzüglich Besichtigung/Einkehr.

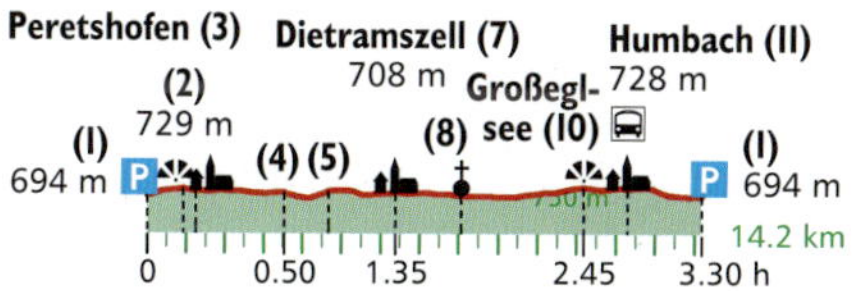

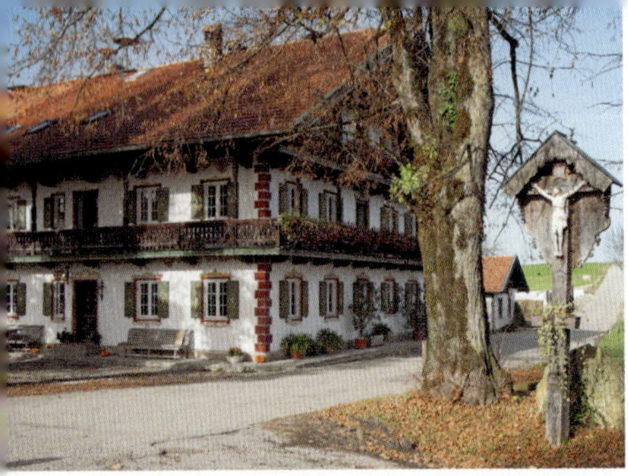

In Manhartshofen.

Vom **Wanderparkplatz** bei **Peretshofen (1)** gehen wir auf einem unasphaltierten Fahrweg westwärts entlang eines kleinen Waldstücks hinauf. Dahinter biegen wir links ein und gewinnen so weiter an Höhe. Bei der folgenden Verzweigung gehen wir rechts ein Stück hinab, um gleich wieder links einzuschwenken und nun aussichtsreich nach Süden zu spazieren. Bald schwenkt der Weg nach links und führt uns bei einer Baumgruppe mit Rastbänken zum Aussichtspunkt der **Peretshofer Höhe (2)** mit Bergblick. Anschließend spazieren wir ostwärts nach **Peretshofen** und – erst rechts, dann links abbiegend – auf der Hauptstraße an Kirche **(3)** und Wirtshaus vorbei durch den Ort.
Kurz vor dem Ortsende zweigt rechter Hand nach Passieren eines Teichs ein Feldweg ab; ihm folgen wir über Wiesen in den Wald. Bei einer Verzweigung nach 175 m halten wir uns links, sodass wir leicht absteigend in Ostrichtung weiterwandern. Immer geradeaus ostwärts durchqueren wir den Wald und gehen in selber Richtung nach **Manhartshofen** weiter, das mit mehreren schönen Bauernhäusern beeindruckt. Wir folgen der Straße durch den Ort **(4)** und wandern auf der Asphaltstraße in Nordost- bis Ostrichtung – hinab zum **Kuhgraben**, dann wieder hinauf – nach **Thankirchen** weiter. Dort gehen wir links an der Kirche vorbei **(5)** und biegen nahe dem Ortsrand nicht mit der Straße nach links hinunter ab, sondern bleiben geradeaus (ostwärts) und kommen so direkt am letzten, rechter Hand gelegenen Bauernhof des Ortes vorbei.
Geradeaus weiter bringt uns der Feldweg zum Waldrand und gabelt sich gleich danach; anstatt halb links mit der offiziellen Route des Peretshofen-Rundwegs weiterzugehen, nehmen wir die halb rechte Forststraße **(6)**, die in südöstlicher Richtung zunächst absteigend 500 m weit durch den Wald führt und uns dann in die offene Wiesenlandschaft bei Dietramszell entlässt. Bei einer Wegverzweigung bei einem einzelnen Gebäude halten wir uns links und gelangen in Kürze nach **Dietramszell**, wo unser Fahrweg (zuletzt links, »Am Asang«) bald darauf die Wolfratshauser Straße erreicht; über sie hinweg gehen wir schräg rechts auf dem Spethmannweg zur Hauptstraße des Orts durch (»Münchner Straße«), in die wir links (nordwestwärts) einbiegen **(7)**. Die offizielle Route des Rundwegs leitet entlang der Münchner Straße aus Dietramszell hinaus; ruhiger und abwechslungsreicher ist hingegen eine alternative Route, die uns nach 90 m rechts in die Hubergasse und nach 110 m links in einen wenig ausgeprägten Feldweg führt. Auf ihm spazieren

wir an einem großen Stallgebäude und an einer Hühnerfarm vorbei nordwärts weiter, bis wir dazu gezwungen sind, nach links wieder zur Hauptstraße zurückzukehren. An ihr entlang gehen wir nach **Sankt Leonhard (8)**, biegen dort links ein und folgen der asphaltierten Straße in Richtung Föggenbeuern nordwestwärts in den Wald. Nach 1 km, kurz vor Ende einer großen Lichtung, biegen wir links in einen Feldweg ein **(9)**, der uns in der Folge in einem weiten, sanften Rechtsbogen, niemals scharf abbiegend, geradeaus über die Straße Thankirchen–Föggenbeuern hinweg aus dem Wald hinaus und ansteigend nach **Großeglsee** führt, wo wir abermals herrliche Alpenblicke genießen können.

Ein drittes Mal lohnt nun ein Abweichen von der offiziellen Route: Wir durchqueren nicht den gesamten Ort Großeglsee, sondern biegen schon nach dem ersten linker Hand gelegenen Haus (Nr. 16) links ein **(10)** und verlassen den Ort südwärts auf einem Feldweg. Nach 350 m zweigen wir rechts ab und erreichen **Humbach**, wo wir geradeaus bis zum Gasthof Geiger durchgehen **(11)**. Rechts (nördlich) davon verlassen wir den Ort wieder auf einem Feldweg. Wir wandern auf den Wald zu, betreten ihn und biegen gleich links ab, um mit 35 Hm Abstieg die Straße zwischen Peretshofen und Podling zu erreichen. Dort links und gleich wieder rechts **(12)** nähern wir uns dem Gehöft Steinsberg, folgen davor der Straße nach links und gelangen so wieder zum **Wanderparkplatz** bei **Peretshofen (1)**.

Frühlingswiese mit Bergblick zwischen Großeglsee und Humbach.

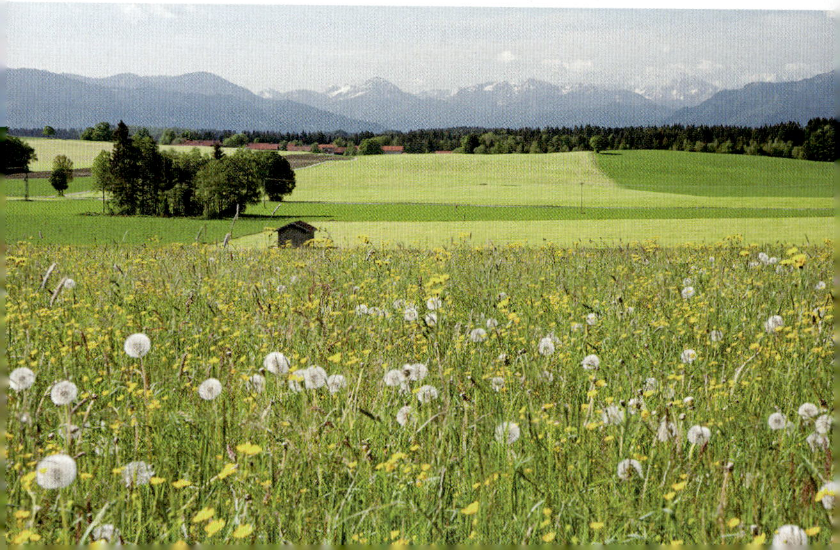

38 Durch den Truderinger Wald

2.30 Std.

Von Neuperlach Süd über Solalinden nach Trudering

Am östlichen Stadtrand lädt der Truderinger Wald, der größte zusammenhängende Wald auf Münchner Stadtgebiet, zu erholsamen Spaziergängen und Wanderungen ein. Unzählige Pfade, Reitwege und Forststraßen durchziehen diesen Grüngürtel und lassen sich beliebig zu Rund- oder Streckentouren kombinieren, wobei man einen Erkundungsbesuch bei der alten Kiesgrube – heute ein Refugium seltener Tier- und Pflanzenarten – sowie eine Einkehr in Solalinden nicht versäumen sollte. Auch Kinder werden an dieser kurzen Frischlufttour durch den Wald ihre Freude haben, ob zu Fuß oder mit dem Fahrrad.

Ausgangspunkt: Bahnhof Neuperlach Süd (S 7, U 5), 544 m.
Endpunkt: Bushaltestelle Togostraße (Bus 192) in Trudering, 540 m.
Strecke: 8,8 km.
Höhenunterschied: Bis auf die Kiesgrube völlig flach.
Anforderungen: Breite Waldwege und schmale Pfade, bei der alten Kiesgrube steile Kieswege, zu Beginn und am Ende auch Asphalt. Im Wald schlammige Stellen, besser nicht nach Regenfällen begehen!

Einkehr: Gasthaus »Rothmeyer's Zur Einkehr« in Solalinden, Tel. +49 89 32708450, www.zur-einkehr-solalinden.de.
Varianten: Beginn der Tour bei der Bushaltestelle »Im Gefilde« (Buslinie 55) bei WP 3, dadurch spart man sich den Anmarsch von Neuperlach Süd her und beginnt sofort im Wald; 1,7 km kürzer. Das dichte Wegenetz im Truderinger Wald ermöglicht unzählige weitere Varianten, siehe Karten auf www.bayernatlas.de sowie OpenStreetMap.

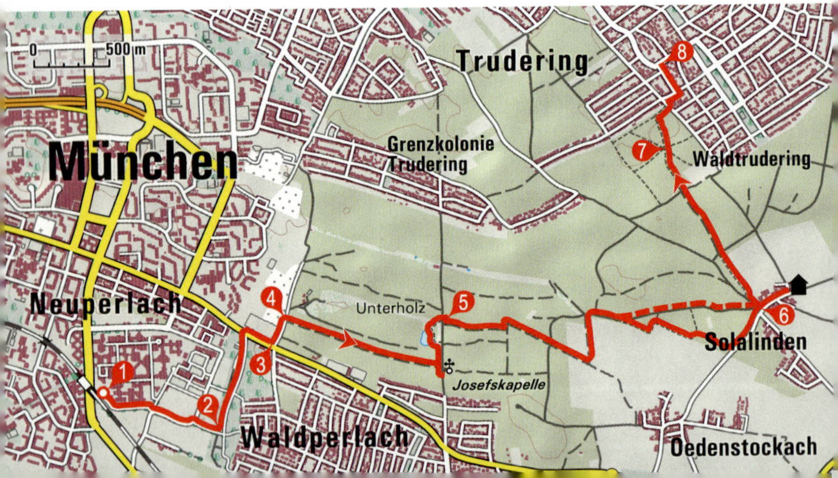

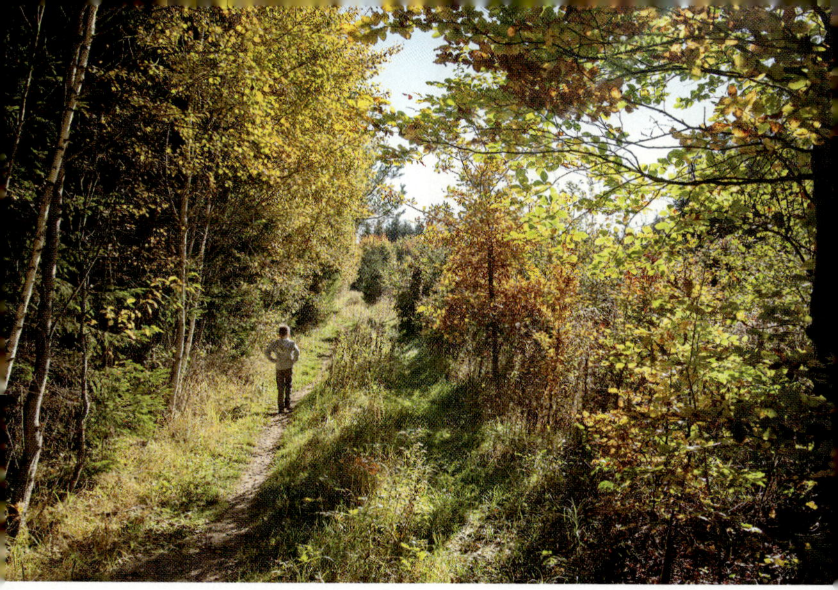

Auf schönen Pfaden erkunden wir den Truderinger Wald.

Am **Bahnhof Neuperlach Süd (1)** wählen wir den Ausgang F (von München her kommend vorne links) und spazieren an den Gleisen entlang. Bald schwenken wir nach links und wandern zwischen dem Siemens-Betriebsgelände und dem Parkplatz zu einer Kreuzung, an der wir geradeaus entlang der Arnold-Sommerfeld-Straße weitergehen, das eingezäunte Firmengelände weiterhin zur Linken. In der Linkskurve der Straße bleiben wir geradeaus (Schranke) und erreichen kurz darauf eine Parkanlage westlich vor Waldperlach. Bei einem Kletterspielplatz für Kinder **(2)** biegen wir links ab und wandern – entweder durch die Kleingartenanlage oder rechts daran vorbei – bis zur Skateboardanlage an der quer verlaufenden **Staatsstraße 2079**. Bei klarer Luft können wir von hier die Laliderer Spitze und die Birkkarspitze im Karwendel erspähen. Nun geht's nach rechts an der Staatsstraße entlang und bei der Kreuzung **(3)** nach links hinein (Schild »Landschaftsschutzgebiet«).

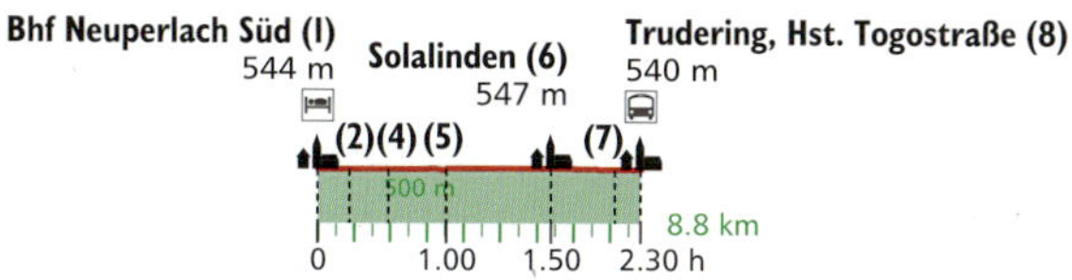

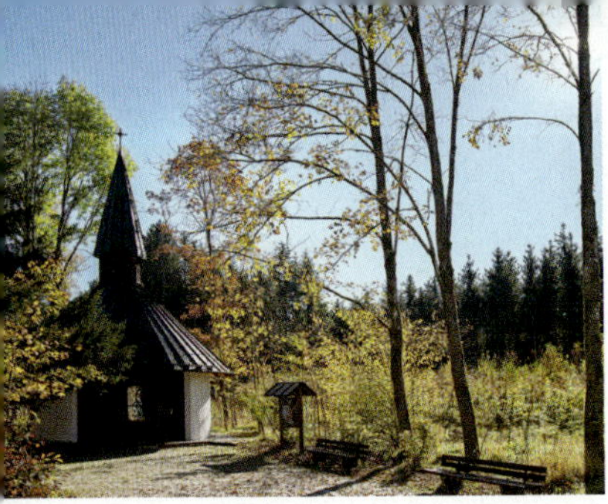

Die Josefskapelle.

Mehrere Straßen bzw. Wege zweigen im Verlauf der Straße nach rechts ab: zunächst die Zufahrtsstraße zu Hausnummer 193/195b, 30 m weiter ein Waldweg, abermals 45 m weiter ein zweiter Waldweg und nach weiteren 20 m (links gegenüber ist das Kieswerk) ein dritter, schmaler Waldpfad **(4)**, unsere Hauptroute. (Sollte dieser Pfad gesperrt oder nicht begehbar sein, können wir stattdessen auch den ersten erwähnten Waldweg 30 m nach der Zufahrtsstraße nehmen, er führt ebenfalls zur Josefskapelle, ist aber näher an der Staatsstraße und damit mehr von Lärm betroffen.) Der Waldpfad führt von Wegpunkt 4 aus in Ostsüdost-Richtung durch vielfältige Baumbestände zu einem breiten querenden Forstweg; direkt rechts gegenüber lohnt die **Josefskapelle** einen Besuch.

Weiter geht's auf dem Forstweg nach links (nordwärts), von wo nach 75 m und nochmals nach weiteren 75 m Abstecher nach links hinab zum Weiher in der alten Kiesgrube möglich sind – ein unerwartetes Naturjuwel mitten im Forst! Wieder zurück auf dem Forstweg, biegen wir gegenüber dem nordöstlichen Rand der Kiesgrube rechts (ostwärts) in einen Waldweg ein **(5)**. Dieser führt uns am **Schwedenstein** (Gedenkstein) vorbei bis zu einem querenden Weg; in diesen biegen wir links ein und folgen ihm gleich wieder nach rechts. Nun geht es geradeaus über eine Kreuzung hinweg und aus dem Wald hinaus auf das Dorf Oedenstockach zu; wir biegen jedoch schon 170 m nach Verlassen des Waldes in einen schmalen Pfad nach links ein, der uns zwischen den Feldern hindurch wieder zum Wald zurückbringt. Bei der Kreuzung am Waldrand unter der Stromleitung (von hier bei klarer Luft Bergblick) nehmen wir den Weg nach rechts, gehen auf ihm ein Stück weit innerhalb des Waldrands und zweigen dort, wo der breite Forstweg nach links zieht, auf einen Pfad nach rechts ab. (Variante: Auf dem Forstweg bleiben; dieser führt direkt, einfach und bequem, aber weniger spannend nach Solalinden.)

Auf dem Pfad wandern wir nun sehr schön zwischen Wald und Feld entlang und haben mächtige Eichen zur Linken. Immer dem Waldrand folgend schwenken wir nach links, dann wieder nach rechts, und treten erst auf einem von Oedenstockach herkommenden Weg nach links wieder in den Wald ein. Gleich wieder nach rechts setzt sich der Pfad innerhalb des Waldrands fort und führt zur Straße zwischen Oedenstockach und Solalinden hinaus, an der entlang wir nach links nach **Solalinden (6)** wandern. Die Keferloher-Markt-Straße führt uns durch den Ort zur Gaststätte mit Biergarten.

Zurück bei **WP 6** nehmen wir die Forststraße nach Nordwesten in Richtung Trudering und können bald nach den letzten Häusern von Solalinden rechts auf einen schmalen Pfad abbiegen, der uns am Feldrand entlang auf den vor uns liegenden Wald zuführt (alternativ auf der Forststraße weiter und zweimal rechts halten); dort überqueren wir den kreuzenden Forstweg und gehen geradeaus auf einem Waldweg weiter.
Wir folgen dem abwechslungsreichen Weg weiterhin immer geradeaus in Nordwestrichtung und ignorieren alle Abzweigungen; wo sich der Weg in einen schräg links und einen schräg rechts weiterführenden Ast gabelt **(7)**, halten wir uns rechts. Bald mündet unser Waldpfad kurz vor den Häusern von **Waldtrudering** in einen quer verlaufenden Weg, auf ihm gehen wir rechts zur Straße »Am Eulenhorst«. Nun links, gleich wieder rechts in die Tsingtauer Straße und dann links in die Waldschulstraße einschwenkend gelangen wir zur **Bushaltestelle Togostraße (8)**, von wo uns der Bus (auch sonntags) zur S-Bahn in Trudering oder Berg am Laim bringt.

Wunderbares Biotop auf Stadtgebiet: der Weiher in der alten Kiesgrube.

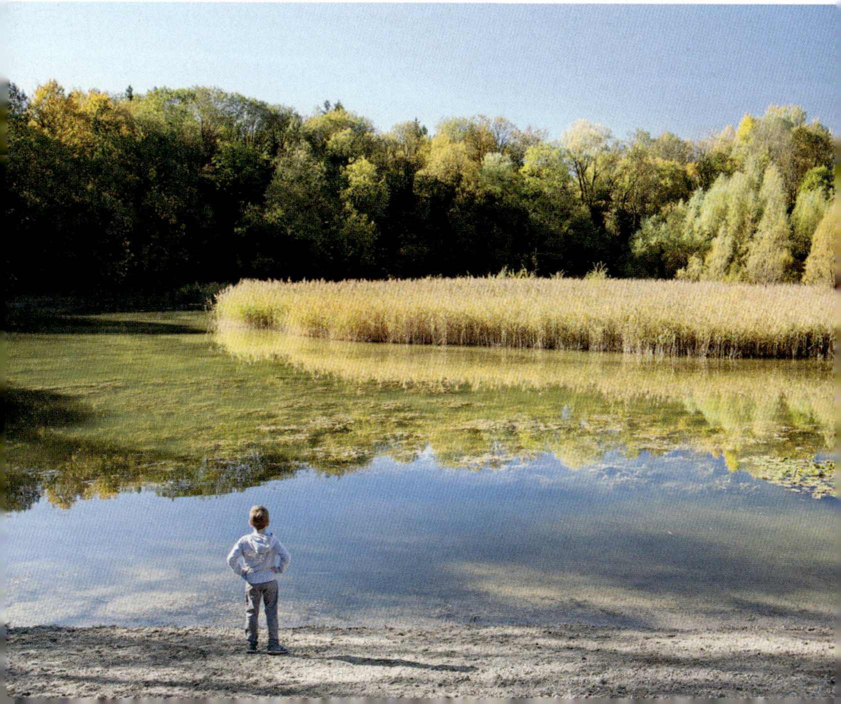

39 Durchs Gleißental zum Deininger Weiher

4.30 Std.

Durch ein Trockental zum idyllischen Waldsee im Süden Münchens

Das Gleißental zählt zu den interessantesten Geotopen in der Münchner Umgebung. Es entstand im Lauf der letzten Eiszeit, als die Eglinger Gletscherzunge des Isar-Loisach-Gletschers bis zum Deininger Weiher reichte und ihre Schmelzwässer beim Abfließen gegen Nordosten nach und nach ein Tal auswuschen. Heute sind von den einstigen Gletschermassen und Wasserströmen nur noch der Deininger Weiher sowie der daraus abfließende, aber schon nach gut 1 km versickernde Gleißenbach übrig. Diese Wanderung verläuft ruhig und schattig durchs ansonsten trockengefallene Gleißental, wobei gleich zu Beginn die sehenswerten Felsformationen des Deisenhofener Steinbruchs bestaunt werden können. Am Deininger Weiher besteht die Möglichkeit zu einem Aufstieg zum Aussichtspunkt der Ludwigshöhe, bevor es durch die weiten Wälder und Felder der südlichen Münchner Schotterebene über Jettenhausen und das weltfern wirkende Kreuzpullach wieder nach Deisenhofen an den Herzschlag der Millionenstadt zurückgeht.

Im Felsenrund des Deisenhofener Steinbruchs.

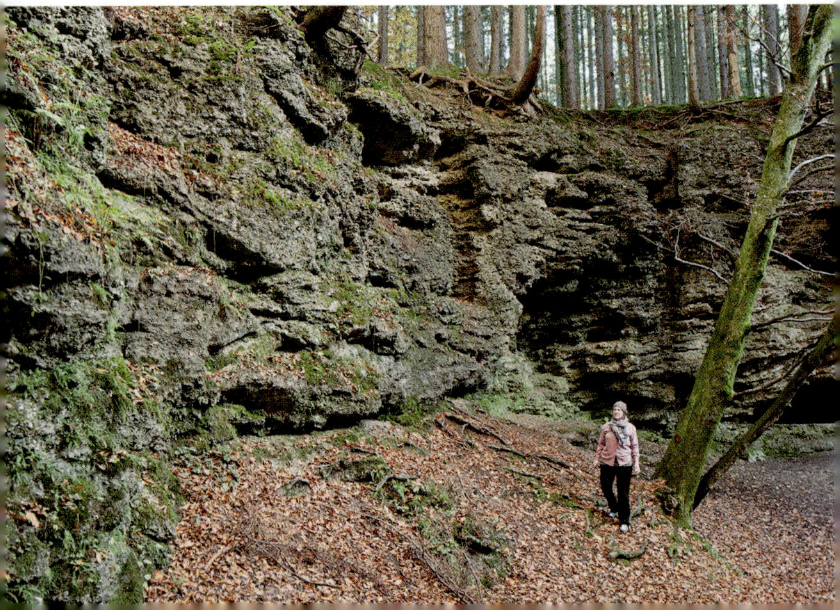

Ausgangspunkt: Bahnhof Deisenhofen (S 3, Meridian), 596 m.
Strecke: 18,2 km.
Anforderungen: Überwiegend breite Waldwege, kurze Abschnitte auf Asphalt, vor Jettenhausen undeutlicher Wiesenweg.
Höhenunterschied: Insgesamt ca. 110 m.
Einkehr: Waldhaus Deininger Weiher, Tel. +49 8170 998700, www.waldhaus-deiningerweiher.de.
Variante: Aufstieg zur Ludwigshöhe (Aussichtspunkt, bei guter Fernsicht empfehlenswert, 75 Hm): Geht man im Uhrzeigersinn um den See herum, überquert man auf der Südseite einen Steg und trifft nach 175 m auf eine Wegverzweigung. Dort nicht rechts weiter auf dem See-Rundweg, sondern geradeaus auf dem breiten Weg in den Wald hinauf und nach 40 m zu einer Dreiecks-Kreuzung; von hier zwei Möglichkeiten: 1. Auf dem Forstweg nach rechts aufwärts, nach gut 500 m zur Straße nach Kleindingharting, auf ihr in den Ort und hinauf zur Ludwigshöhe.

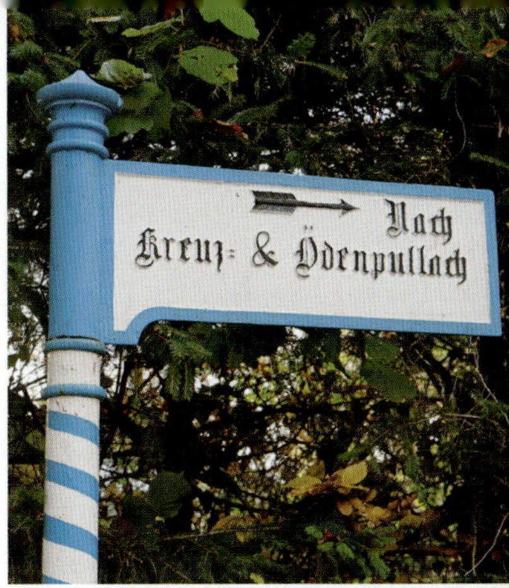

Wegweiser in Jettenhofen.

2. Schöner und kürzer, aber sehr steil (»mittelschwer«) ist der schmale Pfad, der von der Kreuzung geradeaus den Hang hinaufführt; oben geht man rechts am Waldrand entlang und links hinüber zur Ludwigshöhe.

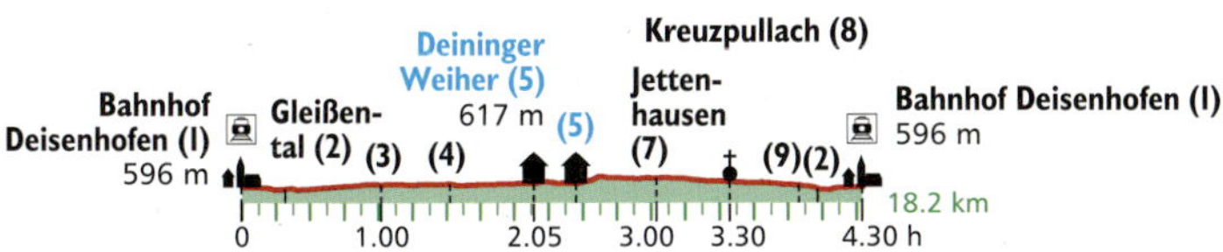

Am **Bahnhof Deisenhofen (1)** wechseln wir auf die Westseite der Gleise und wandern in südlicher Richtung (stadtauswärts) an ihnen entlang. Bei der Kreuzung am Bahnübergang biegen wir rechts in die Jägerstraße und gleich darauf links in die Waldstraße ab. Wo die Straße nach rechts schwenkt, gehen wir geradeaus auf einem Weg zwischen den Häusern Nr. 15 und 17 weiter, erreichen den Ortsrand von Deisenhofen und erkennen rechts unterhalb schon das Schild des Landschaftsschutzgebiets. Dort gehen wir hinab und gelangen absteigend ins **Gleißental**, wo wir bei einer Kreuzung nach 350 m die seitlich hinaufführenden Routen ignorieren und mit einem Links-rechts-Schwenk **(2)** auf dem Talweg bleiben. Kurz darauf können wir mit einem kleinen Abstecher nach links die Felswände des ehemaligen **Steinbruchs Deisenhofen** bestaunen, die auch als Klettergarten genutzt wurden.

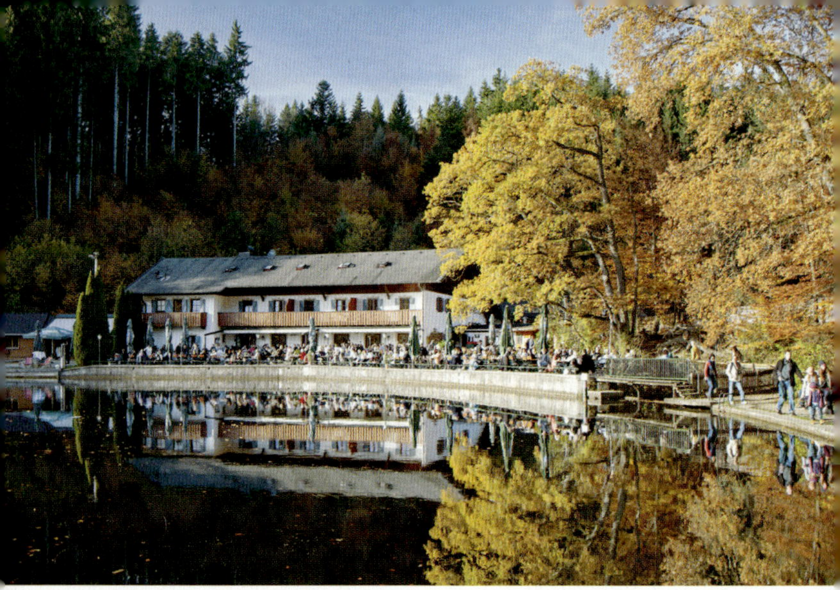

Ein stark frequentiertes Ausflugsziel: das Waldhaus am Deininger Weiher.

Nun wandern wir durchs gesamte Gleißental, wobei wir ein Wasserbecken und ein Wegkreuz passieren, während der Fahrweg sich zwischenzeitlich zu einem schmäleren Wanderweg verengt. Nach 3 km ab Beginn des Gleißentals treffen wir auf die Straße zwischen Ödenpullach und Kreuzpullach **(3)**, gehen auf ihr kurz nach links und biegen gleich wieder rechts ab, um unseren Weg durchs Tal fortzusetzen. Nach weiteren knapp 2 km mündet unser Weg in die von links von Jettenhausen herabkommende Forststraße **(4)**; auf ihr wenden wir uns kurz nach rechts, biegen gleich wieder links ab und bleiben so im Gleißental. Bald haben wir die Tümpel des **Gleißenbachs** links neben uns, dann überqueren wir die Straße zwischen Großdingharting und Holzhausen, gehen über den Parkplatz zum Gasthaus und stehen am Ufer des **Deininger Weihers (5)**. Ein Spaziergang rund um den See lohnt sich und dauert nur rund 20 Min.; vorher oder nachher bietet sich eine Einkehr im Waldhaus an (Aufstieg zur Ludwigshöhe siehe Variante).
Der Rückweg nach Deisenhofen führt uns vom Gasthaus 70 m ums Nordufer des Sees herum, dann gehen wir vom Uferweg zum parallel oberhalb verlaufenden Fahrweg und auf diesem nach links zur Asphaltstraße hinauf, die wir nun rund 100 m weiter oben als beim Hinweg überqueren. Geradeaus wandern wir auf einem Waldweg weiter **(6)** und rechts haltend hinauf zum Waldrand, an dem entlang wir in östlicher Richtung auf Ebertshausen zugehen

(Weg zunächst undeutlich). In der Mulde vor Ebertshausen biegen wir links auf einen wenig deutlichen Wiesen-Fahrweg ab und wandern auf ihm geradeaus auf das genau 1 km vor uns liegende Jettenhausen zu. Wir durchqueren **Jettenhausen** und biegen am nordöstlichen Ortsrand (Wegweiser nach Kreuzpullach) links in den Wald ab **(7)**, wo wir uns gleich wieder rechts halten und an einem großen Bildstock vorbeikommen.

Der Waldweg führt uns nach **Kreuzpullach (8)**, dort wandern wir um die Kirche Heilig Kreuz herum und schlagen den dahinter ansetzenden Feldweg ein; so gelangen wir nordostwärts über Felder wieder in den Wald. Sobald wir die **Staatsstraße 2368** erreichen **(9)**, biegen wir gleich wieder links auf eine Forststraße ab und kehren so absteigend ins Gleißental zurück, wo wir auf unseren Hinweg treffen **(2)** und rechts nach **Deisenhofen (1)** hinaufgehen.

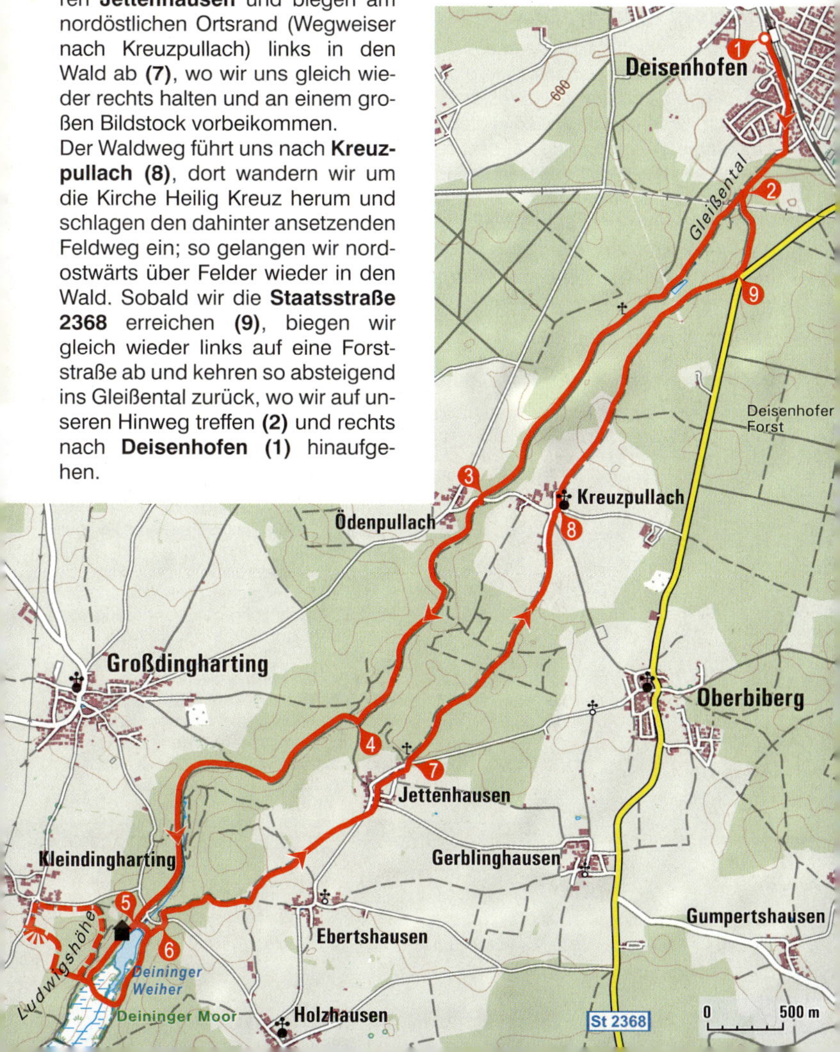

40 Von Unterhaching nach Hinterbrühl

2.30 Std.

Durch den Perlacher Forst zur Isar

Wer auf der Suche nach einer einfachen, schönen, stadtnahen und nicht allzu langen Wanderung ist, wird sowohl im Perlacher Forst als auch im Isartal fündig, die beide zu den beliebtesten Freizeitgebieten der Münchner zählen. Die Tour von Unterhaching nach Hinterbrühl vereint die Vorzüge beider und bietet erholsame Waldwege wie auch Uferspaziergänge in einem besonders vielgestaltigen Abschnitt des Isartals, wo auf Höhe von Maria Einsiedel sogar fünf Fließgewässer nebeneinander verlaufen: Maria-Einsiedel-Bach, Ländkanal, Werkkanal, Isar und Auer Mühlbach. Weitere Sehenswürdigkeiten sind der mit dem Aushub des McGraw-Grabens erst 1970 aufgeschüttete Perlacher Muggl mit seinem Bergpanorama, die Felswände am Isarhochufer und die nachmittags am Ländkanal ankommenden Flöße aus Wolfratshausen.

Ausgangspunkt: Bahnhof Unterhaching (S 3), 557 m.
Endpunkt: Hinterbrühl (Bus-Hst.), 529 m.
Strecke: 9,8 km.
Höhenunterschied: Aufstieg rund 60 m, Abstieg rund 90 m.
Anforderungen: Überwiegend breite Waldwege, ansonsten Asphalt. Abstieg vom Isarhochufer auf Treppensteig.
Einkehr: Gutshof Menterschwaige, Tel. +49 89 640732, www.menterschwaige.de; Gasthof Hinterbrühl, Tel. +49 89 794494, www.gasthof-hinterbruehl.de; beide mit Biergarten.
Varianten: Zahlreiche Variationsmöglichkeiten im Perlacher Forst und im Isartal, z. B. Fortsetzung der Wanderung von Hinterbrühl nordwärts nach Thalkirchen (U-Bahn), ca. 2 km, oder von der Marienklause direkt nach Thalkirchen.
Falls der Abstieg vom Isarhochufer gesperrt sein sollte, folgt man der Hochleite weitere 750 m nach Norden, dort sowie nochmals 100 m weiter gibt es asphaltierte Abstiege zur Marienklause.

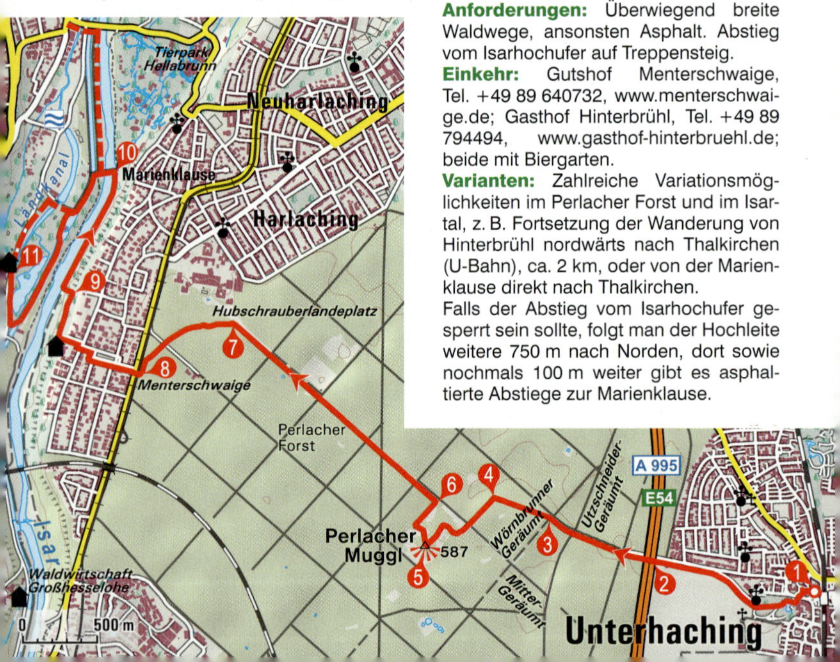

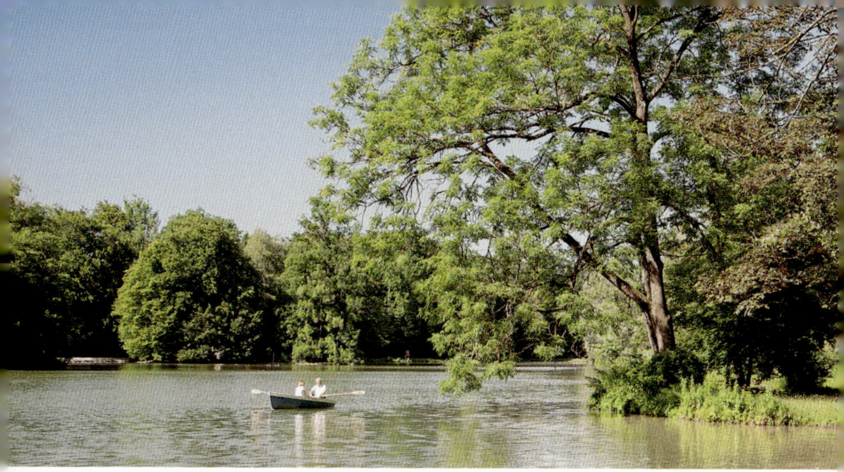

Ruderpartie auf dem Hinterbrühler See.

Vom **Bahnhof Unterhaching (1)** spazieren wir westwärts durchs verkehrsberuhigte Ortszentrum zum Rathausplatz und biegen nach links in den **Ortspark** ab. Wir durchqueren ihn nach rechts (Westen) und gehen an der Kapelle vorbei auf dem Scheilweg zur Isartalstraße. Entlang der Straße wandern wir aus Unterhaching hinaus, unterqueren die Autobahn **A 995 (2)** und betreten den **Perlacher Forst**. Wir bleiben geradeaus **(Winkelweg-Geräumt)** und überqueren drei kreuzende Geräumte. 40 m nach Überquerung des dritten, des **Wörnbrunner Geräumts**, zweigen wir schräg links auf einen schmalen Waldpfad ab **(3)**.
Dieser mündet nach 400 m in den quer verlaufenden **Jägersteig (4)**; hier halten wir uns links, überqueren das breite **Mitter-Geräumt** geradeaus und biegen nach 50 m auf einen Pfad nach rechts zum Perlacher Muggl ab. Der Pfad führt steil zum »Vorgipfel« hinauf, links haltend wieder kurz hinab und schließlich zum Gipfel des **Perlacher Muggls (5)** mit Pavillon und Infotafeln, die das Bergpanorama sowie die Geschichte des Perlacher Forsts erläutern.
Auf dem Weg zurück biegen wir links ab und gehen am Fuß des Hügels nach rechts, bis wir wieder auf das **Mitter-Geräumt (6)** treffen, in das wir nun

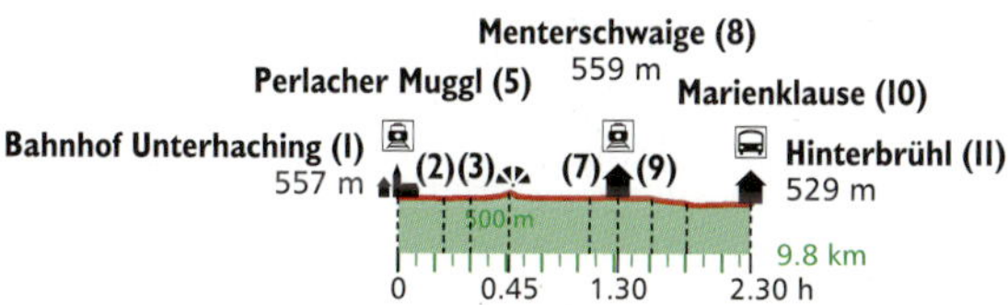

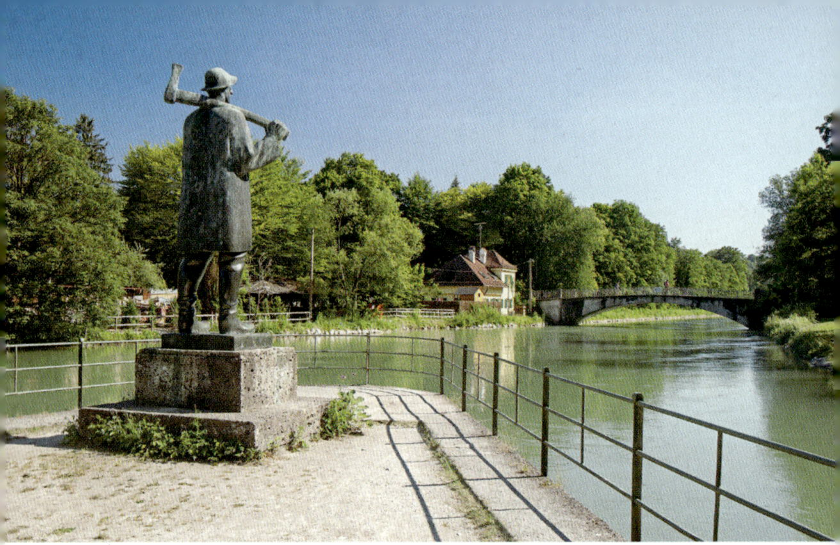

Das Flößerdenkmal. Hier zweigt der Ländkanal von der Isar zur Floßlände ab.

links (nordwestwärts) einschwenken. Wir wandern 1,8 km weit geradeaus auf dem Mitter-Geräumt (der breite Weg verwandelt sich zwischendurch in kurvige Pfade, die grundsätzliche Richtung bleibt aber immer dieselbe), bis wir unmittelbar vor dem Zaun des Hubschrauberlandeplatzes des **Krankenhauses Harlaching (7)** stehen. Dort nehmen wir den Pfad nach links in den Wald, halten uns bei der nächsten deutlichen Wegverzweigung rechts und bei einer weiteren Verzweigung nach 150 m links. Zuletzt über das asphaltierte Isar-Geräumt hinweg führt der Pfad zur Tramhaltestelle **Menterschwaige (8)**. Über die Menterschwaigstraße, den Schmorellplatz und wieder die Menterschwaigstraße gelangen wir zum Gutshof Menterschwaige und an ihm vorbei zum **Isarhochufer**.
Wir folgen der Hochleite nach rechts und steigen auf Höhe der Hermine-Bland-Straße auf einem Treppensteig **(9)** nach links steil hinab zur Isar. Dort wandern wir nordwärts zur Marienklause, wofür vom Ufer bis zum Steilhang mehrere parallele Wege und Pfade zur Verfügung stehen (Achtung auf Mountainbiker!). An der **Marienklause (10)** wenden wir uns nach links, überqueren die Isar sowie den **Werkkanal** und biegen links (südlich) ab. Nachdem wir das Kraftwerk passiert haben, können wir rechts haltend direkt nach Hinterbrühl gehen (Variante) oder links haltend zwischen Werkkanal und **Hinterbrühler See** hindurch eine Runde um den See drehen. Am Flößerdenkmal an der Spitze der Landzunge vorbei und am Westufer des Sees entlang spazieren wir nach **Hinterbrühl (11)**.

2.30 Std.

Von Grünwald zum Georgenstein

41

Interessante Rundtour durchs Isartal

Auf dieser mit gut 8 km Wegstrecke eigentlich recht kurzen Tour im Isartal ist so viel Abwechslung geboten, dass man zusätzliche Zeit zum Schauen, Entdecken und Rasten einplanen sollte. Wir starten in Grünwald, das neben betuchten Bewohnern und versteckten Villen auch eine interessante spätmittelalterliche Burg sein Eigen nennt. Es folgen schmale Uferpfade mit vielen schönen Ausblicken und Kiesstränden an der Isar. Nach einer Waldpassage taucht dann der Georgenstein auf, ein einzelner, fünf Meter hoch aus dem Wasser ragender Nagelfluh-Felsblock, der bei einem Hangrutsch in den Fluss gefallen ist. Ein Steilaufstieg führt anschließend aufs Hochufer und zu den Resten einer Römerschanze, bevor die Tour mit einem idyllischen Waldspaziergang zurück ins mondäne Grünwald ihr Ende findet.

Ausgangspunkt: Derbolfinger Platz in Grünwald (Tram-Endhaltestelle der Linie 25, Bushaltestelle), 586 m. Bei Anfahrt mit dem Auto: Parkplatz an der Schloßleiten bei der Isarbrücke, 556 m.
Strecke: 8,5 km.
Höhenunterschied: Rund 100 m.
Anforderungen: Teils steile, rutschige Pfade, überwiegend jedoch flach und unschwierig. Nach intensiven Regenfällen sowie bei Hochwasser nicht empfehlenswert. Die Besteigung des Georgensteins ist schwierig, Gewandtheit und Kletterfähigkeiten sind dafür erforderlich (senkrechte Felsstufe!).
Einkehr: Diverse in Grünwald.

Wer einen Abstecher auf die Grünwalder Brücke macht, sieht die Isar von oben.

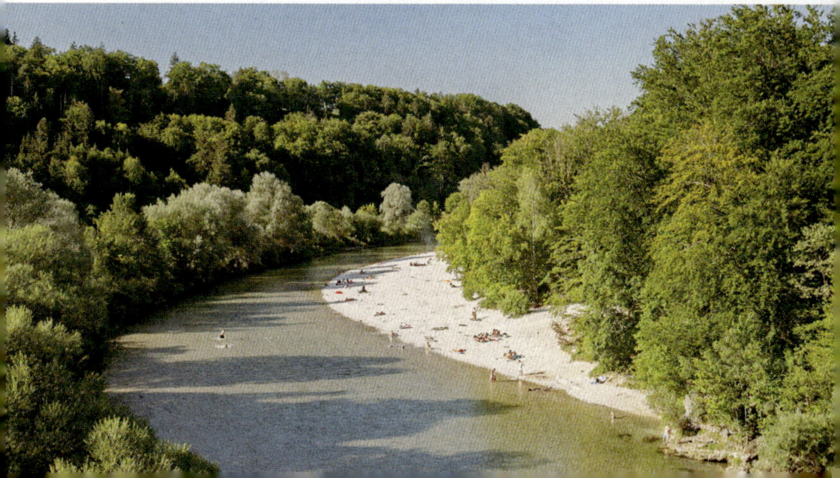

Die Wanderung beginnt auf der Südseite des **Derbolfinger Platzes** in **Grünwald (1)**; von dort spazieren wir durch den Luitpoldweg und die Rathausstraße zum Schlosshotel bei der Burg und steigen links davon auf dem Flößersteig über Treppen hinab. Beim Kiosk an der **Schloßleiten (2)** haben wir zwei Möglichkeiten: Entweder wir steigen direkt hinter dem Kiosk auf einem von zahlreichen Trampelpfaden weiter zur Isar ab, oder wir gehen zunächst flach nordostwärts über den Parkplatz, bis wir auf einem breiten Weg mit Beschilderung nach links hinab abzweigen können. In jedem Fall steuern wir den großen Brückenpfeiler **(3)** auf der Grünwalder Isarseite an, in dessen Nähe wir auf den Uferpfad treffen.

Nun wandern wir rund 2,5 km weit gegen die Fließrichtung an der **Isar** entlang, wobei der Pfad zuerst sandig, danach besser befestigt ist; auch gibt es über weite Strecken einen weiter vom Ufer entfernten Parallelweg, der gegebenenfalls genutzt werden kann. Eine genauere Wegbeschreibung ist aufgrund der zahlreichen kleineren Verzweigungen und Windungen des Uferpfads nicht sinnvoll; Maßgabe ist einfach, sich durchgehend in Ufernähe zu halten. Erst auf Höhe des Wehrs **(4)** (ca. Isar-Km 162,5) entfernt sich der Weg kurzzeitig etwas weiter vom Ufer, führt über Holzbohlen durch den Wald und überwindet eine Steigung, bevor er wieder abfällt. Sobald man auf eine breitere Forststraße trifft, ist nach rechts der Zugang zum Ufer und zum **Georgenstein (5)** möglich. Über einen Damm aus Felsbrocken kann man

Der Georgenstein, fotografiert bei der Vorbeifahrt mit einem Isarfloß.

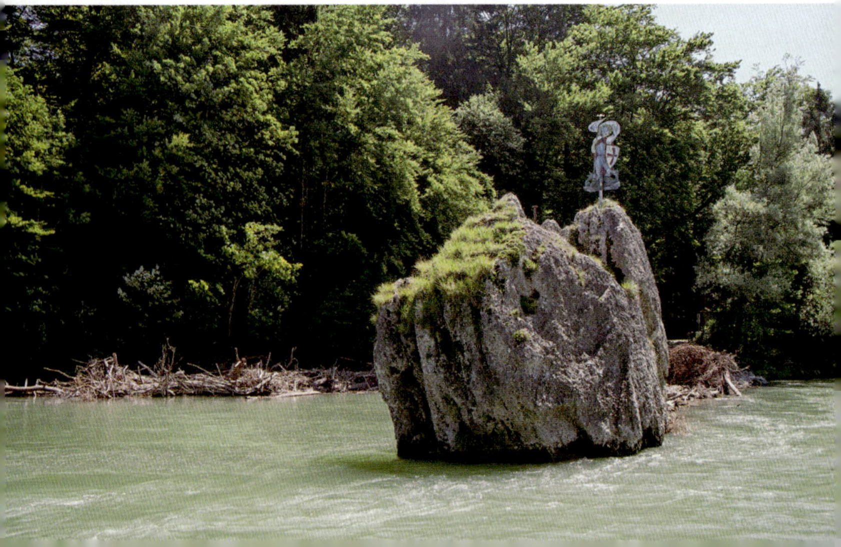

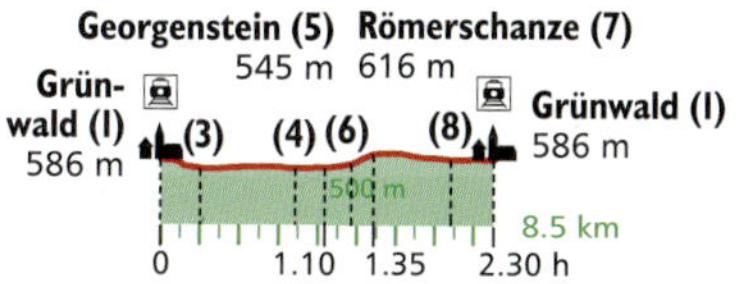

sich je nach Wasserstand dem Felsen nähern; die Besteigung erfordert allerdings mutige Kletterei.

Nun folgen wir dem breiten Fahrweg, der **Römerstraße**, südostwärts und verlassen das Isarufer. Nach etwa 500 m zweigt nach links zurück eine weitere Forststraße ab; ihr folgen wir für gut 50 m und steigen dann rechts einen steilen Pfad **(6)** hinauf. Dieser führt nun links haltend zum **Isar-Hochufer** empor, wo bei Rastbänken von rechts das **Fuchswegl-Geräumt** einmündet. Auf dem flachen Hochufer geht es links haltend zur **Römerschanze (7)** weiter, die wir immer möglichst links in der Nähe des Steilabbruchs umwandern. Damit erreichen wir den Georg-Pröbst-Weg, auf dem wir unter der Hochspannungsleitung hindurchgehen; anschließend halten wir uns wiederum links in der Nähe der Hangkante, steigen jedoch nicht über den Steilhang hinab.

So gelangen wir über den **Kreuzwinkel** (in diesem Bereich geht es allerdings doch ein paar Meter bergab und wieder bergauf) und links an einer großen Wiesenfläche vorbei auf dem Brunnwartsweg **(8)** nach **Grünwald**. Über die Straße »Auf der Eierwiese« erreichen wir das Ortszentrum und kehren nach links über die Rathausstraße wieder zum **Ausgangspunkt (1)** zurück.

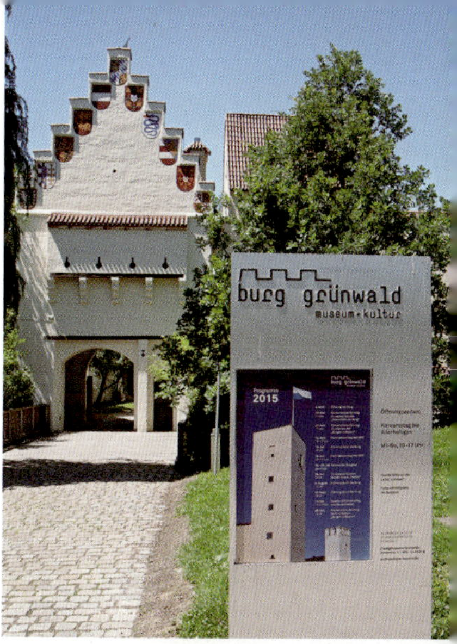

Sehenswert: Burg Grünwald.

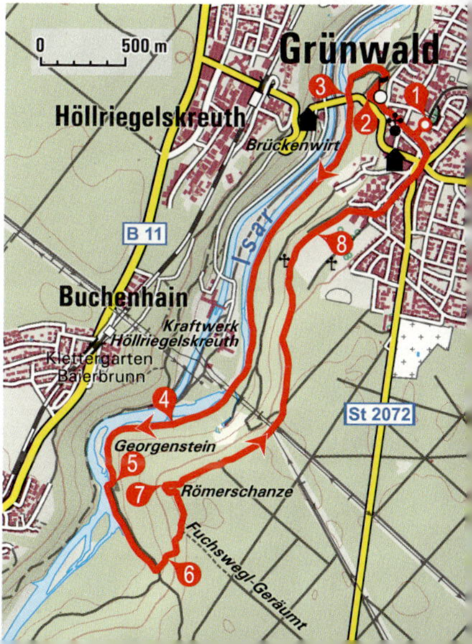

42 Von Buchenhain nach Hohenschäftlarn

2.15 Std.

Eine kurze Tour mit drei Felsbegegnungen im Isartal

Auf dieser Tour zeigt sich das Isartal von seiner schroffen Seite: Los geht's mit dem Klettergarten Buchenhain, an dem mehrere Generationen von Münchner Bergsteigern das Klettern lernten und trainierten. Dann werfen wir einen Blick hinüber zum Georgenstein, einem Nagelfluhfelsen, der bei einem Hangrutsch in die Isar gefallen ist. Schließlich klettern wir über eine felsige Steilstufe wieder aufs Hochufer hinauf und spazieren nach Hohenschäftlarn.

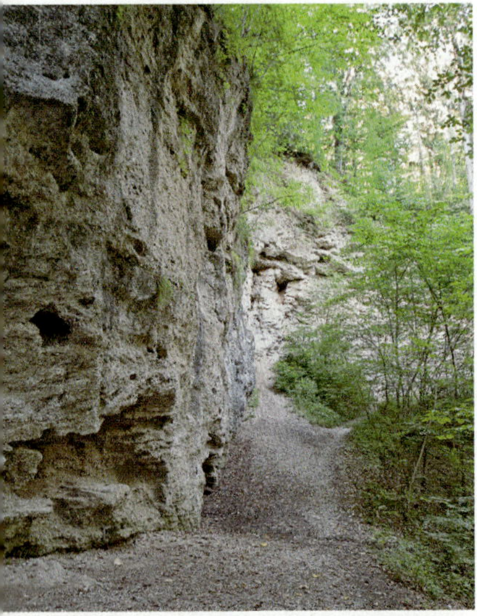

Im Klettergarten Buchenhain.

Ausgangspunkt: Bahnhof Buchenhain (S 7), 610 m.
Endpunkt: Bahnhof Hohenschäftlarn (S 7), 655 m.
Strecke: 7,4 km.
Höhenunterschied: Rund 180 m Aufstieg, 135 m Abstieg.
Anforderungen: Schwindelfreiheit und Orientierungsfähigkeit erforderlich; eine senkrechte Felsstufe mit Leiter; steile Pfade und Treppenwege, ansonsten breite, flache Wege. Mit größeren, schwindelfreien Kindern machbar.
Einkehr: Restaurant »Il Brigante« am Bahnhof Hohenschäftlarn, Tel. +49 8178 998555, www.il-brigante.de.
Varianten: 1. Von WP 10 geradeaus (südwärts) weiter und wie beschildert hinab zum Kloster Schäftlarn; Hinweg 1,8 km, von dort westwärts hinauf zum Bahnhof Ebenhausen-Schäftlarn gut 1 km.
2. Vom Bhf Hohenschäftlarn die Starnberger Straße hinauf, dann rechts ab und über die Schmiedgasse zur Kirche, hin und zurück gut 1 km.
Hinweis: An Wochenenden und Feiertagen viele Radfahrer!

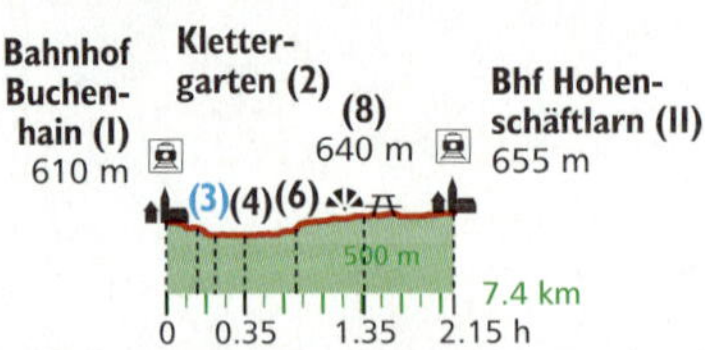

Am **Bahnhof Buchenhain (1)** wechseln wir auf die Ostseite der Gleise und gehen auf dem breiten Waldweg links am Waldgasthof vorbei und zur Überlandleitung. Dort biegen wir rechts ab und gehen zwischen den beiden parallel verlaufenden Leitungen gut 100 m bis zu einem unscheinbaren Querweg beim linken Leitungsmast. In diesen biegen wir rechts (südwärts) ein und folgen ihm bergab durch den Wald, bis wir auf einem Treppensteig zum **Klettergarten Buchenhain** absteigen können. In diesem geologisch sensiblen Bereich bitte auf den Hauptwegen bleiben und etwaige Wegsperrungen beachten! Auf halber Höhe des Treppensteigs ist ein Blick in die Steilwände des Klettergartens möglich **(2)** (Infotafel).

Wir steigen weiter ab und treffen auf eine Wegkreuzung, wo uns mehrere Optionen offenstehen: a) Links gelangen wir nach 150 m zum breiten Hauptweg, der rechts hinab zur Isar führt; b) kurz rechts und dann schräg links absteigend führt ein schmälerer, steiler Weg direkt zur Isar; c) mehrmals rechts haltend ist der sehenswerte Klettergarten von unten her zugänglich; anschließend mit a) oder b) zur **Isar (3)**.

Nun geht's am Ufer der Isar weiter: Der breite Weg führt uns um eine Flussbiegung herum, dann wird der Blick zum **Georgenstein** am ge-

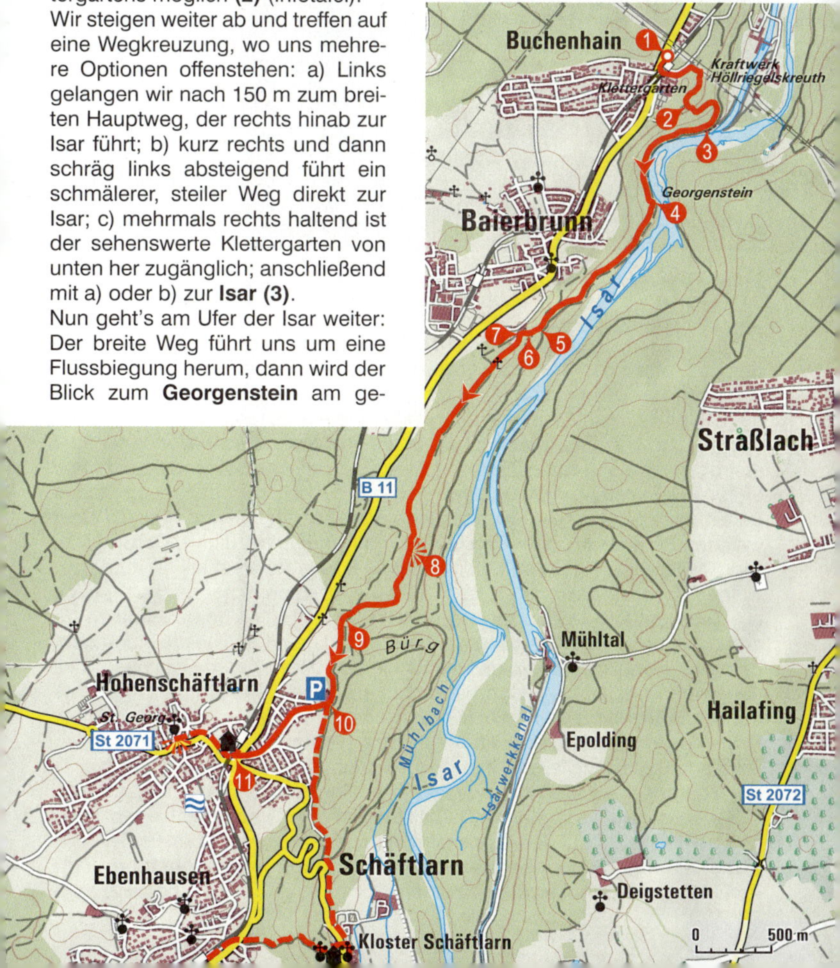

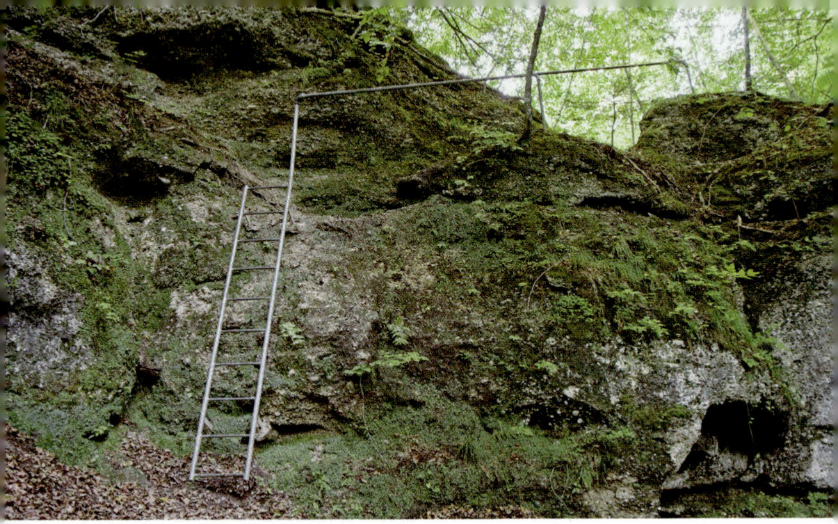

An der senkrechten Felsstufe im Isar-Steilhang heißt es zupacken.

genüberliegenden Ufer frei **(4)**. In der Folge entfernt sich der Weg etwas von der Isar, führt über den **Geudergraben** hinweg, in die Nähe des Ufers zurück, dann wieder ansteigend landeinwärts. Wir erreichen eine Kreuzung, an der von hinten rechts ein Pfad einmündet und ein weiterer nach vorne rechts abgeht. Von hier gehen wir noch 80 m auf dem Hauptweg weiter und biegen erst dann rechts in einen Pfad ab **(5)**. Auf ihm steigen wir rund 80 m hinauf, treffen die Einmündung des zuvor an der Kreuzung abgegangenen Pfades, gehen noch ca. 60 m weiter und biegen dann schräg rechts zurück auf einen weiteren Pfad ab **(6)**, der uns steil auf die Hangkante zuführt. Dort müssen wir mit Hilfe einer fest installierten Metallleiter eine senkrechte Felsstufe überwinden. Oben angekommen, schwenkt der Pfad scharf nach links **(7)** (nicht am Zaun entlang, sondern noch weiter links sehr steil bergauf). Nach der anfänglichen starken Steigung wandern wir flacher in Südwestrichtung oberhalb des Isartals dahin, folgen kontinuierlich dem oberen Rand des Steilhangs und biegen demnach nie rechts ab. Unterwegs lädt ein Aussichtspunkt mit Bank zur Rast ein **(8)**. Schließlich mündet unser Weg in einen Fahrweg **(9)**, auf dem es links absteigend weitergeht und der uns zu einer links unterhalb parallel verlaufenden Forststraße führt; wir wandern hier jedoch geradeaus weiter und erreichen bald eine Kreuzung mit Parkplatz **(10)**. Geradeaus geht's zum Kloster Schäftlarn (Variante 1), wir aber biegen rechts ab und spazieren auf der Asphaltstraße mit dem Namen »Forststraße« nach **Hohenschäftlarn** und geradeaus zum **Bahnhof Hohenschäftlarn (11)**. Zum Abschluss lohnt sich ein Abstecher hinauf zur Kirche (Variante 2).

3.45 Std.

Von Neuforstenried nach Hohenschäftlarn

43

Durch das Wildgehege des Forstenrieder Parks

Auf dem Weg vom Münchner Stadtrand durch den Forstenrieder Park ins Alpenvorland begehen wir zunächst einen hervorragenden, abwechslungsreichen Waldpfad, dem wir auf 1,8 Kilometer Länge aufmerksam folgen. Danach geht's hinüber ins Wildgehege des riesigen Waldgebiets, wo sich mit etwas Glück Damwild oder Wildschweine beobachten lassen. Ziel der Tour ist Hohenschäftlarn, das mit seiner erhöht gelegenen Kirche, den sehenswerten alten Bauernhäusern ringsherum und dem Bergpanorama begeistert.

Ausgangspunkt: Bushaltestelle Kemptener Straße in München-Neuforstenried, 567 m, erreichbar mit Bus 166 oder zu Fuß (1 km) ab U-Bahn-Haltestelle Fürstenried West (U 3).
Endpunkt: Bahnhof Hohenschäftlarn (S 7), 655 m.
Strecke: 15,0 km.
Höhenunterschied: Rund 180 m Aufstieg, 90 m Abstieg.
Anforderungen: Zu Beginn schmale Waldpfade (Gespür für Wegfindung erforderlich), dann breite Forststraßen, am Ludwigs-Geräumt und auf dem Schlussstück Asphalt.
Einkehr: Ristorante »Il Brigante« am Bahnhof Hohenschäftlarn, Tel. +49 8178 998555, www.il-brigante.de.
Variante: Von WP 9 auf dem Friederiken-Geräumt links ab nach Baierbrunn und geradeaus durch zum Bahnhof; Tour wird um ca. 4,75 km oder 1.15 Std. kürzer.

Ein Wildschwein am Wegesrand. Kurz darauf verschwand es im Unterholz.

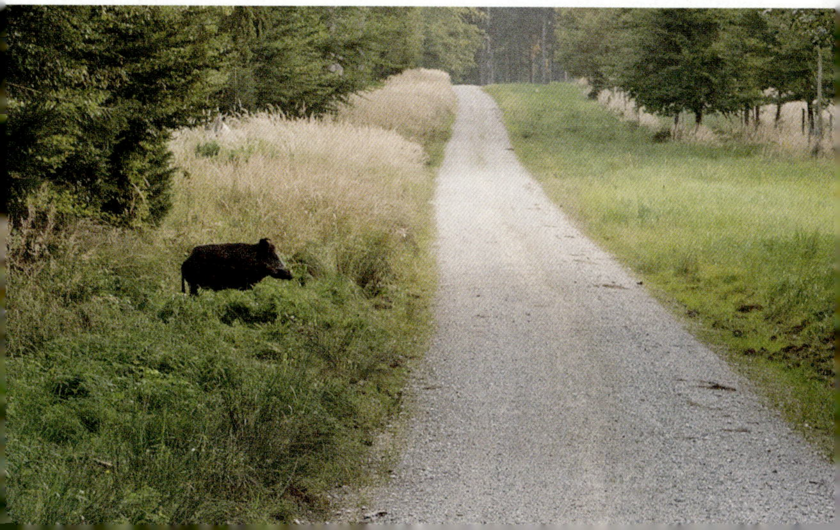

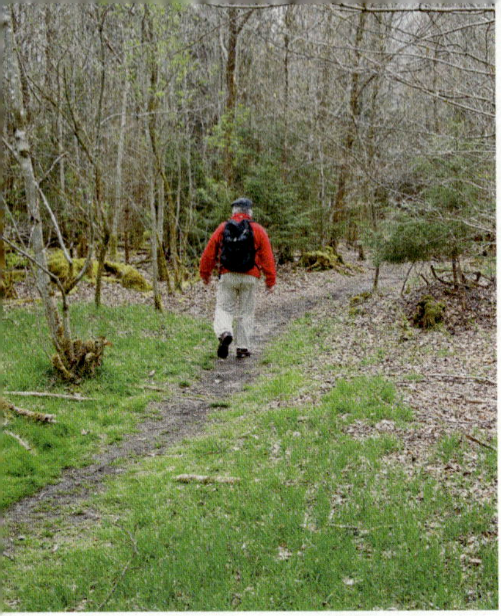

Die Tour beginnt mit einem Waldpfad.

Von der **Bushaltestelle Kemptener Straße (1)** gehen wir südwärts zu einem Spielplatz und schwenken nach rechts in den Weg ein, der am Waldrand und damit zugleich am Stadtrand entlangführt. Wir betreten den Wald hier noch nicht, sondern bleiben 250 m in Nordwestrichtung auf dem Weg, bis wir auf die von rechts herankommende, hier als Sackgasse endende **Vinzenz-Schüpfer-Straße** treffen. Exakt auf deren Höhe biegen wir links auf einem schmalen Pfad **(2)** in den **Forstenrieder Park** ein (nicht in den breiteren Weg, der erst ein Stück weiter hinten beginnt!).

Der Pfad führt zum Teil kurvenreich durch den dicht bewachsenen Wald, behält aber im Großen und Ganzen eine gerade, fast genau in Südwestrichtung verlaufende Routenführung bei; seitlich abzweigende Nebenpfade werden ignoriert. Zu beachten ist: Bei einer undeutlichen Verzweigung gleich zu Beginn folgt man nicht dem schwächeren linken Pfad, sondern dem deutlicheren, schräg rechts weiterführenden Hauptpfad. Zwei unasphaltierte, breite Querwege werden geradeaus überquert, anschließend ist der Pfad kurzzeitig schwer zu erkennen und führt dann durch dichten Jungwald. Eine Asphaltstraße wird gekreuzt, bald danach geht es bei einer Pfadverzweigung auf dem linken Ast (geradeaus) weiter. Nach insgesamt 1,8 km ab Pfadbeginn endet der Pfad bei einer breiten Forststraße **(3)**, in die wir links einbiegen (Tour 46 nach Starnberg: hier rechts).

Nach 200 m erreichen wir das **Karl-Geräumt (4)**, in das wir rechts einbiegen und auf dem wir 1,5 km geradeaus in Südwestrichtung wandern. Dann treffen wir auf das asphaltierte **Ludwigs-Geräumt (5)**, in das wir links einbiegen und auf dem wir die Autobahn **A 95** unterqueren. Jenseits passieren wir den Zaun des Wildgeheges, danach geht's geradeaus in Südostrichtung weiter, absteigend ins **Ottertal** und rechts ausholend wieder bergauf. Nach Ende

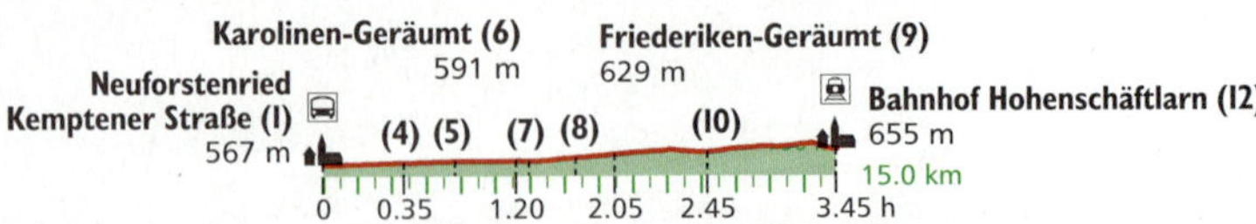

der Steigung biegen wir rechts in Richtung Baierbrunn ab und folgen dem unasphaltierten **Karolinen-Geräumt (6)** durch eine schöne Eichenallee nochmals bergab ins Ottertal, wo wir die links abgehende Ottertalstraße einschlagen **(7)**.

Gerade südwärts führt sie uns durchs obere Ottertal hinauf. Den kreuzenden Spitzelbergweg überqueren wir und gehen etwas rechts versetzt auf der nach rechts abdrehenden Ottertalstraße weiter, bis sie ins **Augusten-Geräumt (8)** mündet. In dieses biegen wir rechts ein und wandern 2,6 km lang geradeaus nach Südwesten, wobei wir zwischendurch das **Friederiken-Geräumt (9)** und das **Amalien-Geräumt** kreuzen.

Kurz nachdem das Augusten-Geräumt etwas an Höhe verliert, schwenkt es nach rechts und führt westwärts steiler bergab. Wir ignorieren alle rechts abgehenden Forststraßen und bleiben auf dem Hauptweg in Westrichtung, bis wir das Wildgehege wieder verlassen und bei der nächsten Kreuzung **(10)** links nach Hohenschäftlarn abbiegen. Nun wandern wir in Südostrichtung immer auf dem Hauptweg dahin, erreichen nach 1,6 km den Waldrand und nach einem weiteren Kilometer auf der asphaltierten Schorner Straße **Hohenschäftlarn**. Dort steigen wir rechts zur Kirche **(11)** hinauf. Anschließend gehen wir zur Hauptstraße hinab und folgen ihr bergab bis vor den Bahnübergang, von wo es nur noch wenige Schritte zum Bahnsteig sind **(12)**.

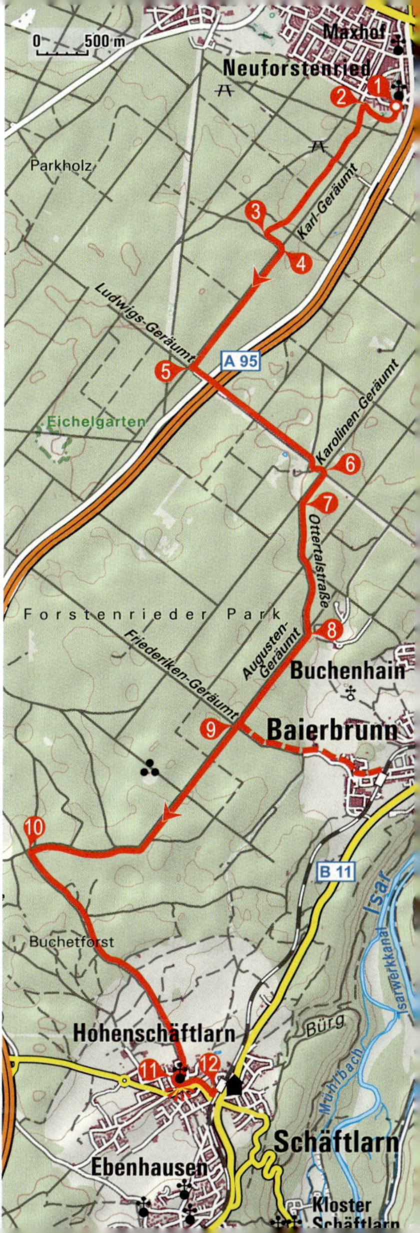

TOP **44**

Pupplinger Au, Eisweiher und Weiße Wand

4.00 Std.

Flüsse, Auwälder und Steilhänge bei Wolfratshausen

Auf geht's zu einer eindrucksvollen Rundtour im Isar- und Loisachtal! Nach dem langen Spaziergang durch urtümliche Auwälder trifft man auf die Stelle, wo sich die beiden Flüsse vereinigen. Etwas weiter flussabwärts ist beim Ickinger Wehr der Wechsel hinüber ans andere Isarufer möglich; zuvor aber lockt ein Abstecher zu den Kiesbänken der Isar und zum Ickinger Eisweiher. Nach einem alpin anmutenden Aufstieg folgt der Höhepunkt in Gestalt der Weißen Wand, eines stillen, versteckten und für Voralpenland-Verhältnisse ziemlich exponierten Aussichtspunkts, bevor die steilen Waldhänge über der Loisach leider schon die Rückkehr nach Wolfratshausen ankündigen.

Ausgangspunkt: Bahnhof Wolfratshausen (S 7), 576 m.
Strecke: 13,6 km.
Höhenunterschied: Rund 150 m.
Anforderungen: An der Isar schmale Wald- und Uferpfade, im Bereich der Weißen Wand sehr steile Wurzelpfade (Umgehung möglich, dann ist die Tour »leicht«), mehrere Treppensteige, breite Wald- und Fahrwege sowie Asphalt. Der Wegverlauf ist nicht immer eindeutig, gute Orientierungsfähigkeiten oder GPS-

Fernab von Trubel und Hektik am Ickinger Eisweiher.

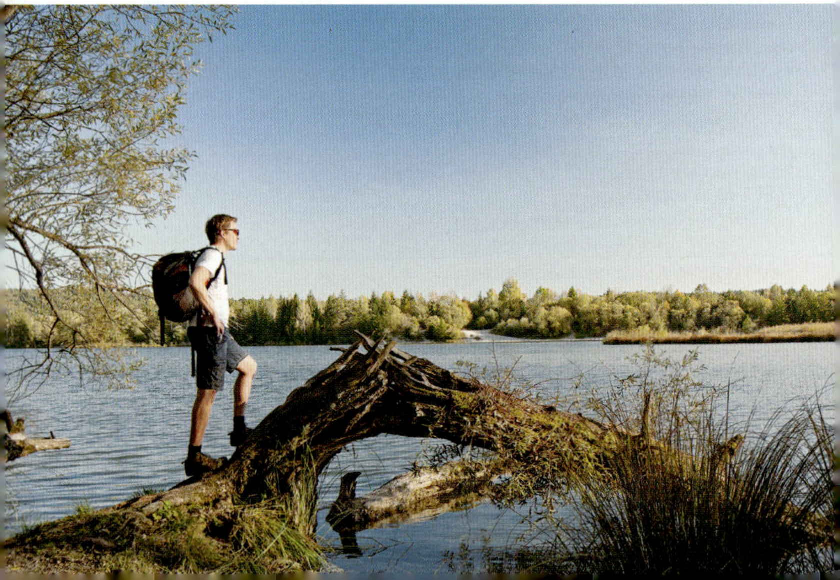

Gerät von Vorteil; oft helfen die gelben Dreiecke und Schilder des Isartalvereins bei der Orientierung.

Einkehr: Diverse in Wolfratshausen, z. B. Humplbräu bei der Pfarrkirche St. Andreas, Tel. +49 8171 483290, www.humplbraeu.de.

Varianten: 1. Mit dem Bus 377 vom Bahnhof Wolfratshausen nach Puppling; von dort auf die andere Seite der Staatsstraße und im Wald entlang der Straße kurz zurück in Richtung Wolfratshausen; bei einer Wegkreuzung 35 m vor dem Isarufer rechts ab auf den Pfad (erspart 1,75 km Asphalt durch Wolfratshausen).
2. Kein Abstecher zum Ickinger Eisweiher: 1,3 km weniger.
3. Von WP 11 durch die Unterführung und gleich links hinauf, rechts ins Villenviertel Schlederloh, bei der Verzweigung links und der Straße bis zum Ortsendeschild folgen, links über eine Wiese hinauf zu schönem Aussichtspunkt und nun immer am Waldrand entlang südwärts, woraufhin der Weg in den Wald eintaucht, kurz darauf sehr steil über einen Steig nach links zur Loisach hinabführt (»mittelschwer«) und bei der S-Bahn-Brücke in die Hauptroute einmündet.

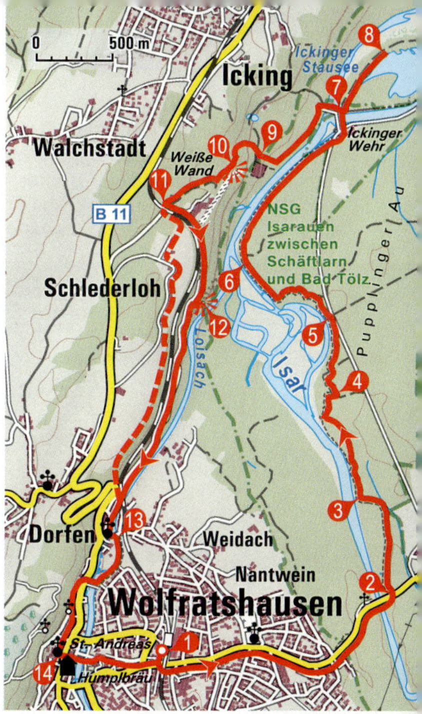

Vom **Bahnhof Wolfratshausen (1)** gehen wir kurz südwärts zum Bahnübergang und folgen dann der Sauerlacher Straße nach links in den Ortsteil **Nantwein**. Wir passieren die Kirche St. Nantwein, verlassen nach weiteren gut 500 m Wolfratshausen und überqueren – nach wie vor entlang der Straße – die **Isar**. Gleich darauf gehen wir links zu einer Wegkreuzung hinab und folgen dem unscheinbaren Pfad, der in nördlicher Richtung in den Wald hineinführt **(2)**. Auf ihm wandern wir in die **Pupplinger Au** mit ihrer urwaldartigen, unter Naturschutz stehenden Aulandschaft.

Nach rund 750 m führt der Pfad erstmals direkt zum Isarufer **(3)** und hält sich einige Zeit in dessen Nähe. Dann zieht er wieder ins Waldesinnere und nä-

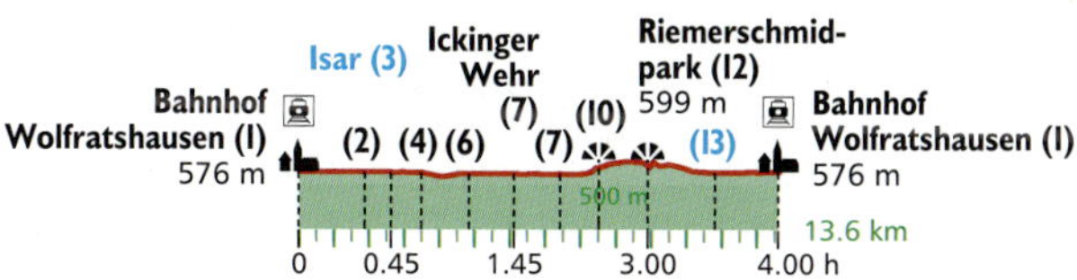

hert sich einer größeren lichten Fläche im hier von Kiefern dominierten Wald. Kurzzeitig verläuft der Weg in Ostrichtung, wir biegen jedoch gleich wieder nach links ab **(4)**, wandern mitten durch das hohe Gras am linken Rand der auffälligen Lichtung (siehe oberes Foto) und tauchen nordwärts wieder in den Wald ein. Dann überqueren wir einen kreuzenden Weg **(5)** (nach rechts ist die Asphaltstraße nur 35 m entfernt) und folgen dem Pfad bald in West-, dann in Nordwestrichtung in unmittelbarer Nähe zum Isarufer. Es geht am gegenüber liegenden **Isarspitz** (vgl. Tour 45) und der **Loisach-Mündung** vorbei **(6)** zum **Ickinger Wehr**. Dort überschreiten wir zuerst den sehr schmalen Floßkanal, danach den breiten **Isarkanal**, der hier von der Isar abgeleitet wird.

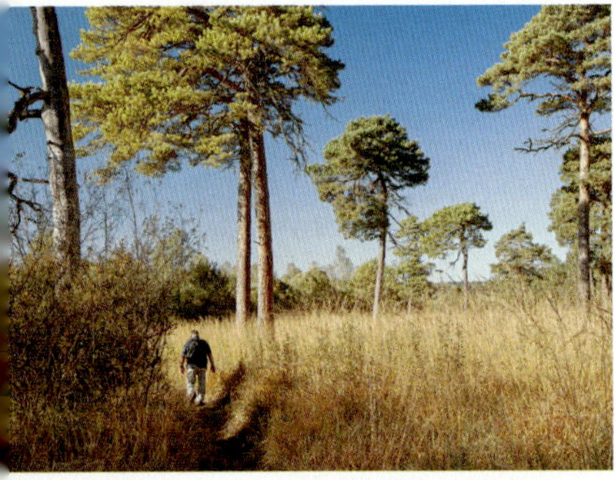

Foto oben: In der Pupplinger Au.
Unten: Am Aussichtspunkt Weiße Wand.

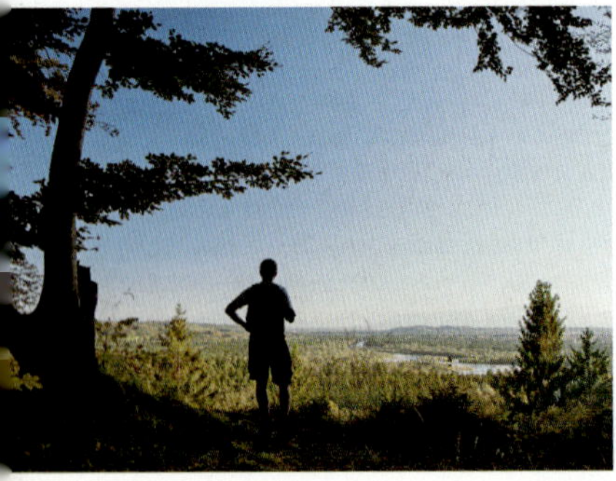

Bevor wir nun durch eine Tür das Hauptgebäude des Ickinger Wehrs mit rotem Dach **(7)** betreten, lohnt sich ein Abstecher nach Norden: Dazu folgen wir dem Fahrweg, der nicht nach rechts zum Kanalufer, sondern weiter links in den Wald führt; nach 450 m können wir nach links zu den Kiesbänken an der Isar sowie (auf einem schmalen Pfad) nach rechts zum **Eisweiher** abbiegen **(8)**.

Schließlich kehren wir wieder zurück zum **Ickinger Wehr (7)**, überqueren nun auch die Isar und halten uns links in Richtung Wolfratshausen. Nach gut 400 m nehmen wir einen von zwei Pfaden, die im Abstand von ca. 40 m nach rechts in den Wald abzweigen, zu einem Wasserwerk führen und sich dort vereinigen. Wir gehen links um das Gebäude herum **(9)**, folgen der Straße rund 30 m aufwärts und biegen bei erster Gelegenheit nach links auf einen schmalen Pfad ab, der über ein Rinnsal hinweg und dann an diesem entlang aufwärtsführt.

Kurz darauf teilt sich der Weg (Schild »Wasserschutzgebiet«): Rechts geht es in Richtung Icking hinauf, links führt ein Pfad in ein kleines Tälchen hinein. Entweder steigt man nun noch weiter links – anfangs weglos – direkt den

Kamm hinauf, der hier fußt und das erwähnte Tälchen links (ostseitig) begrenzt, oder man folgt dem Weg in das Tälchen, zweigt bald darauf nach links auf einen schwach ausgeprägten Pfad ab und steigt steil zum Grat hinauf. (Einfacher, aber weiter: dem Weg in das Tälchen noch weiter folgen, bis er nach knapp 400 m in einen Fahrweg mündet; von dort links hinauf zur Weißen Wand.)
Oben auf dem steilen Waldkamm ist es nicht mehr weit bis zum Aussichtspunkt der **Weißen Wand (10)**. Wir gehen an der Hangkante weiter, vor einem Zaun rechts hinab, um das Anwesen herum und zu einer Kreuzung an der Bahnlinie hinauf **(11)**. Hier halten wir uns nach links in Richtung Weidach und gehen nun entlang der Gleise: über Treppen hinauf, dann absteigend, vorbei am **Lechner-Denkmal**, über Treppen hinab und weg von den Gleisen; bald weist ein Schild nach links zum **Aussichtspunkt Riemerschmidpark (12)** (lohnender Abstecher). Wir wandern weiter südwärts, auf einem Fahrweg und über die **Schlederleiten** nach **Wolfratshausen**, über die Weidachbrücke ans andere Loisach-Ufer **(13)**, am Uferweg entlang, bei der Holzbrücke wieder zum westlichen Ufer hinüber und entlang der Münchner Straße in die Altstadt **(14)**. Gegenüber der Kirche St. Andreas geht's durch die Rathauspassage, über die Loisach und links an der Loisachhalle vorbei ostwärts zum **Bahnhof (1)**.

Ausblick von der Weißen Wand über die Isarauen bis ins Gebirge.

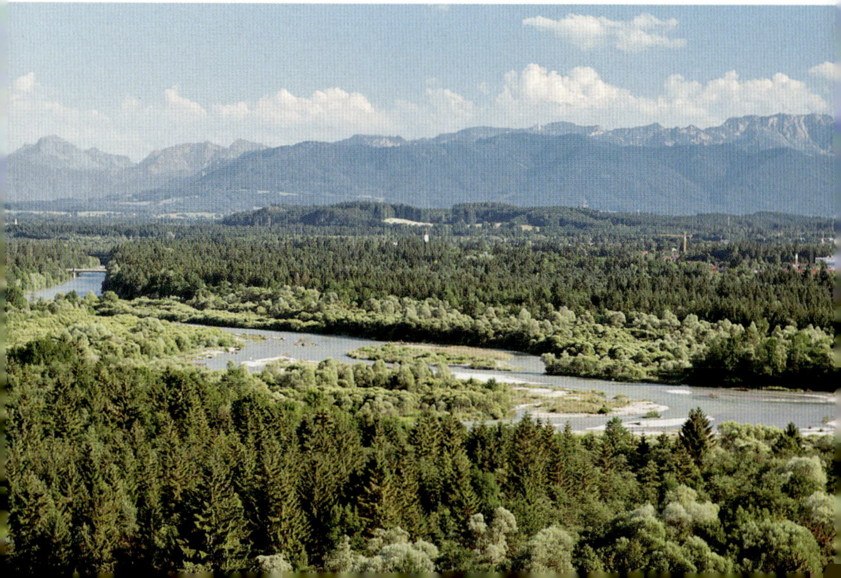

45 Loisach-Mündung und Dorfner Höhe

3.30 Std.

Wilde Flusswege und steile Waldhänge bei Wolfratshausen

Nach dem Auftakt durch den Wolfratshauser Ortsteil Nantwein tauchen wir in die Wälder der Pupplinger Au ein und folgen auf verschlungenen Pfaden dem Lauf der Isar bis ganz vor zum Isarspitz, wo die Loisach einmündet. An diesem besonderen Ort scheint die städtische Zivilisation weit weg zu sein: Die Isar ist in viele kleine Flussarme aufgefächert; Kiesbänke und dichte, teils urwaldartige Vegetation prägen das Landschaftsbild. An der Loisach geht's zurück nach Wolfratshausen, wo wir den Steilhang erklimmen und Buchenwälder durchstreifen. Zwei Abstecher führen uns zum Standpunkt der ehemaligen Burg Wolfratshausen (1116 errichtet, 1734 durch eine Pulver-Explosion infolge eines Blitzeinschlags zerstört) und hinauf zum Aussichtspunkt der Dorfner Höhe. Zuletzt geht's wieder steil hinunter in die malerische Altstadt, wo wir bei einer Einkehr im uralten Humplbräu, einem Cafébesuch oder bei einem Eis an der Loisach die Runde zünftig beschließen.

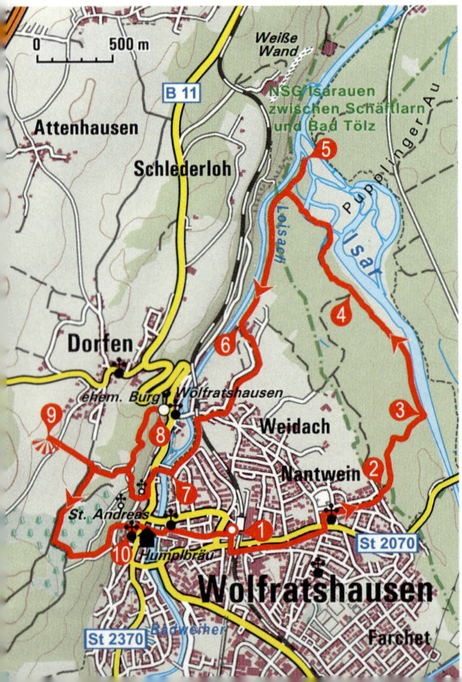

Ausgangspunkt: Bahnhof Wolfratshausen (S 7), 576 m.
Strecke: 11,5 km.
Höhenunterschied: Rund 200 m.
Anforderungen: An Isar und Loisach schmale, teils verwachsene Wald- und Uferpfade (Wegverlauf kann sich je nach Wasserstand ändern), danach Treppensteige, Wald- und Wiesenwege, innerorts Asphalt. Gutes Orientierungsvermögen, GPS-Gerät oder ein Kartenausdruck von OpenStreetMap ist im Bereich Pupplinger Au/Isarspitz von Vorteil; letztlich führen aber alle Wege zwangsläufig wieder nach Wolfratshausen zurück.
Einkehr: Diverse in Wolfratshausen, z. B. Humplbräu bei der Pfarrkirche St. Andreas, Tel. +49 8171 483290, www.humplbraeu.de.
Variante: Nur die Isar-Loisach-Runde ohne Burg und Dorfner Höhe: Von WP 7 weiter südwärts an der Loisach entlang und bei der nächsten Brücke entweder links zum Bahnhof oder rechts in die Altstadt; insgesamt ca. 8,5 km/2.40 Std.

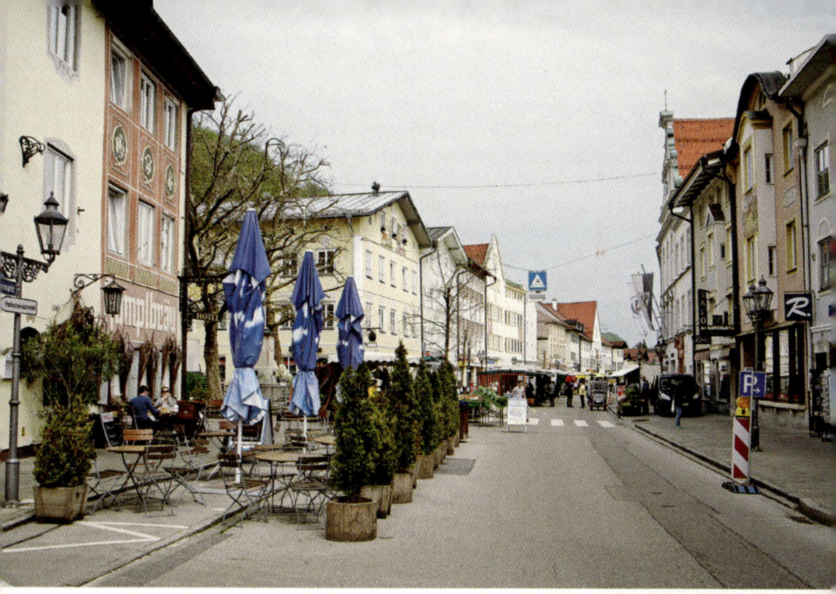

In der Altstadt von Wolfratshausen.

Vom **Bahnhof Wolfratshausen (1)** gehen wir kurz südwärts zum Bahnübergang und folgen dann der Sauerlacher Straße nach links in den Ortsteil **Nantwein**. Nach gut 500 m biegen wir vor der Kirche St. Nantwein links in die Weidacher Hauptstraße und kurz darauf rechts in die Jordanstraße ein. Diese verfolgen wir geradeaus, bis sie in einen unasphaltierten Waldweg übergeht und in den westlich der Isar gelegenen Teil der **Pupplinger Au (2)** führt. Dort bleiben wir bei der ersten deutlichen Wegverzweigung links und bei einer Wegkreuzung kurz darauf geradeaus. Der breite Weg führt uns ans Ufer der **Isar (3)**.
Nun wandern wir auf einem schmalen Pfad nordwärts, also in Fließrichtung der Isar, in Ufernähe entlang. Bald verläuft der Weg etwas weiter landeinwärts, wobei mehrmals Stichwege einen Abstecher zum Fluss ermöglichen; zuletzt ist das bei einer Wegkreuzung **(4)** mit Infoschild der Fall, wo wir

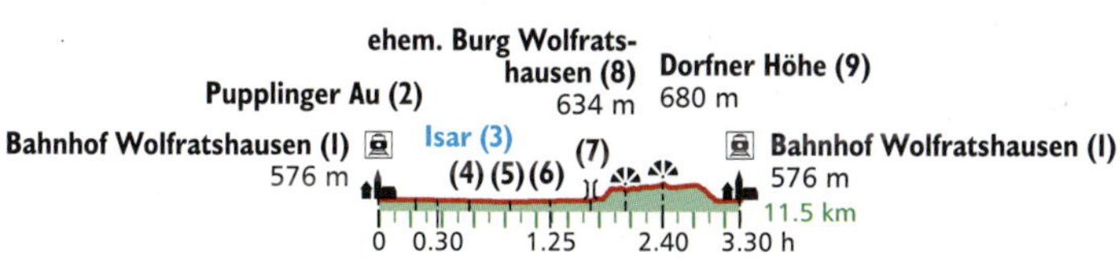

rechts zur Isar abzweigen können, letztlich aber geradeaus in Nordwestrichtung, links am Schild vorbei, weitergehen. Kurz darauf führt der Weg an einem stehenden Gewässer vorbei, dann erreichen wir wieder das Ufer der hier in mehrere Arme aufgeteilten Isar. Eine genaue Wegbeschreibung ist bei den zahlreichen Wegverzweigungen in der Folge kaum möglich – Maßgabe ist, dass man sich zunächst möglichst in Isar-Nähe hält und nur deutlich ausgetretene Wege, keine nur schwach erkennbaren Pfadspuren benutzt. Schließlich sind wir gezwungen, von der Isar weg landeinwärts zu gehen, und gelangen bald danach zur **Loisach**. Nun folgen wir an ihrem Ufer einem Weg, der bis zur äußersten Spitze der Landzunge an der **Mündung der Loisach** in die Isar führt **(5)**.

Zurück geht's wieder entlang der Loisach. Wo der Hauptweg nach rund 400 m vom Ufer nach links wegführt, können wir rechts auf einen schmäleren Weg auf einen Damm hinauf abzweigen und so weiter entlang der Loisach an der Kläranlage vorbei bis zum Sportplatz **(6)** gehen. Dort biegen wir links ab und folgen der Straße nach **Weidach**, wo wir uns rechts halten und die Bahnlinie unterqueren. An der Loisach schlagen wir den Uferweg nach links ein und gehen auf ihm 400 m weit bis zur Holzbrücke **(7)**; dort überqueren wir die Loisach und gehen hinauf zur Münchner Straße. Auf der anderen Straßenseite, leicht rechts versetzt, steigen wir auf einem Treppenweg bergauf und queren am Hang hinüber zur **Marienkapelle**.

Aus der Vielzahl der Kombinationsmöglichkeiten, die das dichte Wegenetz in den steilen Hängen oberhalb von Wolfratshausen bietet, sei folgende Route empfohlen: Von der Marienkapelle auf einer Treppe bergauf und dem »Burgweg« folgend rechts weiter aufwärts zu einer umzäunten, flachen Wiese. Rechts am Zaun entlang, noch einmal durch Wald zu einem breiteren Weg, auf ihm rechts weiter und hinauf zum Denkmal an der Stelle der ehemaligen **Burg Wolfratshausen (8)** (freier Blick nach Osten). Wieder

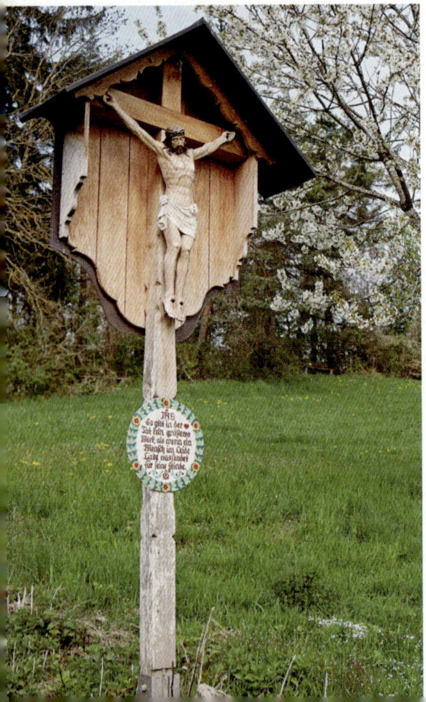

Wegkreuz an der Dorfner Höhe.

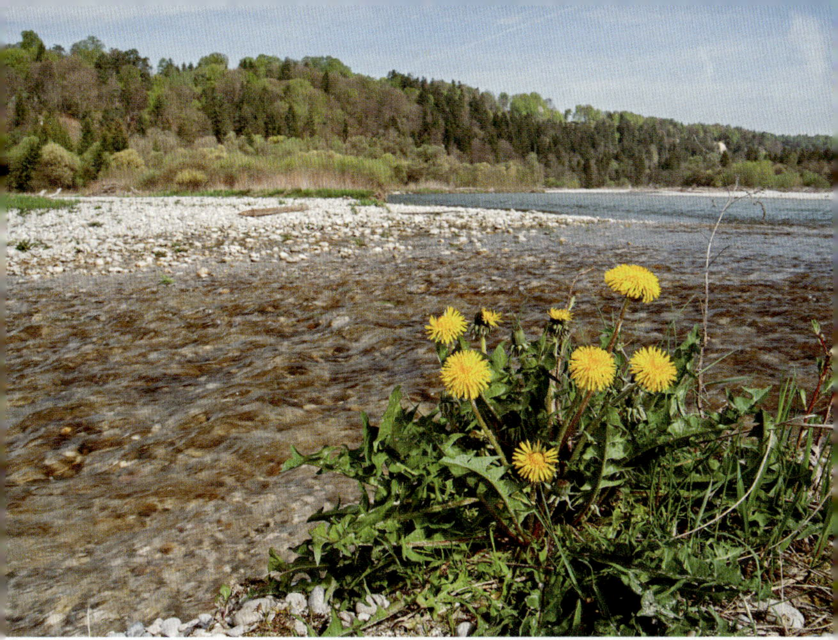

An einem der unzähligen Isar-Seitenarme in der Pupplinger Au.

zurück zur Wiese, diese nun westwärts queren und auf der anderen Seite in den Wald; dort geht es überraschend steil in den **Rauschergraben** hinab, über eine Brücke und jenseits wieder hinauf zum freien Wiesengelände nahe Dorfen. Von der Einmündung des Wegs in die Straße wenige Meter nach links zu einem Baum mit Felsbrocken und auf einer Pfadspur entlang gelber Erdgas-Schilder über die Wiese hinauf zur **Dorfner Höhe (9)** mit Wegkreuz und Rastbänken, von wo aus sich bei klarer Luft eine schöne Fernsicht bietet (höchster Punkt ist die oberhalb gelegene Wiesenkuppe mit 690 m).
Nun wieder zurück zum Baum mit Felsen, rechts auf der Straße weiter und geradeaus zum Golfplatz. Bei der ersten Abzweigung innerhalb des Golfplatzes links ab, kurz darauf beim Unterstandshäuschen wieder links am Waldrand entlang, geradeaus auf dem Neuhaussteig den Steilhang hinunter und links haltend an den ersten Häusern von **Wolfratshausen** vorbei. Bald mündet der Steig in einen Fahrweg, kurz darauf geht's rechts auf Treppen hinunter zur **Pfarrkirche St. Andreas (10)** in der Wolfratshauser Altstadt. Durch die Rathauspassage gelangen wir zur Fußgängerbrücke über die Loisach und gehen – an der Loisachhalle links vorbei – geradeaus zum **Bahnhof (1)** durch.

46 Von Neuforstenried nach Starnberg

4.30 Std.

Der Waldweg von München zum Starnberger See

Wälder, Forste, Haine, Gehölze, Dickicht, Jungwald und Moorwald, kurz: Bäume ohne Ende sind auf dieser außergewöhnlichen Wanderung zu sehen, die von den Hochhaussiedlungen am äußersten südlichen Rand der Millionenstadt zum Starnberger See führt. Kaum zu glauben, aber die Route verläuft bis Starnberg tatsächlich zu 100 % durch Wald, was angesichts der langen Strecke natürlich auch einige monotone Geraden, darüber hinaus jedoch eine überraschend abwechslungreiche Mischung aus Pfaden und Forstwegen, Fichten- und Buchenwäldern, Flachstücken und kurvigem Auf und Ab bedeutet. Zuletzt geht's durch ein bewaldetes Moorgebiet, bevor in Starnberg nach stundenlangem Frischluftgenuss wieder die urbane Welt den Takt angibt – an der aussichtsreichen Seepromenade freilich mit versöhnlichem Abschluss.

Auf dem weiten, stillen Weg durch die Waldgebiete im Münchner Süden.

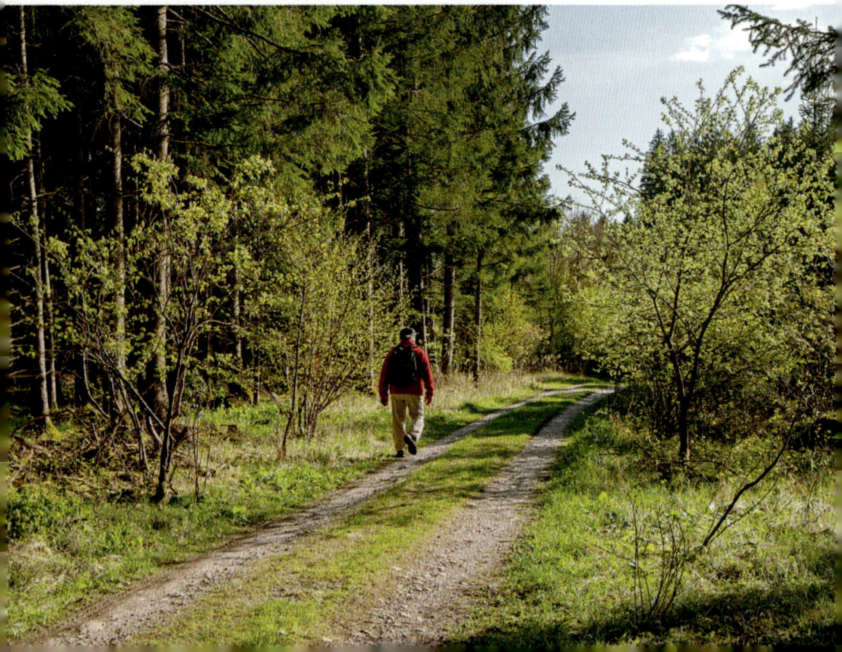

Ausgangspunkt: Bushaltestelle Kemptener Straße in München-Neuforstenried, 567 m, erreichbar mit Bus 166 oder zu Fuß (1 km) ab U-Bahn-Haltestelle Fürstenried West (U 3).
Endpunkt: Bhf Starnberg (S 6, Regionalbahn), 586 m.
Strecke: 18,1 km.
Höhenunterschied: Rund 130 m Aufstieg, 110 m Abstieg.
Anforderungen: Schmaler Waldpfad, dann meist Forststraßen, erst in Starnberg Asphalt. Zu Beginn und am Sonnenberg ist ein Verfehlen der richtigen Route am ehesten denkbar; guter Spürsinn oder GPS-Gerät empfehlenswert.
Einkehr: Unterwegs keine; diverse in Starnberg.
Varianten: 1. Von WP 9 nicht links, sondern rechts weiter, am Waldrand vor den ersten Häusern von Einbettl rechts die Straße hinauf, am eingezäunten Grundstück links vorbei und auf einem Pfad am Waldrand hinauf bis zu den Sitzbänken; hervorragender Aussichtspunkt, bei klarer Sicht lohnend.
2. Von WP 9 rechts nach Einbettl, beim Kruzifix links ab und auf breitem Weg zur Villa Rustica (römischer Gutshof, von dem Reste der Grundmauern sowie einige Fundstücke zu sehen sind), in den Wald, dort gleich rechts weiter und zu WP 10.

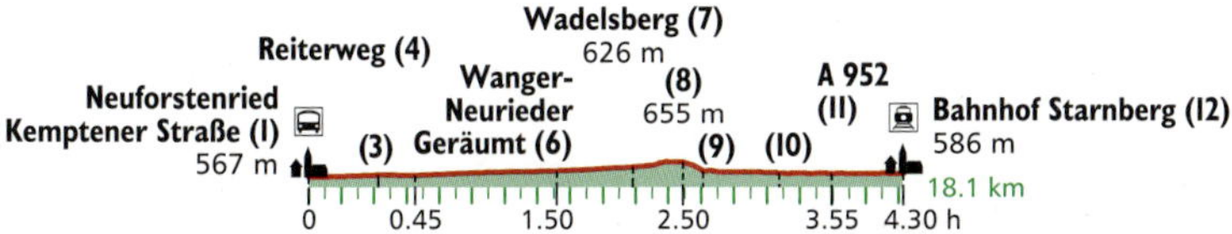

Die ersten gut 2 km sind mit Tour 43 identisch: Von der **Bushaltestelle Kemptener Straße (1)** zum Spielplatz, rechts am Waldrand entlang, auf Höhe der **Vinzenz-Schüpfer-Straße** links auf einem schmalen Pfad in den Wald **(2)** und 1,8 km in Südwestrichtung (genaue Beschreibung siehe Tour 43).
Der Pfad mündet in eine breite Forststraße **(3)**, in die wir rechts einbiegen. Bei den folgenden beiden deutlichen Kreuzungen bleiben wir geradeaus (an der zweiten steht die »Rudolf-Sperr-Eiche«) und erreichen so die breite Schneise des **Neurieder Straßls** mit der Stromleitung; auch sie überqueren wir geradeaus auf einem Pfad und betreten jenseits wieder den Wald. In die erste kreuzende Forststraße, den **Reiterweg (4)**, biegen wir links ein und haben nun eine 3,8 km lange Gerade vor uns, die uns über mehrere Querstraßen **(Preysing-Geräumt**, **Ludwigs-Geräumt**, **Römerstraße)** hinweg bis zu einer links liegenden Kiesgrube führt (von Wällen umgeben, daher nicht sichtbar), hinter der das **Friederiken-Geräumt (5)** nach links abzweigt.
Hier nicht in Verlängerung des Reiterwegs weiter geradeaus (Weg endet bald), sondern rechts auf einen Wiesenpfad ab, der durch eine Schneise in Nordwestrichtung verläuft und nach rund 300 m über eine deutliche Geländekante hinaufführt – die erste spürbare Reliefausprägung der Tour, die das folgende sanft gewellte, von Gletschermoränen geformte Gelände ankündigt. Kurz darauf geht links eine Forststraße ab, 130 m weiter eine zweite; in diese – das **Wanger-Neurieder-Geräumt (6)** – biegen wir links ein. Nun wandern wir gut 2 km weit in leichtem Auf und Ab geradeaus und erreichen nach Einmün-

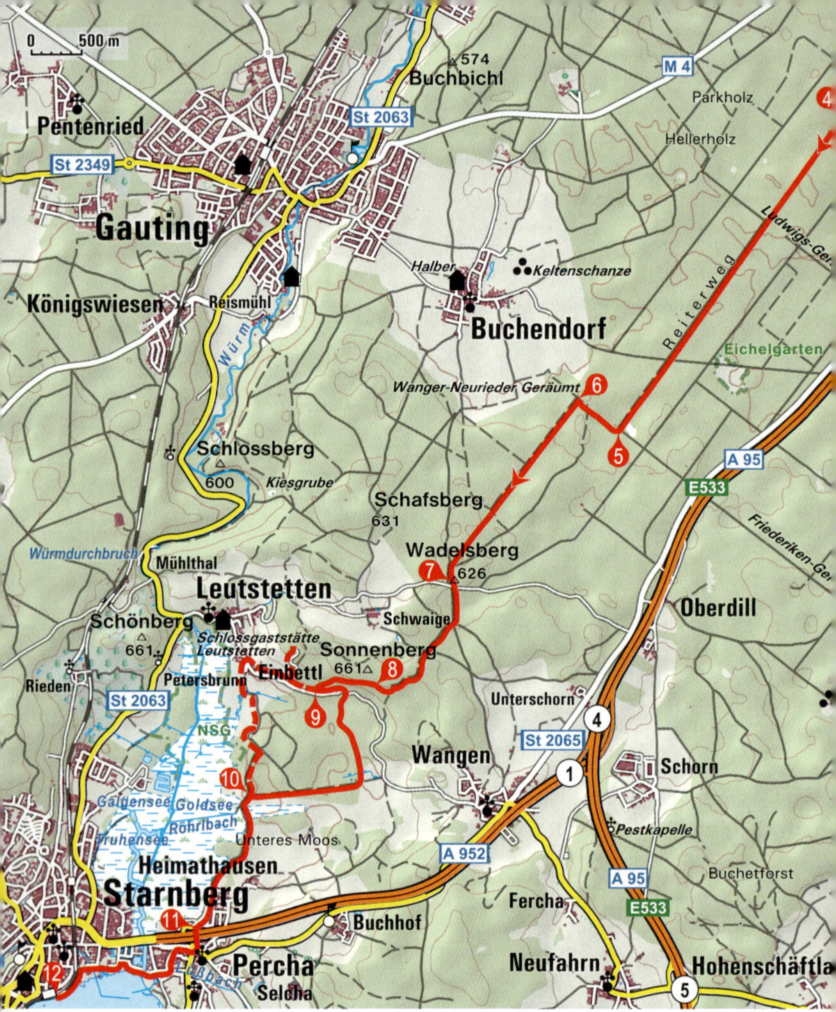

dung in eine breite Forststraße die flache Anhöhe des **Wadelsbergs (7)** und zugleich die von Autos befahrene Straße zwischen Leutstetten und der Autobahn A 95. Leicht links versetzt geht's geradeaus in Südrichtung weiter und bei der nächsten Kreuzung nicht geradeaus entlang der Radroute nach Wangen, sondern rechts ab. Die Forststraße führt nach knapp 400 m zu einer Kreu-

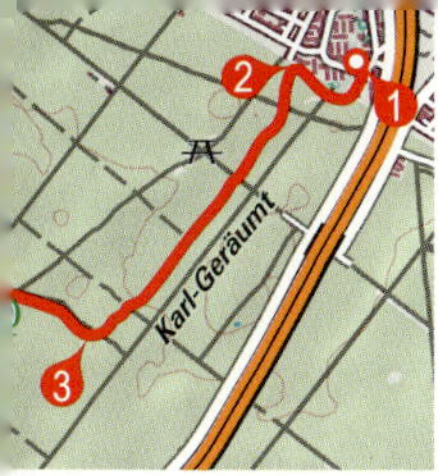

zung; hier wandern wir leicht rechts versetzt geradeaus auf einer kleineren Forststraße durch sehr schönen Buchenwald bergauf. Sie schwenkt nach rechts und bald ein weiteres Mal nach rechts, wobei links abgehende, bergab führende Abzweige unbeachtet bleiben. Wir queren nun auf der südlichen Seite des **Sonnenbergs** nach Westen und erreichen nach kurzem Aufstieg bei einer Verzweigung den höchsten Punkt der heutigen Wanderung (ca. 655 m) **(8)**; hier gehen wir nicht rechts hinauf, sondern links haltend weiter.

Bei einer abermaligen Verzweigung nach weiteren 350 m nehmen wir den links bergab führenden Weg und steigen auf ihm bis zur Verbindungsstraße Leutstetten–Wangen **(9)** ab. Auf dieser wenden wir uns für ein kurzes Stück nach links und biegen dann rechts in einen Forstweg ein, der uns südwärts durch das **Wildmoos** führt. Nach knapp 1 km erreichen wir ein paar Häuser, zweigen dort rechts ab und gehen gut 1 km geradeaus bis zur Einmündung in einen kreuzenden Forstweg mit zwei Infoschildern des Rundwegs »Rund ums Leutstettener Moos« **(10)**.

Hier geht's links weiter; wir folgen dem breiten Weg über den **Röhrlbach** hinweg in den Starnberger Stadtteil **Percha**, wo wir bald auf die **A 952 (11)** treffen. Nun können wir der beschilderten Route zum Bahnhof folgen (rechts an der Autobahn bis zu ihrem Ende entlang); alternativ kann man die Autobahn gleich unterqueren, bei der nächsten Kreuzung rechts in die Würmstraße und nach 150 m links in den Tassiloweg einbiegen, an seinem Ende rechts weitergehen und über die **Würm**, vorbei an den Hafenanlagen und über den **Maisinger Bach** hinweg zur Bahnlinie, von wo es nach links auf der Seepromenade nur noch wenige Minuten bis zum **Bahnhof Starnberg (12)** sind.

Am Starnberger Hafen verlässt die Würm den Starnberger See.

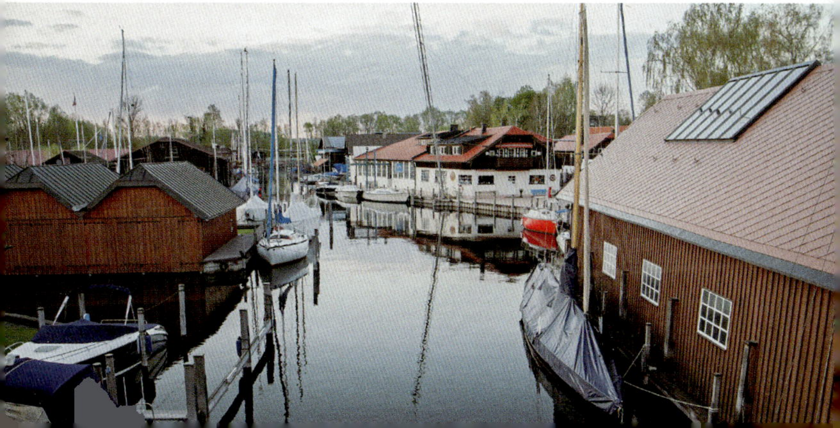

47 Von Starnberg durchs Würmtal nach München

6.45 Std.

Lange Streckenwanderung mit viel Natur und viel Stadt

Die Würm ist nach der Isar die Nummer zwei der Münchner Fließgewässer. Dieser knapp 40 km lange Fluss, der der Würmeiszeit ihren Namen gegeben hat und nach dem früher der Starnberger See als Würmsee benannt war, führt durch interessante Landschaften, in denen Uferpfade und Wälder für viel Abwechslung sorgen. Da es im ersten Abschnitt keinen Weg entlang der Würm gibt, wandern wir von Starnberg über Rieden nach Mühlthal, treffen dort auf den Fluss und bleiben dann bis München immer in seiner Nähe. Die vielen Kirchen und Schlösser entlang unserer Route zeigen an, wie wichtig früher eine Lage nah am fließenden Wasser war – heute sind die alten Würm-Dörfer Planegg, Gräfelfing, Lochham und wie sie alle heißen längst zu einem einzigen großen Vorort zusammengewachsen, für die die Würm allenfalls noch eine Rolle für Freizeit und Erholung spielt. Interessant auch, dass das mittlerweile ganz von München vereinnahmte Pasing bis 1938 eine eigenständige Stadt war.

Ausgangspunkt: Bahnhof Starnberg (S 6, Regionalbahn), 586 m.
Endpunkt: Biergarten Insel Mühle in München-Untermenzing, 512 m (gut 100 m östlich davon: Bushaltestelle Von-Kahr-Straße, nach weiteren 800 m: Bahnhof Untermenzing, S 2).
Strecke: 27 km.
Höhenunterschied: 50 m Aufstieg nach Rieden, dann 50 m Abstieg zur Würm, danach meist flach; insgesamt ca. 150 m Aufstieg, 220 m Abstieg.

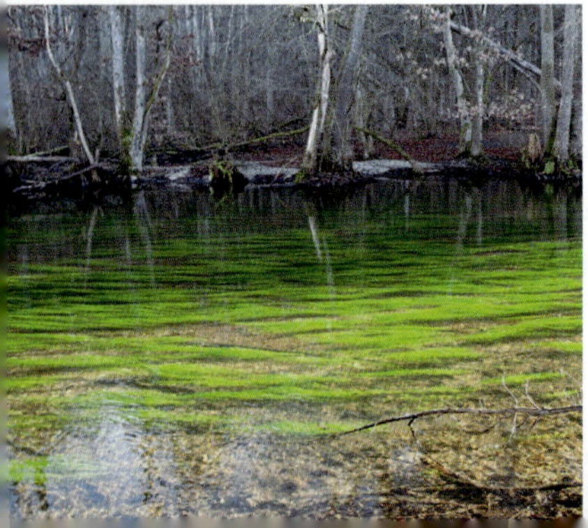

Anforderungen: Überwiegend Asphaltstraßen und breite Uferwege, mehrfach optional auch schmale Pfade.
Einkehr: Diverse unterwegs; Hotel-Restaurant/Biergarten Insel Mühle am Zielpunkt, Tel. +49 89 81010, www.inselmuehle-muenchen.com.
Varianten: 1. Ab WP 5 links der Würm über Reismühl nach Gauting (schmale Uferpfade, Begehung kann durch Hochwasser oder Sturmschäden erschwert oder unmöglich sein); dabei immer in Flussnähe bleiben, von Reismühl auf Wiesenpfad nach Gauting, geradeaus durch zur Hauptstraße und weiter links der Würm bis Schloss Fußberg.
2. Die Tour kann mit Hilfe der S-Bahn gut abgekürzt werden; lohnenswert ist z. B. die Begehung des ersten Stücks bis Gauting (11 km) oder Stockdorf (15 km) oder auch nur das letzte Stück ab Lochham (8 km) oder Pasing (3,5 km).
Hinweis: Die Wege an der Würm sind bei Radfahrern sehr beliebt. Wer die größten Ausflüglerscharen meiden möchte, sollte werktags oder bei kalter Witterung wandern.

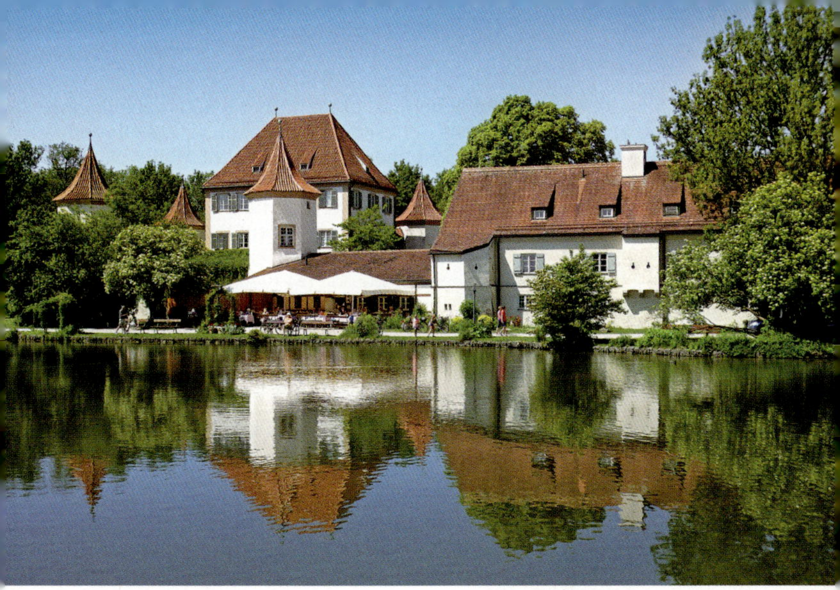

Oben: Schloss Blutenburg.
Links unten: Aus der Würm leuchtet grün der Flutende Wasserhahnenfuß.

Der weite Marsch nach München beginnt am **Bahnhof Starnberg (1)** mit schönen Blicken auf den **Starnberger See** und einem genussvollen Flanieren auf der Seepromenade nach links. Bei nächster Gelegenheit unterqueren wir die Gleise und spazieren durch die Ludwig-, die Kaiser-Wilhelm- und die Leutstettener Straße nordwärts zur mehrspurigen Münchner Straße, die wir bei der Fußgängerampel überqueren. Jenseits gehen wir durch die Leutstettener Straße und links abzweigend durch den Riedener Weg aufsteigend in Nordrichtung weiter und kommen so an der Sportanlage, danach am Waldfriedhof vorbei und verlassen Starnberg. Wenig später erreichen wir **Rieden (2)**, wo wir bei guter Sicht noch einmal den Bergblick genießen können und links um das Gut herumwandern.

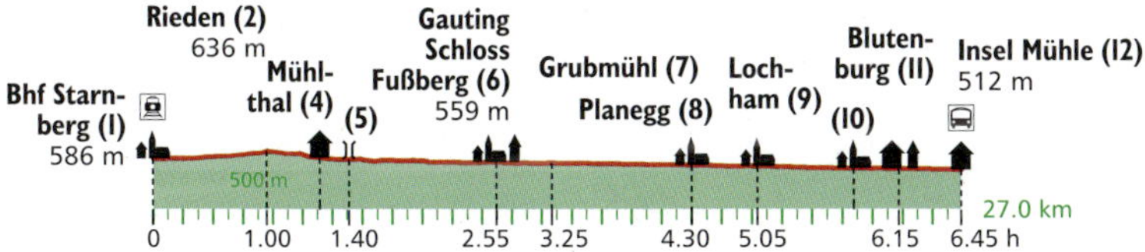

Wir bleiben weiter auf der Straße und wechseln nach gut 800 m durch eine Unterführung auf die andere Seite der Gleise. Dort biegen wir gleich wieder links ein und können den seit 2004 aufgegebenen **Bahnhof Mühlthal** in Augenschein nehmen. Kurz nach Passieren des Bahnhofsgebäudes steigen wir nach rechts auf einem schönen Wanderweg **(3)** bergab zur **Würm**. Entlang der Straße geht's nach **Mühlthal (4)** und nun auf breiten Waldwegen immer am rechten Würmufer entlang. Nach ca. 1 km kann zum Wanderparkplatz auf die linke Uferseite gewechselt werden **(5)** (Variante); die Hauptroute führt weiterhin rechts der Würm bis Gauting, wobei bis zum Ende des Waldes je nach Abenteuerlust und Wasserstand auch verschlungene Uferpfade begangen werden können. In **Gauting** gelangen wir vorbei an den

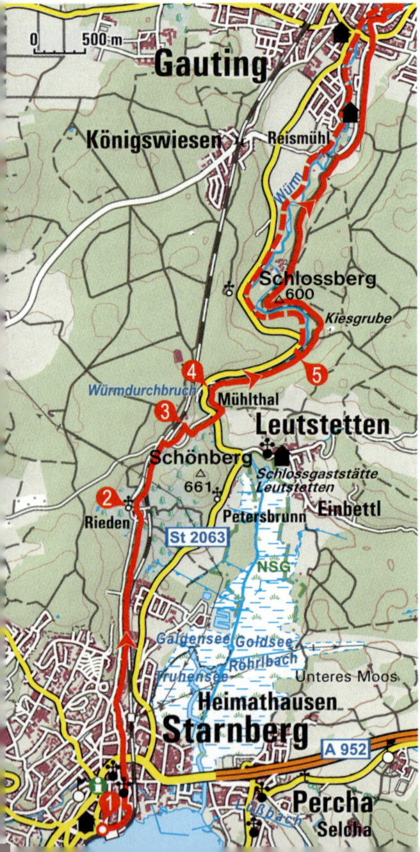

Sportanlagen zur Münchner Straße, der wir kurz rechts folgen; dann geht es links durch die Ledererstraße. Kurz bevor diese wieder in die Münchner Straße mündet, überqueren wir die Würm und erreichen kurz links ausholend den Schlosspark des **Schlosses Fußberg (6)**.

Hinter dem Schlossgebäude beginnt wieder ein schöner unasphaltierter Uferweg, der uns links der Würm bis Stockdorf bringt, wobei wir die Gebäude in **Grubmühl** links über die Straße »Am Uferweg« **(7)** umgehen müssen und gleich im Anschluss wieder zum Ufer zurückkehren können. Die folgende Wegstrecke durch **Stockdorf**, **Krailling**, **Planegg** und **Gräfelfing** verläuft fast durchgehend auf Asphalt, wobei man am einfachsten eine direkte Route links der Würm durch Waxensteinstraße, Zugspitzstraße, Mitterweg, Margaretenstraße, Bräuhausstraße (hier kurzer lohnender Abstecher auf die andere Würmseite möglich) und Georgenstraße wählt.

Bei der spitztürmigen **Kirche St. Georg** in **Planegg (8)** verlassen wir die Straße nach rechts und gehen auf einem Uferweg weiter, dann durch die Stefanusstraße und die

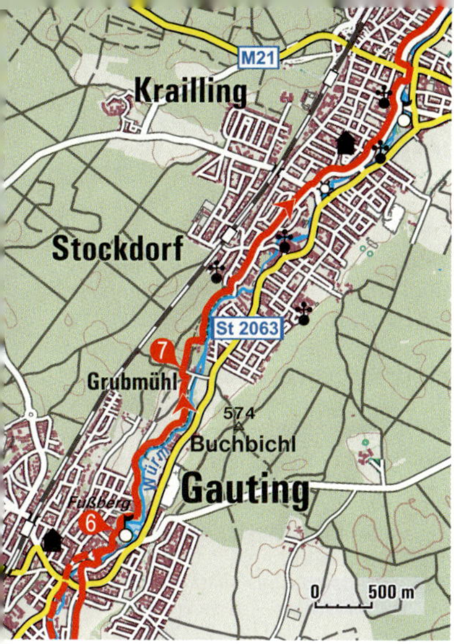

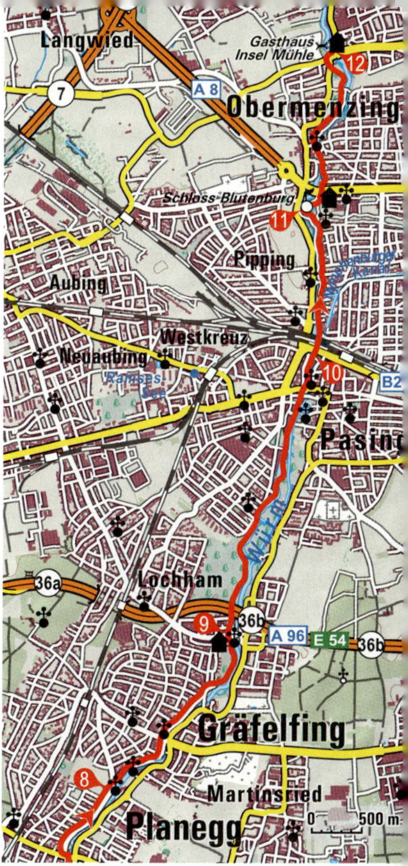

Würmstraße rechts abzweigend in den Kirchweg, wo kurz darauf ein unasphaltierter Uferweg beginnt, der uns in das alte Ortszentrum von **Lochham (9)** führt. Kurz darauf überqueren wir auf der Fußgängerbrücke die Autobahn **A 96** und finden uns in der weitläufigen, waldigen Parkanlage des **Paul-Diehl-Parks** wieder. Bei der Brücke wechseln wir auf die rechte Seite der Würm und durchqueren nun den **Pasinger Stadtpark** in nördlicher Richtung. Kurz nachdem wir den Wassergraben der ehemaligen Pasinger Burg passiert haben, gehen wir auf der Institutsstraße kurz links, gleich wieder rechts unter der Bodenseestraße hindurch und an der Johann-Nepomuk-Kapelle vorbei durch die Ernsbergerstraße zur Kaflerstraße. Rechts der Würm unterqueren wir die Gleise **(10)** und wandern immer in der Nähe des rechten Ufers bis **Schloss Blutenburg (11)**. Wir bleiben zunächst rechts der Würm, unterqueren die Verdistraße und wechseln gut 300 m weiter beim Betzenweg wieder auf die linke Uferseite, wo ein Fußweg an der Würm entlangführt. Der Rest ist schnell erzählt: Immer möglichst in Ufernähe wandern wir auf der linken Flussseite bis zum **Biergarten Insel Mühle (12)**, durch den die Würm hindurchfließt.

TOP

48 Würmtal-Runde bei Mühlthal

2.00 Std.

Uferwege, Buchenwälder und der Alpenblick bei Leutstetten

Wer sich aus den vielen Pfaden, Wegen und Forststraßen rund um Mühlthal eine Rundtour zusammenstellt, erlebt auf kleinem Raum eine landschaftliche Vielfalt, wie sie im Münchner Umland nicht oft anzutreffen ist. Wir spazieren am Fluss, entdecken kleinere, kurvenreiche Wege, steigen steil aufs Hochufer hinauf, durchstreifen schöne Wälder und treten schließlich hinaus ins offene Alpenvorland. Es folgen eine Einkehr im Biergarten, Fernblicke ins Gebirge und zuletzt noch das schattige Auf und Ab am geheimnisvollen Burgstall Karlsburg – für Klein und Groß eine reizvolle Wanderung, auf der sich niemals Monotonie einstellt.

Ausgangspunkt: Parkplatz an der Würm nördlich von Mühlthal, 577 m. Bei öffentlicher Anreise: Bushaltestelle Mühlthal oder Leutstetten und Rundtour dort beginnen.
Strecke: 7,6 km.
Höhenunterschied: Insg. ca. 130 m.
Anforderungen: Breite Feld- und Waldwege sowie schmälere Ufer- und Waldpfade, kein Asphalt.
Einkehr: Schlossgaststätte Leutstetten, Tel. +49 8151 8156, www.hs-gaststaetten.de.
Varianten: 1. Nach dem Reiterhof rechts zurück steil hinauf aufs Hochufer und gleich rechts (südwärts) mit der Hauptroute weiter; 1,7 km kürzer.
2. Vom breiten Weg zweigen Pfade nach links zum Würmufer ab – etwas abenteuerlich, sehr schön, bei Hochwasser problematisch. Spätestens am Waldrand münden sie wieder in den Hauptweg; auf diesem dann ein Stück zurück zu WP 2.
3. Von Leutstetten mit Tour 46 weiter in Richtung Wildmoos/Starnberg: entweder auf der Wangener Straße durch Einbettl zu Tour 46 oder auf der Altostraße in Richtung Gut Schwaige die ersten beiden Kehren hinauf, rechts auf einem Pfad zurück, am Waldrand zum herrlichen Aussichtspunkt an der Wolfsgrube und hinunter zur Wangener Straße.
4. Diverse Waldpfade am Burgstall Karlsburg je nach Lust und Laune!

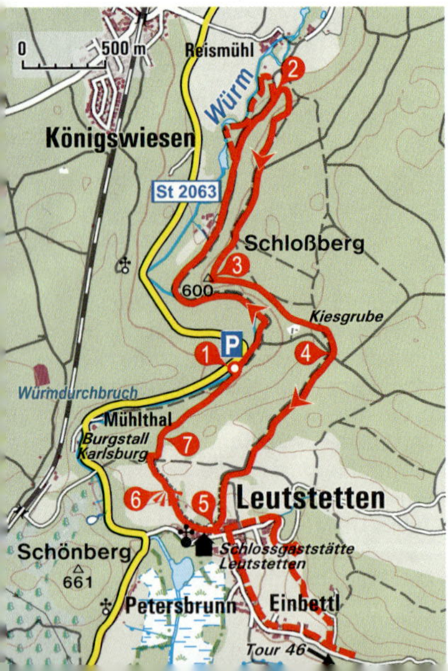

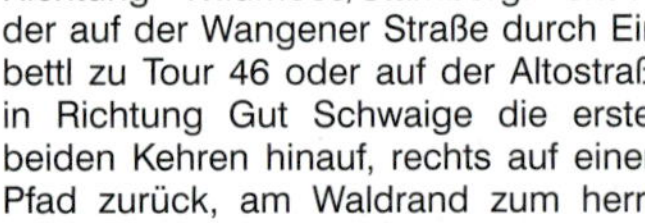

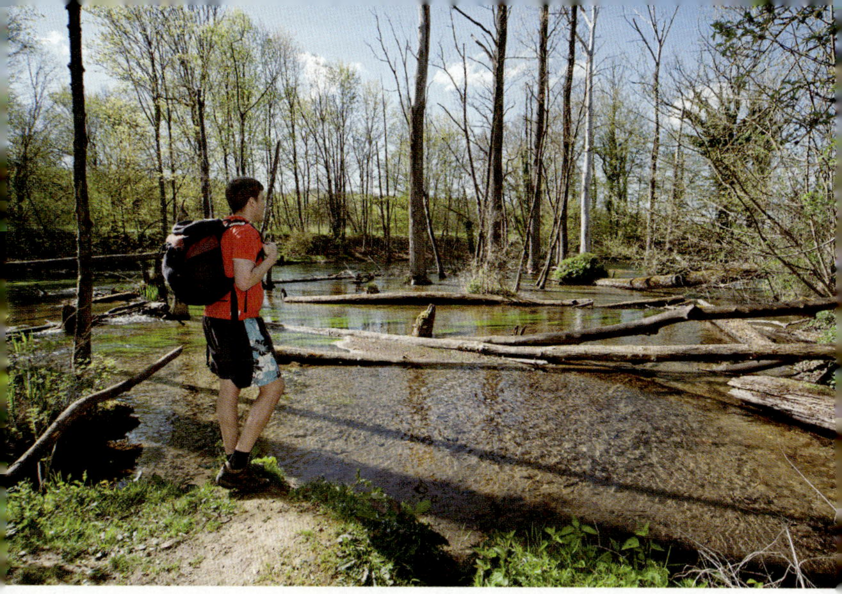

An der Würm zwischen Mühlthal und Gauting.

Vom **Parkplatz** an der **Würm (1)** zwischen Mühlthal und Gauting wechseln wir auf die rechte (östliche) Würm-Seite und wandern auf dem flachen, breiten Weg in Fließrichtung des Flusses. Er führt links ausholend um den **Schloßberg**, einen ins Würmtal hineinragenden Vorsprung des Steilhangs, herum und kommt bald an einem linker Hand gelegenen **Reiterhof** vorbei (kurz darauf geht Variante 1 rechts ab). Wer Lust hat, begeht wenig später einen der schmalen Pfade, die links direkt ans Würmufer heranführen (Variante 2), ansonsten geradeaus weiter. Sobald sich auf der rechten Seite das Gelände öffnet (linker Hand setzt sich der Wald mit dem letzten Pfadausläufer von Variante 2 noch ein Stück fort), folgen wir einem Reitweg **(2)**, der nach rechts am Waldrand entlangführt.

Nach knapp 50 m steigen wir auf einem steilen Weg nach rechts in den Wald hinauf und folgen oben dem – anfangs nicht sehr deutlichen – Pfad nach rechts (Richtung Südwest bis Südsüdwest). Wir orientieren uns dabei an der Geländeform: Links von uns befinden sich die ebenen Waldflächen oberhalb der Hangkante, rechts fällt der Hang zum Würmtal hin ab. Auch nach der Einmündung von Variante 1 gehen wir südwärts auf dem Pfad weiter und erreichen den zuvor unten umgangenen Geländevorsprung des **Schloßbergs (3)**. Hier geht es – weiterhin oben entlang der Hangkante – in einer Linksbiegung weiter. Eine bald darauf von links heranführende Forststraße

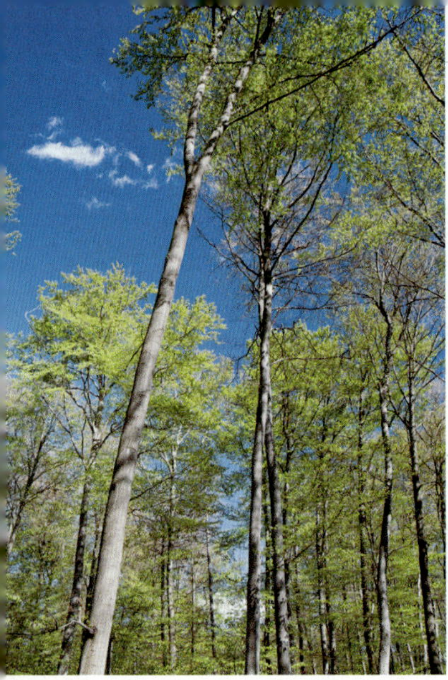

Frühling im Buchenwald.

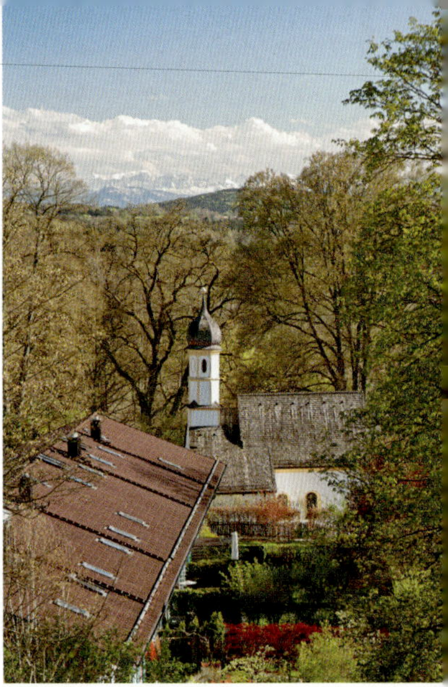

Abstieg nach Leutstetten.

bleibt unbeachtet, ebenso ein rechts hinab verlaufender Weg. Schließlich mündet unser Weg in eine Forststraße, wir gehen rechts weiter und bei der unmittelbar darauf folgenden Kreuzung **(4)** geradeaus hinauf. Durch schöne Buchenwaldbestände erreichen wir, zuletzt wieder absteigend, den Waldrand und wandern südwärts auf dem Feldweg auf die baumbestandene Anhöhe vor Leutstetten zu. Wir überschreiten sie leicht nach rechts ausholend und steigen nach **Leutstetten (5)** hinab, wo wir im Gasthof mit Biergarten einkehren können.

Anschließend geht's wieder auf die zuvor überschrittene Anhöhe, jedoch nicht auf demselben Weg wie vorher, sondern von der Rückseite des Gasthofs links hinauf. Hier genießen wir beim Blick zurück die wunderbare Aussicht nach Süden **(6)**, zum Starnberger See und zu den Bergen, und wandern dann nordwestwärts auf den Wald zu. Der kürzeste Weg zurück zum Parkplatz führt auf dem quer verlaufenden Weg am Waldrand kurz rechts, dann nordwärts in den Wald **(7)** und rechts haltend gleichmäßig hinab zur **Würmbrücke (1)**; eine lohnende Verlängerung der Tour ermöglichen hingegen die zahlreichen Pfade am Burgstall Karlsburg, die sich erkunden lassen, indem man am Waldrand nach links geht und bei nächster Gelegenheit (oder noch später) rechts in den Wald hinauf abbiegt.

3.00 Std.

Ilkahöhe und Deixlfurter See

49 TOP

Bergpanorama, Seen und Waldschluchten über Tutzing

Die Ilkahöhe ist einer der schönsten Aussichtspunkte des Alpenvorlands. Sie bietet allerdings kein Rundum-Panorama, sondern vor allem Ausblicke in östliche Richtungen – also zum Starnberger See, ins Mangfallgebirge, teilweise auch zum Karwendel und zum Wettersteingebirge. Wenn die Luft klar genug ist, ist sogar der Watzmann weit im Osten auszumachen. Anschließend lohnt sich ein Waldspaziergang hinüber zum Deixlfurter See und der Abstieg durch den steil eingeschnittenen Bachgraben der Waldschmidtschlucht, bevor wir die Tour mit einem Spaziergang am Ufer des Starnberger Sees abrunden.

Ausgangspunkt: Bahnhof Tutzing (S 6, Regionalbahn), 612 m.
Strecke: 11,7 km.
Höhenunterschied: Rund 160 m.
Anforderungen: Breite Wald- und Wiesenwege sowie Asphalt; teils auch schmale und wurzelreiche Pfade, die oft matschig sind (nach Regen also evtl. besser Variante 1 begehen). Kurzer Steilabstieg in die Waldschmidtschlucht.
Einkehr: Diverse in Tutzing; Forsthaus Ilkahöhe in Oberzeismering, Tel. +49 8158 8242, www.restaurant-ilkahoehe.de.

Varianten: 1. Alternativ zum Auf- oder Abstieg geeignet (breiter, befestigter Weg): Vom Bahnhof kurz nach Norden und durch den Himbeerweg über Treppen steil zur Straße »Am Höhenweg« hinauf, auf ihr westwärts weiter aufwärts zum Parkplatz bei WP 6.
2. Vom Ausgang der Waldschmidtschlucht (WP 12) nicht links zum See, sondern rechts immer entlang der Gleise (bei zweimaligem Wechsel der Seite) zum Bahnhof; die Strecke verkürzt sich damit um 1,6 km.

Ein klarer, sonniger Wintertag auf der Ilkahöhe.

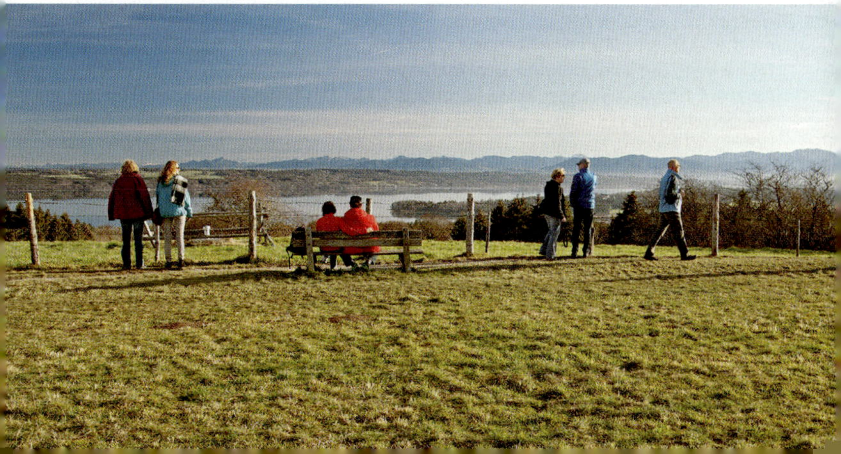

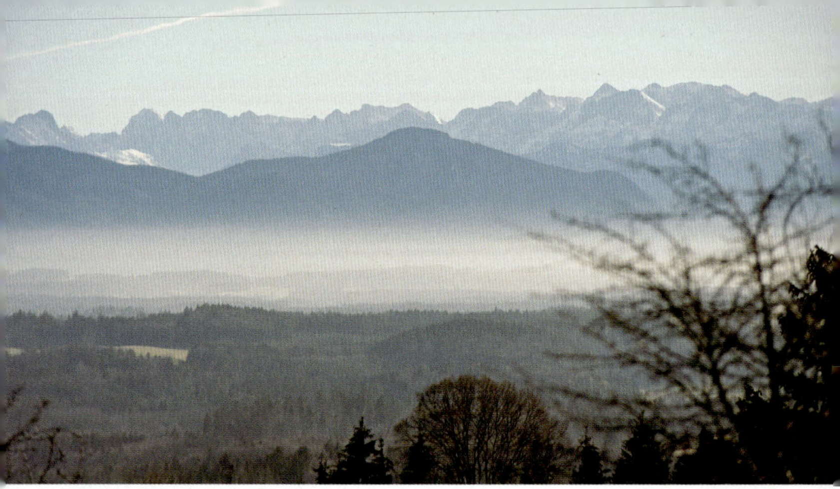

Blick ins Karwendelgebirge.

Wir beginnen die Wanderung auf der Westseite des **Tutzinger Bahnhofs (1)**, von wo aus wir entlang der Gleise über den Parkplatz nach Südwesten wandern. Wo die Straße eine Kurve beschreibt, zweigen wir im rechten Winkel rechts ab **(2)** und gehen am Haus Beringerweg 34 vorbei bergauf in den Wald. Nach gut 200 m biegen wir wie vom Schild »X2 Ilkahöhe« angezeigt nach links in die Monatshauser Straße **(3)**, beim Ortsschild Tutzing nach rechts und gleich wieder links ab **(4)**; wir überqueren den **Staudagraben** und wenden uns nach 300 m wieder nach rechts **(5)**. Nun steigen wir auf dem breiten Waldweg ohne weitere Abzweigungen in nordwestlicher Richtung hinauf; im oberen Teil verengt er sich zu einem teils holprigen Pfad. Wo dieser am Waldrand wieder in einen Fahrweg einmündet, rückt direkt vor uns der waldfreie Höhenzug der Ilkahöhe ins Blickfeld. Wir besteigen ihn rechts ausholend – kurz auf der von Tutzing heraufführenden **Monatshauser Straße (6)**, dann auf dem von ihr nach links abzweigenden Wiesenweg – und erreichen mit zunehmend freier Aussicht die **Ilkahöhe (7)** (höchster Punkt rechts abseits).
Anschließend wandern wir kurz weiter am Zaun entlang und steigen am Beginn des Waldstücks auf einem Wurzelpfad links hinab zum Fahrweg; in ihn biegen wir links ein und gehen an der Kreuzung beim Gutshof links ab (geradeaus: zum Gasthof). So kommen wir an der Einmündung unseres Aufstiegspfades vorbei und treffen ein zweites Mal auf die **Monatshauser Straße**. Nun gehen wir geradeaus (nordwärts) in den Wald (Schild »Deixlfurter See«), passieren den Parkplatz und die Einmündung der Variante 1 von rechts und spazieren geradeaus auf dem breiten Waldweg zu den ersten Häusern von **Obertraubing**. An der kreuzenden Kustermannstraße halten

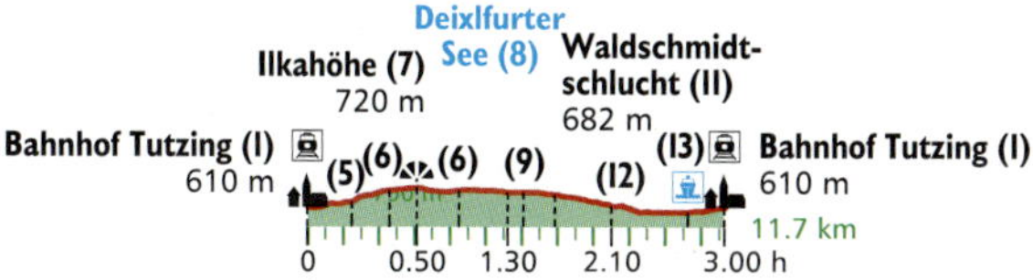

wir uns kurz rechts und biegen gleich wieder links in den Waldweg ein (Schild »Waldschmidtschlucht«), auf dem wir in Kürze zum **Deixlfurter See (8)** und seinen Nebenweihern gelangen. Der breite Hauptweg führt rechts ausholend um den dem Hauptsee östlich vorgelagerten Weiher herum; lohnenswerter ist jedoch eine Begehung der schmalen Landzunge zwischen beiden Gewässern.
Anschließend folgen wir nicht der Straße nach links zum Gut Deixlfurt, sondern spazieren in Nordostrichtung **(9)** zur Traubinger Straße (**10)** (Parkplatz). Auf dieser geht's 250 m weit nach rechts (südwärts), dann zweigt links der Wanderweg in die **Waldschmidtschlucht (11)** ab, der zunächst oberhalb des Bachgrabens entlang verläuft und erst am Schluss steil in die Schlucht hinabführt. Über mehrere Brücken und am Bach entlang wandern wir talauswärts, sehen links noch einmal Nagelfluh-Felswände und erreichen die ersten Häuser von Tutzing sowie die Bahngleise **(12)**. Wer nicht mit Variante 2 direkt zum Bahnhof möchte, geht nun nach links hinauf, auf der Brücke über die Gleise hinweg, geradeaus hinab zum See und flaniert am Ufer (Einkehrmöglichkeiten) bis zur Schiffsanlegestelle **(13)**, bevor sich mit der letzten Etappe hinauf zum **Bahnhof (1)** der Kreis schließt.

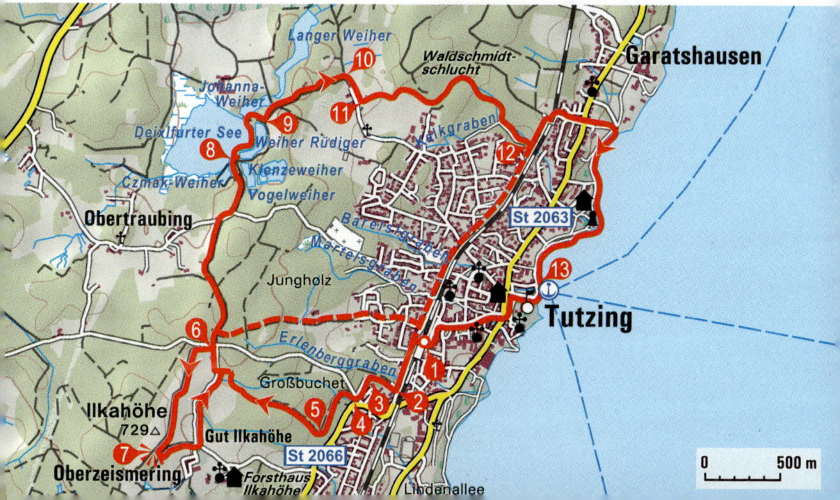

50 Pähler Schlucht

1.30 Std.

Auf wilden Schluchtpfaden zum Wasserfall

Die Wanderung in die Pähler Schlucht nimmt innerhalb dieses Buchs eine Sonderrolle ein: Sie ist die kürzeste, zugleich aber die vielleicht technisch anspruchsvollste Tour – etwas Trittsicherheit für steile, rutschige Wegpassagen und ein bisschen Mut und Gleichgewichtssinn für die eine oder andere Bachüberquerung ohne richtige Brücke sind hier gefordert. Mit anderen Worten: Der Schluchtweg ist ein hervorragender Abenteuerweg für alle, die keine langen Wegstrecken, sondern Spannung und Abwechslung schätzen. Doch noch ein weiterer Grund macht diese Tour zu etwas Besonderem: Höhepunkt der Schluchtwanderung ist ein Wasserfall inmitten eines Felsenrunds mit überhängenden Wänden – ein mystischer Ort von geheimnisvoller Schönheit, der in der Umgebung Münchens seinesgleichen sucht.

Der Wasserfall in der Pähler Schlucht.

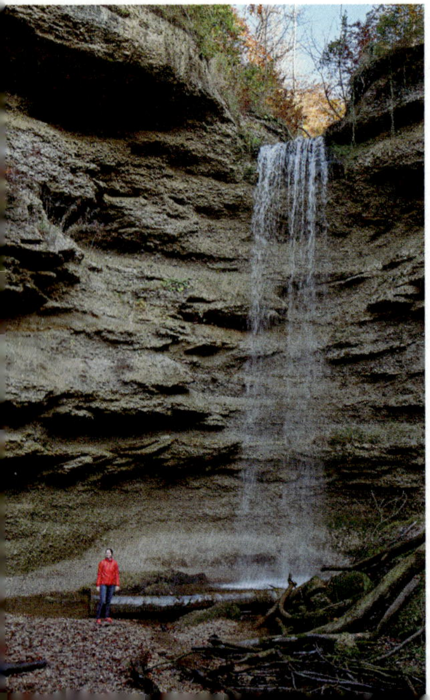

Ausgangspunkt: Bushaltestelle »Schule Pähl« oder Parkplatz nah bei der Kirche St. Laurentius in Pähl, 587 m.
Strecke: 3,1 km.
Höhenunterschied: Gut 100 m.
Anforderungen: In der Pähler Schlucht schmale, steile und feuchte Pfade, »abenteuerliche« Bachüberquerungen, evtl. querliegende Bäume; gute Trittsicherheit erforderlich.
Einkehr: Im Zentrum von Pähl: »Müllers Lust«, Tel. +49 8808 1596, http://muellers-lust.com; Gasthaus Alte Post.
Hinweise: 1. Pähl liegt außerhalb des Tarifgebiets des MVV und ist mit dem RVO-Bus 9653 ab Herrsching oder Weilheim zu erreichen, www.rvo-bus.de.
2. Die Begehung der Schlucht erfolgt auf eigene Gefahr; Verlauf und Beschaffenheit der Pfade können sich je nach Wasserstand, querliegenden Bäumen usw. ändern.
3. Von einer Begehung an einem Schönwetterwochenende ist abzuraten, da dann viele Wanderer in der Schlucht sind. Werktags, frühmorgens oder bei schlechtem Wetter hat man hingegen gute Chancen, den wunderschönen Talschluss beim Wasserfall in aller Ruhe genießen zu können.

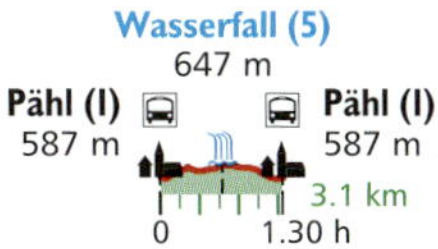

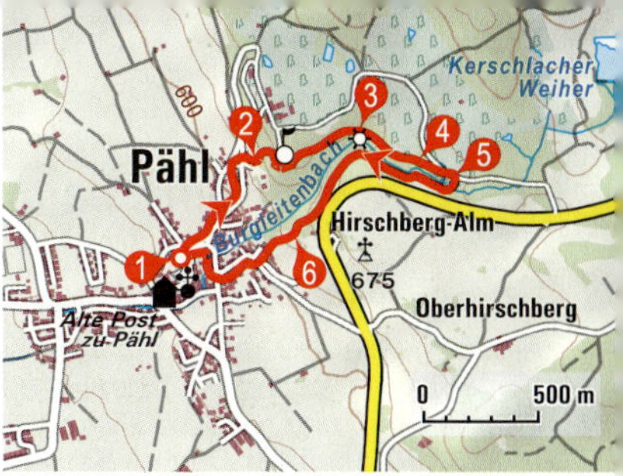

Von der **Schule** in **Pähl (1)** folgen wir der Kirchstraße durch die Rechtskurve, biegen links in die Hesseloherstraße ein und dann in die zweite Straße rechts, die Obere Burgleite. Den Turm des Hochschlosses Pähl vor Augen, spazieren wir die Obere Burgleite hinauf, biegen nach 250 m rechts ab und erreichen kurz darauf den **Waldweg (2)**, der in Richtung Hochschloss hinaufführt. An einer Verzweigung knapp unterhalb des Schlosses mündet von links der Pfad vom Golfclub Hohenpähl herab ein; dort halten wir uns rechts in Richtung Schlucht und wandern südlich um das oberhalb thronende **Hochschloss** herum.

Nun folgen wir dem zwischenzeitlich breiten Weg auf etwa gleichbleibender Höhe in die **Pähler Schlucht** hinein, die sich zunächst als offenes Tal präsentiert, bei einem alten Gebäude **(3)** jedoch zur engen Schlucht verengt. Der ab hier schmale und anspruchsvolle Pfad führt auf der nördlichen Seite des **Burgleitenbachs** weiter taleinwärts und verlangt an mehreren steilen, rutschigen Stellen oder bei der Überquerung von umgestürzten Bäumen Trittsicherheit. Bald wird der Bach über eine provisorische Brücke ohne Geländer überquert **(4)**. Auf der Südseite des Bachs geht es in zunehmend abenteuerlicher Wegführung in die immer enger werdende Schlucht, an geeigneter Stelle ohne Brücke nochmals über den Bach hinweg, unter überhängenden Felswänden vorbei und zum **Wasserfall (5)**.

Der Rückweg führt uns auf derselben Route wieder zur Brücke **(4)**, auf der wir den Bach erstmals überquert haben, dann jedoch weiter auf der linken (südlichen) Seite des Bachs bleibend in leichtem Auf und Ab talauswärts. Der breite Weg erreicht den Waldrand **(6)** und bringt uns zu den ersten Häusern von **Pähl** hinab, von wo aus wir nach rechts in die Sternstraße einschwenkend und rechts in die Hesseloherstraße abbiegend wieder das Zentrum **(1)** erreichen.

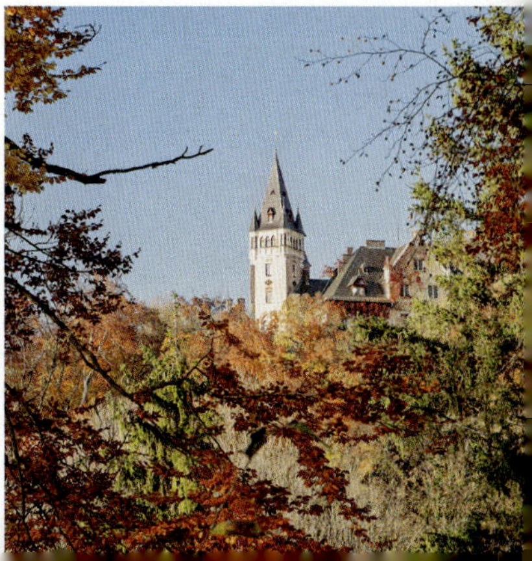

Hochschloss Pähl.

TOP **51**

Von Starnberg nach Andechs

3.45 Std.

Streckenwanderung durch die Maisinger Schlucht

Im Gegensatz zu den geläufigen Andechs-Routen beginnt diese hier nicht unten in Herrsching oder Hechendorf, sondern viel weiter östlich, am Starnberger See, und führt als ansehnliche Streckenwanderung mit nur zwei dazwischenliegenden Dörfern nach Andechs hinüber. Passenderweise ist sie weitgehend mit dem Verlauf des Münchner Jakobswegs identisch, was der Tour eine zusätzliche Fernwander- oder Pilgernote verleiht. Vom Startpunkt bis zum Ende ist eine breite Palette an Natur- und Kultureindrücken geboten: angefangen mit See und Schloss in Starnberg, gefolgt vom wunderschönen Uferweg am Maisinger Bach durch die Maisinger Schlucht, dann dem Maisinger See, stillen Passagen durch Moorlandschaften und Wälder und zum Schluss natürlich mit dem Heiligen Berg Andechs als Höhepunkt – siehe auch die nächsten Touren!

Im goldenen Abendlicht geht es dem Ziel entgegen.

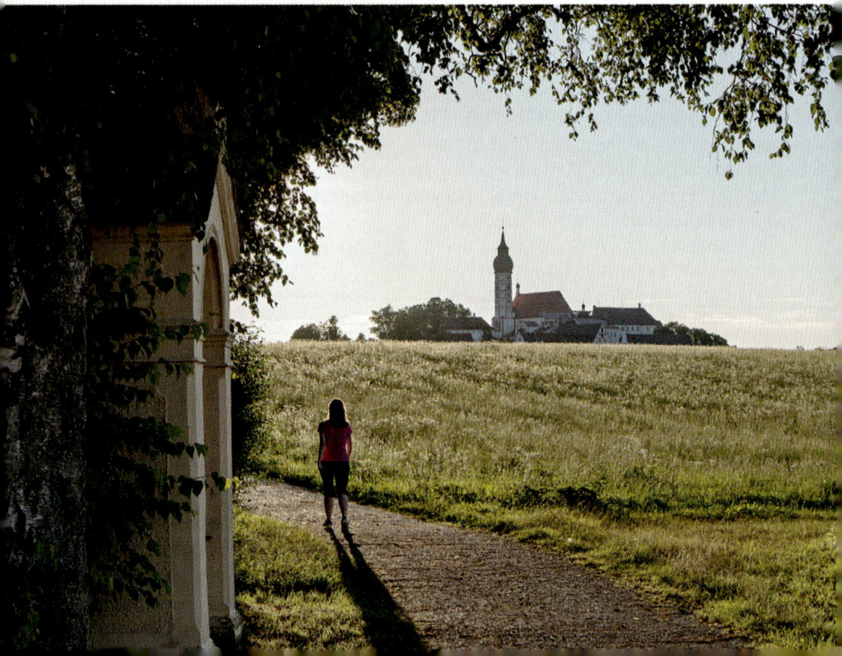

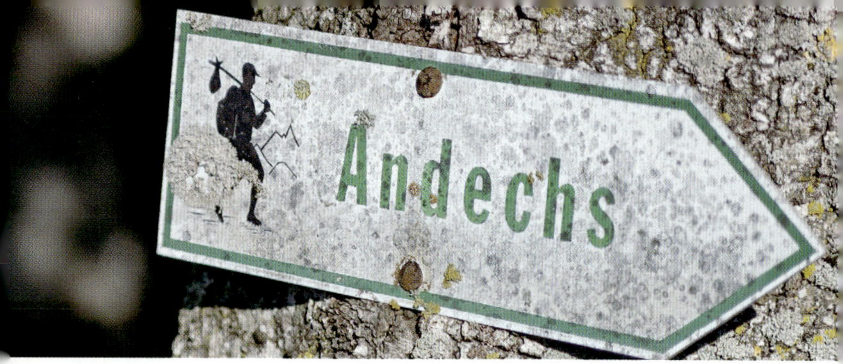

Ausgangspunkt: Bahnhof Starnberg (S 6, Regionalbahn), 586 m.
Endpunkt: Andechs, Klosterkirche, 711 m. Anschließend steigt man wieder zur Bushaltestelle » Kloster« am östlichen Fuß des Andechser Berges ab und fährt mit Bus 951 nach Herrsching oder Starnberg oder mit Bus 958 nach Tutzing.
Strecke: 15,4 km.
Höhenunterschied: Bis zur Klosterkirche Aufstieg 250 m, Abstieg 120 m.
Anforderungen: Überwiegend breite Uferwege, Feldwege und Forststraßen sowie Asphalt.
Einkehr: Gasthaus Georg Ludwig in Maising, Tel. +49 8151 3445, www.gasthaus-georg-ludwig.de; Maisinger Seehof (nur im Sommerhalbjahr geöffnet), Tel. +49 8151 744242; Andechs siehe Tour 52.
Variante: Abstieg zu Fuß nach Herrsching, siehe Tour 53 oder 54. Zusätzlich rund 1 Std.
Info: Informationen rund um Kloster, Wallfahrt und Brauerei in Andechs unter www.andechs.de.
Hinweis: Die Maisinger Schlucht liegt inmitten eines Truppenübungsplatzes, daher bitte auf eventuelle militärische Sperrungen achten.

Aus der Unterführung des **Bahnhofs Starnberg (1)** kommend, biegen wir links in die Straße (»Bahnhofplatz«) ein. Wer auf dem schnellsten Weg zur Maisinger Schlucht gehen will, folgt ihr durch die Rechtskurve und geht auf der Bahnhofstraße geradeaus ansteigend über die Hauptstraße hinweg und entlang der Söckinger Straße in Richtung Söcking bis zur Maisinger-Schlucht-Straße **(3)** weiter, wo der Wanderweg beginnt. Es lohnt sich aber, zuerst noch zum Schloss Starnberg hinaufzugehen: Dazu halten wir uns am Bahnhofplatz links und biegen gleich rechts in die Wittelsbacherstraße ab. Nach 130 m zweigen wir vor der Kirche links ab und gehen hinauf zur Hauptstraße. Leicht links versetzt geht es auf dem Dr.-Penzl-Weg auf Treppen steil hinauf, dann rechts ausholend abermals über Treppen weiter bergauf zur **Schlossanlage**, auf deren Südostseite wir an der Mauer mit schönen Ausblicken auf den Starnberger See entlanggehen **(2)**.
Schließlich können wir durch den Schlossgarten auf die Westseite wechseln und über die Schloßbergstraße südwestwärts hinuntergehen, wo wir auf die Söckinger Straße treffen. Wir folgen ihr nach rechts 450 m weit und biegen dann links in die Maisinger-Schlucht-Straße **(3)** ein; so gelangen wir am

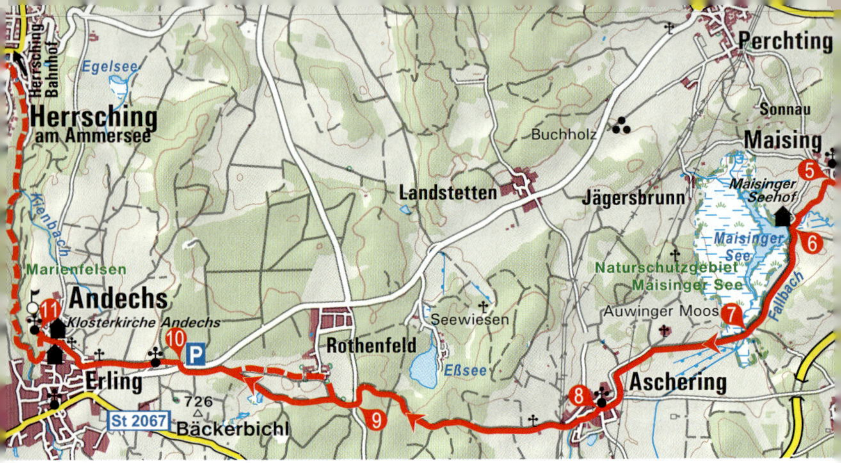

Stadtrand von Starnberg zum Wasserwerk, an dessen rechter Seite der eigentliche Wanderweg beginnt. Auf einem breiten Weg wandern wir durch Wiesen und bald am Ufer des Maisinger Bachs entlang. Mehrmals wechseln wir auf Brücken die Uferseite, und wo immer Beschilderungen auftauchen, halten wir uns in Richtung Maisinger Schlucht, Maising oder Andechs. Sobald wir die Brücke mit der hoch über uns verlaufenden Staatsstraße 2563 unterschritten haben, betreten wir die schattige **Maisinger Schlucht (4)**, die wir auf dem nach wie vor breiten und flachen Uferweg durchqueren. Schließlich schwenkt der Weg, den Hauptwasserlauf verlassend, nach links, und wenige Minuten später erreichen wir den Ort **Maising**, wo wir auf dem Schluchtweg zur Ortsstraße weitergehen, der Hauptstraße des Orts. Wir folgen ihr nach rechts 500 m weit ins Ortszentrum und biegen nach der Rechtskurve gegenüber dem Gasthaus Georg Ludwig wie beschildert links ab **(5)**. Ein Wanderweg führt uns nun zunächst entlang einer Baumreihe, dann über freies Feld zum **Maisinger See (6)**, dessen Ufer beim Seehof zugänglich ist (einzige Badestelle am See).

Wir wandern links, in Südrichtung, weiter und gelangen durch Wald, dann durch Wiesengelände nach gut 1 km zu einer Verzweigung **(7)**, wo wir rechts in Richtung Aschering weitergehen. Es folgen weitere 1,6 km mit Bergblick durch die Moorlandschaften des **Auwinger Mooses** und des **Mühlmooses**,

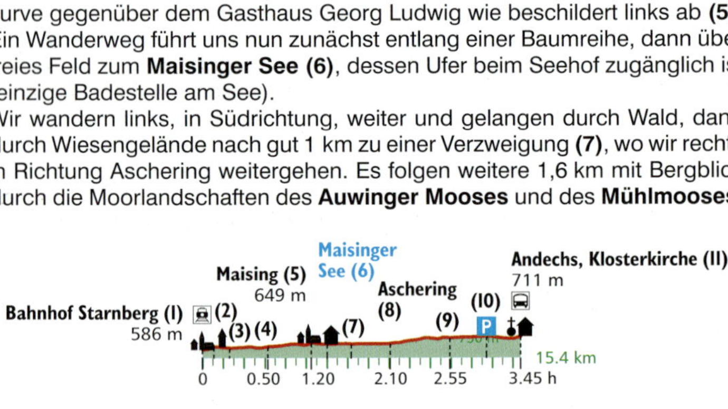

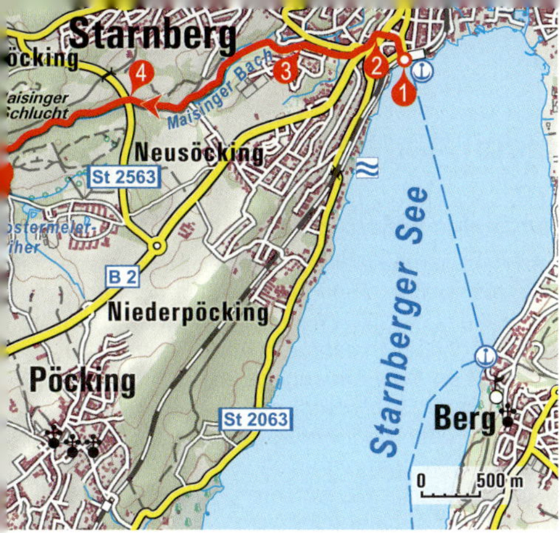

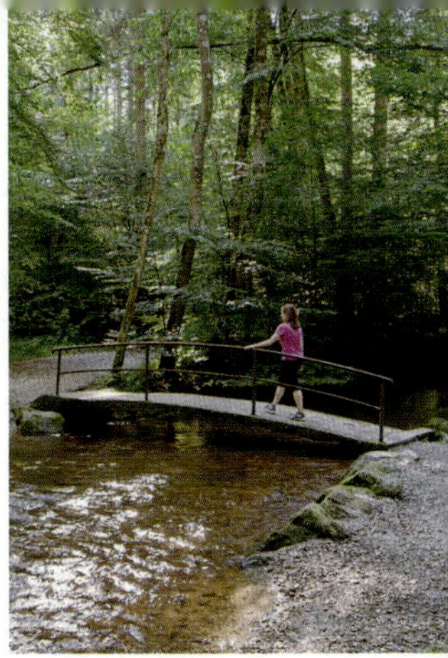

dann betreten wir **Aschering** und wandern auf die Kirche zu. Westlich gegenüber der Kirche schlagen wir den Bachweg ein **(8)** und folgen ihm bis zur Einmündung in den Andechser Weg; dieser führt uns unter der Überlandleitung hindurch und westwärts ansteigend zum Wald hinauf. Nach wie vor mit Beschilderung durchqueren wir den Wald in abwechslungsreichem Auf und Ab in westlicher und nordwestlicher Richtung, bis wir auf die Asphaltstraße zwischen Rothenfeld und Machtlfing treffen; an ihr entlang gehen wir 150 m nach links, bevor wir rechts nochmals in den Wald einbiegen **(9)**.

Wir nähern uns dem Wiesengelände vor dem Gebäudekomplex **Rothenfeld** und können bei der Rechtskurve entscheiden, ob wir wie ausgeschildert auf dem breiten Weg bleiben und rechts nach Rothenfeld gehen, oder ob wir auf einer in den Karten ebenfalls verzeichneten schwachen Fahr- oder Pfadspur westwärts direkt über die Wiese weitergehen. Letztere verläuft parallel zum links liegenden Waldrand, schwenkt dann leicht nach rechts und mündet in einen Feldweg; dieser hält auf die Kreisstraße STA 3, die Andechs mit Starnberg verbindet, zu. Kurz vor der Straße mündet von rechts die Wegvariante über Rothenfeld ein.

Nun gehen wir 240 m weit an der Straße entlang, überqueren sie beim Parkplatz vorsichtig und betreten auf dessen westlicher Seite auf einem eher unscheinbaren, aber gut ausgeschilderten Weg ein letztes Mal Wald **(10)**. Kurz darauf sehen wir bei Verlassen des Waldes erstmals den Andechser Berg, gehen geradeaus weiter und wandern auf dem Kreuzweg westwärts nach **Andechs**. Wo der Weg in den Steinrinnenweg einmündet, halten wir uns kurz rechts und gehen gleich wieder links auf den St.-Elisabeth-Weg ab, der uns direkt zum großen Parkplatz (mit Bushaltestelle) am Fuß des Andechser Berges führt. Nach einem letzten Aufstieg stehen wir oben vor der **Klosterkirche (11)**.

TOP

52 Von Hechendorf nach Andechs (1)

4.30 Std.

Auf kaum bekannten Wegen durch eine Bilderbuchlandschaft

Wer im Frühling oder Herbst werktags an einem klaren, sonnigen Morgen zeitig loswandert, kann darauf hoffen, hier seinen »Himmel der Bayern« zu erleben: Über Schloss Seefeld geht's auf einem idyllischen Weg am Bach nach Widdersberg hinauf, wo sich eine prächtige Ansicht von Andechs und der Alpenkette darbietet; anschließend gilt es die Geheimnisse eines kilometerlangen Waldpfads zu erkunden, der einen schließlich aus dem schattigen Dunkel in die herrliche Landschaft zu Füßen des »Heiligen Bergs« entlässt. Oben beim Kloster Andechs angekommen, darf man sich von Herzen geistlich wie auch leiblich laben, in der Klosterkirche ein Dankgebet sprechen und sich im Bräustüberl mit deftigen und süffigen Genüssen für den Heimweg rüsten, der zu guter Letzt durchs Kiental wieder an die Ammersee-Gestade hinabführt. Eine Tour, die mit Bach, See, Feldweg, Kuhweide, Waldpfad, Bergblick, Kirche und Wirtshaus fast schon ein Panoptikum all des Schönen darstellt, das unsere Heimat so liebenswert macht, und die mit 300 Höhenmetern auch eine spürbare Höhendifferenz überwindet. Doch Obacht, diese Wanderung eignet sich nur für robuste Geher mit solidem Orientierungssinn. Zudem ist zu bedenken, dass schon manch einer hoffnungsvoll nach Andechs ging und sich im motorisierten feiertäglichen Massenansturm eher ans Oktoberfest erinnert fühlte, als zu feierlicher Einkehr und Besinnung zu kommen. Wann und mit welcher Erwartungshaltung man diese Tour unternimmt, will also mit Bedacht überlegt sein.

Ausgangspunkt: Bahnhof Seefeld-Hechendorf (S 8) in Hechendorf, 559 m.
Endpunkt: Bahnhof Herrsching (S 8), 540 m.
Strecke: 16,1 km.
Höhenunterschied: Rund 300 m.
Anforderungen: Feldwege, Asphaltstraßen und lange Abschnitte auf teils schmalen und wurzelreichen Waldwegen. Im Wald steile Stellen, daher insgesamt »mittelschwer«, zudem nicht ganz einfache Orientierung.
Einkehr: Andechser Bräustüberl, Tel. +49 8152 376261, www.andechs.de/gastronomie/braeustueberl; Klostergasthof Andechs, Tel. +49 8152 9825730, www.klostergasthof.de.
Variante: Auslassen des langen Waldpfads: An WP 5 rechts und gleich wieder rechts weiter und auf breiten Feld- und Waldwegen direkt nach Andechs; die Tour ist dann leicht und etwas kürzer.
Info: Informationen rund um Kloster, Wallfahrt und Brauerei in Andechs unter www.andechs.de.

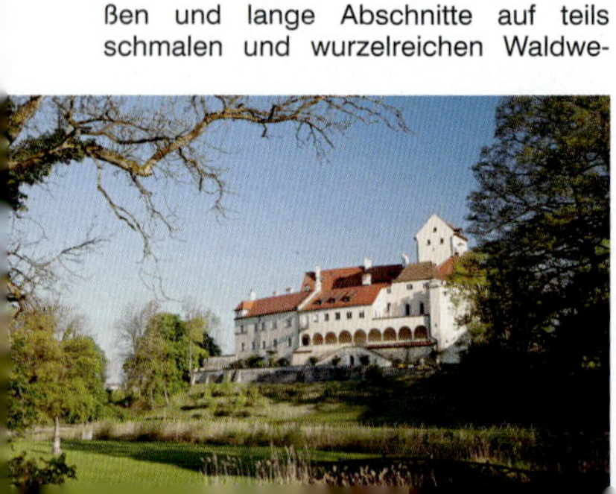

Schloss Seefeld.

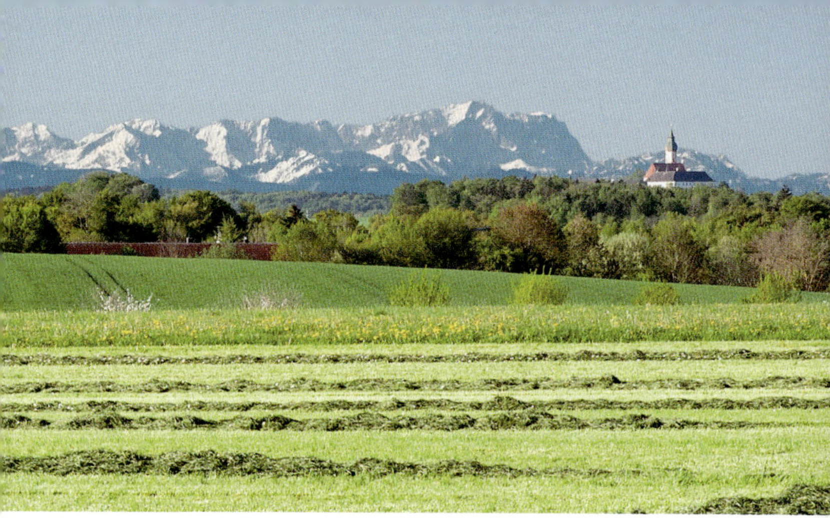

Das Wettersteingebirge und Andechs an einem Morgen Anfang Mai.

Auf dem ersten Teilstück bis WP 3 ist diese Wanderung mit Tour 53 identisch (ausführlichere Beschreibung siehe dort): Von der **S-Bahn-Haltestelle Seefeld-Hechendorf (1)** geht's hinüber nach Seefeld, hinauf zum **Schloss Seefeld (2)** und auf dem schönen Waldweg entlang des Bachs nach Widdersberg und zum **Widdersberger Weiher (3)**.

Hier biegen wir nicht rechts ab, sondern wandern auf der Hauptstraße des Orts weiter aufwärts und kommen an der Kirche sowie an der Straßenabzweigung nach Andechs (Andechser Straße) vorbei. Erst 40 m weiter biegen wir rechts ab in die Friedinger Straße (»Fußweg nach Andechs«) **(4)**. Der asphaltierte Wirtschaftsweg führt leicht ansteigend aus Widdersberg hinaus, die Landschaft öffnet sich, und plötzlich wird der Blick zur Kirche von Andechs frei, die in 4,5 km Entfernung auf dem Andechser Berg thront; links dahinter ist bei guter Sicht die Zugspitze zu sehen. Die Straße geht in einen Feldweg über, bei einer Verzweigung bleiben wir rechts und gelangen so vorbei an einem Gehöft absteigend zu einem Waldstück. Hier beschreibt der Weg eine Linkskurve, gleich darauf eine Rechtskurve, und erreicht die **Verbindungsstraße Herrsching–Frieding**. Wir überschreiten sie und wandern südwärts weiter. Bei der folgenden Verzweigung halten wir uns links, bei der nächsten Verzweigung **(5)** abermals links (rechts: Variante direkt nach Andechs), nach wenigen Metern ein drittes Mal links und in nordöstlicher (sic!) Richtung in den Wald.

Knapp 200 m nach Betreten des Waldes, unmittelbar vor einer Wiese linker Hand, zweigen wir rechts (ostwärts) auf einen anfangs breiten Weg ab **(6)**

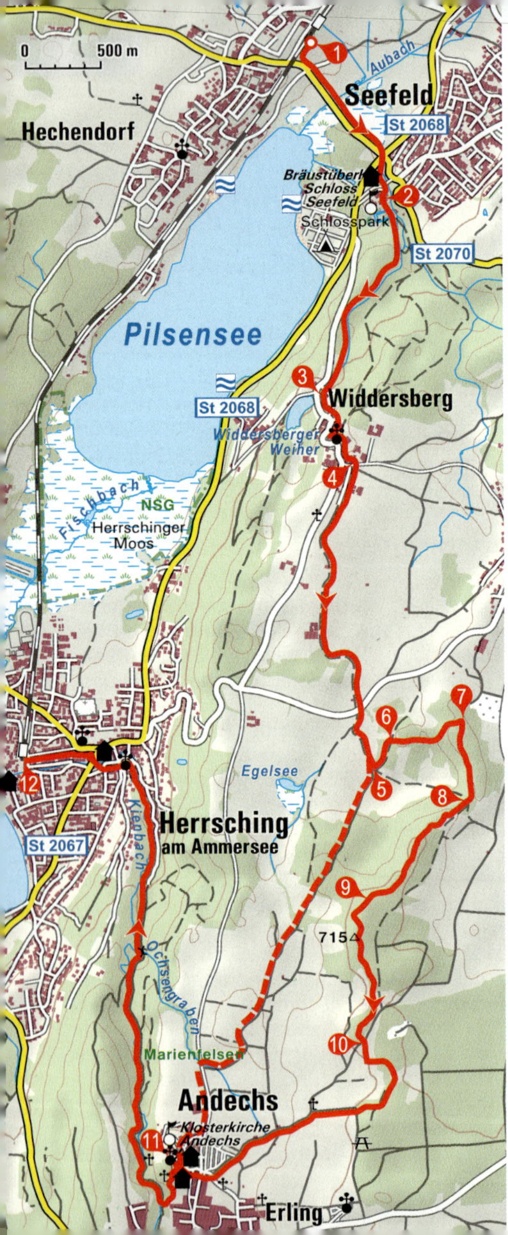

und wandern auf ihm über einen Geländerücken hinweg. Nach gut 250 m, in einer Mulde vor dem ansteigenden Waldhang, gehen wir links haltend (nordostwärts) auf einem hier beginnenden Forstweg hinauf. Kurz vor dem Ende des Waldes, bevor der Weg wieder zu fallen beginnt, zweigt rechts hinauf (südwärts) ein Fahrweg ab **(7)** – dieser geht bald in einen Pfad über, der uns nun rund 3 km weit über den Höhenzug führt!

Er verläuft zunächst knapp rechts unterhalb der Scheitellinie des Hügels, erreicht bei einer Viehweide den Waldrand, bleibt aber rechts haltend im Wald und kreuzt kurz darauf eine Forststraße **(8)**; jenseits setzt er sich in Südwestrichtung fort und führt ein Stück am Waldrand entlang. Nach wenigen Metern endet er, wir biegen auf einem Fahrweg wieder rechts in den Wald ein, kehren auf ihm aber sogleich ansteigend nach links zum Waldrand zurück, bevor es endgültig nochmals in den Wald hinein und auf einem Pfad geradeaus sehr steil nach oben geht. Wir überschreiten die Hügelkuppe und ersteigen steil gera-

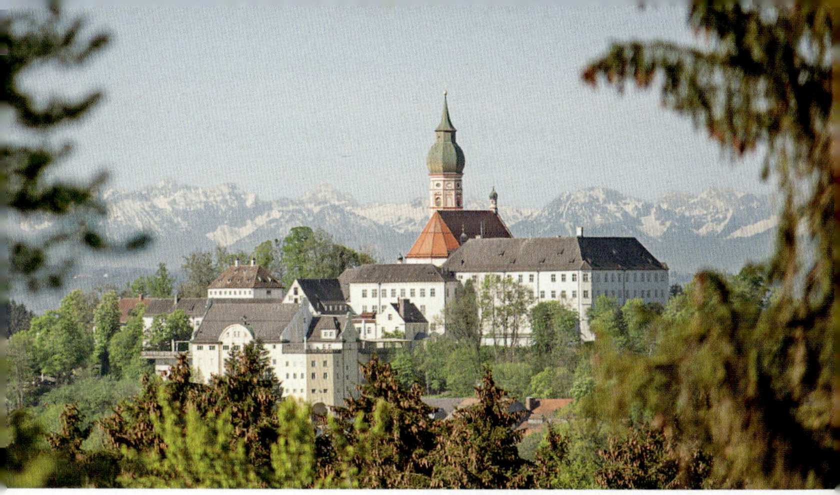

Blick vom versteckten Waldpfad hinüber zum »Heiligen Berg«.

deaus eine noch höhere, lang gezogene Erhebung **(9)**, die mit 715 m Höhe den Andechser Berg sogar noch überragt. Wir wandern über sie hinweg; rechts abzweigende Pfade bleiben unbeachtet, wir orientieren uns nach wie vor am Höhenzug und wandern südwärts weiter. Zur Rechten öffnet sich bald die Landschaft, und wir genießen zum zweiten Mal am heutigen Tag den Blick zum nunmehr viel näheren Andechs. Ein weiteres Waldstück wird durchquert, dann treten wir bei einem Holzlagerplatz auf die Wiesen hinaus und erreichen einen Feldweg **(10)** (Radroute von Frieding nach Andechs).
Auf ihm können wir geradewegs auf **Andechs** zuwandern – wer aber noch nicht genug von den schönen Wegen hat, hängt noch einen letzten Pfad an, indem er weiter südwärts über die Wiese geht, links ausholend noch einmal in den Wald eintaucht und sich bei nächster Gelegenheit wieder rechts (westwärts) hält. Nicht zu verfehlen ist dann der direkte Weg hinauf zum Heiligen Berg **(11)**.
Der Abstieg nach **Herrsching (12)** erfolgt vom Kirchenvorplatz per pedes durchs **Kiental**, siehe Tour 53 oder 54, oder alternativ per Bus.

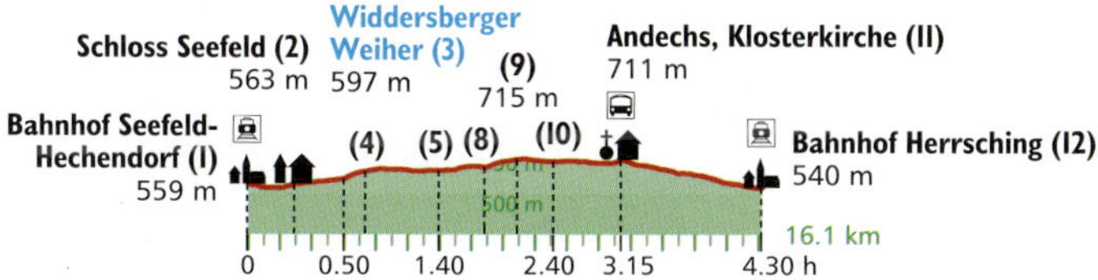

53 Von Hechendorf nach Andechs (2)

3.30 Std.

Der schöne Weg von Norden auf den Heiligen Berg

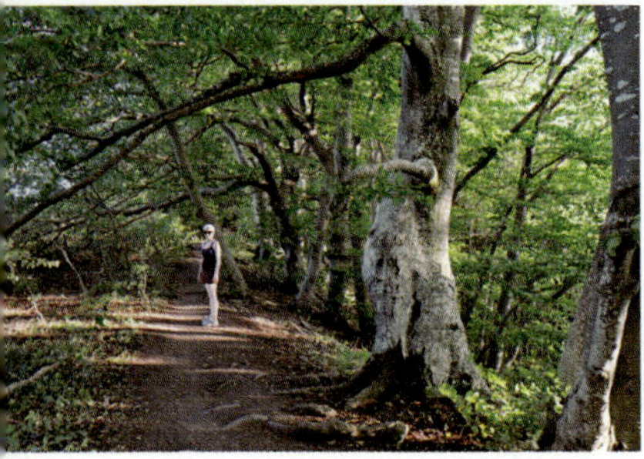

Der Weg am Steilhang über Herrsching.

Eine Besteigung des »Heiligen Bergs« in Andechs gehört für Wanderer im Münchner Raum zum Pflichtprogramm. Aus allen Richtungen führen Wege hinauf zur weithin sichtbaren Kloster- und Wallfahrtskirche St. Nikolaus und Elisabeth, und alle sind sie lohnend und empfehlenswert. Interessant und unter Kennern sehr beliebt ist die hier beschriebene Annäherung von Norden her: Sie umfasst ein abwechslungsreiches Programm mit Bächen, Wäldern, Tälern, vielfältigen Wegen und Pfaden, Sehenswürdigkeiten wie Schloss Seefeld und der Klosterkirche in Andechs sowie der Einkehrmöglichkeit im berühmten Bräustüberl. Wie heißt es dort oben so schön? Genuss für Leib und Seele!

Ausgangspunkt: Bahnhof Seefeld-Hechendorf (S 8) in Hechendorf, 559 m.
Endpunkt: Bhf Herrsching (S 8), 540 m.
Strecke: 12,8 km.
Höhenunterschied: Aufstieg rund 240 m, Abstieg 260 m.
Anforderungen: Breite Wege und Straßen sowie schmale, wurzelreiche Waldwege und steile Treppen, im Ochsengraben steil und rutschig. Bei einem Mindestmaß an Trittsicherheit ist das überhaupt kein Problem, dennoch ist die Route anspruchsvoller als ein flacher Spazierweg.
Einkehr und Info: Siehe Tour 52.

Unsere kleine Pilgertour führt uns vom **Bahnhof Seefeld-Hechendorf (1)** hinab zur Seefelder Straße (Staatsstraße 2070) und entlang dieser in südöstlicher Richtung nach Seefeld hinüber. Dort überqueren wir die große Kreuzung, wandern rechts der Straße ein Stück bergauf und steigen dann, etwas rechts versetzt, auf einem Treppenweg steil hinauf zum **Schloss Seefeld (2)**.

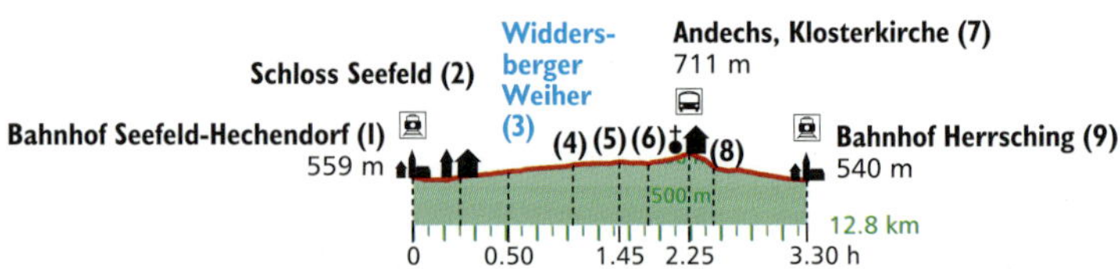

Wir betreten über die Brücke den Schlosshof, verlassen diesen gleich wieder nach links, steigen auf einem Fußweg ab und gelangen ins waldige Tal des **Höllgrabens**, in dem wir in Süd-, dann Südwestrichtung immer entlang des Bachs dahinwandern, wobei links abzweigende Wege ignoriert werden. Nachdem sich der Weg ein Stück vom Bach entfernt und an Wiesenflächen vorbeigeführt hat, gelangen wir zu den ersten Häusern von **Widdersberg** und behalten auf der Straße die Gehrichtung bei. An der Verzweigung vor dem **Widdersberger Weiher (3)** biegen wir rechts in die Burgstraße ab und spazieren rechts am Weiher entlang; bald darauf gehen wir nicht in die rechts abgehende Pilsenseestraße, sondern bleiben auf der links davon bergauf führenden Straße, die sich nach Kurzem zu einem schönen, unasphaltierten Höhenweg mausert, der über 1,8 km weit immer auf der Kammlinie südwärts dahinzieht, während die Waldhänge zu beiden Seiten hin abfallen.

Er mündet schließlich in die Verbindungsstraße **(4)** zwischen Herrsching und Frieding, die wir vorsichtig überqueren. Auf der anderen Straßenseite geht es auf einem schmäleren Wanderweg weiter, der meist in der Nähe des Waldrands verläuft, vereinzelte Blicke hinunter zum Ammersee ermöglicht und die südliche Grundrichtung beibehält. Mehrere rechts abzweigende und bergab führende Wege ignorieren wir; erst sobald ein Pfad auf gleichbleibender Höhe nach vorne rechts abzweigt **(5)**, folgen wir diesem. Er

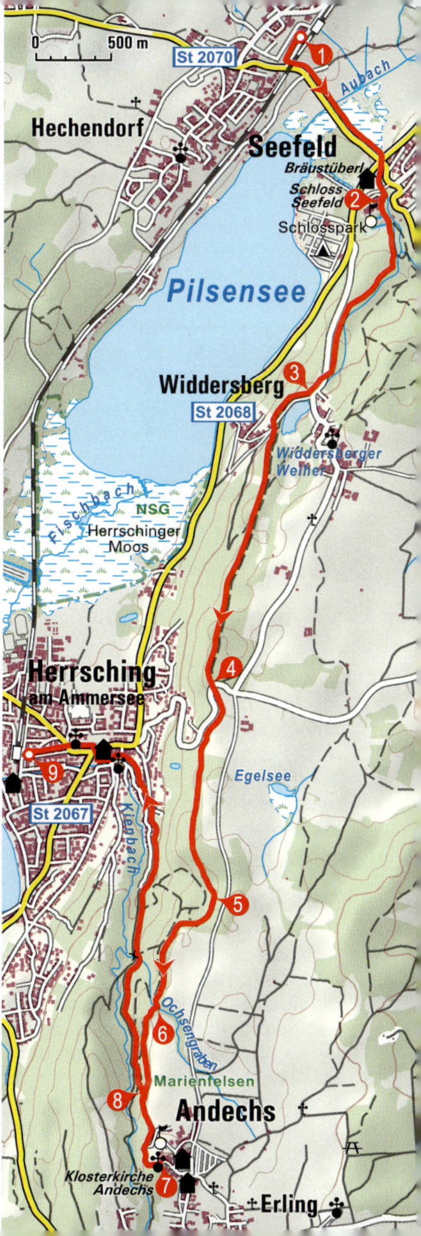

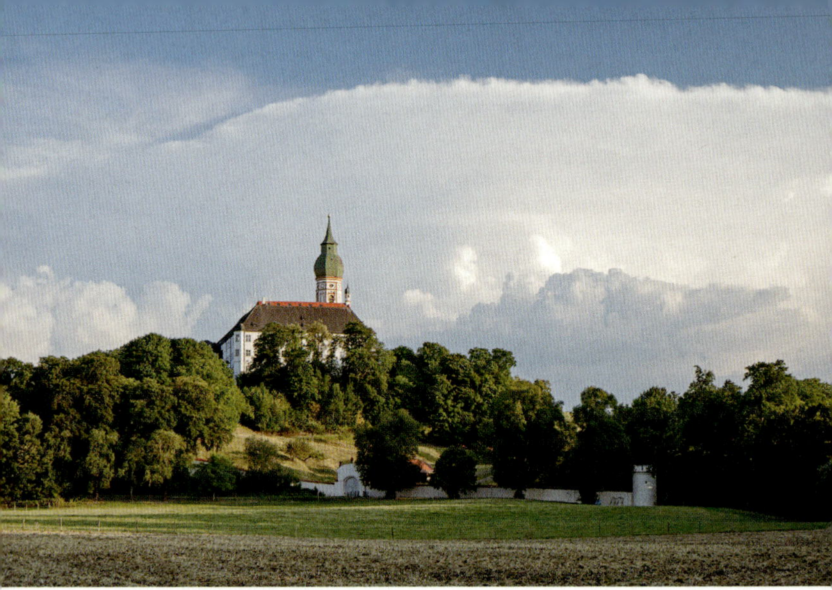

Wilde Wolkenstimmung über Andechs.

trifft nach Kurzem auf einen Fahrweg und setzt sich jenseits fort. (Wer die Abzweigung des Pfads verpasst und stattdessen geradeaus weitergeht, trifft automatisch weiter östlich auf denselben Fahrweg und hält sich auf ihm rechts, bis man nach rund 80 m nach links auf den Waldpfad gehen kann.) Wiederum führt der Waldweg in der Nähe des Waldrands südwärts und erreicht schließlich den auffällig eingeschnittenen **Ochsengraben (6)**, der in steilem Abstieg und Wiederaufstieg auf direktem Weg durchquert wird. Jenseits des Grabens ist darauf zu achten, dass man nicht rechts ins Kiental absteigt; stattdessen tritt man nach der Durchquerung des Grabens geradeaus aus dem Wald heraus und folgt dem Weg südwärts am Waldrand entlang nach **Andechs**, geht rechts an der Klosteranlage vorbei und steigt links haltend auf den Berg **(7)** hinauf.
Der Abstieg führt wieder auf der Westseite des Bergs über den ersten Treppenabschnitt hinab und dann rechts haltend an den Klostermauern vorbei nach Norden. Kurz darauf steigen wir nach links auf steilen Treppenwegen ins Kiental ab und folgen dort der breiten Kientalstraße **(8)** immer leicht absteigend talauswärts, wobei wir jegliche Abzweigungen mit Wiederanstieg oder abrupter Richtungsänderung ignorieren. Weiter in Nordrichtung gelangen wir zu den ersten noblen Wohnvierteln von **Herrsching**, überqueren den Kienbach und spazieren durchs Ortszentrum westwärts zum **Bahnhof (1)**.

2.30 Std.

Von Herrsching übers Hörndl nach Andechs

54

Der kurze Aufstieg auf den Heiligen Berg

Durchs Kiental pilgern an Wochenenden und Feiertagen ganze Heerscharen von Ausflüglern mit Kind und Kegel, Hund und Rad nach Andechs hinauf. Wir wollen diesen bekanntesten, einfachsten und schnellsten Weg daher im Aufstieg meiden und stattdessen lieber als zügige – und gleichwohl schöne – Abstiegsmöglichkeit nutzen. Hinauf gehen wir übers Hörndl, den Höhenzug westlich parallel zum Kiental. Dort erhaschen wir ein paar Ammersee-Blicke und haben mit den beiden Varianten zwei hervorragende Gelegenheiten, vom breiten Hauptweg auf unterhaltsame Waldpfade auszuweichen.

Ausgangspunkt: Bahnhof Herrsching (S 8), 540 m.
Höhenunterschied: Rund 230 m.
Strecke: 8,8 km.
Anforderungen: Breite Wege, kurze Abschnitte auf Asphalt, zum Schluss Treppensteige. Variante 2 anspruchsvoller.
Einkehr und Info: Siehe Tour 52.
Varianten: 1. 40 m nach dem Abzweig in die Leitenhöhe vor dem Haus Nr. 1 links über Stufen hinauf (»Betreten auf eigene Gefahr«), oben nach rechts und dem Pfad immer der Hangkante entlang folgen, bis er nach gut 300 m wieder rechts zur Straße hinabführt.
2. Nach WP 3 hat man zur Linken erst eine Wiese, dann ein Waldstück; bei Beginn des Waldes links auf (vor allem bei Herbstlaub) undeutlichem Pfad in den Wald, zur Hangkante hinauf und nun immer entlang des Kiental-Steilabbruchs auf dem Höhenrücken dahin, bis der Pfad in den von rechts kommenden Hauptweg mündet (wurzeliger, teils steiler und undeutlicher Pfad, Schwierigkeit tendiert dort zu »mittelschwer«).

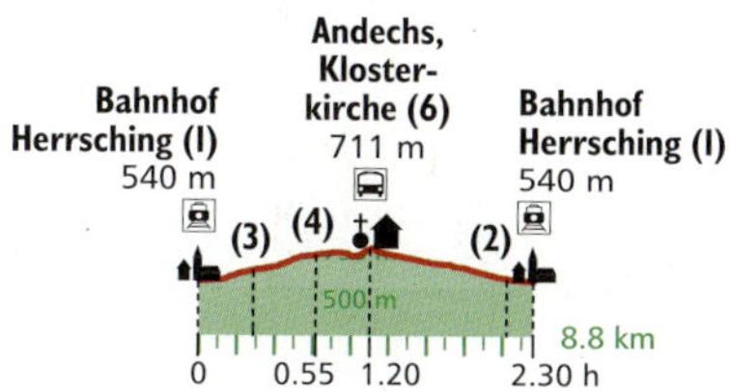

Vom Bahnsteig her kommend gehen wir am **Bahnhof Herrsching (1)** geradeaus in die Bahnhofstraße, folgen ihr zur Nikolauskirche und gehen an dieser rechts vorbei weiter bis zur großen Kreuzung, wo wir den ersten Wegweiser nach Andechs und rechts den Gasthof zur Post sehen. Wir spazieren durch den Wirtsgarten rechts am Gasthof vorbei, überqueren den **Kienbach**

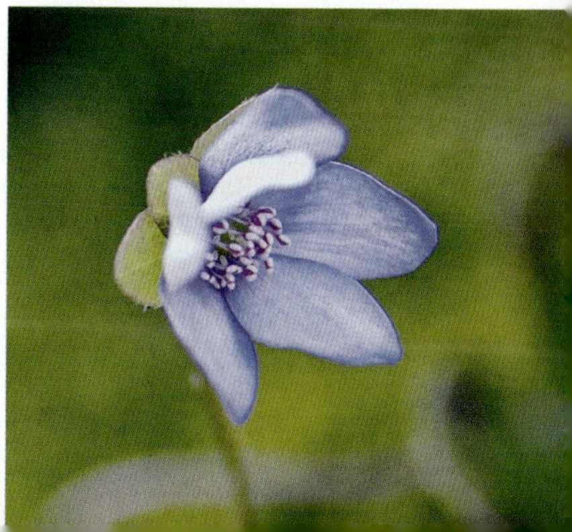

Leberblümchen im April.

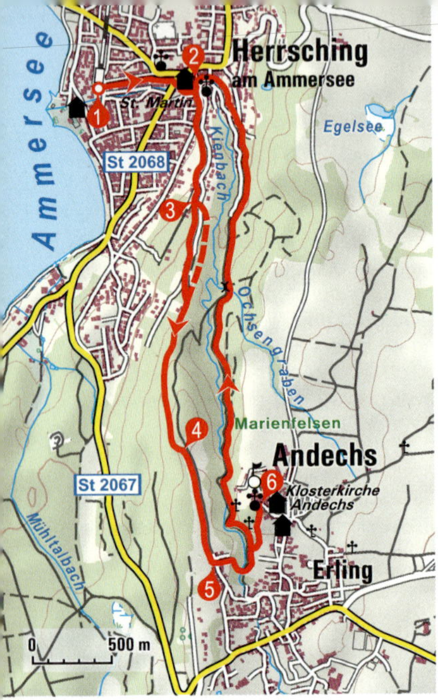

und schwenken links in die Andechsstraße ein. Bei der folgenden Kreuzung unterhalb der Kirche St. Martin **(2)** sehen wir Schilder, die nach links ins Kiental (unser späterer Rückweg) und rechts übers Hörndl nach Andechs weisen. Wir halten uns rechts und biegen gleich wieder links in die Leitenhöhe ab.

Nun wandern wir auf der Straße aufwärts, bleiben bei einer Verzweigung links, erreichen den Ortsrand von Herrsching **(3)** und gehen auf der nunmehr unasphaltierten Straße weiter. Bei zwei weiteren Verzweigungen bleiben wir wieder links und steigen nun auf einem schmäleren, wurzeligen Waldweg auf.

Durch schöne Buchenwaldbestände geht es auf dem Höhenrücken der **Klosterleite** einige Zeit südwärts weiter, wobei uns grüne Punkte und rote Pfeile den Weg weisen. Erst sobald links eine größere Freifläche sichtbar wird, verlassen wir den Höhenrücken und gehen links hinunter zu dem seit einiger Zeit parallel zu unserem Weg verlaufenden Fahrweg, dem **Hörndlweg (4)**. Er bringt uns über die Wiesen südwärts zu den ersten Häusern von Andechs hinauf, wobei der Andechser Berg mit dem auffälligen Kirchturm links zurückbleibt. Nach dem ersten Wohnhaus biegen wir links ab **(5)**, steigen auf Treppen zum Kienbach hinunter, überqueren ihn und gehen links am Ufer weiter. Nach 125 m zieht ein breiter Weg steil rechts hinauf, und über mehrere Treppensteige erreichen wir schließlich den Vorplatz der Klosterkirche von **Andechs (6)**.

Der Rückweg durchs **Kiental** führt uns zunächst wieder über die Treppen hinab zum **Kienbach**, dem wir nun nach rechts in Fließrichtung folgen. Wir überqueren den Bach mehrmals, bleiben schließlich auf seiner rechten Seite und wandern immer auf dem breiten Fahrweg, der Kientalstraße, talauswärts; seitlich abzweigende Straßen bleiben unbeachtet. Schließlich gelangen wir nach **Herrsching**, wo wir den Kienbach überqueren, rechts um den Kirchberg herum wieder WP 2 erreichen und auf dem bekannten Weg zum **Bahnhof (1)** gehen.

Im Kiental kommt man an diesem eigenartigen Baum vorbei.

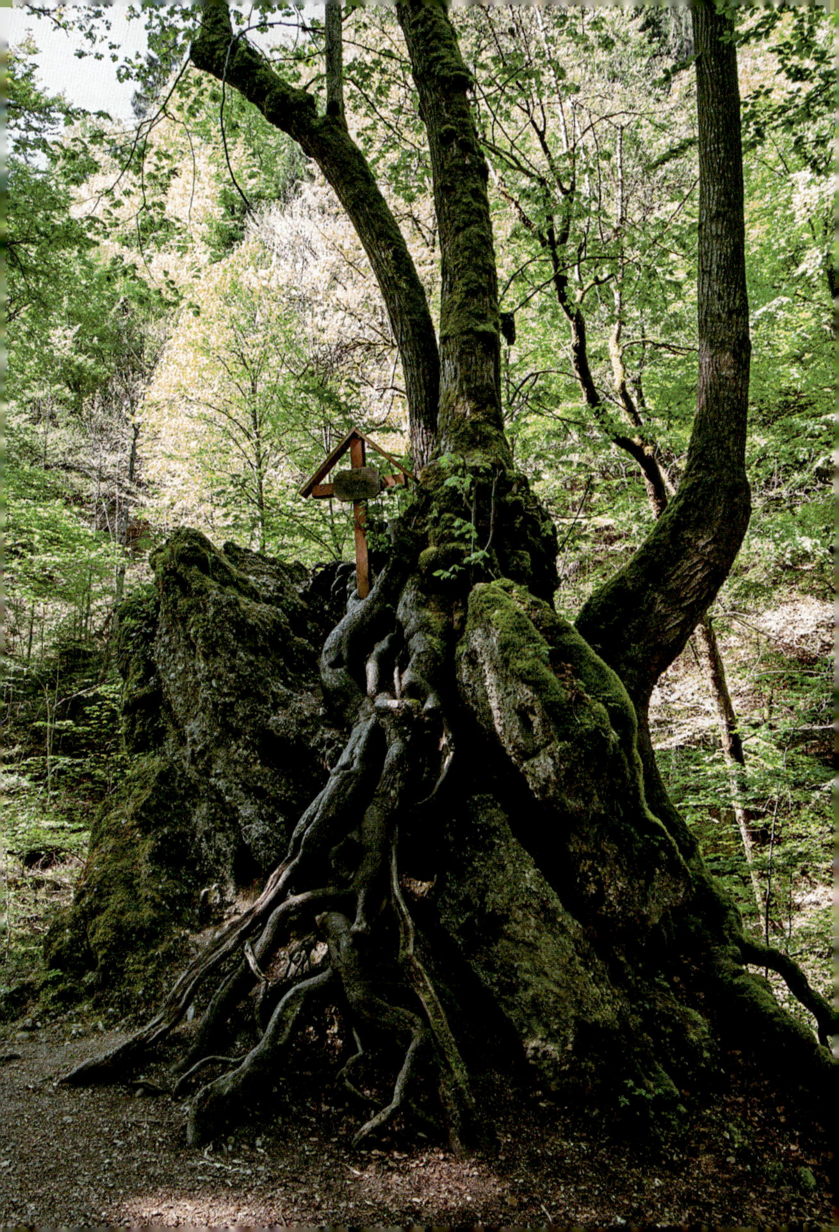

55 Von Herrsching nach Breitbrunn

4.00 Std.

Uferpromenaden und Waldwege am Ammersee

Wenn an der Herrschinger Seepromenade die Sonne scheint, können Urlaubsgefühle aufkommen: Ein buntes Völkchen aus Spaziergängern und Ausflüglern wuselt dann am Ufer des Ammersees entlang, Fischrestaurants und Eisdielen buhlen um Gäste, ein Schiff tutet, und auf der weiten Wasserfläche tummeln sich unzählige weiße Segelboote. Etwas weiter nördlich, in Lochschwab, herrscht dagegen die ruhige, gesetzte Atmosphäre eines noblen Vororts, in dem stattliche Villen um Aufmerksamkeit heischen und sich zugleich hinter hohen Hecken verbergen. Ganz anders schließlich die Uferwege nach Breitbrunn, wo der Wanderer auf schönen Pfaden den Wald durchstreift, an bizarr geformten Buchen vorüberkommt und die ungestörten Blicke auf den See genießt.

Ausgangspunkt: Bahnhof Herrsching (S 8), 540 m.
Strecke: 13,9 km.
Höhenunterschied: Bis Breitbrunn flach, Rückweg über Ellwang auf und ab je 80 m.
Anforderungen: Überwiegend breite Wege und Straßen, auch schmale und wurzelreiche Wald- und Uferpfade, nach Regen oft matschig.
Einkehr: La Perla del Lago in Breitbrunn, Tel. +49 8152 9893131, https://laperladellago.de; diverse in Herrsching.
Hinweis: Die Tour lässt sich auch so planen, dass man nur bis Breitbrunn wandert und mit dem Schiff nach Herrsching zurückfährt, siehe www.seenschifffahrt.de/ammersee.

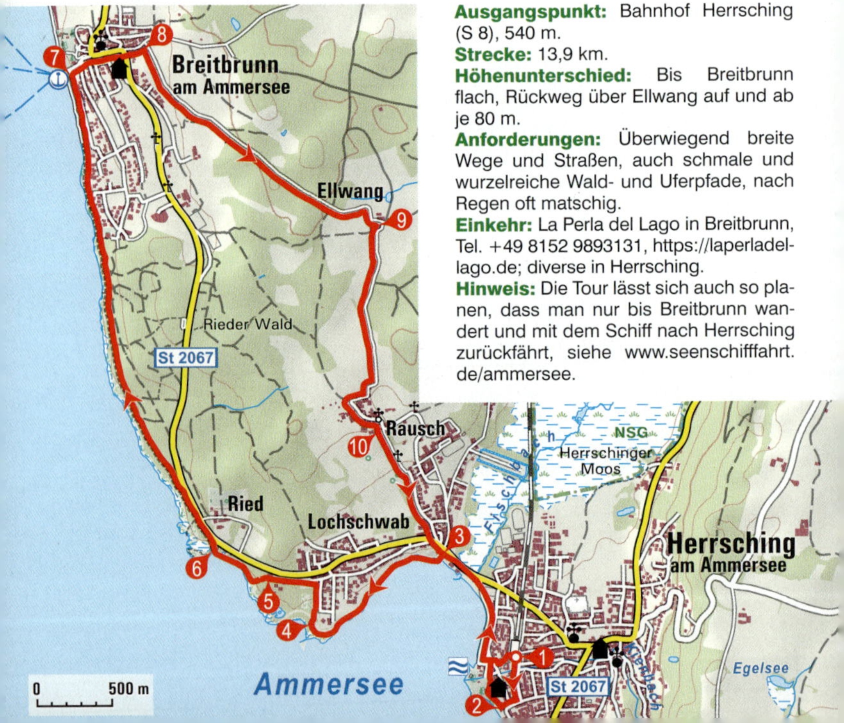

Vom Bahnhofsvorplatz in **Herrsching (1)** spazieren wir nach rechts entlang der Straße »Zum Landungssteg« und wieder rechts durch die Seestraße zur Schiffsanlegestelle am **Ammersee (2)**. Dort halten wir uns rechts und wandern nun auf der Seepromenade vorbei am **Kurparkschlösschen** und durch den umliegenden Park, ein Stück landeinwärts über den **Kienbach**, durch ein Tor und gleich darauf nach links wieder ans Ufer des Ammersees. Auf den folgenden knapp 2 km bleiben wir in der Nähe des Sees und gehen in einem großen Bogen zum Beginn des Ortsteils Lochschwab (hier führt der Weg kurz vom Ufer weg zur Hauptstraße) **(3)** und weiter auf der Seepromenade an einigen Villen und Anlegestegen sowie am Pumpwerk Lochschwab (kleines Häuschen) vorbei. Wir folgen der Seepromenade nicht bis zu ihrem Ende (Sackgasse), sondern biegen zuvor, nach einer langen, deutlich ausgeprägten Rechtskurve, rechts ins Wohngebiet ab **(4)**.

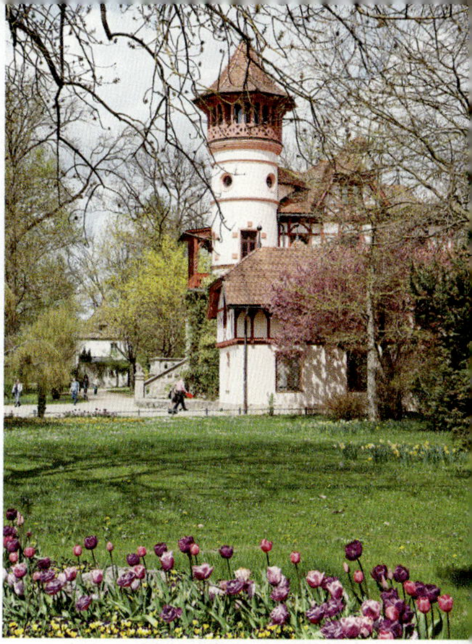

Das Kurparkschlösschen in Herrsching.

Über den Conrad-Schulz-Weg gelangen wir links abbiegend in die Erich-Holthaus-Straße und hinauf zur Hauptstraße. (Wer den Abzweig bei WP 4 verpasst, kann 150 m weiter ggf. über einen Privatweg zum Parkplatz des Hauses der bayerischen Landwirtschaft ebenfalls die Hauptstraße erreichen.) Dort setzen wir die Wanderung trotz Wanderwegweiser nach Breitbrunn nicht jenseits der Straße am Haus der bayerischen Landwirtschaft vorbei fort, sondern folgen der Hauptstraße 300 m weit nach links. Kurz nach Passieren des Leo-Seidel-Wegs führt ein Waldweg nach links von der Straße weg **(5)**; auf diesem erreichen wir den Pfad, der uns in der Folge durchgehend zwischen Seeufer und Hauptstraße nach Breitbrunn führt.

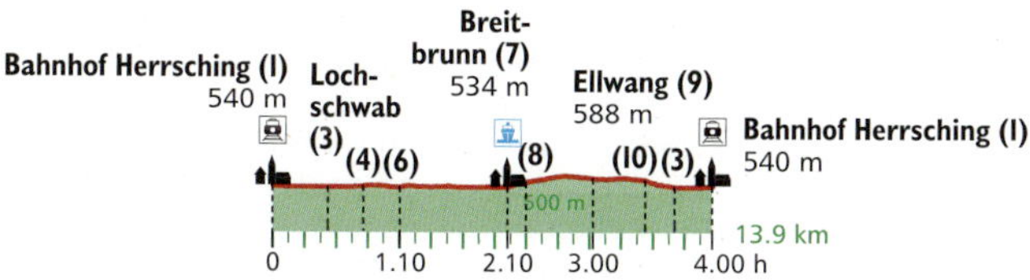

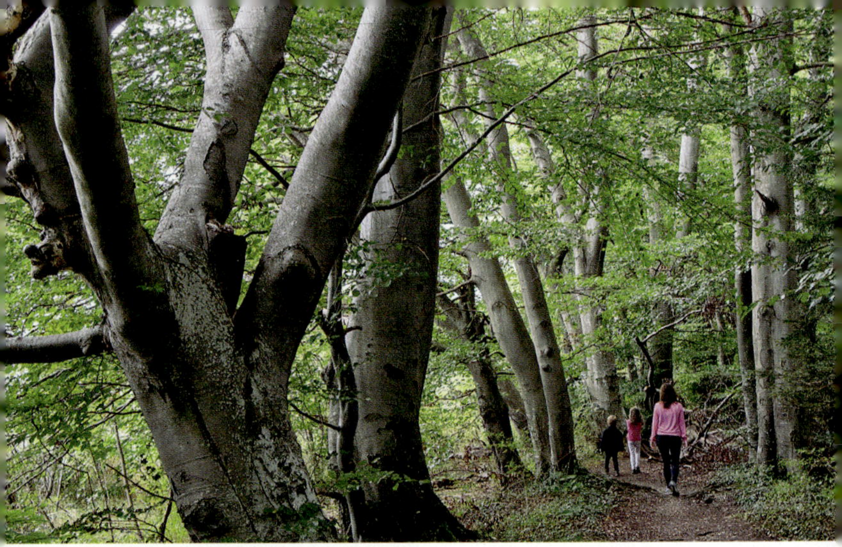

Auf dem Weg nach Breitbrunn gibt es einige bizarre Buchen zu bestaunen.

Unmittelbar nach einigen Stegen treffen wir auf ein Schild, das über ein Betretungsverbot des Uferbereichs von März bis August informiert; hier dürfen wir nicht einem schmalen Pfad in Ufernähe nach links folgen, sondern müssen rechts auf einen Weg abbiegen **(6)**, der uns parallel zur Hauptstraße zu einem Gebäude bringt. Nach Passieren des Gebäudes gehen wir nicht zur Straße hinauf, sondern auf dem durchwegs wurzelreichen, aber gut gangbaren Waldweg weiter. Die Straße entfernt sich nun immer weiter, und vom Motorenlärm ungestört spazieren wir vorbei an bizarren Buchen durch den **Rieder Wald** nach Breitbrunn. Zwischen zahlreichen Villen und den dazugehörigen Bootshäusern und -stegen setzen wir unseren Weg am Ufer entlang bis zur **Schiffsanlegestelle Breitbrunn (7)** fort und wandern dann nach rechts in den Ort hinauf.
Wir gehen gut 200 m weit ostwärts an der Hauptstraße entlang und wo diese nach rechts (Herrsching) abknickt, noch rund 130 m geradeaus durch die Wörthseestraße weiter. Dann zweigen wir nach rechts **(8)** auf die Asphaltstraße nach **Ellwang** ab, das wir ansteigend durch Felder und Obstgärten, dann durch Wald nach 2 km erreichen. Wir biegen rechts ab **(9)**, wandern gerade in südlicher Richtung nach **Rausch** und folgen dort der Asphaltstraße bis zum südlichen Ortsende; dort nehmen wir den rechts abgehenden Rauscher Fußweg **(10)**, der uns wieder hinab nach **Lochschwab (3)** und geradeaus durch zur Hauptstraße und zur Seepromenade bringt. Am Ufer des Ammersees entlang spazieren wir zurück nach **Herrsching (1)**.

3.15 Std.

Rund um den Wörthsee 56

Villen und Wellen im Fünfseenland

Die Umrundung des Wörthsees, des drittgrößten natürlichen Sees der näheren Münchner Umgebung, ist ein Klassiker unter den Münchner Ausflugszielen. Segelboote und Surfer vermitteln ein Stück südländisches Lebensgefühl, Infotafeln erklären allerlei Wissenswertes rund um den See und seine Geschichte, und die hervorragende Ausschilderung durch den Rotary-Club entbindet einen jeglicher Orientierungssorgen. Sehr interessant sind aber auch die Einblicke in die Welt der »Schönen und Reichen«, der begüterten Künstler, Architekten und Ärzte, die sich auf allen Seiten des Sees Refugien geschaffen haben – Landhäuser, Villen und halbe Schlösser in den unterschiedlichsten Baustilen und meist mit Privatzugang zum See; mal wunderschön, mal befremdlich, allemal beeindruckend. Am Wörthsee lässt es sich also gut leben – doch auch wer nur für ein paar Stunden zum Wandern und Schauen kommt, kann an seiner Schönheit teilhaben.

Ausgangspunkt: Bahnhof Steinebach (S 8), 582 m.
Strecke: 12,9 km.
Höhenunterschied: Unter 100 m.
Anforderungen: Überwiegend breite, flache Wege und Straßen, nach Bachern kurzer wurzeliger Waldpfad und Bohlenweg. Gut ausgeschildert.
Einkehr: Diverse Möglichkeiten rund um den See.

Blick von der Seeleite auf den Wörthsee.

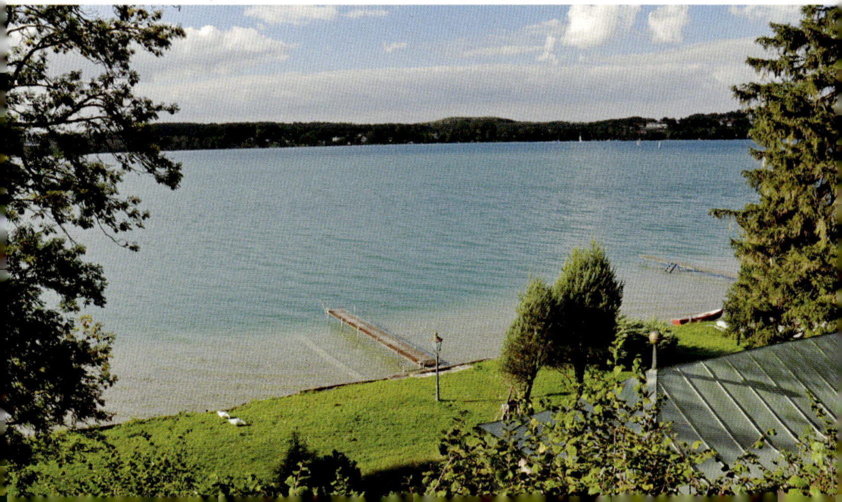

Vom **Bahnhof Steinebach (1)** gehen wir – aus München kommend weiter in Fahrtrichtung – ein kurzes Stück auf der Bahnhofstraße, dann rechts über die Treppen hinab und zur Hauptstraße. Diese überqueren wir und biegen einige Meter weiter nach links in den ausgeschilderten »Fußweg zum See« ein, der uns durch den Moosbichlweg und den Birkenweg bis zum Ufer des **Wörthsees (2)** führt. Dort treffen wir auf ein Schild mit Pfeilen, das den »Rundwanderweg Wörthsee« anzeigt. Zur Umrundung des Sees im Uhrzeigersinn spazieren wir nun nach links die Seepromenade entlang und sehen bald die ersten ansehnlichen Wohnsitze zur Linken und zahlreiche Bootshäuser zur Rechten. Nach 1 km schwenkt die Seepromenade landeinwärts, doch gleich geht es wieder rechts auf der Straße »Seeleite« weiter und ein paar Höhenmeter bergauf. Die Straße endet nach gut 500 m, und über einen kurzen Waldpfad **(3)** gelangen wir zur Wörthseestraße.

Nun verfolgen wir auf Asphalt die Wörthseestraße süd- bis südwestwärts weiter, bis uns die Beschilderung bald nach dem Gasthof Woerl in die rechts abzweigende Straße hineinführt und an deren Ende durch einen schmalen Durchgang **(4)** ans Seeufer leitet. Das folgende, 250 m lange Wegstück ist eines der wenigen auf dieser Tour, die direkt am Ufer verlaufen; danach geht es wieder landeinwärts, am Restaurant Adria-Grill vorbei und an der viel befahrenen Hauptstraße **(5)** nach rechts weiter in Richtung Bachern und Inning. Zeitweise ist sogar ein Stück ohne Gehweg direkt links neben der Straße zurückzulegen, doch nach der Überquerung des **Mühlgrabens** verlassen

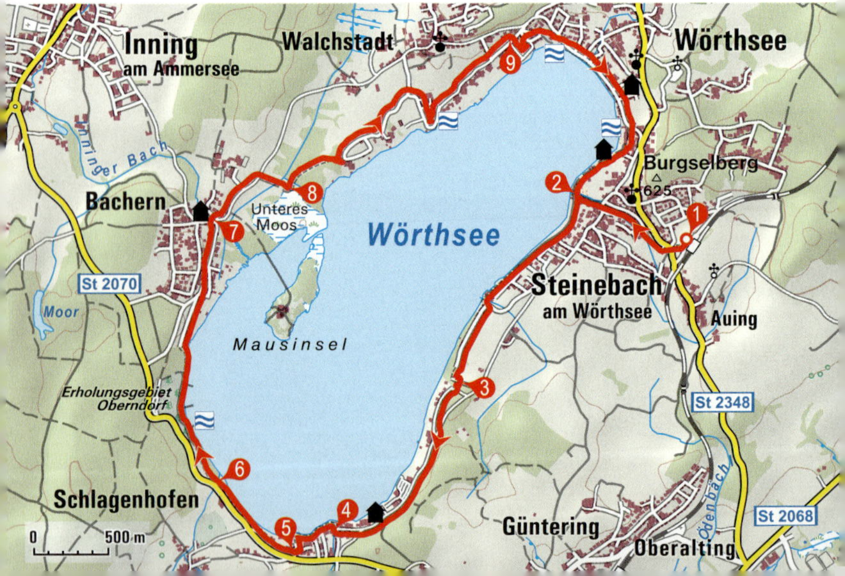

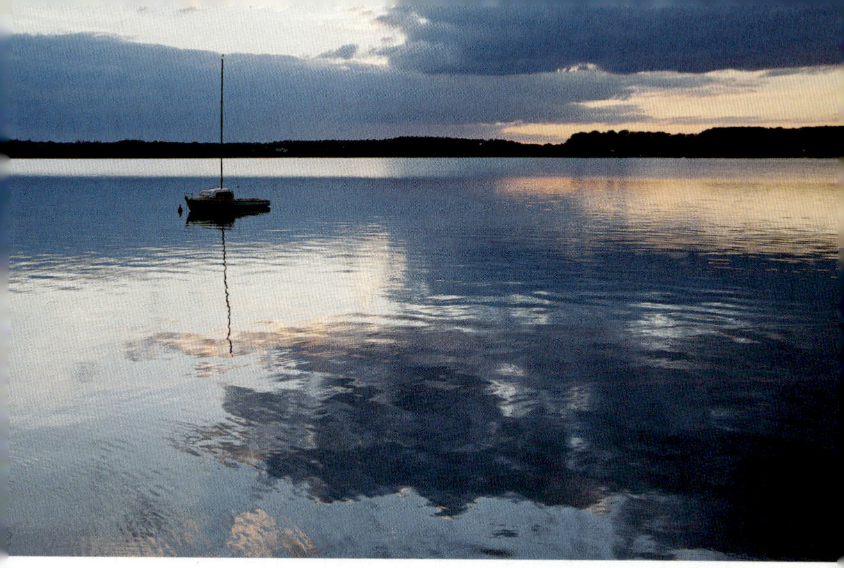

Ein stiller Herbstabend am Wörthsee.

wir die Straße nach rechts weg ins **Erholungsgebiet Oberndorf (6)**, wo mehrere große Stege einen Abstecher zum See ermöglichen. Im Anschluss an das Erholungsgebiet wandern wir weiter in Ufernähe durch ein Waldstück und auf der Aitelstraße in den Ort **Bachern** hinein. Beim Hotel Mutz geht es über den **Innicher Bach (7)**, den Abfluss des Wörthsees, und rechts auf der Straße weiter.

Außerhalb des Orts zweigen wir nach rechts in einen Feldweg ab und gelangen nach 250 m zu einem nur für Fußgänger freigegebenen Weg **(8)**, der uns durch das angrenzende Wald- und Moorgebiet führt – einer der landschaftlichen Höhepunkte dieser Tour. Über die Hintere Seestraße, dann rechts in die Vordere Seestraße abbiegend passieren wir das Seeufer bei **Walchstadt** und wandern, immer der Beschilderung nach, durch einen schmalen Durchgang **(9)** zum Seeuferweg und um das nördliche Seeufer herum nach **Steinebach**. Dort schließt sich an der Seepromenade **(2)** der Kreis, und auf dem bekannten Weg gehen wir zurück zum **Bahnhof (1)**.

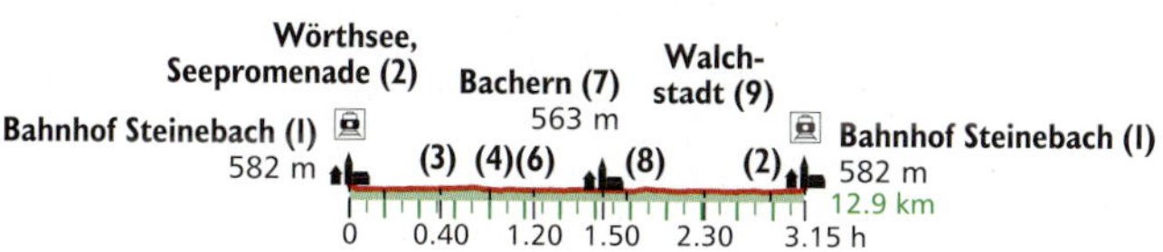

TOP

57 Am Weßlinger See

2.15 Std.

Buchenwälder, Moorlandschaften und der See in Weßling

Rund um Weßling präsentiert sich die von den eiszeitlichen Gletschern geformte Landschaft besonders vielfältig und abwechslungsreich. Bereits ein 8-km-Spaziergang wie der hier beschriebene genügt, um herrliche Buchenwälder, einen idyllischen Waldbach, mehrere Hügel, eine gewaltige Allee, moorartige Wiesen, interessante Wohnviertel, eine Kirche und natürlich den Weßlinger See zu entdecken. Wer eine etwas kürzere Runde bevorzugt, nutzt die Variante über Ettenhofen – und alle, die es bei einem kinderleichten und nicht minder schönen Uferspaziergang belassen wollen, umrunden einfach nur den See.

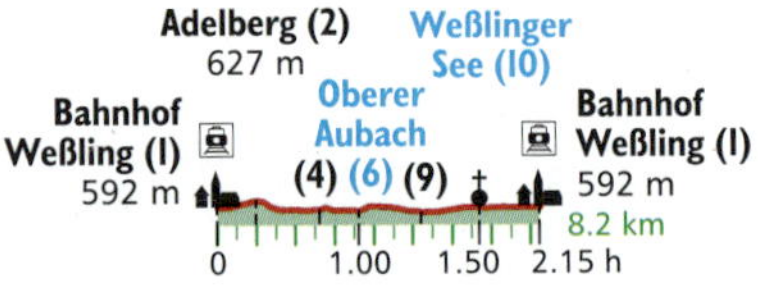

Ein schönes Ausflugs- und Wanderziel: der Weßlinger See.

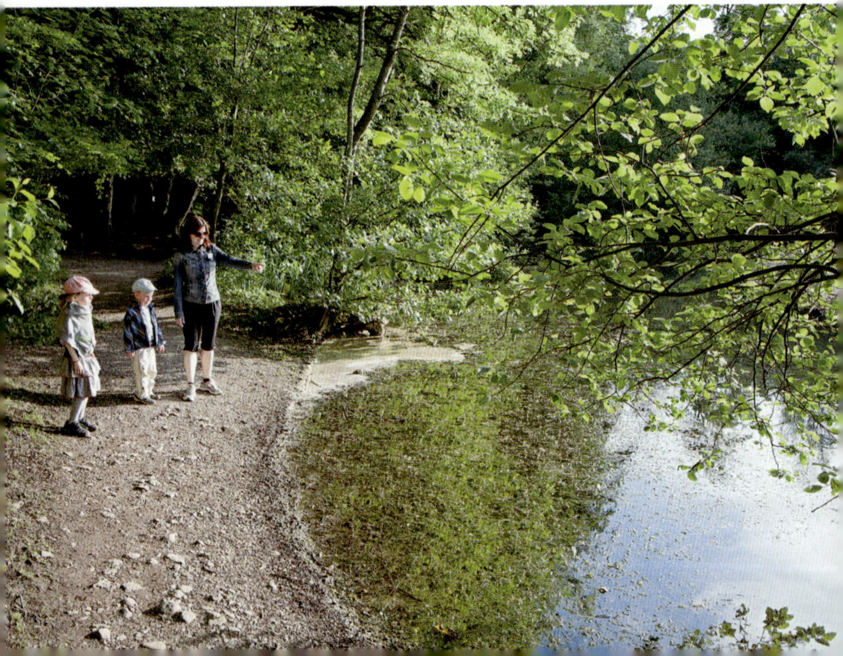

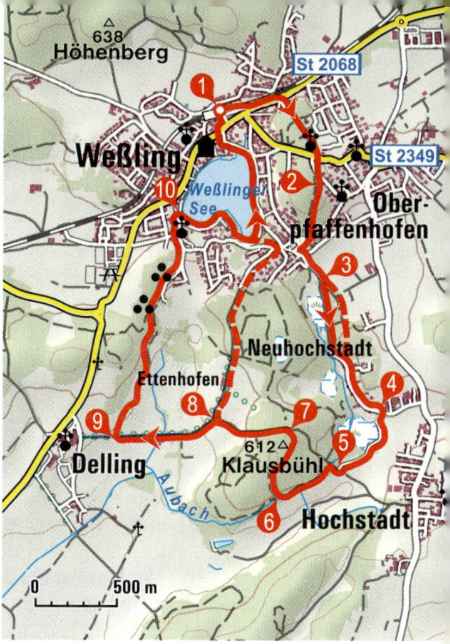

Ausgangspunkt: Bahnhof Weßling (S 8), 592 m.
Strecke: 8,2 km.
Höhenunterschied: Rund 130 m.
Anforderungen: Wald- und Wiesenpfade, Forststraßen, Uferwege und etwas Asphalt. Mehrere Abschnitte evtl. matschig. Die beschriebenen Wege sind nicht vollständig in den Karten verzeichnet, daher bitte exakt der Wegbeschreibung folgen und ggf. ein GPS-Gerät benützen.
Einkehr: Diverse an der Hauptstraße und am See in Weßling.
Varianten: 1. Beim Pferdehof (WP 3) nicht rechts ab, sondern geradeaus in den Wald. Wo die Forststraße nach links abknickt, schräg rechts auf einem schönen Waldpfad weiter und südlich nach Neuhochstadt. – 2. Von WP 8 rechts hinauf, am Gehöft Ettenhofen vorbei und immer geradeaus der Straße folgend nach Weßling, wo man den See an seinem südöstlichen Ufer erreicht (ca. 600 m kürzer).

Wir beginnen die Wanderung am **Bahnhofsgebäude** in **Weßling (1)** und gehen auf der Bahnhofstraße parallel zu den Gleisen ostwärts (in Richtung München) am kleinen Park&Ride-Parkplatz vorbei zur Hauptstraße. Diese überqueren wir und gehen an ihr nach links entlang. Nach 180 m biegen wir rechts in den Buchenweg ab, der zu einer Schranke am Waldrand hinaufführt. Gleich hinter der Schranke, am Ende des Teerbelags, zweigen wir schräg rechts auf einen Waldweg ab und folgen diesem geradeaus und über einen quer verlaufenden breiten Weg hinweg zur Heilig-Kreuz-Kirche hinauf. Von dort geht's weiter zur kreuzenden Gautinger Straße, leicht rechts versetzt in den Adelbergweg und nach 50 m schräg rechts die unasphaltierte Straße weiter bergauf zum Wasserbehälter auf dem **Adelberg (2)**. Durch einen schönen Buchenwald führt uns der Weg südwärts absteigend zu einer Straße, die wir leichts rechts haltend zum Prinz-Alfons-Weg hin überqueren. Auf diesem wandern wir bis Neuhochstadt: zunächst absteigend durch eine Kurve, aus Weßling hinaus, zu einem Pferdehof **(3)**, dort nach rechts schwenkend, an einem Moorgebiet entlang und schließlich durch Wald. Immer geradeaus durchwandern wir **Neuhochstadt**, lassen das geschlossene Wohngebiet hinter uns und erreichen kurz darauf ein rechts liegendes Waldstück; dort biegen wir nach rechts auf einen Weg ab **(4)**. Dieser wird zum schmalen, aber deutlichen Pfad und führt in südlicher Richtung am waldigen Hang auf und ab und – Abzweiger nach links hinauf werden ignoriert – zum Rand einer weiten Wiesenlandschaft.

Nun geht es rechts (evtl. Weidezaun überqueren) auf einem schwach ausgeprägten Wiesenweg weiter – die flachen Wiesen zur Linken, ein kleiner Hügelzug zur Rechten – zu einer breiten Forststraße, die wir am Waldrand erreichen **(5)**. Nach rechts betreten wir den Wald, überqueren den **Oberen Aubach** und wenden uns gleich darauf nach links. Wir wandern nun ein Stück am idyllisch dahinfließenden Oberen Aubach entlang und biegen nach 400 m in einen rechts abgehenden Forstweg ab **(6)**, der zwischen zwei ausgeprägten Hügeln hinaufführt und bei der nächsten Verzweigung rechts haltend den Höhenzug des **Klausbühls** überwindet. Wenig später ist wieder die breite Forststraße, von der wir beim Aubach abgezweigt sind, erreicht **(7)**, und wir folgen ihr nach links (westwärts) aus dem Wald hinaus und auf eine Allee zu **(8)**. Dort wandern wir links bergab (rechts Variante 2), kommen am **Moosgraben** an einem Haus vorbei und biegen nach weiteren 250 m rechts in einen undeutlichen Feldweg, den Dellinger Weg, ein **(9)**. Dieser scheint an einem kleinen Gehölz zu enden, führt aber direkt in dieses hinein und hindurch, wird stellenweise undeutlich, geht am Waldrand schließlich in einen befestigten Fahrweg über und führt nach **Weßling**, wo wir uns zweimal links halten und die **Kirche St. Maria** erreichen. Gleich dahinter liegt der **Weßlinger See (10)**, den wir nach Belieben links (mehr Bebauung, 800 m zum Bahnhof) oder rechts herum (naturbelassener; ein unzugänglicher Uferbereich muss übers Alzheimergassl umgangen werden, 1,6 km) umrunden. Vom Nordufer des Sees nordwärts zur Hauptstraße und zum **Bahnhof (1)**.

Winter am Adelberg.

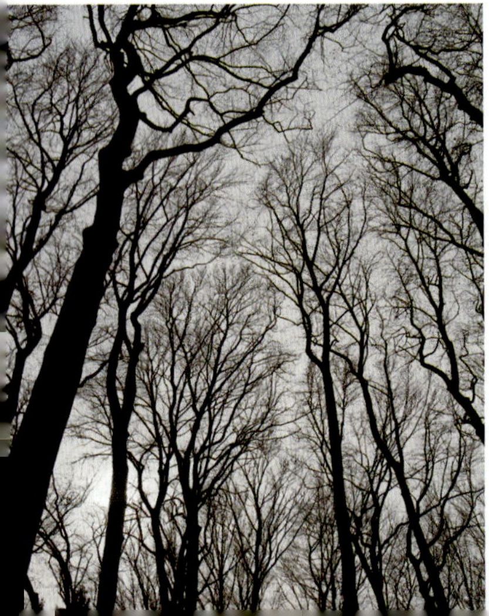

Eine genussvolle Rast am Weßlinger See.

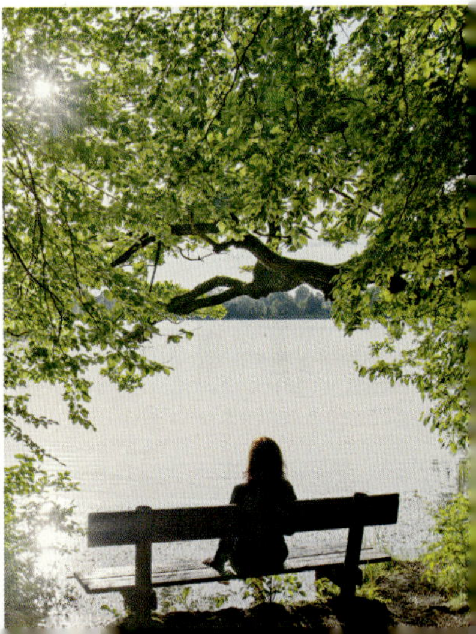

3.30 Std.

Durch den Bernrieder Wald 58

Gletscher, Sümpfe und Keltenschanzen: Geheimnisse eines Waldes

Die hügeligen Anhöhen des Bernrieder Waldes zählen zu den geheimnisvollsten Landschaften rund um München. Genau im Westen der Millionenstadt gelegen, stellt der Moränenhöhenzug einen der nördlichsten Punkte des Gletschervorstoßes in der letzten Eiszeit dar, er birgt schauerliche Sümpfe, mysteriöse Keltenschanzen, zwei Naturschutzgebiete und weltfern gelegene Einödhöfe, aber auch das Bauernhofmuseum Jexhof, in dem sich einer vergleichsweise kurz zurückliegenden Vergangenheit nachspüren lässt.

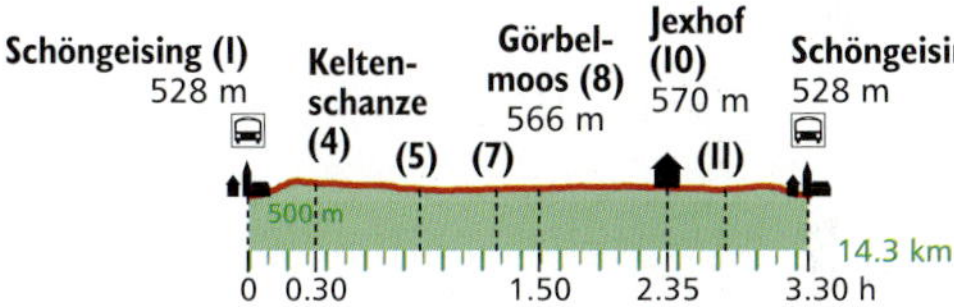

Ausgangspunkt: Bushaltestelle Orlando-di-Lasso-Straße oder Parkplatz hinter der Kirche St. Johann Baptist in Schöngeising, 528 m.
Strecke: 14,3 km.
Höhenunterschied: 150 m.
Anforderungen: Breite Waldwege, zur Keltenschanze teils matschiger Pfad.
Einkehr: Zum Unter'n Wirt in Schöngeising, Tel. +49 8141 12749, http://unterwirt-schoengeising.de; Wirtsstube und Biergarten im Jexhof.
Varianten: Die Route lässt sich auch abkürzen, indem man spätestens beim zweiten Gehöft östlich außerhalb des Bernrieder Waldes rechts abbiegt und entlang des Kreuzwegs, der von Gilching her kommt, am Nordrand des Wildmooses vorbei zum Jexhof wandert.
Info: Der Jexhof ist in den Wintermonaten geschlossen. Alle Infos rund ums Bauernhofmuseum unter www.jexhof.de.

Von der Kirche in **Schöngeising (1)** überqueren wir beide Arme der **Amper** und die dazwischenliegende Amperinsel und gehen geradeaus zum Anwesen Wasenmeister hinauf. Wir wandern nach links gut 150 m weit an der Straße entlang und biegen dann rechts hinauf in den Wald ab. Die Fahrstraße bringt uns nach 300 m zu einer Verzweigung **(2)**: Wir gehen dort links weiter, von rechts werden wir später zurückkommen. Nach spürbarem Aufstieg passieren wir den auffälligen **Fernmeldeturm (3)** und die darauffolgende Vier-Wege-Kreuzung. Nach der Kreuzung wandern wir noch genau 300 m weiter und erreichen einen Fahrstraßenabzweig nach rechts; an dieser Stelle entdecken wir auch einen Pfad, der uns links in den Wald und in Kürze zu einer **Keltenschanze (4)** führt, einer der besterhaltenen in ganz Bayern. Deutlich sind die Reste der Wallanlagen und des umgebenden Grabens als

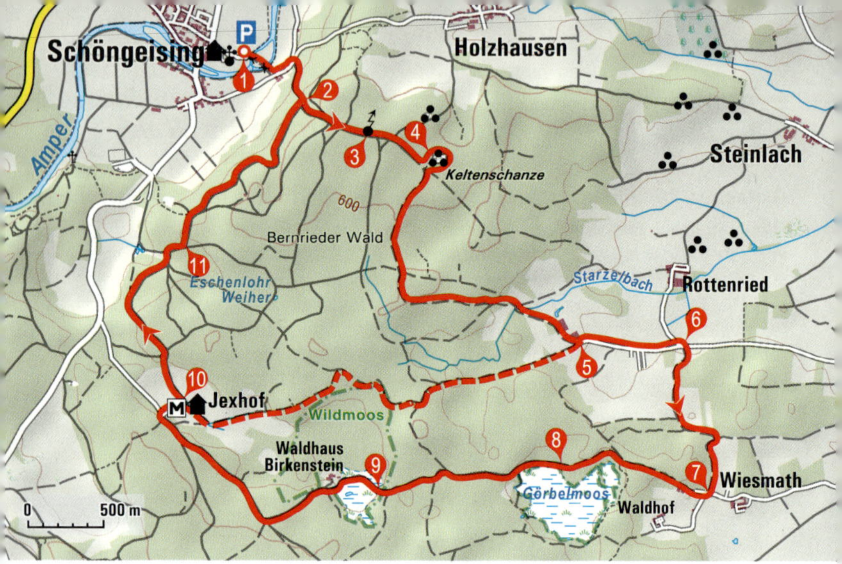

Geländeformen erkennbar, und wir können die komplette Schanze auf dem Wall umrunden.

Zurück an der Fahrstraße nehmen wir nun die nach Süden abzweigende Straße und folgen ihr durch ein flaches Waldgebiet bis zu einer Kreuzung nach knapp 800 m. Wir könnten bereits hier links abbiegen, es empfiehlt sich jedoch, geradeaus weiterzugehen; die Forststraße schwenkt dann ebenfalls bald nach links und führt parallel zur ersten Möglichkeit ostwärts bergab (zuletzt bei zwei Verzweigungen links haltend) zum Waldrand hinaus. Wir wandern nun an zwei Gehöften vorbei und werden beim zweiten Gehöft **(5)** von einem Schild auf den rechts vor dem Waldrand erkennbaren, durch die eiszeitlichen Gletscherbewegungen entstandenen Geländehöcker, einen sogenannten Drumlin, aufmerksam gemacht.

Die Route führt uns links weiter und auf der Asphaltstraße zur nächsten, rechter Hand gelegenen Siedlung. Nach den letzten Gebäuden biegen wir rechts in eine unasphaltierte Straße ein **(6)** und gehen auf ihr zum Waldrand, wo wir uns links halten. Nach 300 m erreichen wir eine Dreierkreuzung, biegen rechts ab und bei der Asphaltstraße nach 400 m abermals rechts **(7)**. Nun geht es in Westrichtung durch eine eigenartige, teils lichte, teils bewaldete Landschaft. Nach einem Waldstück tut sich linker Hand das ebene **Görbelmoos (8)** (Naturschutzgebiet) auf, dann tauchen wir wieder in den Wald ein. Bei der nächsten großen Forststraßenverzweigung bleiben wir links und biegen nach 80 m gleich wieder rechts in Richtung Jexhof ab. Zuvor durchqueren wir jedoch das ebenfalls als Naturschutzgebiet ausgewiesene **Wild-**

moos (9) mit seinen Magerrasen und Birkenwäldern sowie das umzäunte **Waldhaus Birkenstein**.

Bei der nächsten Kreuzung zweigen wir rechts ab und erreichen nach gut 1 km, beim Parkplatz rechts abbiegend, den **Jexhof (10)** mit seinem Bauernhofmuseum. Wir durchwandern den Jexhof-Komplex und biegen dahinter links ab, wodurch wir entlang des **Kellerbachs** nordwärts zum Wald gelangen. Hier halten wir uns geradeaus (leicht bergauf) und bei der gleich darauf folgenden Kreuzung ebenfalls geradeaus; insbesondere für Kinder könnte es jedoch lohnend sein, bei der ersten Verzweigung gleich nach links hinab abzubiegen und noch ein paar Stationen des »Klangwegs« auszuprobieren, bei dem man verschiedene Klänge und Geräusche erzeugen kann. Von unten wieder heraufkommend müsste man sich dann zweimal links halten, um wieder auf der richtigen Route zu sein.

Wir folgen nun der Forststraße, nicht links abbiegend, bis zur Überquerung eines malerisch gewundenen Bachs, danach halten wir uns rechts und bei der nächsten Verzweigung wieder links **(11)**. Nun geht es in nördlichen bis nordöstlichen Richtungen durch den Wald dahin bis zur Kreuzung vom Anfang der Tour; links hinab wandern wir nun wieder am Wasenmeister vorbei und über die **Amperinsel** zurück nach **Schöngeising (1)**.

Auf dem Wall der Keltenschanze.

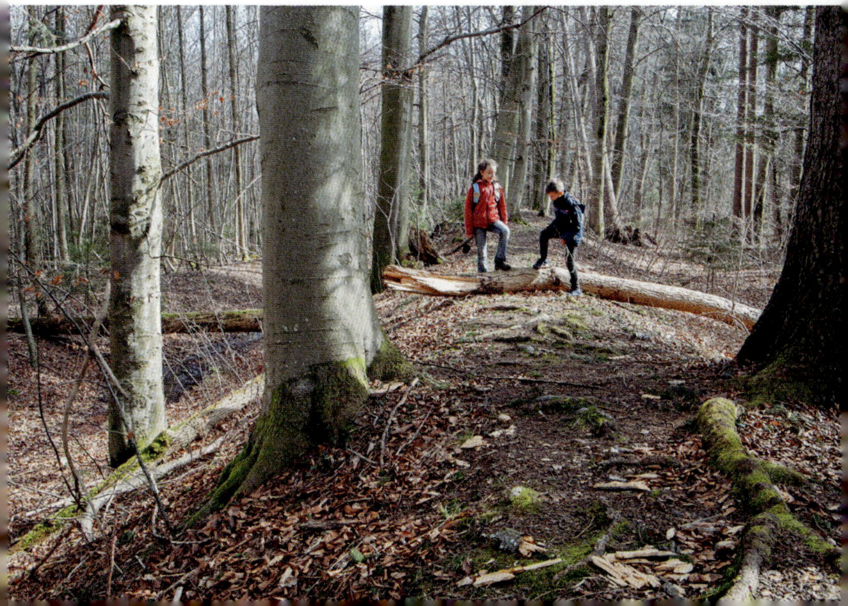

59 Von Fürstenfeldbruck nach Grafrath

3.30 Std.

Amperaufwärts zum heiligen Rasso

Auf der Wanderung von Fürstenfeldbruck nach Grafrath begegnen wir zahlreichen Sehenswürdigkeiten von geologischer, naturkundlicher, historischer oder religiöser Bedeutung. Nur einige seien hier genannt: die gewaltige Klosterkiche St. Maria im ehemaligen Zisterzienserkloster Fürstenfeld mit ihrer spätbarocken Pracht, das Naturschutzgebiet Amperauen, der bereits 1314 erwähnte Zellhof, der schon von den Römern genutzte Übergang und die Amperinsel bei Schöngeising, der zu verschiedenen Zeiten bebaute Burgplatz der Sunderburg, die Amperschlucht mit der umgebenden Endmoränenlandschaft des Ammerseegletschers, die Wallfahrtskirche St. Rasso und das Gasthaus »Dampfschiff« an der historischen Anlegestelle der Amperdampfschiffe. Wer würde da noch bestreiten, dass Wandern bildet!

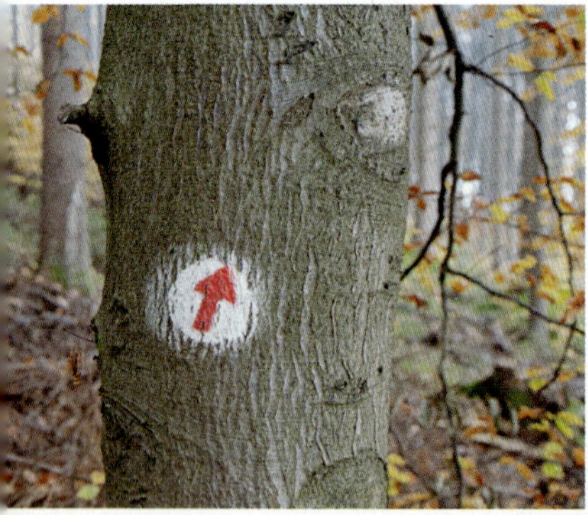

Ausgangspunkt: Bahnhof Fürstenfeldbruck (S 4), 529 m.
Endpunkt: Bahnhof Grafrath (S 4), 568 m.
Strecke: 13,7 km.
Höhenunterschied: Bis hinter Schöngeising völlig flach, danach ca. 100 m Aufstieg, 60 m Abstieg.
Anforderungen: Breite Feld- und Waldwege sowie Asphaltstraßen, ein schmaler Wiesenpfad und in der Amperschlucht schmaler Waldweg.
Einkehr: »Zum Unter'n Wirt« in Schöngeising, Tel. +49 8141 12749, www.zumunternwirt.de; Gasthaus »Dampfschiff« in Grafrath, Tel. +49 8144 1314, www.dampfschiff.com.

Los geht's am **Bahnhof Fürstenfeldbruck (1)**, wo wir auf der Nordseite der Gleise durch die Bahnhofstraße westlich bergab gehen. Wo sie zu einer Rechtskurve ansetzt, beginnt gegenüber einem Parkplatz der Wanderweg, der unter den Gleisen hindurchführt. Auf der Südseite der Gleise wenden wir uns nach rechts (Westen) und wandern an der Bahnlinie entlang. Nach gut 400 m besteht die Möglichkeit, wieder unter den Gleisen hindurchzugehen **(2)** und dann links den Komplex des ehemaligen **Klosters Fürstenfeld** zu besuchen, wo die Besichtigung der Klosterkirche lohnt.
Anschließend geht's westlich aus dem Kloster hinaus und auf der Straße »Am Engelsberg« nach links wieder unter den Gleisen hindurch. (Dorthin ge-

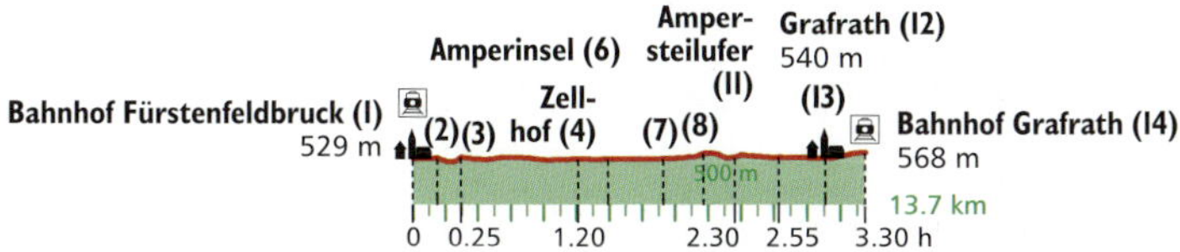

langt auch, wer bei WP 2 auf der Südseite der Gleise weitergeht.) Nun biegen wir in die südwestlich abzweigende Zellhofstraße **(3)** ein (Wander- und Radwegschilder), die für die nächsten knapp 4 km die Richtung vorgibt: Anfangs noch asphaltiert, führt sie uns ins **Naturschutzgebiet »Amperauen mit Leitenwälder zwischen Fürstenfeldbruck und Schöngeising«**, taucht ganz in den Wald ein (mit direktem Zugang zur **Amper**) und wird dann zum Feldweg. Über freies Feld gelangen wir zum **Zellhof (4)**, einem alten Anwesen mit eigener Hofkapelle und Friedhof, und spazieren durch eine Allee weiter. Unmittelbar nachdem wir zwei große Eichen rechts der Straße passiert haben, verlassen wir die Straße nach rechts auf einen schmalen Wiesenpfad **(5)**, der uns zur Amper bringt und am Ufer entlangführt.

Bei der **Amperinsel bei Schöngeising (6)** ist ein kurzer Abstecher zur Kirche St. Johann Baptist oder zum Gasthaus in Schöngeising möglich; unsere Hauptroute verläuft aber ohne Flussüberquerung am Ufer weiter. Wir durchqueren den südlichen Ortsteil von **Schöngeising** (Enterbruck) und gehen noch 1 km am Fluss, bis uns ein Schild bittet, nicht dem Wiesenpfad geradeaus zu folgen, sondern das Grundstück über einen Feldweg links zu umgehen **(7)**. Bei einem großen Kruzifix betreten wir den Wald und halten

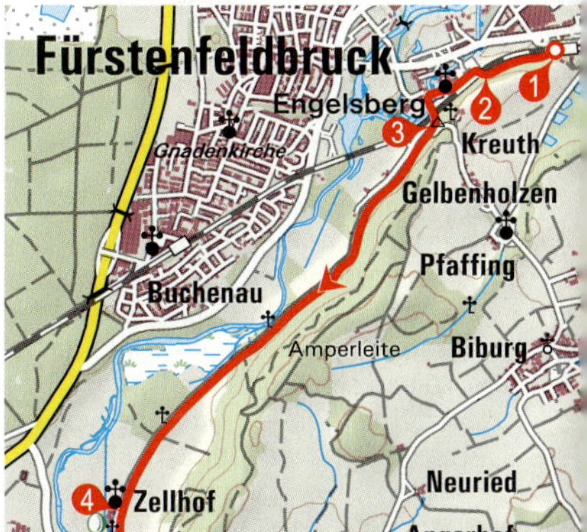
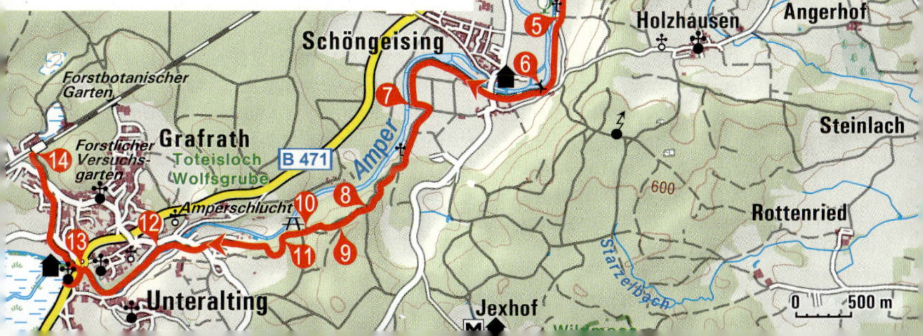

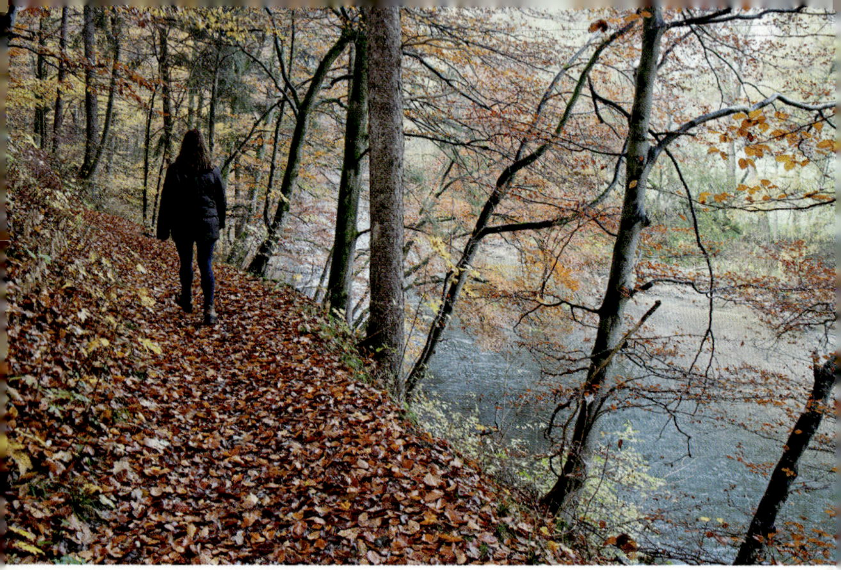

Im Bereich der Amperschlucht führt der Weg am Steilhang entlang.

uns bei Verzweigungen rechts. Steil steigen wir hinauf auf den **Schloßberg (Sunderburg)**, folgen dann dem roten Pfeil nach rechts **(8)**, kurz darauf abermals dem roten Pfeil nach rechts **(9)** und gehen steil den Hang hinab. Rund 150 m nach dem Gefälle zweigen wir an einer Freifläche (Holzlagerplatz) **(10)** rechts ab, erreichen eine Wiese und wenden uns auf ihr gleich wieder nach links, wo wir einen Pfad ausfindig machen. Auf ihm tauchen wir in den Wald ein und wandern am Steilufer oberhalb der Amper entlang. Die von links einmündende kleine Trockenschlucht **(11)** durchqueren wir entweder direkt, oder wir umgehen sie links herum.

Anschließend wieder am Hochufer entlang gelangen wir absteigend zum Klärwerk und gehen auf der Straße »Zur Amperschlucht« nach **Grafrath** hinein. Auf der Mauerner Straße überqueren wir die Amper und biegen 200 m weiter links in den Schulweg **(12)** ein, der nach gut 200 m in einen Waldweg übergeht. Bei der Fußgänger-Amperbrücke bleiben wir auf der rechten Uferseite und spazieren weiter am Fluss entlang, bis wir beim Kreisverkehr auf die **B 471 (13)** treffen. Von hier können wir nach links über die Amper einen Abstecher zur **Wallfahrtskirche St. Rasso** machen.

Die abschließende Etappe führt uns vom Kreisverkehr am Gasthaus »Dampfschiff« vorbei, die Graf-Rasso-Straße rechts hinauf, auf der Bahnhofstraße kurz links und auf dem unscheinbar nach rechts abgehenden Bahnhofsweg zum **Bahnhof Grafrath (14)**.

2.30 Std.

Moosschwaige und Aubinger Lohe

Felder, Moore und ein Waldhügel im Münchner Westen

Die Aubinger Lohe ist ein flacher Moränenhügel aus der Riß-Kaltzeit und die bedeutendste Erhebung natürlichen Ursprungs inmitten der Münchner Schotterebene. Sie ist fast vollständig mit Wald bewachsen und wird gern von Spaziergängern, Joggern, Nordic Walkern und Radfahrern besucht, die die breiten Forstwege zu einer kurzen Auszeit aus dem städtischen Alltag nutzen und frische Luft schnappen. Doch auch die weiten Felder, Moore, Streuobstwiesen und Wälder, die sich rund um den einsamen Gutshof Moosschwaige südlich an die Aubinger Lohe anschließen, laden zu ausgedehnten Streifzügen ein. Bei guter Sicht bietet sich sogar ein Blick auf die Alpen. Beide Gebiete – Moosschwaige und Aubinger Lohe – geben auch jeweils für sich ein feines Ziel für den Feierabend oder als Morgenspaziergang ab.

Saftiges Grün in der Aubinger Lohe.

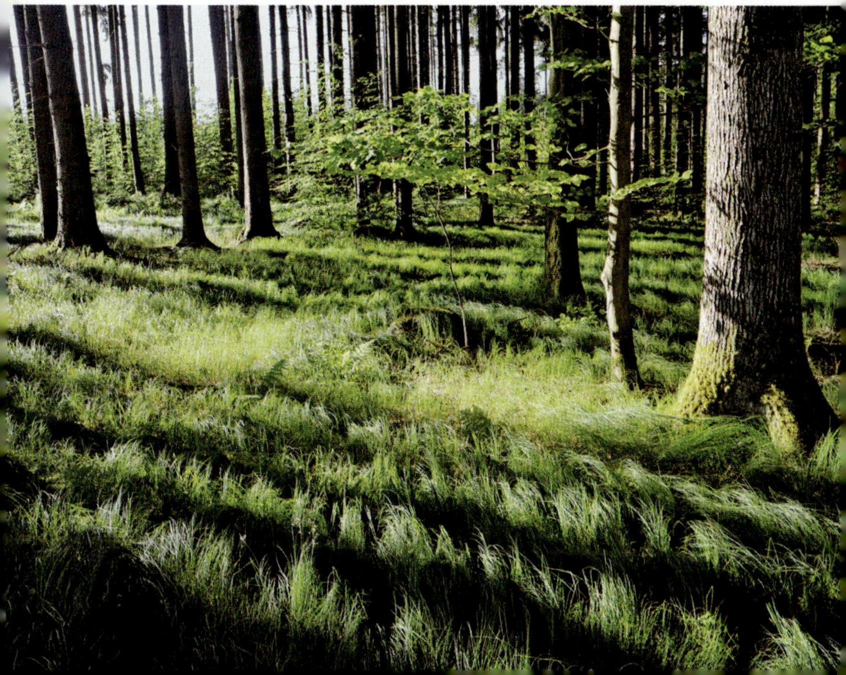

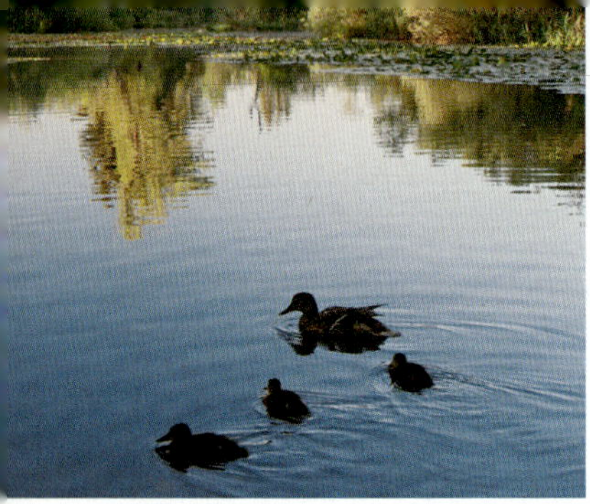

Morgenstimmung am Moosschwaiger Weiher.

Ausgangspunkt: Parkplatz bei den Bahngleisen am südlichen Rand der Aubinger Lohe, 523 m (wenige Parkplätze!). Alternativ: Bahnhof Aubing (S 4) oder Lochhausen (S 3) s. Varianten 1 und 2.
Strecke: 9,5 km.
Höhenunterschied: In der Aubinger Lohe mehrere An- und Abstiege mit insgesamt ca. 40 m.
Anforderungen: Überwiegend breite Feldwege und Forststraßen, teils auch schmälere Pfade, kein Asphalt. Gute Orientierungsfähigkeiten sind von Vorteil; die Route kann aber auch vor allem im Bereich der Aubinger Lohe mit Hilfe einer Karte frei variiert werden.
Einkehr: Waldwirtschaft Bienenheim etwas abseits der Route, Tel. +49 89 89555927, www.waldwirtschaft-bienenheim.de.

Varianten: 1. Tour ab Bahnhof Aubing: Vom nördlichen Ausgang des Bahnhofs entlang der Straße parallel zu den Gleisen stadtauswärts, dann nicht links zum Bahnübergang, sondern kurz rechts und gleich wieder links in den Germeringer Weg. Auf diesem – zunächst ein breiter, unasphaltierter Fahrweg, danach ein undeutlicher Feldweg – an den Gleisen entlang, erst ganz zuletzt von den Gleisen weg und entlang der Straße zu WP 1 (einfache Strecke 1,7 km/25 Min.).
2. Tour ab Bahnhof Lochhausen: Auf verschiedenen Wegen gelangt man südwestwärts in die Aubinger Lohe und zu den beiden Teichen (ca. 1 km ab Bhf), wo man sich in die Hauptroute einklinkt.
3. Bei WP 3 rechts (nördlich) durch die Allee direkt zum Erlbach (1,3 km kürzer).
4. Abstecher zur Keltenschanze (Orientierung nicht einfach): Dem zwischen WP 1 und WP 6 westlich vom Aubinger-Loh-Weg abzweigenden breiten Pfannenstiel-Geräumt folgen. Nach 160 m eine Forstweg-Abzweigung nach rechts ignorieren, nach weiteren 20 m links auf anfangs kaum erkennbarem Pfad in den Wald und auf etwas deutlicherer Pfadspur zur Keltenschanze (schwache Überreste von Wallanlagen); von ihrer Südostseite auf einem Pfad ostwärts zurück zum Aubinger-Loh-Weg nahe WP 1.
5. Nur die Runde zur Moosschwaige (5,6 km, 1.20 Std.) oder nur die Runde über die Aubinger Lohe (3,9 km, gut 1 Std.) begehen.

Vom **Parkplatz** am **Südrand der Aubinger Lohe (1)** überqueren wir beim Bahnübergang die Gleise und biegen nach 50 m links in die Straße ein, die von der Aubinger Lohe in Südsüdostrichtung wegführt. Nach 230 m schwenken wir rechts auf einen Feldweg ein, der bald eine 90-Grad-Kurve nach links beschreibt und wieder in Südsüdostrichtung weiterführt. Das Gleiche wiederholt sich bei der nächsten Verzweigung, wo wir wieder rechts abbiegen und der Fahrstraße nach Kurzem durch die 90-Grad-Kurve nach links folgen. Bei der folgenden T-Kreuzung gehen wir abermals rechts und halten so auf das **Gut Moosschwaige** zu. Bereits vor dem Gut biegen wir rechts ab **(2)** und erreichen eine Verzweigung **(3)**, bei der wir auf dem linken Straßenast (= geradeaus) weitergehen (rechts: Variante 3).

Wir folgen der Straße bis zu ihrem Ende, überqueren die Wiese nach rechts und betreten an ihrem linken hinteren Rand den Wald. Bei der Forststraßenverzweigung **(4)** kurz darauf biegen wir rechts ab und folgen der Straße in Ostrichtung, südlich am größten der **Moosschwaiger Weiher** vorbei, bis sie in die Allee mündet (Variante 3 von rechts). Dort gehen wir links weiter, erreichen das nördliche Ufer des Weihers **(5)** und wandern nun auf einem schönen Pfad am **Erlbach** entlang. Bei der folgenden Verzweigung halten wir uns rechts und erreichen so die Bahngleise. Nach rechts an ihnen entlang gelangen wir wieder zum **Parkplatz (1)**.

Der zweite Teil der Wanderung führt uns in die **Aubinger Lohe**; dazu folgen wir dem breiten, in nordnordwestlicher Richtung in den Wald ziehenden **Aubinger-Loh-Weg** und biegen nach rund 600 m, kurz nach Ende der Steigung, rechts auf das **Moossteig-Geräumt (6)** ab. Wir kommen am kaum identifizierbaren höchsten Punkt der Aubinger Lohe – schwer zugänglich rechts im Wald – vorbei und biegen nach knapp 500 m auf die zweite deutliche Forststraße nach links ab **(7)**. Auf ihr geht's geradeaus (nach gut 100 m nicht rechts abbiegen) zum Waldrand, wo wir rechts in den Weg einschwenken, der uns in Kürze zu einem Aussichtspunkt mit Blick auf die unter uns gelegenen Wiesen und Schilfzonen bringt. Noch ein Stück weiter biegen wir links auf den Weg nach unten ab **(8)** und umrunden den ersten Teich (oder beide). Von deren Westseite steigen wir wieder südwärts zum Waldrand hinauf **(9)**. Wer von dort nicht exakt der Wegführung des Hinwegs folgen will, hält sich am Waldrand rechts und gelangt auf einem Waldweg in westlicher Richtung zum **Neu-Geräumt**, geht auf diesem links hinauf, nach 200 m rechts ab ins **Buch-Geräumt** und erreicht so den **Aubinger-Loh-Weg**, der nach links (Südsüdosten) zu **WP 6** und weiter direkt zum **Ausgangspunkt (1)** zurückführt.

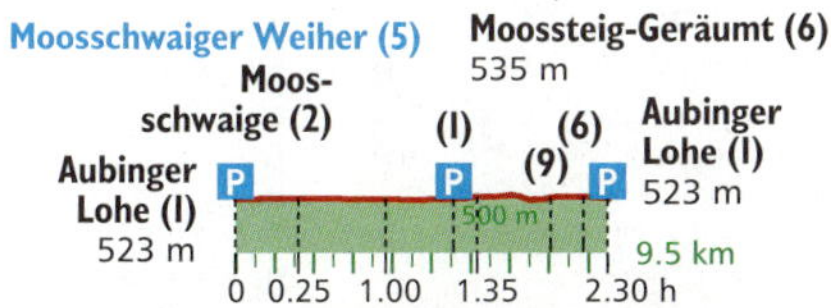

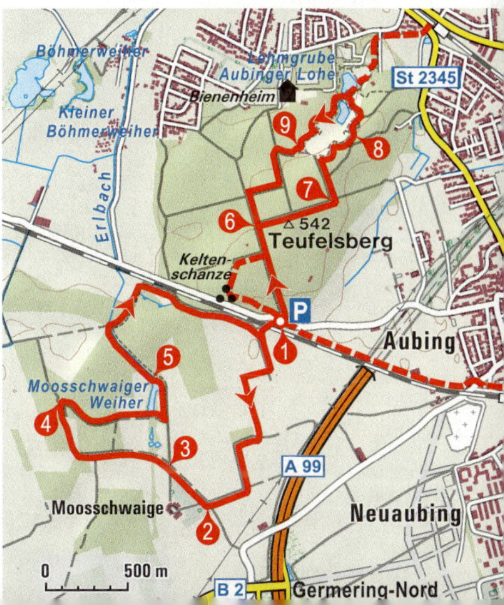

Stichwortverzeichnis

Umschlagbild:
Blick auf Biberbach und die Alpen an einem Maiabend (Tour 5).

Bild im Innentitel:
Die Kirche Sankt Leonhard bei Dietramszell (Tour 37).

Bild auf den Seiten 32/33:
Frühlingsimpressionen bei Altomünster (Tour 1).

Alle 187 Fotos stammen vom Autor.

Kartografie:
60 Wanderkärtchen im Maßstab 1:50.000 / 1:75.000
Geodaten © OpenStreetMap und Mitwirkende
Kartografisches Design: Freytag & Berndt, www.freytagberndt.cz
2 Übersichtskarten im Maßstab 1:500.000 und 1:800.000
© Freytag & Berndt, Wien

3., bearbeitete und erweiterte Auflage 2021

ISBN 978-3-7633-4471-0

FSC
www.fsc.org
MIX
Papier aus verantwortungsvollen Quellen
FSC® C021956

Wir freuen uns über jeden Korrekturhinweis zu diesem Wanderführer!
Bitte per E-Mail an: leserzuschrift@rother.de

ROTHER BERGVERLAG · München
D-82041 Oberhaching · Keltenring 17 · Tel. +49 89 608669-0 · www.rother.de